Doug Saunders
Arrival City

Doug Saunders

ARRIVAL CITY

Über alle Grenzen hinweg ziehen Millionen Menschen vom Land in die Städte. Von ihnen hängt unsere Zukunft ab.

Aus dem Englischen
von Werner Roller

Büchergilde Gutenberg

Titel der Originalausgabe:
Arrival City – The Final Migration and Our Next World
Originalverlag: Alfred A. Knopf Canada, Toronto

Verlagsgruppe Random House FSC-DEU-0100
Das für dieses Buch verwendete
FSC®-zertifizierte Papier *EOS*
liefert Salzer Papier, St. Pölten, Austria.

Lizenzausgabe für die Büchergilde Gutenberg,
Frankfurt am Main, Zürich, Wien
Mit freundlicher Genehmigung
des Karl Blessing Verlags, München
Copyright © der Originalausgabe 2011 by Doug Saunders
Copyright © der deutschsprachigen Ausgabe 2011
by Karl Blessing Verlag, München,
in der Verlagsgruppe Random House GmbH
Layout und Herstellung: Ursula Maenner
Satz: Christine Roithner Verlagsservice, Breitenaich
Druck und Einband: GGP Media GmbH, Pößneck
Printed in Germany 2011
ISBN 978-3-7632-6492-6

www.buechergilde.de

Inhalt

Vorwort 7

1 **Am Stadtrand**
   Liu Gong Li, China 13
   Tower Hamlets, London, Großbritannien 49

2 **Von draußen rein**
   Kolhewadi, Ratnagiri, Indien 65
   Kamrangirchar, Dhaka, Bangladesch 82
   Shenzhen, China 100
   Kibera, Nairobi, Kenia 108
   Santa Marta, Rio de Janeiro, Brasilien 117

3 **Ankunft an der Spitze der Pyramide**
   Los Angeles, Kalifornien, USA 129
   Herndon, Virginia, und Wheaton, Maryland, USA   158

4 **Die Verstädterung des Dorfes**
   Tatary, Polen 171
   Shuilin, Sichuan, China 183
   Dorli, Maharashtra, Indien 192
   Biswanath, Sylhet, Bangladesch 203

5 **Die erste große Migration**
   Paris, Frankreich 217
   Toronto, Kanada, und Chicago, USA 257

6 Tod und Leben einer großen Ankunftsstadt

Istanbul, Türkei 265

7 Wenn die Ränder explodieren

Emamzadeh 'Isa, Teheran, Iran 321
Petare, Caracas, Venezuela 344
Mulund, Mumbai, Indien 354

8 Die neue Stadt stellt sich der alten Welt

Les Pyramides, Evry, Frankreich 373
Kreuzberg, Berlin, Deutschland 393
Parla, Spanien 412

9 Ende der Ankunft

Jardim Angela, São Paulo, Brasilien 425
Mumbai, Indien 457

10 Stilvoll ankommen

Slotervaart, Amsterdam, Niederlande 471
Karail, Dhaka, Bangladesch 491
Thorncliffe Park, Toronto, Kanada 509

Nachwort

Boulaq al-Dakrour, Kairo, Ägypten 531

Anmerkungen 543

Vorwort

DER ORT, AN DEM SICH ALLES ÄNDERT
Die Menschen werden sich in einer großen, endgültigen Verschiebung vom Landleben und der Landwirtschaft wegbewegen und in die großen Städte gehen. Das ist die Entwicklung, die vom 21. Jahrhundert am deutlichsten in Erinnerung bleiben wird – wenn man vom Klimawandel einmal absieht. Wir werden gegen Ende dieses Jahrhunderts eine ganz und gar urbane Spezies sein. Diese Bewegung erfasst eine bisher noch nie da gewesene Zahl von Menschen – zwei oder drei Milliarden, vielleicht ein Drittel der Weltbevölkerung – und wird nahezu alle Menschen auf spürbare Weise betreffen. Es wird die letzte menschliche Bewegung in diesem Umfang und dieser Größenordnung sein. Die Veränderungen, die sie für das Familienleben mit sich bringen wird, von großen, von der Landwirtschaft lebenden Familienverbänden zu kleinen städtischen Kernfamilien, wird dem anhaltenden Bevölkerungswachstum, einem wichtigen Thema in der Menschheitsgeschichte, ein Ende bereiten.

Als die Menschen in Europa und in der Neuen Welt das letzte Mal zu einem so dramatischen Wandel aufbrachen, vom späten 18. bis zum frühen 20. Jahrhundert, wurden daraufhin das Menschenbild, das Staatswesen, die Technik sowie das Wohlfahrtswesen vollständig neu erfunden. Die massenhafte Verstädterung brachte die Französische Revolution hervor, die Industrielle Revolution und, parallel zu beiden Entwicklungen, die enormen sozialen und politischen Veränderungen der letzten beiden Jahrhunderte. Der Bericht von der Umwälzung der menschlichen Gesellschaft war in den Zeitungen der 1840er-Jahre allerdings nicht zu lesen und in den Parlamentsdebatten des frühen 20. Jahrhunderts nicht zu hören. Die Geschichte von der Migration in die Städte und dem Aufstieg der neuen, übergangsweise bestehenden städtischen Enklaven war den davon direkt betroffenen Menschen weitgehend unbekannt. Die Katastrophen einer schlecht verwalteten Urbanisierung – menschliches Elend, revolutionäre Aufstände und Kriege – waren oft ein unmittelbares Ergebnis dieser Blindheit: Es gelang nicht, diesen Zustrom von Menschen in ordentliche Bahnen zu lenken, und als Konsequenz entstanden städtische Gemeinschaften von Neuankömmlingen, die festsaßen, ausgeschlossen und zornig waren. Ein großer Teil der Geschichte dieses Zeitalters war die Geschichte entwurzelter Menschen ohne Bürgerrechte, die (mitunter gewalttätig) darauf drängten, in der städtischen Gesellschaft ihren Platz zu finden.

Wenn wir heute einen ähnlichen Fehler begehen und die große Migration als vernachlässigbare Auswirkung abtun, als Hintergrundgeräusch oder als Schicksal von anderen, dem wir in unseren eigenen Ländern entgehen können, riskieren wir sehr viel größere Explosionen und Verwerfungen. Einige Aspekte dieser großen Migration laufen bereits vor unseren Augen ab: die Spannungen, die die Einwanderung in die Vereinigten Staaten, nach Europa und Australien erzeugt; die politischen Explosionen im Iran, in Venezuela, Mumbai, Amsterdam, in den Vororten von Paris. Aber viele dieser Veränderungen und Diskontinuitäten bleiben völlig unbemerkt. Wir verstehen diese Migration nicht, weil wir nicht wissen, wie wir sie zu betrachten haben. Wir wissen nicht, wo wir nachsehen sollen. Wir haben keinen Ort und keinen Namen für den Bereich, der für unsere neue Welt steht.

Bei meinen journalistischen Reisen verschaffte ich mir einen ersten Eindruck von einer Stadt, indem ich auf U-Bahn- oder Straßenbahnlinien bis zur Endhaltestelle fuhr oder die verborgenen Zwischenräume und unzugänglichen Ecken des Stadtkerns erkundete und mir die Orte genau ansah, die sich vor mir ausbreiteten. Das waren meistens faszinierende, geschäftige, unattraktive, improvisierte, schwierige Orte, bevölkert von neuen Menschen mit großen Vorhaben. Meine Reisen an die Ränder entsprangen nicht immer der eigenen Wahl, oft waren sie Ereignissen geschuldet, über die berichtet werden mussten und mich in die nördlichen Stadtgebiete von Mumbai, in die staubigen Randzonen von Teheran, in die Siedlungen an den Hängen am Stadtrand von São Paulo und Mexiko City, die brodelnden Wohnblock-Trabantenstädte von Paris, Amsterdam und Los Angeles lockten. An diesen Orten begegnete ich Menschen, die aus Dörfern stammten und deren Denken und ganzer Ehrgeiz auf das symbolische Stadtzentrum fixiert waren. Sie verwickelten sich in eine monumentale Auseinandersetzung auf der Suche nach einem einfachen und dauerhaften Zuhause in der Stadt für ihre Kinder.

Diese ehemals ländliche Bevölkerung schuf sich, wie ich feststellte, in aller Welt verblüffend ähnliche städtische Umfelder: Räume, deren physisches Erscheinungsbild variierte, aber deren grundlegende Funktionen und Netzwerke aus menschlichen Beziehungen klar und deutlich erkennbar und bestimmbar waren. Und in den Weiten der sich »entwickelnden« Welt wie auch in den großen, reichen Städten des Westens gab es ein vergleichbares, standardisiertes Muster von Institutionen, Bräuchen, Konflikten und Frustrationen, die aufgebaut und von vielen Menschen geteilt wurden. Wir müssen diesen Orten sehr viel mehr Aufmerksamkeit widmen, denn sie sind nicht nur die Schauplätze potenzieller Konflikte und Gewalttaten, sondern auch die Gebiete, in denen sich der Abschied von der Armut vollzieht, in denen sich die nächste Mittelschicht herausbildet und die Träume, Bewegungen und Regierungen der nächsten Generation entstehen. In einer Zeit, in der die Effizienz und der Sinn und Zweck ausländischer Hilfe zum Gegenstand tiefer und sehr berechtigter Skepsis geworden sind, bin ich der Ansicht, dass diese städtischen Übergangsräume eine Lösung bieten. An solchen Orten – und häufiger als auf der staatlichen »Makro«- oder auf der Haushalts-»Mikro«-Ebene – werden ernsthafte und nachhaltige Investitionen von Regierungen und Hilfsorganisationen am ehesten dauerhafte und nicht korrumpierbare Wirkungen erzielen.

Bei den Recherchen für dieses Buch habe ich etwa 20 Orte dieser Art besucht. Mein Ziel war, aufschlussreiche Beispiele für die Veränderungen zu finden, die Städte und Dörfer in sehr viel mehr Ländern erfasst haben. Dies ist kein Atlas der Ankunftsorte und auch kein umfassender Leitfaden für die große Migration. Gleichermaßen faszinierende Entwicklungen vollziehen sich in Lima, Lagos, Kairo, Karachi, Kalkutta, Jakarta, Peking, Marrakesch und Manila. Dieses Buch ist auch keineswegs ohne Vorläufer. Wissenschaftler, die sich mit Migrationsbewegungen, Stadtentwicklung, Soziologie, Geografie, Anthropologie und Ökonomie befassen, haben die hier beschriebenen Phänomene dokumentiert, und viele von ihnen haben mich bei meiner Arbeit großzügig unterstützt. Aber die wichtigste Botschaft wird von vielen Mitbürgern und führenden Persönlichkeiten nicht wahrgenommen: Die große Wanderungsbewegung manifestiert sich in der Schaffung eines ganz besonderen städtischen Ortes. Diese Übergangsräume – die Ankunftsstädte – sind die Orte, an denen sich der nächste große Wirtschafts- und Kulturboom oder die nächste große Explosion der Gewalt ereignen wird. Was sich letztlich durchsetzt, hängt von unserer Fähigkeit, solche Entwicklungen wahrzunehmen, und von unserer Bereitschaft zum Engagement ab.

1 Am Stadtrand

LIU GONG LI, CHINA

Mit einem Dorf fängt es an. Das Dorf wirkt auf einen Außenstehenden festgefügt, zeitlos, ohne Bewegung oder Wandel und vom Rest der Welt isoliert. Wir ordnen es der Natur zu. Wer im Vorbeifahren einen flüchtigen Blick auf das Durcheinander niedriger Gebäude wirft, hält das Dorf für einen ruhigen Ort, der von geordneter, subtiler Schönheit geprägt ist. Wir stellen uns einen angenehmen Lebensrhythmus vor, der von den Belastungen der Moderne frei ist. Die kleine Ansammlung verwitterter Hütten schmiegt sich an den Kamm eines bescheidenen Tales. Ein paar Tiere bewegen sich in ihren Pferchen, Kinder rennen an einem Feld entlang, eine dünne Rauchwolke steigt aus einer der Hütten auf, ein alter Mann geht durch einen Waldstreifen auf dem Kamm und trägt einen Leinensack auf dem Rücken.

Der Mann heißt Xu Qin Quan, und er sucht ein Heilmittel. Er geht den uralten, mit Steinen befestigten Pfad hinab, vorbei an terrassenförmig angelegten Feldern und auf die kleine Lichtung auf dem Talboden zu, wie das die Mitglieder seiner Familie zehn Generationen lang getan haben. Hier findet er die Heilkräuter, die er seit seiner Kindheit kennt: die schlanken Stängel des *ma huang*, mit denen sich eine Erkältung ausschwitzen lässt, die belaubten Zweige des *gou qi zi*, die die Leber wieder in Ordnung bringen. Er schneidet die Stängel mit seinem Taschenmesser ab, steckt sie in den Sack und geht zum Kamm zurück. Dort bleibt er ein paar Augenblicke lang stehen und betrachtet die Staubwolken, die in nördlicher Richtung aufsteigen, wo ein Bautrupp die enge, holprige Straße in einen breiten, befestigten Boulevard verwandelt. Die Hin- und Rückreise in das in nördlicher Richtung liegende Chongqing, einst ein Ganztagesunternehmen, wird schon bald nicht mehr als zwei Stunden in Anspruch nehmen. Herr Xu beobachtet, wie die Staubwolken die Bäume in der Ferne ockergelb färben. Er denkt an die größeren Leiden, an den Schmerz, der ihnen das Leben zur Qual machte und ihre Kinder tötete, sie jahrzehntelang um das tägliche Essen bangen ließ, die Jahre lähmender Langeweile. An jenem Abend plädiert er bei einer Dorfversammlung für die umfassendere Kur. Ab morgen, sagt er, werden wir kein Dorf mehr sein.

Wir sind im Jahr 1995, und das Dorf heißt Liu Gong Li. Jahrhundertelang hat sich nur ganz wenig an seinem äußeren Erscheinungsbild, am Leben in den Familien und beim ausschließlich in Handarbeit betriebenen Anbau von Weizen und Mais geändert. Seinen Namen, der »Sechs Kilometer« bedeutet, erhielt es während der Bauarbeiten an der Straße nach Burma, deren östlicher Endpunkt die große, im Binnenland gelegene Stadt Chongqing war. Der Name war nach dem Ende des Zweiten Weltkriegs jahrzehntelang eine Fiktion, denn die ursprüngliche Brücke in die große Stadt war bombardiert worden, und die nächstgelegene, viele Kilometer entfernte Ersatzlösung war so schwer zu passieren, dass die Reise unter wirtschaftlichen Gesichtspunkten sinnlos gewesen wäre, selbst wenn die Kommunistische Partei sie erlaubt hätte. Das kleine Dorf hatte keine Verbindung zu irgendeiner Stadt oder irgendeinem Markt. Es betrieb Subsistenzwirtschaft. Der Boden und die nur rudimentär ausgebildeten Anbaumethoden lieferten niemals so viele Nahrungsmittel, dass es für alle Dorfbewohner reichte. Alle paar Jahre lösten die Wechselfälle der Witterung und der Politik eine Hungersnot aus, und es starben Menschen, Kinder hungerten. In den fürchterlichen Jahren von 1959 bis 1961 verlor das Dorf einen großen Teil seiner Bevölkerung. Die Hungersnot endete erst zwei Jahrzehnte später, an ihre Stelle trat eine den allerdringendsten Bedarf deckende, leidenschaftslos hingenommene Abhängigkeit von Subventionen der Regierung. Die Menschen in Liu Gong Li empfinden das Leben auf dem Lande – wie andere Dorfbewohner in aller Welt – nicht als ruhig oder natürlich oder in anderer Weise positiv, sondern als monotones, Furcht erregendes Glücksspiel. Im letzten Jahrzehnt des 20. Jahrhunderts, als China eine eigene Spielart des Kapitalismus entwickelte, wurde den Dorfbewohnern plötzlich gestattet, nicht anbaufähiges Land für Marktzwecke zu erschließen. Als Herr Xu seinen Lösungsvorschlag unterbreitete, herrschte deshalb Einigkeit: Das gesamte verfügbare Land würde als nicht anbaufähig bezeichnet werden. Ab diesem Augenblick war der Ort kein Dorf mehr, sondern wurde zum Zielort für Dorfbewohner.

Fünfzehn Jahre später erscheint Liu Gong Li als Gespenst in Sichtweite eines vielbefahrenen vierspurigen Boulevards, einen Kilometer vor den Toren der Stadt: Inmitten eines Wohnblockwaldes entfaltet sich ein flirrendes Trugbild aus grauen und braunen Würfeln, das sich über die Hänge ergießt, so weit das Auge reicht, eine gänzlich willkürlich anmutende Anordnung von Kristallen, die die Landschaft völlig verdeckt. Aus der Nähe betrachtet werden die Kristalle zu

Häusern und Ladengeschäften, ungleichmäßig geformten, zwei- oder dreistöckigen Beton- und Backsteinbauten, die ihre Bewohner ohne Bauplan oder -genehmigung errichtet haben. Sie überragen sich gegenseitig und bilden unwahrscheinlich anmutende Winkel.

Herrn Xus Dorf mit seinen ursprünglich 70 Bewohnern hatte innerhalb von zehn Jahren nach der Annahme seines Vorschlags mehr als 10 000 Einwohner hinzugewonnen; innerhalb von zwölf Jahren hatte es sich mit benachbarten ehemaligen Dörfern zu einem Ballungsraum von 120 000 Menschen vereinigt, von denen nur wenige offiziell als Einwohner gemeldet waren. Es ist kein abgelegenes Dorf mehr, auch kein Vorort am äußersten Stadtrand, sondern ein wichtiger, integraler Bestandteil von Chongqing, einer Stadt mit rund zehn Millionen Einwohnern, die sich auf einer und um eine von Wolkenkratzern dominierten Halbinsel zusammendrängen. Diese gleicht Manhattan sowohl in der Bevölkerungsdichte wie auch in der Lebensenergie. Jedes Jahr kommen 200 000 Menschen hinzu, und angesichts von vier Millionen nicht gemeldeten Migranten im Stadtgebiet haben wir es hier sehr wahrscheinlich mit der am schnellsten wachsenden Stadt der Welt zu tun.*

---

* Die Bezeichnung »Am schnellsten wachsende Stadt« kann eine ganze Reihe von Städten, unter anderem auch Dhaka und Lagos, für sich in Anspruch nehmen, denn es gibt verschiedene Kriterien: Es kann der Ort gemeint sein, der Jahr für Jahr die meisten Einwohner hinzugewinnt (eine Messgröße, die große Städte bevorzugt), oder der Ort mit dem höchsten prozentualen Bevölkerungszuwachs (ein Kriterium, das kleinere Städte bevorzugt) oder aber der Ort mit der höchsten Steigerung der Zuwachsrate. Mit einer Zuwachsrate, die sich im erweiterten Ballungsraum (dessen Bevölkerung 32 Millionen Menschen zählt) der Vier-Prozent-Marke nähert, verdient sich Chongqing jedoch nach sämtlichen Kriterien diesen Titel.

Dieses Wachstum wird zum größten Teil von der Vervielfachung von Orten wie Liu Gong Li angetrieben, den von den Bewohnern selbst errichteten Ansiedlungen von Landflüchtlingen, die in China selbst einfach als städtische »Dörfer« *(cun)* bezeichnet werden. Hunderte von Orten dieser Art wachsen im gesamten Stadtrandgebiet heran, auch wenn die Stadtverwaltung sie nicht zur Kenntnis nimmt. Ihre Straßen und Häuserblocks werden strikt nach den Dörfern und Regionen organisiert, aus denen die Bewohner stammen. Letztere bezeichnen ihre städtischen Nachbarn, die aus denselben ländlichen Gebieten stammen, als *tongxiang* – wörtlich: »Freunde«. In ganz China ziehen Jahr für Jahr mindestens 40 Millionen Bauern in diese städtischen Enklaven. Ein großer Teil von ihnen – möglicherweise bis zur Hälfte – kehrt allerdings ins Heimatdorf zurück, aus Not, Verzweiflung oder aufgrund einer persönlichen Entscheidung. Wer bleibt, ist meist fest entschlossen, auch durchzuhalten.

Aus der Sicht eines Außenstehenden ist Liu Gong Li ein übel riechender Slum. Der alte Pfad ins Tal ist heute eine geschäftige Straße, die von einem Durcheinander bunt zusammengewürfelter Häuser gebildet wird. Der unbefestigte Weg wird gesäumt von Telefonläden, Metzgern, Imbissstuben, die ihre Gerichte in riesigen, dampfenden, mit scharfen Paprikaschoten gefüllten Woks zubereiten, fliegenden Händlern, die Kleider oder Werkzeuge verkaufen, man sieht schnell rotierende Garnrollen, eine geschäftige Kakofonie, die sich zwei Kilometer weit windet, in verwirrende Seitenwege hinein und auf gewundene Treppen, deren eigenwillige Bauweise einem auf den Kopf gestellten Holzschnitt von M. C. Escher gleicht. Strom- und Fernsehkabel sind allgegenwärtig; aus dem Beton fließt das Abwasser an den Seiten der Gebäude hinab, ergießt sich über offene Abflussrinnen in einen fürchterlich stinkenden Fluss, der unter den Betonbrücken im Talgrund durchfließt. Überall liegen Abfall und Unrat herum und türmen sich hinter den Häusern zu kleinen Bergen. Ein Chaos aus Fahrzeugen mit zwei, drei oder vier Rädern verstopft jeden Weg. Hier gibt es keinen Raum ohne Menschen, ohne Tätigkeit, und nirgendwo ist ein Stückchen Grün zu sehen. Aus diesem Blickwinkel wirkt das möglicherweise wie eine höllische Zuflucht für die Armen, wie ein allerletzter Landeplatz für die gescheiterten Ausgestoßenen einer gewaltigen Nation – ein Ort für diejenigen, die einen Abstieg durchmachen.

Der wahre Charakter von Orten wie Liu Gong Li erschließt sich, wenn man den Hauptweg verlässt und durch die unbefestigten Nebenwege geht, die ins Tal hinabführen. Hinter jedem Fenster, hinter jeder groben Öffnung im Beton herrscht ein geschäftiges Treiben. Auf dem Talkamm, ganz in der Nähe der Stelle, an der Herr Xu im Jahr 1995 seine große Entscheidung traf, wird man zu einem lärmigen Betonrechteck hingezogen, das an einer abschüssigen Kante steht und einen angenehmen Zedernduft verströmt. Es ist das Wohn- und Arbeitshaus des 39 Jahre alten Herrn Wang und seiner Familie. Herr Wang zog vor vier Jahren mit 700 Yuan (etwa 100 Dollar)* in der Tasche, dem Geld, das er in zwei Arbeitsjahren als Schreiner zusammengespart hatte, aus dem 80 Kilometer entfernten Dorf Nan Chung hierher. Er mietete ein winziges Zimmer, sammelte etwas Abfallholz und Eisen

---

* Alle Geldbeträge in diesem Buch werden in US-Dollar umgerechnet.

und begann dann in Handarbeit mit der Herstellung traditioneller chinesischer Holzbadewannen, die bei der neuen Mittelschicht inzwischen sehr beliebt sind. Für eine Wanne brauchte er zwei Tage und verkaufte das fertige Produkt mit einem Gewinn von jeweils 50 Yuan (7,30 Dollar). Nach einem Jahr hatte er genug verdient, um sich elektrische Werkzeuge und einen größeren Laden leisten zu können. Er holte seine Frau, seinen Sohn, dessen Frau und den kleinen Enkelsohn nach. Die ganze Familie schläft, kocht, wäscht sich und isst in einem rückwärtigen, fensterlosen Raum hinter einem Plastikvorhang, an einem Ort, der noch ungeschützter ist und noch weniger Platz bietet als die Lehmbodenhütte, in der sie es auf dem Dorf miteinander aushalten mussten.

Aber von Rückkehr ist nicht die Rede. Das hier ist, dem Unrat und allem anderen zum Trotz, das bessere Leben. »Hier kann man seine Enkel zu erfolgreichen Menschen machen, wenn man die richtige Verdienstmöglichkeit findet. Auf dem Dorf kann man nur leben«, sagt Herr Wang in seinem lauten Sichuan-Dialekt und legt dabei ein Eisenband um eine Wanne. »Nach meiner Schätzung hat sich etwa ein Fünftel der Leute, die mein Dorf verlassen haben, selbstständig gemacht. Und fast alle haben das Dorf verlassen, nur die alten Leute sind noch dort. Es ist zum Geisterdorf geworden.«

Herr Wang und seine Frau überweisen nach wie vor ein Drittel ihrer Einkünfte in ihr Heimatdorf und unterstützen damit ihre beiden noch lebenden Eltern, und im Vorjahr kaufte er ein kleines Restaurant unten in Liu Gong Li, das sein Sohn dann übernahm. Herrn Wangs Gewinnspannen sind winzig, denn der Wettbewerb ist sehr hart: In Chongqing gibt es noch zwölf weitere Holzbadewannenwerkstätten, eine davon ebenfalls in Liu Gong Li ansässig. »Meine produziert die meisten Wannen«, sagt er, »aber wir sind nicht unbedingt der profitabelste Betrieb.« Also werden noch Jahre des Sparens anstehen, und die Wangs müssen auf eine günstige Entwicklung auf dem Badewannenmarkt hoffen, bevor sie sich eine Wohnung kaufen, ihren Enkel auf die Universität schicken und Liu Gong Li hinter sich lassen können – obwohl es sich bis dahin, falls der Traum wahr wird, zu einem Ort entwickelt haben könnte, an dem sie gerne bleiben würden.

Auf dem Weg ins Tal erweist sich der graue Kubismus als Flickenteppich aus winzigen, offiziell gar nicht existierenden Betrieben, die hinter behelfsmäßig zusammengebauten Betonslum-Gebäuden verborgen sind. Unterhalb der Badewannenwerkstatt liegt, direkt an der Straße, ein außergewöhnlich geräuschvoller Ort, an dem 20 Beschäftigte metallene Sicherheitsgeländer herstellen; ein Stück weiter stößt man auf einen Betrieb, der maßgefertigte Kühlräume herstellt. Eine Werkstatt für Pulverlackmischungen; einen Betrieb, der mit einem halben Dutzend schwerer Maschinen computergesteuerte Stickmuster ausstößt; eine Fabrik für Elektromotorwinden; einen sauer riechenden Ort, an dem Arbeiter, die kaum im Teenageralter sind, an Heißsiegelmaschinen aufblasbares Strandspielzeug herstellen; man trifft auf ähnlich organisierte Familienbetriebe aus allen Branchen, sie produzieren Ladendisplays, PVC-Fensterrahmen, im Strangpressverfahren hergestellte Rohrleitungen für Klimaanlagen, billige Holzschränkchen, reich verzierte hölzerne Bettgestelle, Hochspannungs-Transformatoren, Motorradteile, die an computergesteuerten Dreh- und Fräsmaschinen entstehen, und Restaurant-Dunstabzugshauben aus rostfreiem Stahl.

Diese Betriebe, deren Produkte meist für asiatische Kunden bestimmt sind, wurden alle im Lauf der letzten zehn, zwölf Jahre von Dorfbewohnern gegründet, die sich hier niederließen, oder von ehemaligen Beschäftigten der ersten Zuwanderungswelle von Dörflern.

In jedem unverputzten, ungestrichenen Betonwürfel regiert derselbe Rhythmus von Ankunft, Existenzkampf, Erwirtschaftung des Lebensunterhalts, Sparen, Planen, Kalkulieren. Alle Bewohner von Liu Gong Li – und alle 120 000 Menschen auf diesem Streifen Land – kamen nach 1995 aus einer ländlich-dörflichen Umgebung hierher. Alle, die länger als ein paar Monate hierbleiben, haben beschlossen, sich langfristig niederzulassen und dem Schmutz, der Enge und den Widrigkeiten des Alltagslebens zu trotzen, auch wenn sie ihre Kinder oft bei Familienangehörigen auf dem Dorf zurücklassen müssen. Sie haben für sich entschieden, dass dies das bessere Leben ist. Die meisten von ihnen haben eine außerordentlich lange Odyssee der Selbstverleugnung und harten Entbehrungen auf sich genommen. Fast alle schicken Geld – und ziemlich häufig fast ihre ganzen Einkünfte – zur Unterstützung der Angehörigen ins Dorf zurück und sparen einen Teil davon hier in der Stadt für die Ausbildung ihrer Kinder. Alle sind mit täglichen Berechnungen beschäftigt, in denen die unerträgliche Last ländlicher Entbehrungen eine Rolle spielt, die kaum aufzubringenden Kosten des entwickelten Großstadtlebens und der brüchige Pfad der Lebenschancen, der eines Tages eine Verbindung zwischen den beiden Bereichen bilden könnte.

Mit anderen Worten: Die *Ankunft* ist die wichtigste Funktion dieses Ortes. Wie Millionen andere neue und periphere städtische Wohnviertel erfüllt Liu Gong Li eine Reihe besonderer Funktionen. Es ist mehr als nur ein Ort zum Leben und Arbeiten, Schlafen, Essen und Einkaufen. Es ist in allererster Linie ein Ort des Übergangs. Fast alle wichtigen Aktivitäten, die sich am Ort entfalten und über das bloße Überleben hinausgehen, haben zum Ziel, Dorfbewohner, ja sogar ganze Dörfer in die städtische Umgebung einzuführen, ins Zentrum des gesellschaftlichen und wirtschaftlichen Lebens, in das Bildungswesen, die Akkulturation und Zugehörigkeit zur Gemeinschaft, in einen nachhaltigen Wohlstand. In der Ankunftsstadt wohnen einerseits Menschen, die sich in einer Übergangsphase befinden – denn sie macht aus Außenseitern »mittendrin« lebende Stadtbewohner mit einer auf Langfristigkeit angelegten sozialen, wirtschaftlichen und politischen Zukunft –, andererseits ist sie selbst ein Ort, der eine Übergangszeit durchmacht, denn ihre Straßen, Häuser und fest etablierten Familien werden eines Tages entweder zur Kernstadt gehören, oder sie werden scheitern, einen Abstieg in die Armut erleben oder zerstört werden.

Die Ankunftsstadt kann leicht von anderen städtischen Wohnbezirken unterschieden werden, nicht nur wegen ihrer Bewohner, den Zuwanderern vom Land, und aufgrund ihres improvisierten Erscheinungsbildes und fortdauernden Wandels, sondern auch aufgrund der ständigen Verbindungen, die es aus jeder Straße, jedem Haus und jedem Arbeitsplatz in zwei Richtungen gibt. Sie ist dauerhaft und intensiv mit den *Herkunftsdörfern* verbunden, Menschen, Geld und Wissen werden ständig hin und her geschickt. Das ermöglicht die nächste Zuwanderungswelle aus dem Dorf, erleichtert innerhalb des Dorfes die Fürsorge für die älteren wie auch die Ausbildung der jüngeren Generationen und finanziert die Verbesserung der Infrastruktur im Ort. Und sie unterhält wichtige und äußerst enge Verbindungen zur etablierten Stadt. Ihre politischen Institutionen, Geschäftsbeziehungen, sozialen Netzwerke und Transaktionen bilden eine am Rand der größeren Gesellschaft liegende Ausgangsbasis, die – bei aller Zerbrechlichkeit – den Neuankömmlingen Halt bietet. Von dort aus können sie sich selbst und ihre Kinder voranbringen, weiter in Richtung Zentrum, hin zur gesellschaftlichen Anerkennung und zu guten Verbindungen. Liu Gong Li tut vielerlei, verkauft viele Waren und beherbergt viele Menschen, aber alles geschieht mit einem übergreifenden Ziel, für ein Projekt, das sein aberwitziges Spektrum von Aktivitäten unter einen Hut bringt. Liu Gong Li ist eine Ankunftsstadt. Hier, an der Peripherie, liegt der neue Mittelpunkt der Welt.

Ein kurzer Fußmarsch führt von der mit Betriebsanlagen zugebauten Talsohle auf der gewundenen Schotterstraße zum Talkamm hinauf. Dort stößt man auf eine besonders dichte Zusammenballung von Betongebäuden. Biegt man hinter einem kleinen Restaurant in eine schmale Gasse ab, gelangt man durch ein von hohen Mauern umgebenes Labyrinth von Tunnels und engen Durchgängen in einen kleinen grauen Hof. Mitten im Chaos des Slums ist dies ein ruhiger Ort, an dem man einen kleinen Tisch mit niedrigen Holzstühlen vorfindet. Die Luft ist erfüllt von den durchdringenden Gerüchen der Sichuan-Küche und den fernen Geräuschen von Motoren, dem Weinen von Babys, gerufenen Befehlen, Hupen. Neben dem Tisch kauert ein alter Mann. Er trägt die traditionelle grüne Tuchjacke und die abgenutzten Segeltuchschuhe der Bauern und eine Nike-Baseballmütze. Neben ihm liegt ein konischer Bambushut. Der ist mit Kräutern gefüllt, die der Alte bei einem Spaziergang im wenig bekannten Grünstreifen am anderen Ende des Tales gesammelt hat. Dieser Ort liegt hinter dem fünf Stockwerke hohen Müllberg, der den größten Teil der alten Lichtung einnimmt.

Dieser Mann ist Xu Qin Quan, der Heilkräutersammler und Dorfpatriarch. Er lebt nach wie vor exakt am gleichen Ort, im Zentrum von Liu Gong Li. Der Übergang zum Stadtleben hat ihn zu einem reichen Mann gemacht. Mit seinen Mieteinnahmen hat er den größten Teil seiner Familienangehörigen in Eigentumswohnungen untergebracht, die jeweils 75 000 Dollar kosten, das zehnfache Jahresgehalt eines Managers. Nur er allein wohnt immer noch hier, in der Nähe seiner medizinischen Schatzkammer. Das »Dorf« ist immer noch im gemeinschaftlichen Besitz der ursprünglichen Bewohner und gilt vor dem Gesetz nach wie vor als Dorf. Das bedeutet, dass keines der Hunderte von Gebäuden hier – mit Ausnahme dieses einen – vollständig den Eigentümern gehört, selbst wenn diese bei der Dorfgemeinschaft Besitztitel erworben haben und ihre Häuser gewinnbringend kaufen und verkaufen. Der blühende Immobilienmarkt hat die Mieten und inoffiziellen Grundstückspreise steigen lassen, was den »Eigentümern«, den Zuwanderern vom Land, über Miete, Untervermietung und Grundstücksspekulation – nichts davon ist amtlich anerkannt oder wird besteuert – eine Kapitalquelle verschafft hat, die sie häufig zur Gründung von Unternehmen nutzen. Die Stadtverwaltung könnte den gesamten Bezirk jederzeit mit Bulldozern einebnen lassen und alle 120 000 Bewohner entweder vertreiben oder in Wohnblocks umsiedeln, die unmittelbar neben sauberen, amtlich registrierten und Steuern zahlenden Textilfabriken liegen. China ging gegen Hunderte von Ansiedlungen so vor und sprengte zugleich das Leben und die wirtschaftlichen Beziehungen von Familien, die alles in ein städtisches Standbein dieser Art investiert hatten. Die Gründer von Liu Gong Li sind zuversichtlich, dass ihnen zumindest noch ein Jahrzehnt bleibt, bis so etwas geschieht.

Vertreter des Volkskongresses von Chongqing erzählen mir in vagen Worten, dass sie ihre gesamte Megalopole eines Tages zu einem Ort ohne Slums machen wollen, die dann durch hübsche Arbeitersiedlungen und Privatwohnungen ersetzt würden, die man um die industriellen Zentren herum errichten werde. Sie erzählen mir aber auch, dass sie die Urbanisierung so schnell wie möglich vorantreiben wollen, und zwar mit einer Wachstumsrate, die ohne eine exponentielle Zunahme dieser inoffiziellen Siedlungen mit hoher Bevölkerungsdichte gar nicht aufgefangen werden kann. An jedem beliebigen Tag des Jahres mögen im Stadtgebiet von Chongqing mehrere Tausend Hochhäuser im Bau sein (die alle von Privatfirmen errichtet werden), aber das Budget für den Wohnungsbau wird durch den Zustrom neuer Bewohner bei Weitem übertroffen, und die Neuankömmlinge vom Land sind vom Wohnungsmarkt nach wie vor offiziell ausgeschlossen, solange sie nicht so viel Geld verdienen, dass sie sich auf dem privaten Wohnungsmarkt einkaufen können. Die Ankunftsstadt ist keine vorübergehende Anomalie. Diese Ankunftsstadt-»Dörfer« wurden in den chinesischen Großstädten des Binnenlandes zu einem festen, wenn auch nicht anerkannten Bestandteil des Wachstumsplans am jeweiligen Ort, seiner Wirtschaft und seines Lebensstils.

»Meine Mieter sind im Allgemeinen Menschen, die unbedingt zu Stadtbewohnern werden wollen, aber nur einem Bruchteil von ihnen wird dies gelingen«, sagt Herr Xu, während seine Töchter ein üppiges Festmahl für das Drachenboot-Fest im Juni vorbereiten. »Oft verdienen sie nicht genug Geld, um irgendetwas zu sparen, und das Leben hier wird zu teuer für sie. Viele von ihnen werden wieder zurückgehen müssen, solange sich hier nichts ändert. Wir alle wollen das bäuerliche Leben hinter uns lassen, und China will, dass wir jetzt zu Stadtbewohnern werden, aber sie haben es uns so schwer gemacht, dieses Ziel zu erreichen.«

Sehr viele Bewohner von Liu Gong Li leben tatsächlich wie Wang Zhen Lei, 36, und ihr Ehemann Shu Wie Dong, 34, die in einem zwei mal drei Meter großen Raum nächtigen. Er besteht aus Gipskartonwänden, die einen halben Meter unter der Fließbetondecke eines Schlafsaals für Ehepaare, in dem es ein Dutzend ähnlicher Kammern gibt, an dünnen Holzbalken aufgehängt werden. Das ganze Gebäude ragt in riskanter Manier über einen übel riechenden Wasserlauf hinaus. Das einzige Fenster ist verrammelt und bedeckt, bis auf einen 60 Zentimeter breiten Schlitz am oberen Ende. Die Beleuchtung kommt aus nackten weißen Glühbirnen. Zehn Stunden am Tag und oft auch an Wochenenden nähen die beiden an Arbeitstischen in einem benachbarten, ebenfalls aus Beton errichteten Raum Kleidungsstücke. Die Wände des Arbeitsraums sind mit grobem Leinenstoff verkleidet und ansonsten ähnlich kahl wie die Schlafkammern, mit Ausnahme eines Farbfernsehers, der unentwegt chinesische Seifenopern anbietet. Die Fabrik mit ihren 30 Nähtischen gehört einem Mann, der 1996 aus einem weit entfernten Dorf nach Liu Gong Li zog, anfangs selbst Textilarbeiter war und seine Arbeiter heute im Stücklohn beschäftigt. Sie verdienen monatlich 200 bis 400 Dollar. Der Schlafraum wird unentgeltlich zur Verfügung gestellt (was nicht in allen Fabriken der Fall ist). Das Leben von Frau Wang und Herrn Shu besteht aus exakt 29 Besitztümern, darunter vier Essstäbchen und ein Mobiltelefon; die große Stadt Chongqing, die jenseits der Straßen von Liu Gong Li liegt, haben sie noch nie gesehen. Jeden Monat zweigen sie 45 Dollar für Nahrungsmittel und 30 Dollar für sonstige Ausgaben ab und schicken den ganzen Rest in ihr Dorf. Damit finanzieren sie die Ausbildung ihrer Tochter, die eine höhere Schule besucht, und unterstützen ihre Eltern, die sich um die Tochter kümmern.

Ab 1993 hatten sie elf Jahre lang in moderneren, nicht so stark an eine Gruft erinnernden Arbeiterunterkünften in Shenzhen gelebt, der 1500 Kilometer weiter südlich gelegenen Industriestadt im Perlfluss-Delta. Die Textilfabriken dort, die für westliche Unternehmen produzierten, boten bessere Arbeitsbedingungen und zahlten auch mehr. Aber die beiden stellten dort einen großen Mangel fest: In Shenzhen gab es keinerlei Aussicht auf »Ankunft«. Sie konnten sich dort, so viel sie auch sparen mochten, niemals eine Wohnung leisten, und die Stadt bot ihnen keine Option auf den Ankauf einer Unterkunft in einer Hüttensiedlung – eines Obdachs von der Art, die in Liu Gong Li vorherrscht –, weil es in der nach Plan entstandenen Stadt Shenzhen so etwas gar nicht gibt. Und sie konnten ihre geliebte Tochter nicht sehen, die einzige Ausnahme im Jahreslauf war das chinesische Neujahrsfest. Es gab, kurz gesagt, keine Zukunft. Das Paar zog nach Norden und unterwarf sich einem schmerzlichen Kuhhandel: Die Familie würde jetzt in der Nähe sein, vielleicht würde es für ihre Tochter und ihre Eltern eine Zukunft in der Stadt geben, und im Gegenzug würden sie den größten Teil ihres noch verbleibenden Arbeitslebens in einem Loch verbringen, das nur Einsamkeit und Dunkelheit zu bieten hatte.

Wie so viele Menschen an diesem Ort und in aller Welt haben sie ihr ganzes Leben mit der Ausbildung ihrer Tochter verbunden – wobei sie wissen, dass das nicht viel mehr ist als eine Wette mit einer 50:50-Chance. »Wir wollen alle, dass unsere Kinder in der Schule bleiben und es auf die Universität schaffen, damit sie nicht in einer solchen Fabrik arbeiten müssen«, sagt Frau Wang. »Aber wenn meine Tochter nicht zugelassen wird, würde ich auch die Alternative akzeptieren, die immer noch besser ist als das Leben im Dorf: Dann arbeitet sie in der Fabrik, so wie wir.«

Auf 20 Familien dieser Art in Liu Gong Li kommt ein Clan wie der von Xian Guang Quan. Er und seine Frau kamen als lese- und schreibunkundige Bauern hierher, schliefen jahrelang auf Baustellen unter freiem Himmel, zogen schließlich in eine Betonhütte in Liu Gong Li und sparten ihr Geld. Im Jahr 2007 zogen sie in einen zehnstöckigen Wohnblock, den der 46-jährige Herr Xian mit seinem Bautrupp errichtet hatte. Es ist ein äußerst schlichtes, aus roten Backsteinen errichtetes Gebäude, dessen Mitte von einem Treppenhaus aus nacktem Beton eingenommen wird, aber die Familie Xian hat aus ihrer geräumigen Wohnung eine Art Palast gemacht: ansprechend gefliese Böden mit großen freien Flächen; helle Tapeten, modernistische Kronleuchter, eine einladende orange Sofagarnitur, ein großer Plasmafernseher und ein Surround-Soundsystem. Herr Xian, ein schwergewichtiger Mann mit fortgeschrittener Glatzenbildung und einem Dauerlächeln, verbringt seine Freizeit mit Einkaufsgängen in der Stadt oder mit ausgedehnten Mah-Jongg-Spielen, bei denen viel geraucht wird, in Gesellschaft alter Freunde aus dem Dorf. Er pflegt einen Mittelschichtlebensstil, den er mit einem soliden Mittelschichteinkommen finanziert. Nichts erinnert mehr an die noch nicht sehr lange zurückliegenden sechs Jahre, die er anfangs hier verbrachte, unter freiem Himmel, ohne Geld und Besitztümer.

Er kam 1992 aus dem über 100 Kilometer entfernten Dorf Shi Long, kurz nachdem Chinas Wirtschaftspolitik liberalisiert wurde und die Regierung den Bauern mehr Mobilität zugestand. Es war ein von Verzweiflung motivierter Umzug, weg von einem Leben auf dem Land, bei dem sechs Familienmitglieder in einer winzigen Strohhütte mit Lehmboden hausten. In Chongqing wurde damals viel gebaut, die alten Holzgiebelhäuser ersetzte man durch einfallslos konstruierte Hochhäuser, und Bauarbeiter waren gefragt. Herr Xian hatte nur seine Hände, seinen Verstand und seine Frau. Sie kochte für die Bautrupps, und er arbeitete, anfangs für einen Tageslohn von 50 bis 75 Cents und Reismahlzeiten, denen alle fünf Tage auch etwas Schweinefleisch beigemischt war, sowie für das Recht, auf der Baustelle zu schlafen. Sie wickelten sich in Bettücher und schliefen auf den Fundamenten der Neubauten – wie Hunderttausende andere obdachlose Arbeiter in der Stadt.

Ihren ganzen Verdienst schickten sie nach Shi Long und sahen ihre Tochter jahrelang nicht. Sie gehörten jetzt zur

150 bis 200 Millionen Menschen zählenden »Wanderarbeiter-Bevölkerung« Chinas. Menschen, die in der Stadt lebten, aber nur dörfliche Meldepapiere besaßen, hatten nach den rigiden Bestimmungen des Haushaltmeldesystems *(Hukou)* kein Recht auf Wohnraum in der Stadt, Leistungen der Sozialfürsorge, medizinische Versorgung oder die Aufnahme ihrer Kinder in Schulen in der Stadt. Nach einer Reform des Hukou-Systems zu Beginn dieses Jahrhunderts konnten Migranten Anträge auf Hukou in der Stadt stellen, aber in der Praxis ist dies so gut wie unmöglich, und es bedeutet zugleich auch die Aufgabe des dörflichen Wohnsitzes. Nur sehr wenigen Bauern gelingt dies bereits in der ersten Generation, denn Chinas Grundschul-, Kinderbetreuungs-, Sozialfürsorge- und Arbeitslosenversicherungssysteme reichen nicht annähernd für die Absicherung des äußerst unsicheren Lebens eines Neuankömmlings in der Stadt aus. Ein Sechstel der chinesischen Bevölkerung zählt deshalb weder zur Land- noch zur amtlich registrierten Stadtbevölkerung.

Xian Guang Quan war entschlossen, den Durchbruch ins Stadtleben zu schaffen. Aus 20 Bauarbeitern und Weggefährten vom Land formierte er 1998 einen Bautrupp und arbeitete mit diesen Leuten als eigenständiges Unternehmen. Die Firma war weder registriert noch den nationalen Vorschriften entsprechend zugelassen, denn dazu wäre ein städtischer Hukou erforderlich gewesen. Das Einkommen entwickelte sich jedoch gut, es erreichte das beruhigende Mittelschichtniveau von 15 000 Dollar jährlich, in guten Jahren sogar bis zu 30 000 Dollar. Herr Xian und seine Frau wohnten trotz der mittlerweile erreichten finanziellen Absicherung weiterhin in einer winzigen Betonhütte, die sie sich in Liu Gong Li gekauft hatten. »Wir hätten besser wohnen können, als wir Ende der neunziger Jahre das erste große Geld verdienten, aber dieses Risiko wollten wir nicht eingehen«, erzählte er mir. »Erst mussten wir unsere Tochter durch die Schule bringen und unsere Eltern auf dem Dorf mit richtigen Backsteinhäusern versorgen. Zur Absicherung der Zukunft mussten wir große Geldbeträge ansparen.«

Genau diese Anforderungen, die an arme Migranten aus den Dörfern gestellt werden – nämlich einen großen Teil des Einkommens für medizinische Versorgung, Ausbildung und Notfallrücklagen auszugeben –, hielten Tausende von Einwohnern Liu Gong Lis, Menschen wie Frau Wang, in einer unbequemen Welt fest, die weder städtisch noch ländlich ist. Sie isolierten die Menschen von ihren Kindern und verhinderten, dass sie als vollwertige, gleichberechtigte Akteure am Wirtschaftsleben des Landes teilnehmen. Der chinesische Staat nimmt, zum gegenseitigen Nachteil, kaum Einfluss auf ihr Leben. Herr Xian nahm diese Hürde, indem er einen Plan entwickelte. Er brachte 14 seiner erfolgreichsten Bauarbeiterfreunde zusammen, und jeder von ihnen legte 15 000 Dollar in die Gemeinschaftskasse. Damit wollten sie drei zehnstöckige Häuser in unmittelbarer Nachbarschaft von Liu Gong Li bauen, in einer Siedlung, der sie einen angenehm klingenden Namen gaben. Die eher sperrige Übersetzung dieses Namens lautet »Ethnisch-Nationales Neues Dorf«. Der Besitz eines Hauses würde ihnen ein Einkommen garantierten, und sie würden die kleinen Wohnungen an »die Bauern« vermieten, wie Herr Xian die Neuankömmlinge aus den Dörfern nennt. Das zweite Projekt sollte aus zu verkaufenden Produktionsstätten bestehen, und für das Erdgeschoss waren Ladengeschäfte vorgesehen. Das dritte Haus sollte dann 15 große Eigentumswohnungen für ihn und seine Geschäftspartner enthalten. Mit diesem Plan schafften es Herr Xian und seine Gefährten nach 15 Jahren großer Entbehrungen und des Sparens, ihren Traum vom Ankommen zu verwirklichen.

Man trifft weltweit nur selten auf eine Familie, die noch in einem Haus mit Lehmboden aufgewachsen und dann in derselben Generation in die Mittelschichtwelt der Hypotheken und Einkaufszentren vorgedrungen ist. Sehr viel mehr Menschen ergeht es wie dem 32-jährigen Pu Jun, einem schmächtigen und irgendwie unbeholfen anmutenden Mann, der in einer der Dutzenden von ehemaligen Dorfbewohnern betriebenen Fabriken im Talgrund arbeitet. Die Fabrik, von der hier die Rede ist, ist im Unterschied zu den Nachbarbetrieben ruhig, sauber, gut belüftet und in ständige Dunkelheit gehüllt, ein Erscheinungsbild, das den Besucher ein bisschen an eine Kathedrale erinnert. Die 30 Beschäftigten gehen einer schwierigen Arbeit nach: Sie überholen Hochspannungstransformatoren, komplizierte, mit Giftstoffen gefüllte Apparate von der Größe eines Kraftfahrzeugs. Herr Pu ist ein geschulter und erfahrener Techniker, er wurde an einer Gewerbeschule in der Nähe seines Heimatdorfes im Ostteil der Provinz Sichuan ausgebildet und hat in den Fabriken von Shenzhen Berufserfahrungen gesammelt: ein Werdegang, der eigentlich eine Eintrittskarte für ein gesichertes Leben in der Mittelschicht sein sollte.

Als ich jedoch eines Nachmittags in der Fabrik mit ihm sprach, zeigte er eine Art stiller Besorgnis und versuchte diskret einen Rückschlag zu verarbeiten, der mit einem Mal das gesamte Unternehmen infrage zu stellen schien. Zu diesem Zeitpunkt hatte er noch 150 Dollar in der Tasche und überlegte, wo er die noch fehlenden 15 Dollar für die Monatsmiete hernehmen sollte. Und diese Auskunft kam von einem Mann, der fünf Jahre lang keinen Cent für sich selbst behalten hatte. Erst vor drei Monaten hatte er seinen beiden kleinen Kindern gesagt, sie könnten sich darauf freuen, am Jahresende zu ihm in die Stadt zu ziehen.

Aber die Dinge waren plötzlich aus dem Ruder gelaufen. Sein 61-jähriger Vater hatte eine Krankheit bekommen, die schwer zu diagnostizieren war und ihn zur ständigen Einnahme von Medikamenten zwang. Die Tabletten, die er gegen seine Anfälle einnehmen muss, verschlingen inzwischen in einem Gesundheitssystem, das alles andere als kostenlos ist, ein Drittel von Herrn Pus Einkommen, das eigentlich in erster Linie für die Versorgung seiner Kinder im Heimatdorf bestimmt ist. Er hatte zuvor bereits eine Reihe von Rückschlägen erlitten, unter anderem einen katastrophal gescheiterten Versuch, seinen Bauernhof auf Obstanbau umzustellen, und die eigentlich nicht geplante Geburt eines zweiten Kindes. Und seine Ehe war gescheitert. Letzteres ist in den Ankunftsstädten in aller Welt nichts Ungewöhnliches: Der Übergang zum Stadtleben setzt die Ehen fürchterlichen Belastungen aus. Doch in Herrn Pus Fall war das Ende dieser Entfremdung vor einigen Wochen teurer geworden: Seine Frau, die als Dim-Sum-Serviererin 150 Dollar im Monat verdiente, hatte beim Versuch, ein eigenständiges Leben zu führen, erhebliche Schulden angehäuft. »Das ist die schlimmste Zeit in meinem Leben«, sagte er rundheraus. »Wir lebten getrennt, und wenn wir getrennt sind, streiten wir, und dann vergessen wir unsere gemeinsamen Ziele – wir vergaßen, dass das Ziel der Aufbau einer gemeinsamen Zukunft ist. Und plötzlich muss ich für drei Generationen sorgen.«

Unter dem Vorbehalt, dass es keine weiteren Rückschläge mehr gibt, rechnet er jetzt mit weiteren drei Jahren Wartezeit, bis er mit seinen Kindern unter einem Dach wohnen, sie in der Stadt zur Schule schicken und der bäuerlichen Vergangenheit seiner Familie ein für alle Mal ein Ende setzen kann. Wann immer die Arbeit es zulässt, nimmt er das abgegriffene und zerknitterte Bild seines Sohnes Ming Lin (6) und seiner Tochter Dong (4) und flüstert ihnen leise etwas zu. Er sehnt sich nach ihrer Gesellschaft. »Ich hoffe, die Kinder werden das eines Tages verstehen – verstehen, warum wir so oft fort waren, warum wir nie für sie da waren, wenn sie etwas über diese Welt lernten, und welches Opfer wir brachten. Ich glaube, wir können das im Umgang mit ihnen wiedergutmachen. Wir möchten ihnen ein besseres Leben ermöglichen, als wir es selbst erlebt haben. Im Augenblick«, sagt er und gebraucht eine chinesische Redensart, die in der Ankunftsstadt fast wie ein Mantra klingt, »müssen wir die Bitterkeit hinunterschlucken.«

Die Enklave der Exdorfbewohner in der großen Stadt, ganz am Rand unseres Wahrnehmungsfeldes und jenseits der Reiseführerbeschreibungen, ist zum Schauplatz des nächsten Kapitels im Weltgeschehen geworden, angetrieben von Anstrengungen und Hoffnungen, heimgesucht von Gewalt und Tod, bedrängt von Vernachlässigung und Missverständnissen. Geschichte wird geschrieben – und weitgehend ignoriert – an Orten wie Liu Gong Li oder in Clichy-sous-Bois am

Stadtrand von Paris oder in Dharavi, der fast eine Million Einwohner zählenden Ankunftsstadt in Mumbai, oder in der Latino-Ankunftsstadt Compton am Rand von Los Angeles. All diese Orte werden von Menschen bewohnt, die aus Dörfern dorthin gekommen sind, und all diese Orte fungieren als Sprungbrett zur eigentlichen Stadt und als Ausgangspunkt für die finanzielle Unterstützung der nächsten Zuwandererwelle. Für die Ankunftsstädte gibt es in aller Welt viele Namen: Slums, Favelas, Bustees, Bidonvilles, Ashwaiyyat, Shantytowns, Kampongs, Urban Villages, Gecekondular und Barrios in den Entwicklungsländern; in den reichen Ländern, die selbst jedes Jahr zwei Millionen Menschen, hauptsächlich ehemalige Dorfbewohner, aus den Entwicklungsländern aufnehmen, spricht man von Einwanderervierteln, von bestimmten Ethnien geprägten Stadtbezirken, von Banlieues Difficiles, Plattenbausiedlungen, Chinatowns, Little Indias, Hispanic Quarters, städtischen Slums und Migrantenvororten.

Ich präge hier den Begriff »Ankunftsstadt«, um diese Orte unter einem terminologischen Dach zusammenzufassen, denn unsere herkömmlich-gelehrte und bürokratische Sprache – »Eingangstor für Immigranten« (immigrant gateway), »Zuwanderergemeinschaft der ersten Generation« (community of primary settlement) – gibt ihre dynamische Struktur und ihren Übergangscharakter nicht angemessen wieder. Wir nehmen die Ankunftsstädte meist als festgefügte Einheiten wahr: als Ansammlungen billiger Unterkünfte, in denen arme Menschen wohnen, meist unter wenig gesunden Bedingungen. In der Sprache der Stadtplaner und Regierungen werden diese Enklaven oft als statische Anhängsel definiert, als krebsartige Wucherungen einer ansonsten gesunden Stadt. Ihre Bewohner werden, so hat es der ehemalige brasilianische Staatspräsident Fernando Henrique Cardoso einmal formuliert, »eher als ökologisch definierte Gruppe denn als Teil des sozialen Systems«[1] wahrgenommen.

Das führt zu der tragischen Wohnungsbaupolitik in den westlichen Ländern, einer Politik, die in Paris 2005 gewalttätige Unruhen auslöste, in London bereits in den 1980er-Jahren, und in Amsterdam im ersten Jahrzehnt dieses Jahrhunderts mörderische Gewalt erzeugte. In Asien, Afrika und Südamerika sind die politischen Folgen noch schlimmer, bis hin zu Räumungen von Slums, bei denen die Zukunft von Zehntausenden oder Hunderttausenden von Menschen rücksichtslos mit abgeräumt wird. In einer alternativen Sichtweise, die in populären Büchern und Filmen dargeboten wird, werden Ankunftsstädte als bloße Erweiterungen eines dystopischen »Planeten der Slums« abgeschrieben, als homogene Unterwelt, in der die in Unbeweglichkeit verharrenden Armen in ihren wie Gefängnisse wirkenden Wohnbezirken von feindselig gestimmten Polizisten in Schach gehalten, von ausbeuterischen Unternehmen ausgenutzt und von parasitären evangelikalen Religionsgemeinschaften umworben werden.[2] So geht es zwar mit Sicherheit in vielen Ankunftsstädten zu, wenn sie ihre Durchlässigkeit eingebüßt haben oder vom Staat aufgegeben worden sind. Wer diese Fälle jedoch als normale Lebensbedingungen in solchen Ansiedlungen bezeichnet, übersieht den großen Erfolg der Ankunftsstadt: In den erfolgreichsten Gebieten der Entwicklungsländer wie auch des Westens ist sie das wichtigste Mittel für die Herausbildung einer neuen Mittelschicht, die

Beseitigung der Schrecken ländlicher Armut und die Abschaffung der Ungleichheit.*

Wir sollten diese Siedlungen eher als eine Reihe von Funktionen wahrnehmen, anstatt sie als unveränderliche Einheiten oder eigenschaftslose Orte abzutun. Die erste Funktion der Ankunftsstadt ist die Schaffung und Pflege eines *Netzwerks:* eines Netzes von zwischenmenschlichen Beziehungen, das Dorf, Ankunftsstadt und bestehende Stadt verbindet. Unterstützt von Kommunikationstechnik, Geldtransfers und traditionelleren familiären und dörflichen Beziehungen, sorgen diese Netzwerke für ein Gefühl von Schutz und Sicherheit (das in der Ankunftsstadt immer von vorrangiger Bedeutung ist); sie erzeugen ein Gefühl von Führungskraft und politischer Vertretung; sie geben der Ankunftsstadt eine eigene Identität. Zweitens fungiert die Ankunftsstadt als *Zugangsmechanismus.* Sie nimmt die Menschen nicht einfach nur auf, indem sie (über die Netzwerke) billige Unterkünfte und Unterstützung bei der ersten Arbeitsbeschaffung bietet, sondern ermöglicht über einen Prozess, der unter der Bezeichnung Kettenmigration bekannt ist, auch die nächste Welle von Neuzugängen: Aus der Ankunftsstadt kommen Bargeld und erste Kreditlinien ins Dorf, sie vermittelt Arbeitsstellen und Hochzeiten über internationale Grenzen hinweg und arbeitet Pläne aus, mit denen sich Einwande-

---

* Die Ungleichheit hat mit der Verstädterung in den Ländern abgenommen, die ihre Ankunftsstädte aufblühen lassen. In Brasilien, Peru und Malaysia ist die Ungleichheit mit der Verstädterung zurückgegangen. In China, wo die Ankunftsstädte Einschränkungen unterworfen sind, ist sie dagegen gewachsen. In Indien, einem Land mit chaotischer Stadtplanung, hat sich nichts geändert. Die Verstädterung hat in all diesen Fällen die Armut deutlich vermindert und den Lebensstandard des ärmsten Fünftels der Bevölkerung verbessert.

rungsbeschränkungen umgehen lassen. Drittens fungiert die Ankunftsstadt als *städtische Niederlassungsplattform:* Sie bietet informelle Ressourcen, die es dem Migranten aus dem Dorf – nach einer Sparphase und nach der Aufnahme in das Netzwerk – ermöglichen, ein Haus zu kaufen (durch Kreditaufnahme und informelles oder rechtsgültiges Handeln), ein kleines Unternehmen zu gründen (mithilfe von Darlehen, Häusern, Beziehungen), die Fühler nach der Kernstadt auszustrecken, um höhere Bildungsabschlüsse zu erreichen oder ein politisches Amt zu übernehmen. Viertens eröffnet die angemessen funktionierende Ankunftsstadt einen *Weg zur sozialen Mobilität,* der entweder in die Mittelschicht oder in die Reihen der wirtschaftlich vorankommenden, mit festen Arbeitsplätzen und eigenem Besitz ausgestatteten oberen Arbeiterschicht führt. Diese Wege in die »Kernstadt« ergeben sich durch Wohnungswert und Legalisierung, geschäftlichen Erfolg, Möglichkeiten zu höheren Bildungsabschlüssen für Migranten oder ihre Kinder, Beschäftigungschancen in Elite- oder »offiziellen« städtischen Unternehmen oder sogar durch die einfache physische Anbindung an die Stadt und den Ausbau von Straßen, Wasserleitungen und Kanalisation, Häusern und Verkehrsverbindungen. Das lässt auch die Immobilienpreise in der Ankunftsstadt steigen, und so entsteht durch die Chancen, die Einnahmen aus Verkauf oder Vermietung eröffnen, ein Weg für den Aufstieg. In Wissenschafts- und Regierungskreisen ist es in Mode gekommen, solche Funktionen vage als »soziales Kapital« zu bezeichnen. Das ist, kurz gesagt, genau das, was Ankunftsstädte ausmacht: Sie sind Aufbewahrungsorte für soziales Kapital, Maschinen für dessen Produktion und Vertrieb. Im Folgenden soll genau gezeigt werden, wie dieses Kapital in der erweiterten Ökonomie des städtischen Erfolgs funktioniert.

Eine Ankunftsstadt kann eine einzige Anhäufung von Gebäuden sein, die ausschließlich von dörflichen Migranten bewohnt wird (wie Liu Gong Li), oder ein engmaschiges Netzwerk von Menschen, die in einem unterprivilegierten Wohnbezirk eine – vielleicht nur zehn Prozent ausmachende – Minderheit bilden. (So verhält es sich in den meisten britischen Ankunftsstädten: Auch in ethnischen Enklaven wie Bradford und Bethnal Green liegt der Migrantenanteil bei unter 50 Prozent.)

Die moderne Ankunftsstadt ist das Produkt der letzten großen Wanderungsbewegung der Menschheit. In diesem Jahrhundert ist ein Drittel der Weltbevölkerung in Bewegung, zieht vom Dorf in die Stadt. Diese Bewegung setzte in größerem Umfang kurz nach dem Zweiten Weltkrieg ein, als Dorfbewohner in Südamerika und im Nahen Osten ihren Herkunftsort verließen, um am Rand der großen Städte neue Enklaven zu errichten, und tritt jetzt in die intensivste Phase ein. In China »wandern« 150 bis 200 Millionen Menschen zwischen Dorf und Großstadt, in Indien und Bangladesch gibt es große Bevölkerungsverschiebungen, und in Afrika und Südostasien schließt sich eine gewaltige Zahl von Menschen dem Exodus an. Im Jahr 1950 lebten 309 Millionen Menschen in den Entwicklungsländern in Großstädten, bis zum Jahr 2030 werden es 3,9 Milliarden sein. Noch 2008 lebte genau die Hälfte der Weltbevölkerung von 6,7 Milliarden Menschen in Dörfern, die meisten von ihnen in Afrika und Asien, und dazu gehörten fast vollständig die eine Milliarde Menschen zählenden Ärmsten der Armen, deren Familien von weniger als einem Dollar pro Tag leben müssen. Die reichen Nationen Nordamerikas, Europas, Australiens und Ozeaniens sowie Japan, Länder, die noch bis zum Ende des 19. Jahrhunderts weitgehend ländlich strukturiert waren, weisen heute eine städtische Bevölkerung von 72 bis 95 Prozent auf, und diese Zahlen haben sich seit Jahrzehnten nicht verändert. In den meisten dieser Länder sind heute weniger als fünf Prozent der arbeitsfähigen Bevölkerung in der Landwirtschaft tätig; diese Zahl reicht immer noch aus, um mehr Nahrungsmittel für den Export zu produzieren als alle vorwiegend auf die Landwirtschaft ausgerichteten Entwicklungsländer zusammen. Gegenwärtig leben nur 41 Prozent der Asiaten und 38 Prozent der Afrikaner in Städten – und die verbleibende Dorfbevölkerung arbeitet unproduktiv und kann den eigenen Bedarf nicht decken. Diese Menschen leben nicht auf dem Land, weil das Leben dort besser ist, sondern weil sie festsitzen.

Diese Verhältnisse ändern sich rasch. Von 2007 bis 2050 werden die Städte weltweit weitere 3,1 Milliarden Menschen aufnehmen. Die Zahl der auf dem Land lebenden Menschen wird etwa ab dem Jahr 2019 nicht weiter wachsen und bis 2050 um 600 Millionen zurückgegangen sein, obwohl die Familien auf dem Land sehr viel größer sind. Der Grund für diesen Rückgang wird die Abwanderung in die Städte sein. Indiens Landbevölkerung, weltweit eine der letzten, die noch weiter zunimmt, wird 2025 mit 909 Millionen Menschen ihre größte Zahl erreichen und bis 2050 auf 743 Millionen zurückgehen.[3] Monat für Monat gewinnen die Städte Afrikas, Asiens und des Nahen und Mittleren Ostens durch Migration oder Geburt fünf Millionen Einwohner hinzu. Die städtische

Bevölkerung Asiens und Afrikas wird sich von 2000 bis 2030 verdoppeln, dadurch wird es auf diesen Kontinenten innerhalb einer Generation so viele neue Stadtbewohner geben wie in der gesamten bisherigen Geschichte überhaupt. Im Jahr 2025 werden 60 Prozent der Weltbevölkerung in Städten leben, im Jahr 2050 werden es mehr als 70 Prozent sein, und bis zum Ende dieses Jahrhunderts werden mindestens drei Viertel der Menschheit, auch in den armen Ländern südlich der Sahara, Stadtbewohner sein. Dieser Zeitpunkt, an dem die gesamte Welt so umfassend verstädtert sein wird wie heute der Westen, wird zugleich einen Endpunkt markieren. Menschen, die sich in der Stadt niederlassen oder in stärker urbanisierte Länder abwandern, kehren so gut wie nie zurück.[4]* Es wird weiter Migrationsbewegungen geben, auch wenn der verbliebene Teil der Menschheit in die Städte abgewandert ist, aber es wird nie wieder zu einer Massenbewegung dieses Ausmaßes kommen. Die Menschheit wird ein neues und fortdauerndes Gleichgewicht gefunden haben.

Diese Migration ist in jeder messbaren Hinsicht ein Fortschritt. Das Leben auf dem Dorf hat nichts Romantisches an sich, vielmehr ist das Landleben gegenwärtig noch die häufigste Todesursache, die am weitesten verbreitete Ursache für

---

* Es gibt Ausnahmen. In Mittel- und Osteuropa kam es nach dem Ende des Kommunismus zu einer Rückwanderung von der Stadt aufs Land, weil die Menschen vor dem Zusammenbruch der Pseudo-Industriegesellschaften in die Sicherheit der Subsistenzlandwirtschaft flohen. Maos China war im Großen und Ganzen ein gewaltiges Experiment mit einer erneuerten ländlichen Lebens- und Arbeitsweise. In einigen Ländern Afrikas südlich der Sahara haben die Menschen auf die Aids-Krise und auf militärische Konflikte mit einer Abwanderung aus der Stadt aufs Land reagiert. Es gibt zahlreiche Gründe für die Annahme, dass diese Rückwanderungen nur von zeitlich begrenzter Dauer sind. Sie werden nicht länger anhalten als die ihnen zugrunde liegende Krise.

Unterernährung, Kindersterblichkeit und eine verkürzte Lebenserwartung. Nach Angaben des Welternährungsprogramms der Vereinten Nationen sind drei Viertel der einen Milliarde Menschen, die weltweit hungern, auf dem Land lebende Bauern. Das Dorf in ländlicher Umgebung ist außerdem die vorherrschende Quelle exzessiven Bevölkerungswachstums, denn diese Lebensweise verlangt nach einer großen Familie, damit genügend Arbeitskräfte zur Verfügung stehen und der wirtschaftliche Ruin abgewendet werden kann. Die Einkommen in der Stadt sind überall höher, oft um ein Vielfaches. Der Zugang zu Bildung, medizinischer Versorgung, Wasser, Kanalisation und Müllabfuhr wie auch zu Kommunikationseinrichtungen und kulturellen Angeboten ist in der Stadt stets besser. Der Umzug in die Stadt reduziert außerdem – durch abnehmende Entfernungen und die Teilhabe an technischen Einrichtungen – Umweltbelastungen und den CO_2-Ausstoß: Städte, so heißt es in einer maßgeblichen Studie, »bieten eine Chance, die Auswirkungen des weltweiten Klimawandels abzumildern oder gar rückgängig zu machen, weil sie die Größenvorteile bieten, mit denen sich die Pro-Kopf-Kosten und die Nachfrage nach Ressourcen verringern lassen.«[5] Tödliche Armut ist ein ländliches Phänomen: Drei Viertel der armen Menschen – derjenigen Menschen, die von weniger als einem Dollar pro Tag leben müssen – leben auf dem Land. Der dramatische Rückgang der Zahl sehr armer Menschen weltweit um die Jahrhundertwende, als von 1998 bis 2002 98 Millionen Menschen einen Ausweg aus der Armut fanden und die Armutsquote weltweit von 34 Prozent im Jahr 1999 auf 25 Prozent im Jahr 2009 zurückging, war vollständig auf die Verstädterung zurückzuführen: Die Menschen verdienten besser, wenn sie in die Stadt kamen, und sie schickten Geld in ihre Heimatdörfer. Die Verstädterung verbessert nicht einfach nur die Lebensbedingungen derjenigen Menschen, die in die Stadt umziehen, sie erleichtert auch das Leben auf dem Land, indem sie den Dorfbewohnern die finanziellen Mittel an die Hand gibt, mit denen sie die Landwirtschaft zu einem Geschäft mit bezahlten Arbeitsplätzen und stabilen Einkommen machen können.

Die Ankunftsstadt ist unter kulturellen Gesichtspunkten oft kaum städtisch zu nennen, sollte aber nicht mit einem Ort auf dem Land verwechselt werden. Stadtbewohner empfinden die Ankunftsstadt häufig als einfache Reproduktion der dörflichen Strukturen und Lebensformen in einem städtischen Umfeld. »Sieh mal, auf der einen Seite sind Dörfer, auf der anderen Seite Häuser«, hört der indisch-amerikanische Schriftsteller Suketu Mehta seinen kleinen Sohn ausrufen, als dieser zum ersten Mal die Wohnblocks von Bandra im Norden von Mumbai zu sehen bekommt. Der Vater reagiert zustimmend: »Er hat die Slums als das erkannt, was sie sind: Dörfer innerhalb der Stadt.«[6] Ähnlich reagierten die Menschen auf die Erkenntnis, dass die Barrios von Los Angeles direkte Verbindungen zu mexikanischen oder mittelamerikanischen Dörfern aufweisen, und Chinesen neigen dazu, ihre »Dörfer in der Stadt« im allzu wörtlichen Sinn als Dörfer wahrzunehmen. Aber diese Sichtweise missdeutet die städtischen Ambitionen der Ankunftsstadt, ihre sich rasch verändernden Strukturen und ihre Rolle bei der Neudefinition der Merkmale städtischen Lebens. Die Kultur der Ankunftsstadt ist weder ländlich noch städtisch, obwohl sie – oft in grotesk verzerrter Form –, in ihrem eifrigen Bemühen um das Aufspüren einer gemeinsamen Quelle der Sicherheit unter ihren ehrgeizigen und so gut wie gar nicht abgesicherten Bewohnern, Elemente von beidem enthält. Es ist ein Trugschluss, dass die Menschen geradewegs von einer rückständigen, konservativ-ländlichen Lebensweise zu einer anspruchsvollen, säkular-städtischen Lebensform übergehen. Die Übergangszeit ist – mit ihren Unsicherheiten, dem Bedarf an engen menschlichen Bindungen und hilfreichen Institutionen, ihren Bedrohungen für den Zusammenhalt der Familie und die Einzelperson – oft der Zeitraum, in dem neue, hybride, beschützende Kulturen entwickelt werden.

Die Menschen erkennen die Funktion nicht, die Ankunftsstädte erfüllen, und verdammen sie deshalb wegen ihrer Armut und ihres improvisierten Erscheinungsbilds als dauerhafte und nicht sanierungsfähige Slums. Es stimmt zwar, dass viele Ankunftsstädte als Slums beginnen, aber nicht alle Slums sind Ankunftsstädte. Die ungesündesten und trostlosesten Slums sind in Wirklichkeit meist nicht die Schauplätze des Übergangs zwischen Dorf- und Stadtleben. Die berüchtigten Slums, die, wie etwa Bethnal Green, im 19. Jahrhundert im Osten Londons entstanden, waren »Fliegenfängerbezirke«, die Menschen einfingen und festhielten, die aus der untersten Gesellschaftsschicht des Stadtkerns herausgefallen waren. Zu ihrer Bevölkerung zählten nur wenige Zuwanderer aus dörflich-ländlicher Umgebung.[7] Heutige Beispiele für eine solche Entwicklung finden sich in vielen innerstädtischen Slums an der Pazifikküste der Vereinigten Staaten und Kanadas, etwa die Downtown Eastside von Vancouver und das Tenderloin-Viertel in San Francisco. Ankunftsstädte können in Verzweiflung und Armut abrutschen, wenn nach einer oder zwei Generationen der Weg zur Ankunft dauerhaft blockiert wird. In afrikanischen Ländern südlich der Sahara wie dem Tschad, Äthiopien und dem Niger leben nahezu 100 Prozent der Stadtbevölkerung in Slums, die bereits seit Jahrzehnten bestehen. Die Neuankömmling-aus-dem-Dorf-Funktion ist deshalb mitunter verschüttet oder vergessen. (Obwohl es auch hier nicht schwer ist, auf aktuelle Neuankömmlinge vom Land und deutlich erkennbare Ankunftsstadt-Enklaven innerhalb des Slums zu stoßen.) Die afroamerikanischen Ghettos in den Vereinigten Staaten entstanden im 20. Jahrhundert als klassische Ankunftsstädte, denn der als »Great Migration« bekannte Exodus nach dem Ende der Sklaverei ließ Hunderttausende ehemalige Sklaven aus den ländlichen Gebieten des Südens auf eine optimistische Suche nach dem Zentrum der amerikanischen Gesellschaft gehen. Aber ihre Ankunftsstädte scheiterten, weil Wohneigentum in städtischen Bezirken, die im Besitz von gleichgültigen und intoleranten Außenstehenden waren, unerreichbar blieb, weil die Bewohner von Ankunftsstädten durch Rassismus und schlechte Stadtplanung vom wirtschaftlichen und politischen Mainstream ausgeschlossen wurden und weil es an Unterstützung durch Regierung und Institutionen fehlte. Sie verwandelten sich in etwas anderes, in Orte einer gescheiterten Ankunft. Diese Bedrohung schwebt auch heute noch über vielen Ankunftsstädten.

Außerdem führen auch keineswegs alle Wanderungsbewegungen vom Land in die Stadt zur Entstehung von Ankunftsstädten. Bei den durch einen Notstand, etwa durch Krieg oder Hungersnot, ausgelösten Migrationswellen entfallen die sorgfältige Investition und Planung der Dorfbewohner und die dichten, auf Unterstützung und gegenseitigen Verbindungen beruhenden Netzwerke, die für eine normale Ankunft vom Lande typisch sind. Aber diese Bewegungen sind im Allgemeinen zeitlich befristet, denn die meisten Flüchtlinge kehren nach dem Ende der Krise in ihr Heimatdorf zurück. (Abgesehen von den wenigen, die dennoch bleiben oder zur saisonalen Migration übergehen und damit die Saat für spätere, echte Ankunftsstädte ausbringen.) Einige vom Land kommende Bevölkerungsgruppen wie die Filipinos in Nordamerika bilden aufgrund ihrer typischen Beschäftigungen – häufig arbeiten sie als Hausbedienstete – keine wahrnehmbaren städtischen Enklaven, obwohl eine »virtuelle« Ankunftsstadtfunktion besteht.

In den Ankunftsstädten leben auch nicht nur Arme. Diese Enklaven werden, wenn sich die Lebensverhältnisse dort verbessern und eine eigene, aus den Reihen der Migranten kommende Mittelschicht entsteht, zu Magneten für Menschen, die aus der übervölkerten Innenstadt wegziehen, und entwickeln neue, wohlhabende Mittelschichten. Viele der inzwischen attraktivsten Wohnbezirke in New York, London, Paris und Toronto entstanden einst als Ankunftsstädte, und inzwischen gibt es auch in Rio de Janeiro, Istanbul und anderen gefragten Hauptstädten in den Entwicklungsländern Ankunftsstädte, die in jeder Hinsicht von der Mittelschicht geprägt werden. Viele Dorfbewohnerenklaven aus dieser Generation werden, wenn gut verwaltet, dieselbe Entwicklung nehmen.

Und dann ist da noch eine schädliche Alltagslegende über die Ankunftsstadt, die deren verstopfte Straßen für exponentielles Wachstum, Überbevölkerung und unkontrollierten Flächenverbrauch verantwortlich macht. Die Menschen sehen die neuen Shantytowns, die sich über die benachbarten Hügel ausbreiten, die Migrantenviertel, die im gerodeten Wald entstehen, und denken dabei, dass die Flut der Neuankömmlinge vom Land unregierbare Megastädte schafft. Die Wanderungsbewegung vom Land in die Stadt ist jedoch, trotz der gewaltigen Zahl von Menschen, die sie erfasst, nicht der Hauptgrund für das Wachstum der Städte. Von 60 Millionen neuen Stadtbewohnern in den Entwicklungsländern sind 36 Millionen Kinder bereits fest ansässiger Stadtbürger. Nur 24 Millionen stammen aus Dörfern, und nur die Hälfte von ihnen sind Migranten; die andere Hälfte wird zu Stadtbewohnern, weil ihr Dorf – wie Liu Gong Li – ins Stadtgebiet eingegliedert worden ist.[8] Die Ankunftsstädte sind nicht die Ursache des Bevölkerungswachstums, in Wirklichkeit setzen sie diesem ein Ende. Wenn Dorfbewohner in die Stadt abwandern, nimmt die Zahl der Familienmitglieder ab, durchschnittlich um mindestens ein Kind pro Familie, und häufig sinkt sie unter die für den Bestandserhalt der Bevölkerung notwendige Fertilitätsrate von 2,1 Kindern. Die Weltbevölkerung würde ohne die massive Abwanderung vom Land in die Stadt noch sehr viel schneller wachsen.

Das ist ein entscheidender Gesichtspunkt. Nach den aktuellsten Zukunftsszenarien wird die Weltbevölkerung etwa um das Jahr 2050 herum nicht weiter wachsen. Zum ersten Mal in der Geschichte der Menschheit wird, nach einer Rekordzahl von neun Milliarden, die Erdbevölkerung nicht mehr jährlich zunehmen, und die befürchtete malthusianische Bevölkerungskrise wird ausbleiben.[9] Diese Entwicklung wird ein unmittelbares Ergebnis der Verstädterung sein: Kleinere städtische Familien werden aufgrund der Migration zahlreicher sein als die großen ländlichen Familienverbände, und im Gegenzug wird der Zustrom von Geld, Wissen und gut ausgebildeten, aus der Ankunftsstadt aufs Dorf zurückkehrenden Migranten die Geburtenraten auch in ländlichen Gebieten sinken lassen. Diese Entwicklung war bereits in rasch urbanisierten Ländern wie dem Iran zu beobachten, wo die »Verstädterung des Dorfes« ländliche wie städtische Geburtenraten in den negativen Bereich verschoben hat. Die durchschnittliche Kinderzahl pro Familie wird weltweit unter 2,1 sinken, wenn die Verstädterung erst einmal abgeschlossen ist, und die mit der Überbevölkerung und dem Wettbewerb um Ressourcen verbundenen Probleme werden von den vergleichsweise lösbaren (aber ebenso anspruchsvollen) Probleme mit einer nicht mehr wachsenden Bevölkerung abgelöst werden. Das plausibelste Zukunftsszenario erwartet als Zeitpunkt für diesen Übergang etwa das Jahr 2050; weniger optimistische Szenarien der Vereinten Nationen erwarten das Bevölkerungsmaximum ein Jahrzehnt später und gehen von einem um eine Milliarde Menschen größeren Höchstwert aus. Die Unterschiede in den Berechnungen verbinden sich mit der Ankunftsstadt, in der die Dinge verwirklicht sind, die die Geburtenrate sinken lassen: Bildungsangebote für Mädchen und Frauen, verbesserte Gesundheitsfürsorge und die Absicherung der physischen und wirtschaftlichen Existenz. Die Ankunftsstadt ist eine Maschine, die die Menschen verändert. Außerdem ist sie, wenn man sie gedeihen lässt, das Instrument, das eine nachhaltig lebende und wirtschaftende Welt hervorbringen wird.

TOWER HAMLETS, LONDON, GROSSBRITANNIEN

Die Tafader-Schwestern flüchten an einem warmen Sommerabend des Jahres 1995 aus dem engen und lärmigen, winzigen Zwei-Zimmer-Reihenhäuschen ihrer Familie in Coverley Close, einem ringsum zugebauten Backsteinhaus-Geviert inmitten eines Waldes von Wohnblöcken mit kommunalen Mietwohnungen. Unter den Lichtern der nahegelegenen Bürotürme sitzen sie gemeinsam mit den 15 bis 20 anderen Kindern und Teenagern, die in den 14 Häusern an diesem Platz leben, an der niedrigen Mauer. Alle Wohnungstüren sind offen, und die versammelte Runde unterhält sich bis in den späten Abend hinein im Tonfall des Londoner East Ends, der durchsetzt ist mit Redensarten aus dem markanten Dialekt des elterlichen Heimatdorfes in Bangladesch. Die kleineren Kinder rennen und spielen auf dem Bürgersteig und ignorieren dabei das häufige Heulen der Polizeisirenen und die gelegentlichen Gewaltausbrüche auf der geschäftigen Straße jenseits des Hofes. Am frühen Abend hatten sie auf dem betonierten Hof ein Badmintonspiel organisiert. Jetzt sitzen sie dort und unterhalten sich, während die meisten Eltern auf Nachtschicht sind. Razeema, ein Mädchen mit feinen Gesichtszügen und wachem Blick, ist die älteste der drei Schwestern und zugleich deren freimütige Wortführerin. Sie verblüfft die versammelte Runde mit ausführlichen Erzählungen über das Heimatdorf ihrer Familie, das sie in den Schulferien schon mehrmals besucht hat. »Eines Tages, wenn ich den Schulabschluss geschafft habe, will ich dort hinziehen und mich in diesem ruhigen Ort von dem ernähren, was ich selbst anbauen kann«, sagt sie und unterbricht mit ihren Vorstellungen vom idyllischen Landleben die Unterhaltung über Madonna und Mariah Carey. Die anderen Kinder lachen über diesen Gedanken ebenso wie über Razeemas neue Angewohnheit, ein Kopftuch zu tragen. »Das kannst du gerne tun«, sagt ihre zwei Jahre jüngere Schwester Sulama unter Gelächter. »Bis du dort ankommst, sind alle anderen Dorfbewohner schon weg, weil sie sich auf den Weg hierher gemacht haben.« Salma, die Jüngste, räumt ein, dass sie ebenfalls vom Leben auf dem Land träumt, allerdings in England und in einem großen Haus ohne Nachbarn. Im Augenblick erfüllen der kleine betonierte Platz und die dort angesiedelten Geschäfte, die von Bekannten geführt werden, die Funktion eines Begrüßungskokons, der sie vor zwei Kräften schützt, die unablässig auf ihr jugendliches Gewissen einwirken: der Druck des traditionellen Lebens, das mit dem Heimatdorf der Familie verbunden ist, und die Sogkräfte der unergründlichen und oft so ungastlichen Stadt, die dort draußen jenseits des Hofes liegt.*

Die Reise der Familie Tafader von einer Hütte mit Lehmboden ins Zentrum des Lebens in Großbritannien – ein Übergang, dessen wichtigstes Instrument des Wandels eine berüchtigte Ankunftsstadt am Rand des bedeutendsten Finanzzentrums der Welt war – dauerte keine 40 Jahre. Die damit verbundenen Anforderungen waren in vielerlei Hinsicht härter als diejenigen, mit denen ein chinesischer Bauer zu kämpfen hat, die städtische Umgebung war nicht weniger improvisiert und unangenehm, und die Aussichten, in einer ausländischen Stadt mit einer fremden Sprache Fuß fassen

---

* Die Namen der Tafaders habe ich auf ihre eigene Bitte hin leicht verändert. Die anderen Personen- und Ortsnamen in diesem Buch blieben unverändert.

zu können, waren scheinbar viel schlechter. Der gesamte Familienverband lebte noch in den 1960er-Jahren, wie zuvor schon seit Jahrzehnten, in einem ländlichen Bezirk von Bangladesch in einer Ansammlung von Holzhütten, ohne Strom oder Anbindung an eine Straße, auf einem baumbestandenen Streifen Land inmitten von Reisfeldern. Die Familie sparte etwas Geld und schickte den 17 Jahre alten Yousef nach England, der sich dort irgendeine Arbeit suchen sollte. Der Junge bediente sich dabei, wie die meisten Neuankömmlinge, der Kontakte zu anderen Dorfbewohnern, die in den vergangenen Jahrzehnten in Fabriken und im Hafen gearbeitet hatten und zwischen den beiden Ländern hin- und hergependelt waren. Die britische Fertigungsindustrie war zum Zeitpunkt von Yousefs Ankunft bereits zusammengebrochen, also musste sich der junge Mann mit einer sklavenähnlichen Anstellung als Hausbediensteter bei einer pakistanischen Familie begnügen. Diese Familie hielt seinen Pass unter Verschluss. All seine Einkünfte wurden ins heimatliche Dorf geschickt. Nach fast einem Jahrzehnt schaffte er den Absprung und beschritt den Weg, den Zehntausende andere Bangladescher in der postindustriellen Zeit einschlugen: Er beteiligte sich am Neuaufbau der britischen Gastronomie und eröffnete auf dem billigsten Fleckchen Land, das er sich im wirtschaftlich darniederliegenden London der 1970er-Jahre leisten konnte, ein Curry-Restaurant. Die Überschüsse aus dem Restaurantbetrieb ermöglichten es ihm, seine Frau nachzuholen, in London eine Familie zu gründen und Geld für den Kauf eines eigenen Hauses anzusparen.

Die Zehntausende von Curry-Lokalen, fast ausnahmslos im Besitz von Bangladeschern, mögen zu einem ethnischen

Klischee geworden sein, so wie sie Chicken Tikka Masala, eine Erfindung aus einer Ankunftsstadt von Bangladeschern im Schottland der 1960er-Jahre, zum Lieblingsgericht der Briten machten, aber sie entwickelten auch eine rettende Kraft. Die Bangladescher entgingen der Verarmung und Abhängigkeit, weil es in Großbritannien so leicht ist, ein kleines Unternehmen zu gründen, sich einen Kredit zu beschaffen, ein Haus zu erwerben und eine Gaststättenlizenz zu erhalten, ohne dabei auf Vorurteile zu stoßen. So konnten sie Kapital bilden, Neuankömmlingen in einer Zeit, in der die britischen Einwanderungsgesetze verschärft wurden, eine legale Beschäftigung bieten und sich und ihren Kindern an den Tandoori-Öfen eine Zukunft aufbauen. Kleinunternehmen dieser Art findet man im Herzen fast jeder erfolgreichen Ankunftsstadt, und ihr Fehlen oder bestehende Gesetze, die Einwanderern ihre Gründung untersagen, sind häufig die Faktoren, die Ankunftsstädte in Armutsfallen verwandeln.

Die Tafaders gehören zu den 300 000 Dorfbewohnern aus Bangladesch, die seit den 1960er-Jahren nach Großbritannien ausgewandert sind. Mindestens 90 Prozent dieses Personenkreises kamen direkt aus dem abgelegenen, bettelarmen und vollständig landwirtschaftlich strukturierten Bezirk Sylhet im Nordosten des Landes.* Heute leben in Großbritan-

---

* Dies ist das gängige Verlaufsmuster in Ankunftsstädten in aller Welt: Menschen aus bestimmten Regionen und Dörfern machen sich auf den Weg, keine ganzen Nationen. Etwa 80 Prozent der Pakistaner in Großbritannien stammen aus demselben winzigen, vollkommen ländlich strukturierten Bezirk im Osten des Landes. Die meisten der Millionen von Polen, die sich in Westeuropa niedergelassen haben, kommen aus Dörfern in Schlesien und dem südwestlichen Landesteil. Der größte Teil der Mexikaner in den Vereinigten Staaten hat seine Wurzeln in einer Handvoll ländlicher Regionen.

nien fast eine halbe Million Bangladescher und ihre in Großbritannien geborenen Kinder, die Hälfte von ihnen in London, und wiederum die Hälfte davon konzentriert sich am Ostrand der City of London, in Tower Hamlets, wo sie mehr als ein Viertel der Gesamtbevölkerung ausmacht und in manchen Wahlbezirken sogar in der Mehrheit ist. Einen großen Teil der Funktion der Ankunftsstadt von Tower Hamlets machen die Transfers von Geld, Informationen und Menschen aus: In den Hauptstraßen wimmelt es nur so von Läden, in denen man Geldüberweisungen tätigen kann, islamischen Finanzierungsbüros, auf Bangladesch spezialisierten Reisebüros, Internet-Cafés, Beratern für Einwanderungsfragen, Heiratsvermittlern. All diese Unternehmen und ein großer Teil der Freizeitaktivitäten der Bewohner des Viertels widmen sich der Herstellung einer homöostatischen Beziehung zwischen Dorf und Stadt. Darum geht es in Ankunftsstädten.

Im Ausland lebende Migranten und ihre Nachkommen überweisen Jahr für Jahr fast 11 Milliarden Dollar in die ländlichen Regionen Bangladeschs. Diese Summe entspricht den gesamten Exporterlösen des Landes und ist deutlich größer und bewirkt mehr als die jährlichen Hilfszuwendungen aus dem Ausland, und den größten Anteil an diesen Rücküberweisungen stellen die Bangladescher von Tower Hamlets.[10] Dieser Geldstrom erfüllt, wie in den Ankunftsstädten in aller Welt, zwei wichtige Funktionen: Er macht aus dem konstanten Zustrom von Dorfbewohnern finanziell abgesicherte und kulturell erfolgreiche Stadtmenschen, und er verwandelt das Dorf durch die Geldtransfers in einen stärker städtisch geprägten und kultivierteren Ort, der wirtschaftlich auf eigenen Beinen steht. Höhe und Häufigkeit der Rücküberweisungen nehmen ab, wenn die Ankunftsstadt älter wird und festere Strukturen ausbildet, aber selbst aus 70 Jahre alten Ankunftsstadt-Favelas in Brasilien werden immer noch jeden Monat Gelder ins Heimatdorf überwiesen – damit das Dorf zu einem von der Landwirtschaft unabhängigen, wirtschaftlich abgesicherten Ort wird.

Die Familie Tafader erlebte einen langsamen Wandel. Nach zehn Jahren in einem trostlosen Hochhauswohnblock im Osten Londons, wo die Nachbarn sich keine Mühe gaben, ihren Rassismus zu verbergen, konnte sie mit den Einnahmen aus dem Restaurantbetrieb ein kleines Haus in Coverley Close kaufen, einem ehemaligen in den 1980er-Jahren neu bebauten Slum in einem Teil der Stadt, der einst zu den Elendsvierteln gehört hatte, die durch Dickens' Romane berühmt wurden. So kam die Familie Tafader an einen der am dichtesten bebauten und ethnisch konzentrierten Brennpunkte im Londoner Banglatown, einer der großen Ankunftsstädte Europas, die sich von ihrem symbolträchtigen Rand in Brick Lane ostwärts erstreckt, über die dicht bebauten Flächen von Spitalfields, Bethnal Green, Stepney und West Ham, und ihre erfolgreicheren Bewohner schon bald nach Essex ziehen lässt, das einen großen Teil des östlichen Randbereichs der Stadt einnimmt.

In jenem Sommer 1995 sah es ganz danach aus, als würde Banglatown in sich zusammenbrechen. Die Zeitungen berichteten regelmäßig über blutige Zusammenstöße zwischen neofaschistischen Skinheads und Bangladeschi-Gangs. Tower Hamlets litt unter einem massiven Ausbruch der Tuberkulose, einer Krankheit, die heutzutage vor allem in den Slums der Entwicklungsländer auftritt. Aus Untersuchungen erfuhr man, dass ein Drittel der dort ansässigen Familien von weniger als 4500 Pfund jährlich lebte; zwei Drittel der Kinder waren so arm, dass sie Anspruch auf kostenloses Schulessen hatten, die vernachlässigten Häuser fielen den Familien buchstäblich auf den Kopf, und der Stadtbezirk war in Sachen allgemeiner Lebensstandard, Gesundheitsversorgung und Qualität der Schulen in ganz Großbritannien das Schlusslicht. Die Überbelegung des Wohnraums war fünfmal schlimmer als im nationalen Durchschnitt, zahlreiche Berichte sprachen von drei Kindern, die sich ein Bett teilten, und die Arbeitslosigkeit unter den Männern lag um mehr als das Doppelte über dem nationalen Durchschnitt.[11] Großbritannien empfand diese Ankunftsstadt jetzt als soziales Problem, als Insel der Bandengewalt, des religiösen Extremismus und der Rückständigkeit, die berüchtigt war für Zusammenstöße mit rassistischen Skinheads und die Unruhen und Proteste, die sich gegen Salman Rushdies *Satanische Verse* und den Irakkrieg richteten, als einen Ort, an dem jetzt schlanke Minarette die Kirchtürme und Synagogen der Cockney-Vergangenheit ersetzten. Die neuen Ankunftsstädte Europas und Nordamerikas verfügen über Wasserleitungen, Kanalisation und Internetzugang, aber auf die einheimische Bevölkerung wirken sie manchmal genauso fremdartig und bedrohlich wie die Slums in Asien auf die alteingesessene Stadtbevölkerung dort.

Im Verlauf der nächsten 15 Jahre, in denen die zweite Generation heranwuchs und die erste Generation ihre Ersparnisse in die Ausbildung der Kinder und den Hauskauf investierte, änderten sich die Lebensbedingungen in Tower Hamlets dramatisch. Auch heute noch kann man die Tafader-

Schwestern an vielen Abenden vor dem winzigen Haus ihrer Familie sitzend im Gespräch mit den Nachbarn erleben. Die älteste Tochter Razeema, inzwischen 33 Jahre alt, ist ausgezogen und lebt mit ihrem neuen Ehemann Asad in einer winzigen Einzimmerwohnung, aber sie schaut noch fast jeden Abend vorbei, um ihre Wäsche zu waschen und ihre Schwestern zu besuchen. Von ihrem Alter abgesehen, könnte man immer noch das Jahr 1995 schreiben. Am Morgen, wenn die jungen Frauen zur Arbeit gehen, wird der Wandel jedoch offensichtlich. Razeema geht zu Fuß in ihr Büro bei der örtlichen Bezirksverwaltung, wo sie für die Schulbehörde in der Elternberatung arbeitet. Die 30-jährige Sulama fährt mit dem Bus zu einer Secondary School, an der sie Mathematik unterrichtet. Und die 28 Jahre alte Salma nimmt die U-Bahn nach Whitehall, wo sie als Regierungsangestellte ein neues Personalausweis-Programm organisiert. Zahir, der 32-jährige Bruder der drei jungen Frauen, hat eine feste Anstellung als Autoverkäufer und pflegt einen jugendlichen Lebensstil, der sich an Freizeit und Unterhaltung orientiert. Der jüngste, 26 Jahre alte Bruder ist stark autistisch und wird von den Eltern versorgt. An der Wand ihres kleinen Wohnzimmers hängen große Fotos der drei Mädchen in ihren Universitätsexamensroben. Die Tafader-Mädchen haben Abschlüsse in Biologie, Erziehungs- und Verwaltungswissenschaften erworben. Typisch für ihre Sprechweise sind die gerundeten Vokale der gebildeten Mittelschicht, aufgelockert wird das mit gelegentlichen East-End-Einsprengseln. In unbeschwerten Augenblicken enden ihre Sätze mit »innit«. Sie sehen sich selbst als Feministinnen, wollen erst sehr viel später Kinder haben (wenn überhaupt), und eine von ihnen gab eine in jungen Jahren geschlossene Ehe auf, weil sie dieses Zusammenleben als erniedrigend empfand, alle sind aber auch fromme Musliminnen. Ihre Kopftücher sind im Londoner East End die Norm, in Bangladesch aber, wo eine gemäßigtere Form des Islam nicht so großen Wert auf weibliche Kopfbedeckungen legt, ein Objekt des Spottes. Die Orientierung an einer islamischen Lebensweise ist ein Trend in der zweiten Einwanderergeneration, ein Beispiel für die Mischkultur des Übergangs, wie sie für Ankunftsstädte typisch ist. Sie ist für diese entwurzelten Kinder der Ankunftsgeneration eine Quelle der Sicherheit und Identität, wenn sie sich anschicken, in die Mainstreamkultur einzutreten.

Die Kinder aus diesem Hof, die 1995 mit den drei Schwestern an der Mauer saßen, gehen allesamt ähnliche Wege. Ihrem Nachbarn, einem Mann, der sehr viel älter aussieht als die 60 Jahre, die er auf dem Buckel hat, gehören zwei benachbarte Häuser, die er nach einer Zeit fürchterlicher Entbehrungen kaufte. Er kam Ende der 1950er-Jahre ganz allein ins Land, sparte jahrelang, um einen Billiglohn-Textilbetrieb aufbauen zu können, in dem er mehrere Dutzend ehemalige Dorfbewohner aus Bangladesch beschäftigte. Als dieser Industriezweig in den 1970er-Jahren zusammenbrach, ging er bankrott und sah sich gezwungen, als Maurer und in verschiedenen Gelegenheitsjobs zu arbeiten. Er war zu arm, um seine Familie nachzuholen. Aber seine East-End-Immobilien retteten ihn, ihr Wert stieg um ein Vielfaches und erlaubte ihm schließlich, nach 30 einsamen und gesundheitsschädlichen Jahren, seine Großfamilie nachkommen zu lassen und ein Leben in materieller Sicherheit zu führen. Heute sind seine Kinder, Neffen und Nichten – mehr als zehn von ihnen lebten zu unterschiedlichen Zeiten in diesen Häusern – Ärzte, Lehrer, Angestellte im öffentlichen Dienst, Informatiker. Den Kindern dieses Hofes ist eine Reihe von Ambitionen gemeinsam: Sie wollen von ihren Landsleuten akzeptierte Mitglieder der britischen Gesellschaft sein, ein Haus besitzen und niemals in einem Curry-Restaurant arbeiten. Und fast allen, in erster Linie den Mädchen, ist das auch gelungen.

Was hat die Kinder aus dieser kleinen Straße erfolgreich sein lassen, während andere Altersgenossen nicht vorwärtskamen? Der Wohnort selbst spielte wohl auch eine Rolle. »Ich glaube, dass das nicht nur Glück war. Es hat auch damit zu tun, dass wir in einer solchen Nachbarschaft lebten«, sagt Salma Tafader. »Wir kennen uns in diesem Hof alle mit Namen, unsere Eltern kennen sich, seit wir auf die Welt kamen, wir gingen alle in die gleichen Schulen, verbrachten die Freizeit miteinander, gingen auf die gleichen Campingausflüge. Wir kümmerten uns umeinander.« Es scheint so, als machten überall auf der Welt die äußeren Lebensumstände einen großen Teil des Erfolges oder Misserfolges einer Ankunftsstadt aus – dazu gehören die Gestaltung von Straßen und Gebäuden, die Verkehrsanbindungen zum wirtschaftlichen und kulturellen Zentrum der Stadt, der direkte Zugang zur Straße aus den Gebäuden, kurze Wege zu den Schulen, Gesundheits- und Sozialdiensten, eine ausreichende Wohndichte, das Vorhandensein von Parkanlagen und allgemein zugänglichen öffentlichen Räumen, die Möglichkeit, im Erdgeschoss ein Ladengeschäft zu eröffnen und den eigenen Wohnraum zu erweitern.

Viele Bangladescher in Tower Hamlets leben immer noch in der Art von Unterkunft, der die Tafaders entkamen, in einem Sozialwohnungshochhaus an einem tristen, betonierten Platz. Aus solchen Wohnorten kommen zwar ebenfalls viele erfolgreiche Familien, aber sie sagen, dass sie deren äußeres Erscheinungsbild als Nachteil empfinden. Laila Nura (32), die in den Peabody Buildings in Bethnal Green lebt, sagt: »Ich habe keinen Zugang zur Arbeitswelt und ich habe nichts, mit dem ich ein kleines Geschäft gründen könnte. In meinem Heimatdorf in Sylhet ging es mir besser.« Aber ihre Kinder haben sehr gute Schulnoten und bewerben sich für aussichtsreiche Programmierjobs. Das ist der einzige Grund, weshalb sie noch nicht weggezogen ist.

Diese Ankunftsstadt in London mag mit einigem Recht als Ort des Verbrechens, des religiösen Extremismus und schlechter Gesundheitsversorgung beschrieben werden, aber für die zweite Generation hat sie auch als großartige Integrationsmaschine fungiert. Die in London geborenen Bangladescher, die Kinder der Curry-Restaurant-Besitzer und Billiglohnarbeiter, sind ins Zentrum der britischen Gesellschaft vorgedrungen. Sie haben bessere Schulnoten als räumlich weniger konzentrierte Einwanderergruppen und erheblich bessere Noten als die Kinder der weißen Bevölkerungsgruppe am Ort. In Tower Hamlets besitzen 46 Prozent der Schülerinnen und Schüler mit Eltern aus Bangladesch das Äquivalent der Mittleren Reife. Das liegt nur knapp unter dem nationalen Durchschnitt von 51 Prozent und ist deutlich besser als die Erfolgsquote von 30 Prozent, die weiße Schulkinder in diesem Stadtbezirk erreichen.[12] Nach dem Schulabschluss finden die bangladescher Kinder auch sehr viel eher eine Arbeit, die mehr einbringt als das bloße Existenzminimum. Einschlägige Untersuchungen zeigten, dass es für Einwanderer in London sehr viel leichter ist, ein kleines Unternehmen zu gründen, als in anderen europäischen Großstädten, deshalb wird die Ankunftsstadt hier sehr viel eher zum Ausgangspunkt denn zur Falle.[13] Das Curry-Restaurant war die typische und im Großen und Ganzen sehr erfolgreiche Form des Unternehmertums für Neuankömmlinge dörflicher Herkunft. Es war ein aus eigener Kraft geschaffenes wirtschaftliches und kulturelles Rettungspaket, aber die zweite Generation hat sich vom Lebensmittelhandel und der Gastronomie abgewandt, die für sie mit überaus harten Arbeitsbedingungen, hohem Risiko und ethnischen Stereotypen verbunden sind. Diese Generation zieht Beschäftigungen in der Finanzwirtschaft, im öffentlichen Dienst, im Bildungswesen und in der Informationstechnik vor, und eine erhebliche, zunehmend öffentlich wahrnehmbare Zahl von Kindern aus der Ankunftsstadt ist mittlerweile in der Politik, im Journalismus und in der akademischen Welt präsent. Die meisten von ihnen überweisen immer noch Geld ins Herkunftsdorf, aber das beschränkt sich zunehmend auf die Urlaubszeit. Heute entspricht die jährliche Zahl der aus Bangladesch stammenden Briten, die Tower Hamlets verlassen, um sich in einer Mittelschicht-Wohngegend niederzulassen, der Zahl der Neuankömmlinge aus den Dörfern der Region Sylhet. Mit anderen Worten: Dieser Stadtbezirk ist eine funktionierende Integrationsmaschine.[14]

Deshalb liegt eine Gruppe von Wissenschaftlern einigermaßen richtig, wenn sie das East End als »traditionelles Wartezimmer für den Zugang zur britischen Gesellschaft«[15] bezeichnet. Die großen politischen Sorgen bereitete Tower Hamlets im letzten Jahrzehnt im Zusammenhang mit den weißen, der Arbeiterschicht angehörenden Bewohnern, die hinter die vom Land kommenden Migrantenfamilien so weit zurückfallen, dass sie zu einer isolierten, abhängigen und zornigen Unterschicht werden. Das ist ein großes Problem, aber zugleich auch eine Umkehrung dessen, was sich in den Ankunftsstädten auf dem europäischen Festland abspielt, wo die Migranten die verlorene Unterschicht ausmachen. Dennoch hat auch die Londoner Ankunftsstadt nicht alle früheren Dorfbewohner weitergebracht. Viele landen in einer Falle, stecken in einer beruflichen Sackgasse und leben in billigen Sozialwohnungen, sind ohne richtige Schulbildung, kaum des Lesens und Schreibens mächtig, unfähig, in der sie umgebenden Gesellschaft Fuß zu fassen. Sozialer Aufstieg ist in den Einwandererenklaven in London zwar die Norm, aber einem bedeutenden Teil der bangladescher Bevölkerung in der Stadt gelingt die vollständige Ankunft nicht.[16]

Razeemas Ehemann Asad, ein Vetter ersten Grades (Sohn einer Tante mütterlicherseits), macht sich Sorgen, dass dies auch sein Schicksal sein könnte. Er ist ein Dorfbewohner, der nur wenig Englisch gelernt hatte, bevor seine Familie in London eine Braut für ihn fand – in erster Linie, weil die verschärften Einwanderungsbestimmungen die arrangierte Ehe zu einem notwendigen Mittel für die Wiedervereinigung von Dorfbewohnern gemacht hatte, zugleich war das aber auch die Wiederbelebung einer konservativen Praxis, die unter Bangladeschern in der alten Heimat fast obsolet geworden war. Heute arbeitet Asad bei jener neuen Institution im Osten Londons, der Hähnchenbraterei-Kette, die nach einem südlichen Bundesstaat der USA benannt ist (unter Hinzufügung des Wortes »halal«), und steht zehn Stunden täglich am Bratofen. Wie zahlreiche andere junge Männer hier scheint er weder in der britischen noch in der bangladescher Kultur seinen Platz zu finden. Er ist ein trauriges Nebenprodukt des Ankunftsprozesses, Ergebnis einer Politik, die über kein umfassendes Verständnis der Funktionsweise dieser Stadtteile verfügt.

Die Londoner Ankunftsstadt hat dennoch besser funktioniert als ihre Pendants in Berlin, Paris oder Amsterdam, und sie liefert wichtige Erkenntnisse für die Ankunftsstädte der Latinos in den Vereinigten Staaten. Nach den schlimmen Fehlentwicklungen, zu denen es in den 1980er- und frühen 1990er-Jahren im britischen Bildungswesen kam, gibt es heute ein belastbares Bildungssystem, in dem die Investitionen gut angelegt sind, mit zahlreichen, auf Immigranten zugeschnittenen Sonderprogrammen und engagierten Lehrkräften, die sich mit der Ankunftssituation gut auskennen. Alle drei Tafader-Schwestern stellen ihrer staatlichen Sekundarschule ein gutes Zeugnis aus, weil sie ihnen diese gute Ausgangsposition verschafft habe. Es besteht ein echtes Zugehörigkeitsgefühl: 85 Prozent der Ankunftsstadtbewohner haben die britische Staatsbürgerschaft, während es bei den Türken in Deutschland nur 42 Prozent sind. Und der Unterschied zeigt sich nicht nur in einer rechtlichen, sondern auch in der De-facto-Staatsbürgerschaft: Die britische Gesellschaft – und hier vor allem die Bevölkerung der Großstädte – nimmt die Ankunftsstadt, den reißerischen Schlagzeilen der Boulevardpresse zum Trotz, mehr und mehr als Wohnort von Mitbürgern wahr, nicht als fremdartige Bedrohung. In Großbritannien erklären 82 Prozent der dort lebenden Bangladescher, ihr ethnischer und religiöser Hintergrund beeinträchtige ihre

Berufsaussichten nicht, während nur 54 Prozent der Türken in Deutschland diese Feststellung teilen.[17] Der Ostteil von Tower Hamlets hat sich, in Spitalfields und Brick Lane, bei den wohlhabenden Briten zu einer beliebten Attraktion für Restaurant- und Galeriebesuche und zu einer Wohnkolonie für Künstler entwickelt, was die Ankunftsstadt für die bereits etablierte städtische Bevölkerung eher zu einem beliebten Ziel macht denn zu einem isolierten Exil, das es zu meiden gilt.

Trotz alledem wollen die erfolgreicheren Angehörigen der zweiten Generation aus Bangladesch diesen Stadtbezirk unbedingt verlassen. Für sie hat die Ankunftsstadt ihren Dienst getan, und die alten Netzwerke werden nicht mehr gebraucht. »Ich glaube, dass man nur so viel von Tower Hamlets ertragen kann, bevor man irre wird«, sagt Salma, das jüngste und erfolgreichste der Tafader-Mädchen. »Ich brauche eine bunte Mischung von Leuten, nicht nur Bangla.« Razeema träumt immer noch davon, England zu verlassen – inzwischen allerdings als erfolgreiche berufstätige Frau. Sulama möchte im Londoner Osten bleiben, ein Haus kaufen und ihren Teil zum Ausbau des Gemeinwesens beitragen. Das ist der Maßstab für eine Ankunftsstadt: Sie funktioniert, wenn die Menschen sie durchlaufen und sich dabei zu vollwertigen Teilhabern am städtischen Leben entwickeln, ob sie die Ankunftsstadt nun hinter sich lassen oder dort bleiben. Wer verstehen will, wie so etwas gelingen kann, tut gut daran, einen genauen Blick auf Geburt, Leben, Erfolge, Fehlschläge und Sterben der Ankunftsstädte der Welt zu werfen.

2 Von draußen rein: Die Leben der neuen Stadt

DER ANFANG: KLEINE UMZÜGE, GROSSE ZUGKRAFT
　　　　　　　　　　　　KOLHEWADI, RATNAGIRI, INDIEN

Jedes Jahr im Juni machen sich in Mumbai die mageren jungen Männer auf den Weg. Das Jahr über schlafen sie auf Betonfußböden und auf dem Bürgersteig, sie wohnen in Wellblechdach-*Chawls* und in Hütten, deren Wände aus Plastikbahnen bestehen, überall in den dicht besiedelten Vierteln im Norden der Stadt. Diese Menschen leben zu Hunderttausenden an den Rändern der Ankunftsstadt. Sie sind noch keine vollwertigen Stadtmenschen und sehen sich selbst noch als Bewohner ihres Dorfes, und jetzt, zu Beginn der größten Reisernte des Jahres, werden sie wieder zu Dörflern. Sie versammeln sich auf den überfüllten Bahnsteigen des Dadar-Bahnhofs, wo sie ihre seit Langem angesparten Rupien für ein Zugticket dritter Klasse aus der Tasche holen, einen Dollar kostet die einfache Fahrt. Dann steigen sie in den Bummelzug der Konkan Railway, drängen sich auf den Sitzbänken, strecken die Köpfe zu den Fenstern hinaus, während der Zug sich quietschend auf die acht Stunden lange Reise in den Süden macht, an der Küste des Arabischen Meers entlang, hinein in die Bambuswälder und Reisfelder des ländlichen Südens im Bundesstaat Maharashtra.

Sanjay Solkar, ein 20-Jähriger, der jünger wirkt, steigt in Ratnagiri aus, ein kleines Stück nördlich von Goa. In einer

Baumwolltasche führt er seine gesamten Besitztümer mit sich: ein Leintuch, in das er sich zum Schlafen wickelt, einen Satz Kleider zum Wechseln, safrangelbe Gebetskugeln, ein paar zusammengefaltete Rupien-Scheine. Er ist aufgeregt: Die letzten elf Monate schlief er auf dem Fußboden des winzigen Hinterzimmers einer Teestube neben einem Bahnhof im Norden von Mumbai, und jetzt kehrt er zur jährlichen Reisernte und zur Hochzeitssaison in die Heimat zurück. Seine abgetragenen Flipflops patschen in den Monsunpfützen, als er einem Freund entgegenläuft, der ihn mit seinem Motorrad erwartet. Sie sausen über Dschungelstraßen hinein in eine fruchtbare Leere, die aus tiefer roter Erde und dichtem grünem Blätterwerk besteht. Er lebt zwar seit seinem 14. Lebensjahr in der Stadt und wird vermutlich auch den Rest seines Lebens dort verbringen, aber dies hier ist seine Heimat.

Wer die ungeschminkte Wirklichkeit der großen Wanderung erleben will, die ersten, tastenden Schritte einer Bewegung, die ein Drittel der Menschheit vom Dorf in die Stadt bringt, wird eher fündig werden, wenn er sich der Wellenbewegung in die Gegenrichtung anschließt, mit Zügen und Booten und Kleinbussen, die zur Erntezeit ins Dorf zurückfahren. Bei dieser Rückwanderung entwickeln die neuen Stadtbewohner das stärkste Zusammengehörigkeitsgefühl, dann bilden sich am ehesten die Netzwerke, die zur dauerhaften Ankunft führen, weil die Menschen sich ihrer zentralen politischen und wirtschaftlichen Bedeutung am stärksten bewusst sind. Ihre Ankunft in der Stadt ist Teil eines vom Land ausgehenden Prozesses, der zunächst vom Wechsel der Jahreszeiten gelenkt wird und bei dem Individuen Verbindungen schaffen, aus denen größere Gemeinschaften entstehen.

Nirgendwo auf der Welt, mit Ausnahme von Kriegsgebieten, wird man auf Bauernfamilien stoßen, die allesamt ihre Sachen packen und sich gemeinsam auf den Weg in die Stadt machen. So läuft diese Entwicklung nicht ab, und das war auch im 19. Jahrhundert nicht anders, als die Verstädterung Europas und Nordamerikas von ehemaligen Dorfbewohnern ausging. Die Weltbevölkerung zieht in Richtung Stadt, und zwar in einer oszillierenden Bewegung von Dorfbewohnern, die von den Wechselfällen der Land- und Volkswirtschaft, des Klimas und der Politik hin und her gezogen und geschoben werden.

Wenn es im wirtschaftlichen Leben der Stadt einen massiven Einbruch gibt, wie das bei der 2008 beginnenden Krise der Fall war, gehen große Teile der noch nicht fest ansässigen Arbeiter in ihre Heimatdörfer zurück. In den letzten Jahren kam es zu großen Rückkehrbewegungen von chinesischen Bauern aus dem Perlfluss- und Jangtsekiang-Delta, von Polen in Großbritannien und Irland und von Dorfbewohnern in afrikanischen Städten südlich der Sahara. Aber diese Menschen bewahren ihr Wissen über das Leben in der Stadt und ihre Netzwerke, die sie mit diesen Orten verbinden, und dann sind da noch die Hunderttausende, die nicht zurückkehren, weil sie sich beruflich, durch Heirat oder Akkulturation in die fest ansässige Bevölkerung eingegliedert haben. Diese Pioniere der Ankunftsstadt bleiben am Ort, sind aber weiterhin mit dem Dorf verbunden und warten darauf, dass der Migrationszyklus von Neuem beginnt. Es ist eine wechselseitige, dialektische Bewegung, die das Dorf ebenso sehr urbanisiert, wie sie der Stadt neues Leben einhaucht. Sie fungiert als Sortier- und Auswahlmechanismus, der die Ehrgeizigsten und Tüchtigsten in der Stadt belässt, während eine große Zahl – im Lauf der Geschichte etwa die Hälfte aller vom Land in die Stadt gezogenen Migranten – für immer ins Dorf zurückkehrt.

Sanjay springt vom Motorrad ab und rutscht den steilen, in die rote Erde getrampelten Fußweg zu seinem winzigen Heimatdorf Kolhewadi hinunter, einer Ansammlung von aus Lehm und Tierdung errichteten Hütten an einem derzeit durch Niederschläge angeschwollenen Fluss in einem bewaldeten Tal. Für Außenstehende wie Bewohner ist dies ein kleines, fruchtbares Paradies. Kinder streifen ihre Kleider ab, springen in den Fluss und kehren mit großen Fischen ans Ufer zurück. Auf den Bäumen wachsen Mangos und Kokosnüsse, und die Reisernte ist dieses Jahr gut. Sanjay wird herzlich begrüßt. Seine Mutter sah ihn vor einem Jahr das letzte Mal, und seit er das erste Mal, im Alter von elf Jahren, von zu Hause weggegangen ist, sind fast eineinhalb Jahrzehnte vergangen. Sanjays Mutter hat ihm ein Mittagessen zubereitet, es gibt aus Reismehl gebackenes Fladenbrot und Quark mit Steinsalz, zum Nachtisch werden Mangos und Jackfruits gereicht. Die Familie sitzt auf dem Lehmboden beieinander, an Reissäcke gelehnt, und lauscht den Geschichten aus der Stadt.

Sanjays inzwischen fast 70 Jahre alter Großvater Sitaram erkannte bereits in den 1950er-Jahren, dass die Familie eine Geldquelle benötigte – etwas, was sie bis dahin weder besessen noch gebraucht hatte. Er war der Erste, der sich auf neu gebauten Straßen auf den 14 Stunden langen Weg machte, Jahrzehnte, bevor das Dorf an die Eisenbahn und an das Telefon- und Stromnetz angeschlossen wurde. »Die Landwirtschaft brachte mir nicht viel ein«, sagt er, »es reichte zwar zum Überleben, aber es war niemals so viel, dass wir nicht ab und zu hätten hungern müssen. Wenn die Ernte schlecht war, gab es manchmal nichts zu essen, also wollte ich mit dem Geld zunächst einmal ein paar Kühe kaufen.« Diese Subsistenzwirtschaft betreibenden Bauern brauchten zum ersten Mal in ihrem Leben Geld. Außerdem verfiel das nur aus einem Raum bestehende Haus der Familie allmählich, und die Lebensverhältnisse waren unhygienisch. Und sobald sie erfahren hatten, dass es mit Gasflaschen betriebene Kochherde gab, waren sie sich einig, dass sie so etwas brauchten. Auch auf den Dörfern wurden jetzt Schulen eingerichtet, Bücher wurden wichtig. Und so ging es immer weiter. Sitarams Reisernte brachte kein Geld ein. Die Kosten für den Transport einer so kleinen Ernte auf den Markt wären höher gewesen als die möglichen Einnahmen. (Das gilt für viele Bauern auf dem Land.) Also machte sich Sitaram auf den langen Weg nach Bombay. Dort fand er eine Anstellung in einem Getreidelager mit angeschlossenem Lebensmittelgeschäft und arbeitete dort von sieben Uhr morgens bis neun Uhr abends. Er holte seine Schwester nach, die als Hausbedienstete arbeitete, und sie teilten sich in Vile Parle, das damals eine geschäftige Ankunftsstadt am Nordrand von Bombay war, ein *Chawl*, eine Ein-Zimmer-Slumunterkunft mit Betonfußboden. Wie fast alle Bewohner dieses Bezirks lebten sie für ihr Dorf, schickten jeden Monat Pakete nach Hause und besuchten die Familie alle paar Jahre einmal. Im Jahr 1967 bauten sie ein neues, wetterfestes Haus im Dorf und deckten das Dach mit Terracotta-Ziegeln, für die sie drei Jahre lang gespart hatten. Sie entwickelten enge Beziehungen zur fest etablierten Wohnbevölkerung Bombays. Sitaram reiste nach

Hause, um ein Mädchen im Dorf zu heiraten, und dann sah er seine Frau mitunter sechs Jahre lang nicht. Er zeugte ein Kind, seinen Sohn Dashrath, der im Dorf blieb, sein Leben lang Reis anbaute und das Leben auf dem Land organisierte, während Vater und Tante gemeinsam das immer wichtiger werdende Geld erarbeiteten.

Überall in den Entwicklungsländern begann die große Migration in die Stadt auf diese Art, als zunehmende Pendelbewegung. In den zwei Jahrzehnten nach dem Zweiten Weltkrieg entwickelte sich in Südamerika, im Nahen Osten, in Asien und Afrika eine Fertigungswirtschaft mit wachsendem Arbeitskräftebedarf, und ein großer Investitionsschub beim Straßenbau ermöglichte es bis dahin isoliert lebenden Bauern, zwischen den Erntezeiten in der Stadt zu arbeiten. Gleichzeitig gerieten die Bauern in mehrerlei Hinsicht unter neuen Druck: Für die Landwirtschaft benötigte man jetzt Hilfsmittel, die man kaufen musste, zum Beispiel Futter und Düngemitttel; elektrischer Strom und Straßen machten Fahrzeuge und Maschinen auch für die ärmsten Bauern attraktiv, und was vielleicht am wichtigsten war: Telefon und Radio brachten jetzt Informationen über ein besseres Einkommen in der Stadt auch in die abgelegensten Dörfer. Die Regierungen förderten diese rasche Urbanisierung zunächst, weil sie als Segen für industrielles Wachstum galt. Man musste die unproduktiv arbeitenden Bauern aus den überbevölkerten Agrarregionen weglocken und die Fabriken mit Arbeitskräften füllen.

Die Verhältnisse hatten sich geändert, als Sanjay zur Welt kam. Er besuchte die Schule, bis er 16 Jahre alt war – diese Option hatte für seinen Vater noch nicht bestanden. Seit er elf Jahre alt war, hatte er jedoch für geringen Lohn immer wieder monatelang in Mumbai gearbeitet, und er wusste von Anbeginn, dass er das Familienmitglied sein würde, das in die Stadt ziehen musste. Bei seinem Umzug dorthin erhielt er Unterstützung durch eine politische Organisation, die nationalistische Hindu-Partei Shiv Sena, die im Dorf Brunnen und Straßen baute und bei der Arbeitssuche in der Stadt half. Nach dem Schulabschluss fand er eine Anstellung in der Teestube, wo er von morgens bis abends arbeitet und sich das Hinterzimmer, in dem auch die Tasche mit seinen Besitztümern Platz findet, zum Schlafen mit drei anderen jungen Männern teilt. Er ist sich so gut wie sicher, dass er eines Tages zu den 100 000 Menschen gehören wird, die Jahr für Jahr nach Mumbai kommen, um sich dort niederzulassen, und von denen 92 Prozent sagen, dass sie niemals zurückgehen wollen, auch nicht, wenn sie arbeitslos werden.[1] Nahezu alle von ihnen sind direkt, ohne Zwischenstation, aus ihrem Herkunftsdorf in die Großstadt gezogen. So sieht heute fast überall auf der Welt der Ablauf aus, nicht nur bei der Migration innerhalb der Landesgrenzen, sondern auch bei einem Wechsel ins weiter entfernte Ausland. Einige Nachbarn aus Sanjays Heimatdorf sind nach Dubai gegangen, wo sie auf Baustellen arbeiten. Alle Arbeiter auf diesen Baustellen sind direkt aus irgendeinem Dorf gekommen. Neuankömmlinge in Großstädten kommen fast ausnahmslos vom Land, das war in der Geschichte schon immer so, in aller Welt.

Die Bedeutung des »Jobs« hat sich an Orten wie Mumbai dramatisch verändert. In den Städten der Entwicklungsländer dominierte bis zu den Wirtschaftskrisen der 1980er-Jahre ein elitärer Kernbestand von lebenslangen Beschäftigungsverhältnissen, die von ein paar schlecht entlohnten Dienstleistungsjobs unterstützt wurden. Heute ist diese Welt in kleine Gruppierungen von Festangestellten zerfallen. Sie sind von einer Galaxie informeller Beschäftigungsverhältnisse umgeben, die in der überwältigenden Mehrheit sind: kleine Geschäfte ohne Betriebsgenehmigung oder Straßenverkaufsstände, Dienstleistungen, zu denen auch Haushaltstätigkeiten und Transportdienste zählen, oder kurzfristige Anstellungen auf dem Bau und in kleinen Herstellungsbetrieben. Die Schattenwirtschaft, der früher nur eine parasitär-irrelevante Randexistenz neben der »Hauptsache«, der gewerblichen Wirtschaft, zugebilligt wurde, stellt heute ein Viertel aller Arbeitsplätze in den postkommunistischen Ländern, ein Drittel in Nordafrika, die Hälfte in Lateinamerika, 70 Prozent in Indien und über 90 Prozent in den ärmsten afrikanischen Ländern.[2] Diese Form der Arbeit ist oft weniger sicher und bietet keine der Sozialleistungen oder langfristigen Garantien, die mit einem Arbeitsplatz in der Industrie verbunden sind, aber sie ist, und das ist ihr enormer Vorteil, allen Menschen zugänglich, die in die Stadt kommen. Insgesamt sieht es so aus, als verschaffe das informelle, auf Selbstständigkeit beruhende Wirtschaften, auch wenn es chaotischer und bei den Steuerbehörden oft nicht gemeldet ist, den Migranten vom Land einen besseren Lebensunterhalt als die alte, auf lebenslanger Festanstellung basierende Ökonomie. Selbstständigkeit, der Ausgangspunkt in der Ankunftsstadt, ist zur weltweiten Norm geworden.[3]

»Zur Zeit meines Großvaters hatte man einen Arbeitsplatz«, sagt Sanjay. »Heute besorgt man sich irgendeine Arbeit.«

Sanjay ist jetzt der Hauptverdiener in seiner Familie: Pro Monat schickt er 1500 Rupien nach Hause (32 Dollar), drei Viertel seines Verdienstes in der Teestube. Das reicht für Kerosin, Feuerholz, Strom, Küchenbedarf, Viehfutter, Schulbücher, Medikamente – all dies gilt inzwischen als notwendig. Seine beiden Schwestern können damit weiter in die Schule gehen. Innerhalb von zwei Jahren konnte er die Mittel für den Bau eines Kuhstalls auf die Seite legen, eine Investition, die das Familieneinkommen aus der Landwirtschaft steigerte. Ein- oder zweimal im Jahr kommt er zu Besuch, zur Ernte- und zur Ferienzeit, das Heimweh treibt ihn an, und einmal im Monat geht er zum Telefonladen in seinem Wohnviertel in Mumbai und ruft bei der Familie an. Die führt das Gespräch beim Nachbarn nebenan, der über einen Festnetzanschluss verfügt. Er spart für ein Mobiltelefon, einen Gegenstand, den sieben oder acht Menschen in seinem Dorf bereits besitzen. Das Mobiltelefon ist in einem Umfeld, das von Gelegenheitsjobs und improvisierten, über die ganze Stadt verstreuten Geschäften dominiert wird, ähnlich wie das Kerosin für die Ärmsten der Armen dieser Welt fast zu einem lebensnotwendigen Besitztum geworden.

Die Familie Solkar ist nach wie vor, 60 Jahren städtischem Leben und Arbeiten zum Trotz, fest in der Subsistenzlandwirtschaft verankert und stolz darauf. Mithilfe der Lohnarbeit in Mumbai hat sie die Produktivität ihrer winzigen Reisfarm etwas gesteigert (allerdings nicht so sehr, dass sie mehr produziert, als sie selbst zum Leben braucht), sie hat jetzt eine Heizung, elektrisches Licht, schickt die Kinder in die Schule, verfügt über ein Radio und, zumindest in der unmittelbaren Nachbarschaft, über einen Fernseher. Die

Wirtschaftswissenschaftlerin Deepa Narayan stellte fest, dass die arme Landbevölkerung in den Entwicklungsländern durch eine Art »Mischwirtschaft« (»joint portfolios«) aus Landwirtschaft, Geschäftstätigkeit und Geldüberweisungen von Migranten einen Aufschwung erlebt, man sichert sich durch verschiedene Tätigkeitsfelder gegen wirtschaftliche Risiken ab.[4] Die Stadt ist anfangs nur eines unter vielen Mitteln, obwohl das Dorf durch ihre Kultur und ihre Gebräuche rasch »urbanisiert« wird. Die Männer in Sanjays Familie sind in kultureller Hinsicht allesamt Stadtbewohner: Sie sprechen den von Hindi-Elementen durchsetzten Marathi-Slang von Mumbai, reden über Kommunalpolitik und Bollywood-Intrigen, verfügen im Dorf über soziale Netzwerke, die aus anderen gelegentlichen Stadtbewohnern bestehen. Aber keiner von ihnen hat jemals erwogen, für immer in die Stadt zu ziehen, obwohl sie Jahrzehnte am Rand der Ankunftsstadt verbrachten. Sanjay könnte gut und gern der Erste sein. Vom Großvater bis zum Enkel gab es einen nicht wahrnehmbaren, aber wichtigen Wandel: Früher war die Arbeit in der Stadt ein nur ungern beschrittener Weg zur wirtschaftlichen Unterstützung des Dorfes. Heute dient Sanjay das Dorf nur noch als hilfreiche Anlaufstelle und Sicherheitsnetz für seine sich entwickelnde berufliche Laufbahn in der Stadt. Die Ankunft in der Stadt ist in den Vordergrund gerückt.

An seinem freien Tag fährt Sanjay durch Mumbai, er hält sich an der Außenwand eines Waggons der Suburban Railway fest, die die Halbinsel durchquert, und genießt die Aussicht, einen Bekannten aus seinem Heimatdorf zu besuchen. Die jungen Migranten aus Kolhewadi haben sich noch nicht in einem gemeinsamen Wohnviertel zusammengetan. Die meisten –

vielleicht die Hälfte – von ihnen werden ihr Leben im Dorf beschließen. Der Umzug nach Mumbai um der Arbeit willen ist für die meisten seiner Nachbarn aus dem Dorf ein gewaltiger Schritt in eine fremde Welt, die sie, mit Ausnahme der seltenen Besuche, von ihrem Heimatort wegführen wird, und so wird es ein Jahrzehnt oder länger gehen, oft ein Leben lang.

Viele Migranten beginnen ihre Berufslaufbahn in der Stadt wie Archana Kelkar, ein 16 Jahre altes Mädchen, das in derselben Straße, ganz in der Nähe von Sanjays Familie aufgewachsen ist, in einer aus Lehm und Dung errichteten Ein-Zimmer-Hütte, die sie mit ihren Eltern und mit Onkel, Tante, Bruder und Schwester bewohnte. Eine mysteriöse Pflanzenkrankheit hatte vor drei Jahren die Reisernte von Kolhewadi schwer beeinträchtigt. Archana, ihre Schwester und ihr Bruder waren die ersten aus der Familie Kelkar, die sich mit der Konkan-Eisenbahn auf den Weg nach Norden machten, um sich in der Stadt eine Arbeit zu suchen.

Heute schläft Archana auf dem polierten Marmorfußboden im Wohnzimmer eines geräumigen Mittelschichtapartments in Goreggon, einer Hochhausenklave im Nordwesten von Mumbai. Sie ist das bei der Familie wohnende Hausmädchen eines Ehepaars mit Hochschulabschluss, das in der Bollywood-Filmindustrie als Komponisten arbeitet. Die Wurzeln der Familie liegen in derselben Region im Süden des Bundesstaats Maharashtra, und die beiden fanden Archana über dieses Netzwerk. Archana kocht, putzt und kümmert sich sechs Tage in der Woche um den Haushalt, sie schläft im Zimmer nebenan und steht vor dem Ehepaar auf, um das Frühstück vorzubereiten.

Als Gegenleistung erhält Archana keinerlei Geldzahlungen. Ihre Arbeitgeber beschäftigen sie, wie viele indische Ehepaare aus der Mittelschicht, in einem Anklang an das Kastensystem mit dem Versprechen, für ihr Wohlergehen in der Stadt zu sorgen. Sie schicken auch etwas Geld an die Familie, um diese zwischen den Ernten zu unterstützen, und noch wichtiger ist die Garantie, dass sie Archanas Mitgift und die weiteren Unkosten bezahlen werden, wenn sie, vermutlich mit 18 Jahren, einen Jungen aus dem Dorf heiratet. Für die Bauern auf dem Land sind Mitgiftzahlungen der Auslöser ständiger und quälender Sorgen. Am drängendsten ist dieses Problem in Indien, aber in geringerem Ausmaß besteht es in allen Entwicklungsländern.* Noch vor wenigen Jahrzehnten mochten ein kleiner Geldbetrag und eine Kuh genügt haben, aber die urbane Revolution hat den Eltern von Mädchen rasch anwachsende Verpflichtungen bei Geld- und Sachleistungen auferlegt. Offiziell erklären die Arbeitgeber, dass sie Archanas Lohn in ihrem Namen ansparen, und sie befürwortet dieses Arrangement eifrig, aber die Art ihres Arbeitsverhältnisses entspricht dennoch den meisten allgemein anerkannten Definitionen von Sklaverei.

Mit Blick auf diese Rahmenbedingungen scheint es auf der Hand zu liegen, dass Archana ins Dorf zurückkehren wird, wenn sie heiratet, und dass ihre Abwanderung nach

---

* Mitgiftzahlungen sind in Indien seit 1961 gesetzlich verboten. Die Rechtslage hat aber bisher nicht verhindert, dass sie für viele arme Familien die größte Einzelausgabe ihres Lebens werden. Für Bauern, die in ihrem Alltag ansonsten nicht mit Geld umgehen, bedeuten sie eine enorme Schwächung, da häufig ein Motorrad oder Gold- und Bargeldmengen verlangt werden, die einem ganzen Jahreseinkommen entsprechen, und sie führen zu gefährlichen Schuldenkrisen.

Mumbai, wie in so vielen anderen Fällen auch, zeitlich eng begrenzt und zufallsbedingt war. Sie sehnt sich danach, zurückzugehen. »Ich vermisse den Geruch der Bambuswälder sehr, und die Musik, wenn wir im Dorf gemeinsam singen«, sagt sie mir, während sie den Fußboden wischt. Dennoch wirkt eine starke Kraft, die sie dazu drängt, sich in der Stadt fest niederzulassen, ob ihr das nun bewusst ist oder nicht. Diese Kraft ist ihr 21-jähriger Bruder Anant, der seinen Platz in Mumbai gefunden hat.

Ich traf Anant in einem klimatisierten Pathologielabor in Vile Parle, das heute eine Mischung aus baumbestandenen Alleen und übervölkerten Slums in unmittelbarer Nachbarschaft des Flughafens von Mumbai ist. Seine Anfangszeit in Mumbai war noch gefährlicher als Sanjays oder die seiner Schwester: Dieser extrem große und hagere junge Mann kam gleichzeitig mit seiner Schwester hier an und bezog ein Ein-Zimmer-Chawl gemeinsam mit seinem Onkel, der bereits seit 20 Jahren in der Stadt gelebt hatte und sich selbst als dauerhafter Stadtbewohner sieht. Er verbrachte zunächst einen Monat in der Unterkunft seines Onkels und fand dann eine Anstellung in einer Fabrik, die Sprungfedern herstellte, eine körperlich anstrengende Arbeit für einen empörend geringen Monatslohn von 1200 Rupien (25 Dollar). Dann arbeitete er vier Monate lang in Nachtschichten für eine Büroreinigungsfirma, die ihm 2500 Rupien monatlich zahlte, was immer noch nicht reichte, um ihn auf ein eigenständiges Leben hoffen zu lassen. Doch eines Tages wendete sich sein Schicksal, wie das bei Neuankömmlingen vom Land so oft der Fall ist. Eines frühen Morgens putzte er in einem Fitnessstudio, begann ein Gespräch mit einem wohlhabenden Arzt aus Maharashtra und half ihm mit seinen Gewichten. Im Kraftraum schlossen sie Freundschaft, und bald darauf wurde Anant als Arzthelfer eingestellt. Sein monatlicher Ausbildungslohn von 3000 Rupien (63 Dollar) ermöglichte es ihm, auf dem abstoßenden Shantytown-Immobilienmarkt von Mumbai etwas zu sparen, um später dann in einem der besseren Slums ein richtiges Zuhause zu kaufen. Ihm fehlten der Reis und das Vieh in seinem Heimatort, sagt er, aber inzwischen sei ihm auch klar, dass das Leben in der Stadt seiner Familie Möglichkeiten eröffnen werde, von denen sie zuvor nicht einmal hätten träumen können, und er hofft, dass er sie alle eines Tages auf Dauer nachholen kann.

Das Pendeln von Menschen wie Sanjay, Archana und Anant ist den meisten Regierungen und Wissenschaftlern jahrzehntelang entgangen. Die Welt wurde als scharf in einen ländlichen und in einen städtischen Bereich getrennt betrachtet, selbst als die wichtigsten Städte Lateinamerikas, Afrikas und Asiens in den Jahrzehnten nach dem Zweiten Weltkrieg mit Slums und anderen improvisierten Ankunftsstädten überzogen wurden. Ja, es gab Arbeiter vom Land in der Stadt, aber sie wurden als vorübergehendes Phänomen betrachtet. Wissenschaftler wie auch Regierungs- und Verwaltungsbeamte gingen allgemein davon aus, dass Dorfbewohner für immer Dorfbewohner bleiben würden, selbst wenn sie vorübergehend in der Stadt arbeiteten. Also gab es eine Politik für den ländlichen und eine für den städtischen Raum, und niemand achtete auf die Schnittstellen zwischen beiden Bereichen.[5]

Der britische Geograf Ronald Skeldon untersuchte in den 1970er-Jahren das Alltagsleben von Dorfbewohnern im peruanischen Verwaltungsbezirk Cuzco und ihre Reisen nach und von Lima aus und stieß dabei auf ein typisches Muster. Die Hin- und Rückwanderung war tatsächlich feststellbar, oft über viele Generationen hinweg. Aber schließlich gab es so etwas wie einen Punkt, an dem alles kippte, einen Augenblick, in dem die gesamte Familie, manchmal sogar ein ganzes Dorf, die persönlichen Bindungen und Investitionen in die Stadt verlagerte und nicht mehr auf die Landwirtschaft setzte. Diesen Punkt bezeichnete er als »migration transition« (Übergang zur Migration). Manchmal dauerte es Generationen, bis es so weit kam, manchmal nur Jahre. Den Unterschied schienen in erster Linie die Kommunikationsmöglichkeiten und die persönliche Bildung auszumachen: Menschen, die eine Schule besucht hatten und Informationen aus der Stadt erhielten, neigten dazu, das Pendeln aufzugeben und den Übergang früher und konsequenter zu vollziehen.

Und den Kernbereich dieses Übergangs bildete, wie Skeldon feststellte, eine ganz bestimmte Art städtischen Raumes: »Die ersten Migranten aus einer bestimmten Gemeinde ließen sich zunächst einmal meist im Stadtzentrum von Lima nieder«, schrieb er. »Wenn sie sich nach einigen Jahren dann eingewöhnt haben, ziehen sie hinaus an die Peripherie, in die *barriadas* oder *pueblos jóvenes* (jungen Städte). Sobald zwischen der Siedlung an der Peripherie und der Herkunftsgemeinde feste Verbindungen bestehen, führt die Migration meist direkt in diese Siedlung.«[6]

Aus diesen Sätzen ergibt sich, wenn man so will, eine präzise Definition einer Ankunftsstadt.

Der amerikanische Soziologe Charles Tilly untersuchte fast zur gleichen Zeit die Geschichte der Abwanderung vom Land in die Stadt in Europa und Nordamerika und stellte fest, dass es mehr als nur einen Typ von Migrationsbewegung gegeben hatte. Bis dahin war man davon ausgegangen, dass die Entscheidung zur Migration entweder von »Abstoßungskräften« (»push factors«), die die Menschen infolge von Not und Hunger aus dem Dorf trieben, oder von »Anziehungskräften« (»pull factors«), die Menschen mit verlockenden Einkommenschancen zum städtischen Leben motivierten, bestimmt worden war. Tilly fiel auf, dass diese Faktoren zwar häufig im Spiel waren, dass aber die Entscheidung für den Umzug nur selten irgendetwas damit zu tun hatte. Er unterschied drei Haupttypen von Migration zwischen Dorf und Stadt. Da war zunächst einmal die *zirkuläre* Migration, wie bei den Steinmetzen aus dem Limousin, die jahrhundertelang jedes Jahr von ihren Bauernhöfen in die überfüllten Ankunftsstädte im Herzen von Paris zogen, um in der Winterzeit am Aufbau der Stadt mitzuarbeiten, wobei jedes Jahr ein paar Mann zurückblieben, die sich auf Dauer in der Hauptstadt niederließen. Es gab Migranten aus *beruflichen* Gründen, die mehr oder weniger dauerhaft in die Stadt wechselten, um in Handwerksberufen, für die Regierung oder das Militär zu arbeiten. In der Regel waren sie keine Dorfbewohner, und ihre Zahl war verhältnismäßig klein. Und, das war Tillys wichtigste Entdeckung, es gab die Vorherrschaft der *Ketten*migration, eines Vorgangs, bei dem sich »eine bestimmte Zahl von verwandten Personen oder Haushalten von einem Ort zum anderen bewegt, und zwar mithilfe einer Reihe sozialer Vereinbarungen, über die Menschen am Zielort den neuen Migranten Unterstützung, Informationen und Zuspruch bieten.« Hier ortete er den zentralen Mechanismus, der die größte Bevölkerungsverschiebung der Welt bewirkte. Der Hauptgrund für diese Bewegung waren nicht die Anziehungs- oder Abstoßungskräfte oder das passive Erleiden ökonomischer Strukturen (wie eine andere Gruppe von Wissenschaftlern angedeutet hatte), es war vielmehr die Schaffung einer neuen Kultur zwischen Dorf und Stadt. Dies ist genau der Prozess, der saisonale Migranten wie Sanjay in die Stadt lockt und letztlich zu Stadtbewohnern macht. Aus zirkulierenden Migranten werden ortsfeste, aus eigener Initiative handelnde Personen, die künftige Migranten unterstützen. Sie schaffen eine sicherere, von Dorfbewohnern kontrollierte Basis in der Stadt und eine Reihe von informellen Institutionen, die einen größeren, stetigen Zustrom von Dorfbewohnern aufnehmen und einen Übergang zur Migration ermöglichen.

Auch die Kettenmigration benötigt einen eigenen, besonderen städtischen Raum, der konstante Bewegungen in beide Richtungen zulässt. Kettenmigrationen, schrieb Tilly, »produzieren meist einen erheblichen Anteil experimenteller Bewegungen und einen großen Rückstrom zum Herkunftsort. Am Zielort sorgen sie auch häufig für dauerhafte Ansammlungen von Menschen, die durch eine gemeinsame Herkunft verbunden sind. Im Extremfall bilden die Migranten Dörfer in städtischer Umgebung.«[7] Diese »dauerhaften Ansammlungen« und »Dörfer in städtischer Umgebung« sind Ankunftsstädte in ihrer reinsten Form. In diesem Licht betrachtet, wird die Bedeutung der Ankunftsstädte für die städtische und die ländliche Entwicklung deutlich. Sie sind nicht einfach nur Slums, die die Außenseiter und die Gescheiterten der städtischen Gesellschaft beherbergen, noch sind sie zeitlich befristete Lager für Wanderarbeiter. Sie sind der Schlüsselmechanismus für die Regeneration der Stadt.

Und die Menschen, die diesen Auswahlzyklus durchstehen, gehören zu den innovativsten und beharrlichsten Bevölkerungsgruppen weltweit. Die Menschen und Familien, die es bis in diese Slums und Hüttensiedlungen schaffen, sind, im Gegensatz zu ihrem öffentlichen Image als Verlierer in einer kapitalistischen Gesellschaft, die Gewinner der Land-Stadt-Lotterie, die Besten der Besten aus den Dörfern, die erfolgreichsten Mitglieder einer äußerst ehrgeizigen Gruppe. »Die Migranten aus den Dörfern kommen mit sehr hohen Erwartungen, die oft höher sind als die der am Ort geborenen Stadtbewohner«, sagt Patricia Mota Guedes, eine brasilianische Wissenschaftlerin, die Schulen und soziale Verhältnisse in Favelas untersucht. »Sie haben immer die Möglichkeit, fortzuziehen und ins Dorf zurückzugehen, und mehr als die Hälfte tut das auch. Diejenigen, die bleiben, sind die zähesten und klügsten, und sie können viele Veränderungen verkraften.« Ein leitender Stadtplaner in Kenia formuliert das so: »Slumbewohner sind im Allgemeinen widerstandsfähiger als die übrige städtische Bevölkerung.«[8]

DIE GEBURTSWEHEN: EINE ANKUNFTSSTADT NIMMT GESTALT AN
KAMRANGIRCHAR, DHAKA, BANGLADESCH

Zunächst kommen Männer mit Sägen und Macheten und roden die sumpfige Niederung am Stadtrand. Ihnen folgen die Familien, sie bringen mit ihren Karren Backsteinhaufen und Holzstapel über Trampelpfade zur Baustelle und stecken auf den kleinen Grundstücken, die sie gekauft haben, rudimentäre Fundamente ab. Die nächsten Monate sind mit Abräumen und harter Arbeit ausgefüllt, bei der die Familie Lehm, Äste, aufgesammelte Bretter, Blechstücke und Plastikbahnen zur Grundform eines Ein-Zimmer-Hauses zusammenstückelt. Hier, am sich rasch erweiternden Südwestrand von Dhaka, am Rand einer Insel, die noch vor ein paar Jahren sumpfiges Ackerland war, werden die Häuser nach ostasiatischer Tradition auf Bambuspfählen errichtet, damit sie von den unvermeidlichen Überschwemmungen nicht fortgespült werden. Ein kleines Stück weiter oberhalb, wo die Fluten nur gelegentlich hinkommen, entstehen sie aus zusammengesuchten Brettern und Backsteinen. Die Hauptstadt von Bangladesch wetteifert mit Chongqing und Lagos um den Titel der am schnellsten wachsenden und die meisten Migranten anziehenden Stadt der Welt. Ihre Slumhäuser sind außergewöhnlich dicht zusammengebaut. Sie stehen dicht an dicht, gruppenweise um kleine Höfe herum angeordnet, die in Bangladesch als *Bustees* bezeichnet werden und von den Bewohnern selbst angelegt werden. An solchen Orten wandelt sich die saisonale, zeitlich begrenzte Migration in eine dauerhafte, beharrliche Ansiedlung, und eine neue Ankunftsstadt ist geboren.

Es folgt der Auftritt von Jainal Abedin, einem jungen Mann mit ordentlich gebügeltem Hemd, geduldigem Auftreten und einem kleinen Werkzeugkasten, der den Fußweg entlangschlendert und an jeder Tür haltmacht. Er ist die erste Verbindung der neuen Ansiedlung zum größeren Stadtgebiet. Jainal begrüßt die neuen Familien, nimmt ihre Namen auf, schreibt sie in ein in Folie gebundenes Kundenbuch, gibt Ratschläge und Tratschgeschichten weiter, Informationen zu Gefahren, die der Siedlung drohen, und zu Arbeitsmöglichkeiten. Er hört sich die Geschichten über finanzielle und andere Sorgen an und sammelt kleine Geldbeträge ein. Er kritzelt Symbole auf die Außenwände der Häuser und macht Versprechungen.

Jainal ist der Kabelfernsehmann. Das macht ihn in dem neuen Slum zu einer mächtigen und einflussreichen Persönlichkeit, was zum großen Teil dadurch begründet ist, dass er die erste und verlässlichste Versorgungsdienstleistung anzubieten hat, Jahre oder Jahrzehnte vor fließendem Wasser, Postdienst und Kanalisation.* Überall in den Entwicklungsländern, in Südamerika, Asien und im Nahen Osten, hat der Kabelfernsehmann im Slum den Status einer einflussreichen Person. Der Kabel-*Wallah* ist in den riesigen Slums von Mumbai eine mafiose Gestalt, der im Auftrag dubioser Banden die Macht zur Kreditvergabe und zur Beeinflussung der Verwaltung ausübt. Er kann verhindern, dass Hütten niedergewalzt werden – oder sie dem Bulldozer überantworten. In den brasilianischen Favelas, in denen die durchschnittliche Slum-Familie über 1,5 Fernsehgeräte verfügt, wo 14 Prozent Computer besitzen und sieben Prozent Zugang zum Internet haben, sind Kabel- und Satellitenfernsehanschlüsse Teil des Arsenals sozialer Kontrolle, dessen sich die Drogenbanden bedienen.[9] Jainals Macht ist diffuser. Er kaufte sich sein Ter-

---

* Hier und in den Slums fast überall auf der Welt – mit Ausnahme der am weitesten entwickelten Industrieländer – zapfen die Bewohner sehr häufig öffentliche Stromleitungen an.

ritorium im Alter von 18 Jahren mithilfe seines Vaters, eines Kabelinstallateurs, verband es in Eigenarbeit mit der Kabelfernsehleitung, und heute verlegt er die Anschlüsse in der sich ständig vergrößernden Hüttensiedlung selbst. Er wirkt als sanfter Vermittler zwischen Geschäftswelt, Hausbesitzern, Mietern und anderen, weniger sichtbaren Personen. Für ein 30-Kanal-Paket verlangt er 200 Taka (etwa drei Dollar) pro Monat, geboten wird den Kunden dafür ein Programmspektrum aus Hindi-Musicals, Bengali-Melodramen, Nachrichten vom Persischen Golf und englischen Cricket-Matches, das in jedem Bustee in mindestens einer Hütte flimmert. Bei einem abendlichen Spaziergang durch den Slum schreitet man durch kleine Seen aus blauem Licht, die mit dem Lärm blecherner Musik wetteifern.

Der überwältigende Erfolg des Kabelfernsehens in einem überbevölkerten asiatischen Slum, dessen Bewohner, ehemalige Bauern, weniger als einen Dollar pro Tag verdienen, mag wie eine bizarre, unerklärliche Anomalie anmuten. Wenn dieser Eindruck aufkommt, liegt das daran, dass wir die Funktion der Ankunftsstadt und ihrer Bewohner so gründlich missverstanden haben. Auf den Außenstehenden wirkt dieser Ort wie ein gescheitertes Gemeinwesen, das in die scheußlichsten und abstoßendsten Häuser abgeschoben wurde: dichte Ansammlungen von wackligen Gebäuden auf Pfählen über offenen Senkgruben, getrennt nur von verschatteten Durchgängen, die nicht einmal einen Meter breit sind, mit durcheinanderlaufendem Getier, unbetreuten Kindern und von Unrat strotzend. Besucher aus westlichen Ländern und die etablierten Bewohner von Städten wie Dhaka teilen die Vorstellung, dass solche Orte die letzte Zuflucht von Gescheiterten sein müssen, eine

Negativauswahl von Menschen, die von der Industriegesellschaft aussortiert worden sind. Aber diese Haltung verkennt das, was die Bewohner selbst empfinden. Sie sehen nur eine Übergangszeit mit Schmutz und Unordnung, sie investieren und schaffen ein dynamisches Gemeinwesen, das nach eigenen Vorstellungen so bald wie möglich adrett, gepflastert, elektrisch beleuchtet, legal, hygienisch und vollständig mit der Stadt verbunden sein wird. Die 20 000 Menschen in diesem Teil von Dhaka und die meisten der fünf Millionen Slumbewohner, die 40 Prozent der Stadtbevölkerung stellen, haben jahrelang gekämpft und gespart, um es bis hierher zu schaffen, sie haben ihre eigene Urbanisierung zu einem Gegenstand langfristiger Planungen, Berechnungen und strategischer Überlegungen gemacht.* Das zeigt sich in den boomenden Kabelunternehmen (die jetzt mitunter auch den Internetzugang einschließen), im aufblühenden Markt mit jeder Art von Mobiltelefon-Dienstleistung, im komplexen Netzwerk von Kreditquellen, in den Haushaltsgeräte- und Möbelgeschäften, die eine rudimentäre Konsumwelle in Gang gebracht haben, und vor allem am gut organisierten Immobilienmarkt, der es den Slumbewohnern ermöglichte, ihre winzigen Grundstücke zu kaufen. Die Ankunftsstadt ist ein Ort für den sozialen Aufstieg – oder zumindest ein wohlüberlegter Griff nach der

---

* Ein erheblicher Teil der 500 000 Menschen, die jedes Jahr nach Dhaka kommen, besteht aus Saisonarbeitern in der Landwirtschaft oder aus Arbeit suchenden Flüchtlingen vor Überschwemmungen und anderen Klima- oder Nahrungskatastrophen; diese Zuwanderer drängen sich in Behelfsunterkünften oder schlafen auf dem Bürgersteig. Fast alle sind nur auf Zeit in der Stadt. Diejenigen Menschen, die eine feste Bleibe in einem Slumgebäude haben, sind besser organisiert und weniger verzweifelt, weil sie vor dem Umzug Ersparnisse sammeln konnten.

besten Chance auf einen solchen Aufstieg. Eine Behörde der Vereinten Nationen spricht deshalb nicht von »Slums der Verzweiflung«, sondern von »Slums der Hoffnung«.[10]

Jainal Abedin weiß das. Er beobachtet, wie sich die Nebenstraßen von Kamrangirchar aus ersten, zaghaften Improvisationen zu einer dauerhaften städtischen Gemeinschaft entwickeln. Er trifft zunächst auf die einsamen Männer und Frauen, die jahrelang in der Stadt gearbeitet und geschlafen haben und jetzt ihr eigenes Grundstück abstecken. Dann wird Monat für Monat Geld ins Heimatdorf überwiesen. Schließlich trifft irgendwann der Rest der Familie ein. Doch viele Menschen ziehen schon nach ein paar Monaten wieder fort. Es gibt die Frustrierten, die aufgeben und in den Heimatort zurückkehren, und diejenigen, die in andere, zentraler gelegene Slums oder in bessere Wohnviertel weiterziehen. Arme Menschen ziehen häufig um, und Ankunftsstädte sind, zumindest in ihren Anfangsjahren, Orte des ständigen Umzugs und Wandels. Jainal verfolgt dieses Geschehen. »Die Leute in dieser Straße sind sehr arm, sie kamen aus dem Bezirk Barisal«, sagt er über eine rasch wachsende Reihe von Hütten, deren Bewohner aus einer sumpfigen, 120 Kilometer flussabwärts gelegenen und von der Landwirtschaft geprägten Region stammen. »Die Männer hier sind Rikschafahrer, aber sie haben einen Haufen Geld gespart.« Diese Insel ist als Wohnort von Fahrradrikschafahrern bekannt, dem wichtigsten öffentlichen Transportmittel in Dhaka. Es ist eine körperlich ruinöse Arbeit, es ist bekannt, dass diese Fahrer früher sterben als Angehörige anderer Berufsgruppen und einen hohen Anteil von Drogen- und Alkoholsüchtigen und Aidskranken aufweisen, aber man weiß auch, dass diese

Arbeit für Neuankömmlinge eine Chance ist, rasch gutes Geld zu verdienen. Die Männer gehen ihr einige Jahre lang nach und wechseln dann zu weniger lukrativen, aber familienfreundlicheren Tätigkeiten in der Industrie oder im Baugewerbe. Die Frauen finden in zunehmender Zahl einträglichere Tätigkeiten in Dhakas boomender Textilindustrie. Die Ankunftsstadt macht die Frauen in Bangladesch wie auch in vielen anderen Ländern zu Hauptverdienern, und sie übernehmen in diesen Gemeinschaften eine führende und wahrnehmbare Rolle.

Ich gehe ein Stück weiter, an Jainals Kabelstrecke entlang, und treffe Selina Akhter, eine elegante und ernsthafte Frau von 22 Jahren. Sie kam vor drei Wochen aus dem an der Westgrenze zu Indien gelegenen Bezirk Jhenaidah. Ihr Ein-Zimmer-Haus war von einem Ehepaar aus dem Norden halb fertiggestellt worden, doch dann gaben die beiden ernüchtert auf und gingen zurück, bevor Türen und Fenster eingesetzt worden waren. Selina trägt einen hellen, festlichen Sari, wie er von bengalischen Frauen bevorzugt wird, und stattet das neue Zuhause ihrer Familie aus: Es gibt hier eine Matratze auf einem Bettgestell, einen kleinen, mit Bodenbrettern ausgelegten Bereich für ihr dreijähriges Kind, eine kleine Kochecke mit einem Ein-Flammen-Gaskocher am hinteren Ende des Raumes und eine erhöhte Ablage. Einen kleinen Hinterhof mit Lehmboden und eine größere Feuerstelle im Freien teilt Selina sich mit fünf anderen Familien.

»Hier ist viel weniger Platz als im Dorf, aber das Leben hier ist zweifellos besser«, sagt sie. »Sobald ich Mutter war, wusste ich, dass ich nach Dhaka gehen musste. Wir sind hier auf uns allein gestellt, keine anderen Familienmitglieder wohnen hier, aber wir kennen einen Mann aus unserem Heimatdorf, den wir bei der Arbeit in der Stadt trafen, und er empfahl uns, dieses Haus zu übernehmen. Für unsere Familie ist es der Anfang eines neuen Lebens.«

Vor drei Jahren brachte sie ihr erstes Kind zur Welt, einen gesunden Sohn. Kindern in ihrer Region geht es nicht gut: Dort herrscht *Monga,* eine jahreszeitlich wiederkehrende Hungersnot, die in erster Linie durch einen Mangel an Investitionen in der Landwirtschaft und unzureichende Planung und Verwaltung der vorhandenen Güter ausgelöst wird, sodass die Familien in den Wintermonaten nicht genug zu essen haben. Die Lage wird noch verschlimmert durch die häufigen Überschwemmungen ihres Landes, die ein nahegelegener Nebenfluss des Ganges verursacht und die zu einer enorm hohen Kindersterblichkeit und einer entsprechenden Zahl chronischer Krankheiten führen. Ihre Eltern waren noch gezwungen, solche Lebensbedingungen zu ertragen, doch Selina und ihr Mann waren entschlossen, ihren Jungen im Winter nicht hungern zu sehen. Ihr Mann fand in Dhaka Arbeit als Maler und schlief anfangs auf dem Bürgersteig. Nach drei Monaten, in denen er so viel Geld nach Hause schickte, dass es für den Reiseinkauf im Winter reichte, hatte er fast 700 Dollar gespart, was für den Erwerb eines Ein-Zimmer-Hauses in einem Slum-Bustee reichte. An diesen Ort wurde die Familie durch das gut ausgebildete soziale Netzwerk von Menschen aus ihrem Dorf gelockt, die in dieser Straße lebten.

Selinas Mann verdient mit dem Anstreichen von Häusern 3500 Taka (50 Dollar) im Monat, gerade so viel, dass es für zwei Mahlzeiten am Tag reicht, für Geldüberweisungen ins

Dorf und für die 15 Dollar, die pro Monat für das Haus zu bezahlen sind. Das genügt für ihre gegenwärtigen Bedürfnisse, aber sie werden mehr Geld brauchen, um ihre Pläne für die Zukunft finanzieren zu können. Selina möchte in einer Textilfabrik arbeiten, um die private weiterführende Schule für ihren Sohn bezahlen zu können, wenn es ihr gelingt, während der Arbeitszeit eine Betreuungsmöglichkeit zu organisieren. Vielleicht muss der Plan zurückgestellt werden, bis sie eine Grundschule findet. Und an diesem Punkt kollidieren ihre Pläne mit der sozialen Wirklichkeit auf dieser Seite von Kamrangirchar. Einer der Gründe dafür, dass die Slumhäuser hier preisgünstiger sind, liegt darin, dass dieser Ort jenseits der Stadtgrenze von Dhaka liegt. Deshalb gibt es hier weder Schulen noch fließendes Wasser und Kanalisation oder irgendeine Form von kommunaler Unterstützung. Alle, die hier wohnen, in dieser Straße, in diesem Viertel, spekulieren darauf, dass diese gut etablierte Masse von Migranten eines Tages eine demografisch und politisch hinreichend einflussreiche Kraft sein wird, sodass sich die Stadt Dhaka gezwungen sieht, sie in ihr Verwaltungsgebiet aufzunehmen. Es ist eine vernünftige Spekulation, denn die Stadt hat das zuvor schon bei anderen Slumbezirken so gehalten. Andererseits hat Dhaka auch schon größere und besser ausgebaute Slums niederreißen lassen, als dieser hier einer ist.

Das Leben hier ist, wie überall, eine Wette auf die Zukunft der Kinder. Ankunftsstädte sind Orte des generationsbedingten Bedürfnisaufschubs, in denen ganze Lebensläufe oft unter schrecklichen Bedingungen geopfert werden, um einem Kind bessere Chancen zu eröffnen: »Das Leben hier ist schwieriger als im Dorf, es gibt weniger Zeit zum Entspannen, dafür habe ich jetzt Träume für meinen Sohn«, sagt Selina und trägt den Jungen zur einzigen, mehrere Hundert Meter entfernten Wasserpumpe, wo sie ihn unter dem Hahn sorgfältig wäscht. »Ich werde nicht über sie sprechen – Träume verschwinden, wenn man sie ansieht. Aber ich werde ihn unter allen Umständen in die Schule schicken, ich werde eine finden.«

Ihre Entschlossenheit wird ihr zugutekommen. Aber ihre Mühen haben in einer feindseligen Stadt, die kein richtiges Verständnis dessen hat, was in der Ankunftsstadt vor sich geht, eben erst begonnen.

Ankunftsstädte folgen einer Logik, derzufolge man es irgendwie aus eigener Kraft schaffen muss, unter Nutzung des bereits Vorhandenen: Als Außenseiter vom Land ohne richtiges Einkommen in der Stadt kann man sich ein Leben dort nicht leisten, aber um den Status eines solchen Außenseiters ablegen zu können, muss man erst einmal einen Ort zum Leben in der Stadt finden. Für dieses Paradoxon gibt es zwei Lösungen. Zunächst einmal kann man sich bei der Suche nach einer vorübergehenden Unterkunft in der Stadt auf das Netzwerk von Menschen aus dem eigenen Dorf verlassen. Dann organisiert man und findet eine Möglichkeit, einen eigenen Hausstand zu gründen, und zwar zu einem Bruchteil des in der Stadt üblichen Preises, indem man sich etwas sucht, was bei Stadtbewohnern am wenigsten begehrt oder so gut wie aufgegeben ist, Orte, die zu abgelegen oder kaum zugänglich sind oder vom öffentlichen Nahverkehr und den Versorgungsunternehmen vernachlässigt werden. In Frage kommen auch Standorte, die aus geografischen, klimatischen oder gesundheitlichen Gründen als unbewohnbar gelten: die Felshänge von Rio de Janeiro und Caracas, die von Abwässern verseuchten Lagunen Ostasiens, die unmittelbare Umgebung von Müllhalden, Eisenbahnstrecken und internationalen Flughäfen, die übel riechenden Überschwemmungsgebiete von Flüssen in vielen, vielen Städten.

Von den 1940er- bis zu den 1970er-Jahren, in den ersten Jahrzehnten des großen Ankunftsstadtbooms, war die illegale Besetzung die vorherrschende Art des Landerwerbs. Migranten vom Land, die sich in Billigunterkünften in der Innenstadt zusammengetan hatten, besetzten einfach, meist in organisierten Gruppen, ein ungenutztes Stück Land, legten Wege an, errichteten Häuser und hofften, dass alles gutgehen würde. Die »Landbesetzung« war gegen Ende dieses Zeitraums in Lateinamerika zu einem gut organisierten Vorgang geworden, und diese Praxis hatte sich außerdem über den Nahen Osten und Afrika bis in einige Teile Asiens hinein ausgebreitet. Landbesetzungen wurden als vorübergehendes, zeitlich begrenztes Phänomen gesehen. Bis zu den 1980er-Jahren hatten sich viele dieser »besetzten« Enklaven, selbst diejenigen, die wiederholt mit Bulldozern platt gewalzt worden waren, zu richtigen Städten entwickelt, hatten Hunderttausende von Einwohnern, eine eigene, anerkannte Verwaltung, eine einflussreiche Mittelschicht und eine Binnenökonomie. Der Duravi-Slum von Mumbai (800 000 Menschen), Orangi in Karachi (500 000), Ashaiman in Ghana (100 000), Villa el Salvador in Peru (300 000) und die von den Bewohnern selbst errichteten Außenbezirke im asiatischen Teil von Istanbul (über 1 000 000), all diese Orte nahmen als improvisierte Landbesetzerenklaven ihren

Anfang und sind heute erfolgreiche, voll entwickelte städtische Wirtschaftsräume. In jedem dieser Orte stehen Hunderte von Fabriken, die im Besitz von Migranten sind und eine erhebliche Wirtschaftsleistung erbringen.

Aber die Landbesetzung ist aus guten Gründen zu einem sehr viel selteneren Vorgang geworden. Zunächst einmal ist Land inzwischen meist im Privatbesitz und mit eindeutigen Besitzrechten versehen, im Gegensatz zum gemeinschaftlichen Eigentum oder nicht eindeutigen Landrechten, die in der Anfangszeit in den Entwicklungsländern noch vorherrschten. Zweitens wollen die Migranten aus den Dörfern nahezu einhellig keine Unklarheiten in Bezug auf das Stück Land, auf dem sie leben: Sie streben nach eindeutigen Besitzverhältnissen, zumindest jedoch wollen sie ein sicheres und garantiertes Nutzungsrecht, wie das für viele Hauseigentümer aus der Mittelschicht typisch ist. Die Mehrheit der Slumhütten an Orten wie Kamrangirchar unterliegt deshalb dem Eigentums- und häufig dem Hypothekenwettbewerb, der Spekulation um ihren zukünftigen Wert und all den anderen Begleiterscheinungen, die mit Hausbesitz verbunden sind. Es mag keine formelle oder behördlich registrierte Eigentümerschaft sein, sie mag auch rechtlich bedeutungslos sein, aber sie ist von zentraler Bedeutung für das Leben der Bewohner der Ankunftsstadt. »Irregulärer Hausbesitz wird auf einem funktionierenden Markt beworben, verkauft und gemietet, ganz gleich, um welche Art von Landnutzung es sich handelt oder wie es um die Qualität der Häuser beschaffen ist«, schrieb eine Wissenschaftlergruppe in einer Studie zu Slumunterkünften. »Der Zugang zu Grundstücken an der Peripherie der Städte wird heutzutage selbst in den stärker konsolidierten informellen Ansiedlungen in erster Linie über geschäftliche Transaktionen erworben.« Die Unterkunft in der Ankunftsstadt ist, dem Image zum Trotz, niemals umsonst, ja nicht einmal billig. Der Quadratmeterpreis liegt dort oft über dem Preis in einem wohlhabenden Mittelschichtviertel (aber das Land wird in sehr viel kleinere Parzellen unterteilt, als dies in wirtschaftlich besser gestellten Vierteln jemals erlaubt würde). Und Slumbewohner bezahlen meist die höchsten Preise für Versorgungsgüter wie Wasser und Brennstoffe, weil diese per Lastwagen angeliefert werden müssen und der Markt üblicherweise von örtlichen Oligopolen kontrolliert wird.[11] Die Ankunft ist eine teure Investition.

Selina Akhter und ihre Nachbarn haben nicht ihre ganzen Ersparnisse und Energien in die Ankunftsstadt investiert, um dann untätig zuzusehen, wie sie ein schmutziger Slum bleibt. Für den Augenblick jedoch hat sie das Bestmögliche erreicht: ein Dach über dem Kopf, eine den Bedarf deckende (wenn auch weit entfernte) Wasserquelle, ein Sicherheitsnetzwerk und ein Transportmittel für den Weg zur Arbeit. Die nächsten paar Jahre und die Beschlüsse der wechselnden Regierungen sowie der Behörden von Bangladesch werden den weiteren Weg bestimmen. Es geht darum, ob dieser Teil von Kamrangirchar einem Kurs folgt, der ihn stagnieren lässt, isoliert und zu einem Ort zunehmender Verzweiflung, Gewalt und Armut macht, oder zu einem Ort, der sich zu einer immer beständigeren und gut ausgebauten städtischen Gemeinschaft entwickelt – einer Gemeinschaft, die zum wirtschaftlichen Leben Bangladeschs beiträgt und eine stabile Mittelschicht hervorbringt, die für die künftige Lebensfähigkeit und Sicherheit der Stadt sorgt.

Missverständnisse und Misstrauen gegenüber Ankunftsstädten sind so weit verbreitet – sie werden als statische Slums abgetan und nicht als Orte dynamischen Wandels gesehen –, dass die Regierungen einen großen Teil der vergangenen 60 Jahre damit verbracht haben, ihre Entstehung zu verhindern. Zunächst war das anders. Landbesetzerenklaven wurden in den ersten beiden Jahrzehnten nach dem Zweiten Weltkrieg geduldet. Das industrielle Wachstum legte ein solches Tempo vor, dass zur Behebung des Arbeitskräftemangels ein scheinbar endloser Zustrom von Migranten vom Land gebraucht wurde, und die von dieser Entwicklung erfassten Staaten erkannten den Wert der Urbanisierung. Als die städtische Wirtschaftsweise Ende der 1960er-Jahre zunehmend informell und die verarbeitende Industrie nicht mehr das Hauptziel der Migranten vom Land war, waren die Regierungen und internationalen Organisationen von der Vorstellung einer »Über-Urbanisierung« besessen. Dies fiel zusammen mit einer romantisierenden Vorstellung vom bäuerlichen Leben, wie sie in marxistischen Volkswirtschaften und in weiten Teilen der akademischen Welt beliebt war.

Heraus kam dabei eine Politik, die die große Migration zu verhindern suchte, indem sie den Dorfbewohnern den Wechsel in die großen Städte ausredete oder die Wanderungsbewegung umlenkte oder blockierte. Doch diese Politik funktionierte nur selten. Autoritäre Länder waren damit am erfolgreichsten: Das dramatischste und am weitesten reichende Politikkonzept war das chinesische Haushaltsregistratursystem Hukou, das bis in die 1980er-Jahre jegliche Urbanisierung verhinderte (obwohl es nicht verhindern konnte, dass viele Millionen von Bauern in den Städten Fuß fassten, sodass mit dem Einsetzen einer liberaleren Politik rasch Ankunftsstädte entstanden). Andere autoritäre Staaten, zum Beispiel das südafrikanische Apartheidregime und Chile unter dem Diktator Pinochet, blockierten die Migration auch physisch. Es ist in diesem Zusammenhang wichtig, festzuhalten, dass Länder, die die Migration vom Land in die Stadt verbieten oder einschränken, selten ein Wirtschaftswachstum erleben: Ohne Urbanisierung stagniert die Wirtschaft.

Andere Strategien erwiesen sich als ähnlich unwirksam und schädlich. Indonesien zwang 600 000 Familien zum Wegzug aus Dörfern auf der Zentralinsel Java in entlegenere Regionen. Zum einen wollte sie mit diesem Vorgehen politische Kontrolle ausüben, zum anderen die Urbanisierung verhindern. Dies hatte jedoch keinerlei Auswirkungen auf die rasche Urbanisierung Jakartas und mag die Abwanderung in die Stadt vielleicht sogar beschleunigt haben. Andere groß angelegte Versuche, ganze Bevölkerungsgruppen in anderen Landesteilen anzusiedeln, um sie von den Städten abzulenken – in Sri Lanka, Malaysia, Vietnam, Tansania, Brasilien und den Andenstaaten Südamerikas –, bremsten oder reduzierten die Urbanisierung keineswegs und fügten oft der Wirtschaft und dem Leben von Millionen Menschen großen Schaden zu. Ankunftsstädte bildeten sich auch weiterhin, aber aufgrund dieser Politik konnten sie sich nicht entwickeln oder die Übergangsphase zum etablierten und gut ausgestatteten Stadtteil durchlaufen. Untersuchungen zur Entwicklung in Daressalam und Jakarta kamen zu dem Ergebnis, dass Gesetze zur Eindämmung der Migration die Lebensbedingungen für die Armen erheblich verschlechterten und gleichzeitig die Korruption tief in den Behörden verankerten, denn Migration war jetzt mit Beamtenbestechung verbunden. Dies führte im Gegenzug zu einer Zunahme der Kriminalität in der Ankunftsstadt.[12]

Die Militärregierung in Brasilien ging in ihrem Bestreben, die Entstehung von Ankunftsstädten zu verhindern, vielleicht am weitesten. Sie startete Programme zur massenhaften Umsiedlung von Bauern aus den nordöstlichen Landesteilen ins Amazonasbecken; baute Städte, die als Zwischenstationen dienen sollten, einschließlich der neuen Hauptstadt Brasilia; zahlte Subventionen zur Unterstützung bestehender mittelgroßer Zentren; verbot jedwede Migration innerhalb der Landesgrenzen; richtete Straßensperren und Kontrollpunkte ein, um solche Bewegungen aufzuhalten, und schichtete den gesamten Staatshaushalt mit dem Ziel um, »die Rationalisierung und räumliche Verteilung der Bevölkerung« zu erleichtern, was immer damit gemeint war. Nichts von alledem hat verhindert, dass in Rio de Janeiro und São Paulo, den beiden größten Städten des Landes, Slums entstanden, die schneller wuchsen als vergleichbare Ansiedlungen irgendwo sonst auf der Welt. Die Gewalt und der Schmutz in diesen Favelas verdeckten die Tatsache, dass niemand zurückging, weil die materiellen Bedingungen und die Zukunftsaussichten dort immer noch besser waren als in den Herkunftsorten.

Die Anthropologin Janice Perlman enträtselte als Erste die Mythen der Ankunftsstadt. Sie lebte in den 1960er-Jahren in den Favelas von Rio de Janeiro und beschäftigte sich mit damals beliebten Untersuchungen zur »Marginalität«, die sich in diesem Fall auf bäuerliche Migranten bezogen. Sie hatte erwartet, auf Migranten zu treffen, »die einsam und entwurzelt vom Land hierherkamen, unvorbereitet und nicht in der

Lage, sich vollständig an das Leben in der Stadt anzupassen, weshalb sie ständig bestrebt sein müssten, in ihre Dörfer zurückzukehren. Zu ihrem Schutz isolieren sie sich selbst in von der Umgebung abgegrenzten dorfähnlichen Enklaven.« Stattdessen stellte sie in ihrer bahnbrechenden, 1976 erschienenen Studie *The Myth of Marginality* fest: »Die sorgfältige Untersuchung zeigt eine komplexere Wirklichkeit. […] Unter dem offensichtlichen Schmutz liegt ein Gemeinwesen, das durch sorgfältiges Planen bei der Nutzung des begrenzten Wohnraums ebenso geprägt ist wie durch innovative Bautechniken an Berghängen, die unter Bauunternehmern in der Stadt als für eine Bebauung zu steil galten. Hier und dort gibt es in diesem Gebiet auch feste Backsteinbauten. Sie stehen für die gesammelten Ersparnisse von Familien, die hier Stück um Stück, Stein und Stein, gebaut haben.« Perlmans Schlussfolgerung lautete, diese vermeintlich marginalen Orte seien »Gemeinwesen, die sich um Verbesserung bemühen« und von »dynamischen, ehrlichen, fähigen Menschen« errichtet wurden, »die ihre Wohnviertel aus eigener Initiative aufbauen könnten, wenn man ihnen die Chance gibt. […] Im Lauf der Zeit wird sich die Favela von selbst zu einem produktiven Wohnviertel entwickeln, das vollständig in die Stadt integriert ist.« Perlman warnte jedoch davor, dass diese dynamischen Wohnviertel in eine Falle geraten könnten: »Sie haben die Ambitionen des gut situierten Bürgertums, die Beharrlichkeit von Pionieren und die Werte von Patrioten«, lautete ihre Schlussfolgerung. »Was ihnen fehlt, ist eine Gelegenheit, ihre Ambitionen zu verwirklichen.«[13]

Perlmans Gedanken und die Beiträge gleichgesinnter südamerikanischer Wissenschaftler fanden nach und nach Beachtung bei führenden brasilianischen Politikern, ganz besonders bei dem Wirtschaftswissenschaftler Fernando Henrique Cardoso, der 1995 zum Staatspräsidenten gewählt wurde. Brasilien begann Ende der 1980er-Jahre mit der ersten verlässlichen Untersuchung des Phänomens, und dabei stellte man fest, dass die Migration in die Stadt den ehemaligen Bauern ebendort nicht nur ein besseres Leben gebracht hatte, sondern dass die Favela-Bewohner nach zehn Jahren in der Stadt im Durchschnitt in wirtschaftlicher und sozialer Hinsicht besser dastanden als die dort geborenen Menschen.[14] Mit anderen Worten: Eine Ankunftsstadt, die sich ungehindert entwickeln konnte, war eine effektivere Form der Entwicklung als jede andere bisher bekannte Wirtschafts- und Sozialpolitik und alle bis dahin praktizierten Konzepte zur Kontrolle der Bevölkerung.

Viele Wirtschaftswissenschaftler und einige Regierungen erkannten gegen Ende des 20. Jahrhunderts, dass die Migration vom Land in die Stadt für die armen Länder alles andere als ein Problem, sondern vielmehr der Schlüssel für ihre wirtschaftliche Zukunft war. Die Weltbank stellte in der bisher umfangreichsten Untersuchung zu diesem Thema im Jahr 2009 fest, dass der wirksamste Weg zur Verringerung der Armut und zu wirtschaftlichem Wachstum in der Förderung der größtmöglichen Bevölkerungsdichte in der Stadt und im Wachstum der größten Städte durch Zuwanderung liege – solange die Regierungen den Stadtgebieten, in denen die Migranten vom Land ankommen, umfangreiche Investitionsmittel zugestehen und sich um die Entwicklung der Infrastruktur kümmern.[15] Dies war das erste umfassende amtliche Eingeständnis, dass die Ankunftsstädte in der Zukunft der Welt eine zentrale Rolle spielen. Die Einstellung der Behörden liegt jedoch vielerorts immer noch weit hinter diesem umfassenderen Verständnis zurück. Noch im Jahr 2005 sagten fast drei Viertel der Regierungen von Entwicklungsländern zu mit diesem Thema befassten Wissenschaftlern, nach ihrem Eindruck sollten sie die Abwanderung vom Land in die Stadt einschränken.[16]

ENTWICKLUNGSGEHEMMT: EINE STADT OHNE ANKUNFT
SHENZHEN, CHINA

Jiang Si Fei reiste im Alter von 16 Jahren ganz allein von ihrem Bergdorf in der Provinz Guangxi in die Stadt Shenzhen, fand Arbeit in einer Fabrik für elektrische Geräte und verliebte sich in einen schüchternen, sechs Jahre älteren Mann, der in ihrer Schicht an einem anderen Montagetisch arbeitete. Sein Name war Hua Chang Zhan, und er stammte aus einem noch weiter im Binnenland gelegenen Ort in der Provinz Hunan. In einer Stadt, in der jede und jeder aus einem anderen Ort zu kommen scheint, die meisten Menschen jung sind und die Arbeitsleben oft einsam und ohne Freunde verbracht werden, blieben die beiden unzertrennlich. Zwei Jahre später wurde ihre Fabrik geschlossen, und das Paar zog, auf der Suche nach der besten Chance, gemeinsam durch die Arbeitsvermittlungshallen und Jobcenter von Shenzhen: Es sollte eine Fabrik sein, die mindestens 1800 Yuan (263 Dollar) im Monat zahlte und zwei Arbeitsplätze zu besetzen hatte.

Wenn man dies weiß, denkt man vielleicht, Fei und Zhan würden auch nach einer gemeinsamen Wohnung suchen.

Aber die beiden denken noch nicht einmal an ein Zusammenleben, obwohl sie vom Heiraten träumen und eines Tages auch Kinder haben wollen. »Wir suchen zurzeit beide eine Unterkunft«, sagte mir Fei, während sie über Angebotslisten brütete, »aber wir würden lieber in getrennten Schlafsälen leben, in den kleineren, wo sich vier bis sechs Arbeiter einen Raum teilen, weil das so viel billiger und praktischer ist. Wenn wir uns um eine Wohnung bemühen würden, könnten wir niemals etwas sparen.« Das stimmt: Wenn sie aus den Stockbetten-Schlafsälen ausziehen und eine gemeinsame Wohnung beziehen würden, würden sie sich damit in finanzieller Hinsicht jeder Chance auf eine Zukunft in der Stadt oder auf ein Zuhause in irgendeiner anderen Stadt berauben. Sie können beide aus dem Stand aufzählen, wie oft sie bisher in einem Zimmer für sich waren, obwohl sie schon so lange und so fest zusammen sind. Beide genießen das lebhafte Treiben und die hohen Löhne in Shenzhen und würden sich hier nur allzu gern fest niederlassen, aber sie haben erkannt, dass es fast unmöglich ist, auf Dauer Wurzeln zu schlagen. Im Weg stehen einerseits die unglaublich hohen Kosten für eine Unterkunft, zum anderen erschweren die Bestimmungen der Stadt die Erziehung eines Kindes hier ungemein, wenn man vom Land kommt. Dabei spielt es keine Rolle, wie lange man bereits am Ort gearbeitet hat. Die Stadt Shenzhen war zwar auf dem Papier die erste in ganz China, die die strengen Hukou-Vorschriften für das Bürgerrecht abschaffte, aber in der Praxis erhalten nur beruflich qualifizierte, gut ausgebildete oder wohlhabende Arbeiter diesen Status. Nur 2,1 Millionen (15 Prozent) der 14 Millionen Bewohner besitzen ein Shenzhen-Hukou, das ihre Kinder zum Schulbesuch in der Stadt berechtigt.* Fei und Zhan haben keinerlei Hoffnung, diesen Status zu erlangen. Ihre Zukunft, auch die ihrer Familie, wird sich an irgendeinem anderen Ort entwickeln müssen. Millionen andere Arbeiterinnen und Arbeiter sind zur gleichen Schlussfolgerung gelangt.

Das im Süden Chinas – in unmittelbarer Nachbarschaft zu Hongkong auf der anderen Seite der Deep Bay – liegende Shenzhen ist die größte gezielt aufgebaute Ankunftsstadt der Welt. Noch im Jahr 1980 war der Ort ein Fischerstädtchen mit 25 000 Einwohnern; dann machte es der KP-Chef Deng Xiaoping zur ersten Sonderwirtschaftszone des Landes, in der die Einschränkungen der Bewegungsfreiheit für Arbeiter aufgehoben waren und ohne Gängelung kapitalistisch gewirtschaftet werden durfte. Die Stadt entwickelte sich rasch zu einer industriellen Drehscheibe, deren Bevölkerung Ende des 20. Jahrhunderts nach offiziellen Angaben auf neun Millionen, wahrscheinlich jedoch auf über 14 Millionen angewachsen war. Dies ist den Massen von halbsesshaften Wanderarbeitern aus Dörfern in ganz China geschuldet, die die Arbeiterschlafsäle füllen. Die Stadt brachte eine aufblühende Mittelschicht hervor, einen führenden High-Tech-Bereich und eine der besten Universitäten Chinas. Hier werden die iPods und Nike-Produkte hergestellt, außerdem ein großer Teil der in westlichen Ländern verkauften Kleidung und Elektroartikel.

---

* Die Arbeiter in Shenzhen erhalten den geringerwertigen Wohnsitznachweis, mit dem keine Vergünstigungen bei Unterkunft und Schulbesuch verbunden sind. Shenzhen führte 2009 ein System ein, das es Inhabern eines solchen Papiers ermögliche, sich nach fünf Jahren in der Stadt um ein Hukou zu bewerben, aber es gibt kaum Anzeichen dafür, dass Arbeiter der unteren Lohngruppen aus dieser Neuregelung irgendeinen Vorteil gezogen haben.

Dennoch ist Shenzhen heute, gemessen an der Mehrzahl der einschlägigen Kriterien, eine gescheiterte Ankunftsstadt. Nach den gewaltigen Erfolgen der 1990er-Jahre ging irgendetwas schief. Die Arbeiter verlassen die Stadt massenhaft, und das bereits seit Jahren, obwohl Shenzhen auf das höchste Pro-Kopf-Einkommen und den höchsten Lebensstandard aller chinesischen Städte verweisen kann. Die meisten Ortswechsler gehen in Städte im Binnenland, die näher an ihren Heimatdörfern liegen. Die Löhne sind dort zwar nur halb so hoch wie in Shenzhen, aber man kann dafür in »Dorf-in-der-Stadt«-Slums leben, wie Liu Gong Li einer ist. Nach dem Neujahrsfest 2008, für das die Hälfte der Belegschaften traditionell einen Kurzurlaub im Heimatort einlegte, mussten die Verantwortlichen in Shenzhen schockiert zur Kenntnis nehmen, dass zwei Millionen Arbeiter nicht zurückgekehrt waren. Achtzehn Prozent der Wanderarbeiter hatten beschlossen, der Stadt den Rücken zu kehren, trotz des großen Arbeitskräftemangels zum Jahresende 2007, denn in Shenzhen gab es 700 000 offene Stellen.[17] Die Stadtverwaltung erhöhte den Mindestlohn von 450 auf 750 und schließlich auf 900 Yuan (132 Dollar) pro Monat, aber das lockte nur wenige Arbeiter zurück. Als 2010 Hunderttausende weitere Arbeiter nicht mehr zurückkehrten, gab die Stadt Shenzhen Pläne für eine weitere Lohnerhöhung auf 1100 Yuan bekannt, nachdem der Arbeitskräftemangel auf über 20 Prozent angestiegen war. Abermals erzielte das Versprechen kaum Wirkung. Die Verantwortlichen in Verwaltung und Wirtschaft waren irritiert. Es wurde bereits spekuliert, Chinas Wettbewerbsfähigkeit in der Billiglohnfertigung sei stark gefährdet, aber nur wenige Experten hatten eine gute Erklärung für die aktuelle Entwicklung anzubieten.

Man muss nicht sehr viel Zeit mit Wanderarbeitern in Shenzhen verbringen, um dem Problem auf die Spur zu kommen. Millionen von Arbeitern haben in intensiv genutzten Hochhäusern Wohnungen gekauft, die Familie nachgeholt und sich dort auf Dauer eingerichtet – aber fast alle sind qualifizierte Handwerker, Techniker und Manager oder haben eine höhere Schulbildung. Einfache Fabrikarbeiter können sich diesen Traum nicht leisten. Es ist auch nicht möglich, ein kleines Geschäft oder eine eigene neue Fabrik zu eröffnen, wie das Migranten in anderen chinesischen Ankunftsstädten tun. Dort, auch in Peking und Chongqing, tun sich ehemalige Dorfbewohner in selbst errichteten »Dörfern« zu Tausenden oder Zehntausenden zusammen, und diese Menschen kommen mehrheitlich aus derselben Region – wie in Liu Gong Li. Auf diese Weise können sie sich ein äußerst schlichtes, aber bewohnbares erstes Zuhause beschaffen und im Erdgeschoss ein kleines Geschäft, ein Restaurant oder sogar eine Start-up-Fabrik einrichten, wie das die Bewohner von Ankunftsstädten in aller Welt tun.

Aber diese selbst errichteten Wohnviertel gibt es in Shenzhen nicht mehr. Ich wollte 2008 eines der letzten dieser »Dörfer« besuchen, das am Nordwestrand der Stadt lag und unter dem Namen Min Le (»Dorf der glücklichen Menschen«) bekannt war, fand aber nur noch einen schmalen, von Bulldozern eingeebneten Streifen Land, auf dem Bautrupps in sehr dichter Bebauung neue Hochhäuser errichteten. Die schlichten kleinen Wohnungen waren erschwinglich für Arbeiter, die mindestens 5000 Yuan (732 Dollar) im Monat verdienten, was deutlich über den finanziellen Möglichkeiten eines Fabrikarbeiters lag. Die Arbeiter im ehemaligen »Dorf« hatten ihre Geschäfte und ihre Unterkünfte verloren und waren in ihre Heimatdörfer zurückgegangen. Dieses Muster summiert sich in Shenzhen zu einer ernsten Krise. Die Stadt verliert Millionen von Arbeitern an die mit Slums gespickten Städte im Binnenland, was sie zu einer Anhebung der Mindestlöhne veranlasst, und diese Entwicklung lässt dann die Textilindustrie in Billiglohnstädte wie Dhaka abwandern.

Nachdem die Krise im Jahr 2008 mit der massenhaften Abwanderung von Arbeitern einen Höhepunkt erreicht hatte, intervenierte einer der angesehensten Historiker und Stadtentwicklungsexperten Chinas auf eine provokative Art und Weise, die Shenzhens Stadtverwaltung verblüffte. Qin Hui erklärte in einer Ansprache vor Vertretern der Stadt, diese könne ihre Probleme nur lösen, indem sie die Entwicklung von Hüttensiedlungsslums fördere. »Es ist keine Schande für große Städte, wenn es dort solche Gebiete gibt. Im Gegenteil, Shenzhen und andere Städte sollten die Initiative ergreifen und billige Wohngebiete für Menschen mit geringem Einkommen [zulassen], auch für Wanderarbeiter, die in den Städten bleiben wollen, in denen sie arbeiten«, beschied der Redner seine aus Würdenträgern bestehende Zuhörerschaft. »Um die Rechte dieser Menschen zu schützen, sollten wir ihnen gestatten, in einigen dafür ausgewiesenen Gebieten Häuser zu bauen, und ihre Lebensbedingungen verbessern. [...] Große Städte könnten, indem sie solche Gebiete errichten, mehr Rücksichtnahme auf die Belange von Menschen mit geringem Einkommen zeigen und ihnen mehr soziale Fürsorge zukommen lassen.« Er sprach von den gefährlichen »sexuellen Spannungen«, die entstehen, wenn 140 Millionen Wanderarbeiter das ganze Jahr über von ihren 180 Millionen

Familienmitgliedern getrennt sind, und behauptete, dass 50 Prozent der männlichen Wanderarbeiter nicht die biologischen Väter ihrer Kinder seien. Und er tadelte die Verwaltungsleute wegen ihrer Heuchelei: Sie »genießen die Dienste der Wanderarbeiter«, aber »wollen, dass alle Migranten in ihre Dörfer zurückkehren, nachdem [die Städte] sie ihrer wertvollen Jugendjahre beraubt [haben].« China, erklärte der Redner, sollte eine schändliche Ära beenden, in der »Migranten vom Land weder die Freiheit hatten, Häuser zu bauen, noch die soziale Fürsorge der Städte in Anspruch nehmen konnten.«[18]

Wissenschaftler und Verwaltungsfachleute in aller Welt erkennen mittlerweile, dass die Wohnviertel der ländlichen Migranten kein Problem sind, das es zu beseitigen gilt, sondern für die Zukunft einer Stadt entscheidende Bedeutung haben. Im letzten Jahrzehnt kam es zu einem dramatischen Wandel der Einschätzung von offizieller Seite. Dennoch ist in Städten wie Mumbai und Manila der Abriss von Ankunftsstadt-Slums nach wie vor eine allzu verbreitete Praxis. Diese Bulldozeraktionen zerstören die wirtschaftliche und soziale Wirkungsweise der Ankunftsstadt. Sollten die vertriebenen Slumbewohner bescheidene Unterkünfte in Hochhäusern erhalten – was in Asien und Südamerika oft der Fall ist–, können sie keine Geschäfte, Restaurants und Fabriken aufbauen, die den wirtschaftlichen Bedürfnissen der Gemeinschaft dienen, oder Netzwerke bilden, durch die das Dorf mit der Stadt verbunden wird. Die Menschen werden abhängig, und ihre Gemeinschaften stagnieren.

Die Stadt Mumbai startete noch im Jahr 2005 eine aggressive Kampagne für den Abriss von Hüttensiedlungen, die

14 Prozent des Stadtgebiets einnehmen und 60 Prozent ihrer zwölf Millionen Menschen beherbergen. Mehr als 67 000 Häuser wurden platt gewalzt, die dort wohnenden Familien auf die Straße oder aufs freie Feld gesetzt. Einige der Slums waren zwar auf ungeeignetem Territorium errichtet worden, neben Eisenbahnstrecken und Flughäfen oder in Nationalparks, aber dieses Zerstörungswerk richtete sich explizit gegen den Hauptzweck der Ankunftsstadt. Vijay Kalam Patil, ein Vertreter der Stadtverwaltung von Mumbai, erklärte vor Reportern: »Wir wollen, dass sich diese Menschen vor den Konsequenzen ungehinderter Migration fürchten. Wir müssen sie davon abhalten, nach Mumbai zu kommen.«[19]

Natürlich funktionierte das nicht. Innerhalb eines Jahres waren fast alle Slums wieder aufgebaut. Dasselbe geschah in Peking, als dort 1999 im Zuge einer Kampagne zur Verschönerung der Stadt 2,6 Millionen Quadratmeter von Migranten errichtete »Dorf-in-der-Stadt«-Unterkünfte, Restaurants, Märkte und Geschäfte abgerissen wurden: Die Bewohner kehrten schnell zurück. Und die Regierungen sahen in den meisten Fällen ein, wie töricht ein solches Vorgehen war. Kampagnen zur Beseitigung von Slums stoßen bei den Medien auf großes Interesse – verdientermaßen, wenn man sich das Elend betrachtet, das sie verursachen –, sind aber mittlerweile relativ selten: Von einer Milliarde Menschen, die in Slums leben, sind in Asien und Afrika jedes Jahr einige Hunderttausend von solchen Maßnahmen betroffen. Herrschsüchtige Stadtplaner wird es immer geben, aber die übergreifende Logik der Stadtentwicklung ist unabweisbar: Neue Menschen schaffen eine neue Wirtschaft, und diese Wirtschaft entwickelt sich am besten, wenn die daran beteiligten

Personen – und seien sie noch so arm – ihre Ankunft auf eine aus der Gemeinschaft hervorgehende, selbst geschaffene und von Grund auf eigene Art und Weise organisieren können. Die Stadt will Migranten aufnehmen. Sie will nicht das Schicksal von Shenzhen erleiden, will keine Wunde sein, die nicht heilen will, kein Ort, den niemand als Zuhause bezeichnen kann.

ANKUNFT VERSCHOBEN: DIE STAGNIERENDE STADT
KIBERA, NAIROBI, KENIA

Eunice Orembo, ihre vier Söhne und ihre Tochter verbringen ihre Morgen und Abende in einem einzigen, zehn mal sieben Meter großen Raum. Die Wände bestehen aus einer Masse aus rotem Lehm, Steinen und Müll, die zum Trocknen auf einem Gitterwerk aus Holzpfählen und Ästen ausgebracht wurde. Diese Lehmwände tragen ein Dach aus Wellblechplatten. Ihr Zuhause ist sehr klein, aber einladend – mit drei kleinen Fenstern, bunten Stoffen und Plastikbahnen, die die Lehmwände abdecken, einem Gaskocher, einem CD-Spieler, einem Fernsehgerät, ein paar Stühlen, einigen nackten Leuchtstoffröhren, einem Regal mit Schulbüchern und einigen hübschen Dekorationen mit einem traditionellen Löwenmotiv. Eunice hat Leintücher aufgehängt, die als Raumteiler dienen. Ihre 14 bis 21 Jahre alten Söhne schlafen auf der einen Seite, sie selbst und die fünf Jahre alte Tochter schlafen und kochen auf der anderen Seite. Es ist ein sehr beengtes Wohnen, eingezwängt in große Wellen von Lärm, Gestank, furchterregender Dunkelheit und krimineller Gewalt dort draußen.

Diese Hütte aus mit Lehm ausgefülltem Flechtwerk steht inmitten eines Sees aus ähnlichen Unterkünften, die sich über eine Strecke von zwei Kilometern dicht zusammendrängen, nur getrennt durch schmale Wege aus Lehm, Müll und menschlichem Unrat. Es ist eine labyrinthische, stechend riechende Ansammlung von fast unvorstellbar hoher Bevölkerungsdichte, die auf kleinen Müllbergen in der Nähe des Stadtzentrums von Nairobi entstanden ist. Dies ist das Kianda-Viertel im Kibera-Slum, dessen fast eine Million Menschen zählende Einwohnerschaft möglicherweise die größte und berüchtigtste Slumgemeinde südlich der Sahara bilden. Die Heimsuchungen durch Krankheiten und die Ausbrüche von politisch motivierter und Bandengewalt erreichen ein furchterregendes Ausmaß. Kibera erlebte Ende 2007 eine monatelang anhaltende Explosion mörderischer politischer Gewalt, bei der Angehörige des Luo-Stamms ethnische Kikuyus aus ihren Vierteln vertrieben und den Ort so noch stärker nach Ethnien trennten, was ihn auch gefährlicher machte.

Kibera ist, wie die meisten afrikanischen Slums, eine echte Ankunftsstadt. Sie besteht schon seit 90 Jahren und wurde gegründet, als die Kolonialverwaltung in Kenia heimatlosen nubischen Veteranen des Ersten Weltkriegs ein Stück Parklandschaft zuwies. In den Jahrzehnten nach dem Ende der Kolonialzeit wurde dieser Ort zu einem wichtigen Instrument der Urbanisierung, das ganze Dörfer und Bezirke in die Stadt lockte. Von hier fließt, den fürchterlichen Lebensbedingungen zum Trotz, ein lebenswichtiger Geldstrom in die notleidenden Dörfer Kenias und seiner Nachbarländer, hier werden außerdem Zuzügler mit Erfolg zu Stadtbewohnern gemacht. »Ich bin jetzt eine Einwohnerin von Nairobi. Ich spreche die Sprache und weiß, wie eine Frau hier leben kann«, sagt Eunice, die im regenarmen Nordwesten Kenias einst Mais, Maniok und Kartoffeln anbaute. Dort lebte ihre ganze Familie in einer Grashütte, und zu essen gab es, meist nur einmal am Tag, eine Breimahlzeit. Als Nachrichten über die Stadt die Runde machten und mehrere aufeinander folgende Hungersnöte die Dorfbevölkerung dezimierten, erkannten sie und ihr Mann rasch, dass eine Verbindung zur 400 Kilometer entfernten Stadt ihre einzige Chance war, die Kinder durchzubringen.

Zunächst machte sich ihr Ehemann auf den Weg. Das war 1996. Er blieb einige Monate fort, aber noch bevor er eine Arbeit fand, starb er an einer nicht diagnostizierten Krankheit, was unter männlichen Migranten vom Land in einer afrikanischen Stadt kein seltenes Schicksal ist. Eunice und ihre Söhne beschlossen dann 2001, dass sie jetzt selbst in die Stadt gehen sollte. Dabei bediente sie sich eines Netzwerks von in Kibera bereits fest eingerichteten Menschen aus ihrem Heimatbezirk. So fand sie einen Vermieter, der bereit war, ihr eine Hütte zu überlassen. »Wir wollten versuchen, wieder zu leben, wollten sehen, ob sich im Leben etwas ändern konnte«, erinnerte sie sich. Der Umzug war zugleich ein willkommener Ausbruch aus den in ihrem Dorf herrschenden Stammesbräuchen, die vorsahen, dass sie nach dem Tod ihres Ehemannes dessen Bruder heiraten müsse. In der Stadt war sie von den strengen Bekleidungsvorschriften des Dorfes ebenso befreit wie von der Religion. Sie genoss die Chance, ihr eigenes Geld zu verdienen, und nahm in einem Mittelschichthaushalt in der Nachbarschaft des Slums (der sich um

Nairobis wichtigsten Golfplatz herumzieht) eine Stelle als Haushälterin an. Im Lauf der nächsten paar Jahre gelang es ihr, die Kinder nachzuholen, und heute ist die Familie entschlossen, die Stadt zu ihrem Zuhause und zum Ort ihrer Zukunft zu machen, den vielen Verwüstungen zum Trotz. »Ich werde nur auf eine Art ins Dorf zurückkehren: im Sarg«, sagt Eunice.

Die Feststellung, dass die Familie Orembo in einer unzureichenden Unterkunft wohnt, wäre eine groteske Untertreibung. Zum Wasserholen muss Eunice 75 Meter weit gehen und für das Auffüllen eines Plastikbehälters bezahlen. Das lebenswichtige Gut kommt aus einem Schlauch, der von einer der »Wasser-Mafias« des Slums kontrolliert wird, und der Preis liegt bis zum 20-Fachen über dem, was wohlhabendere Haushalte in der Stadt bezahlen müssen (eine Preisdiskrepanz, die für Slums in aller Welt typisch ist). Außerdem bezahlt sie 150 Schillinge (zwei Dollar) pro Monat für das Privileg, sich eine halbe Stunde lang vor den 50 Meter entfernten primitiven öffentlichen Toiletten anstellen zu dürfen. Die einzige Alternative ist die beunruhigend beliebte »fliegende Toilette«: eine mit Exkrementen gefüllte Plastiktüte, die nachts einfach aus dem Fenster geworfen wird und zum unsäglichen Gestank in Kibera beiträgt. Die eigentliche Stadt ist keinen Kilometer weit weg, aber dorthin zu gelangen ist eine äußerst schwierige Angelegenheit, eine Odyssee durch gefährliche und verdreckte Gassen, die zu einem begrenzten Angebot an Brücken und Zugverbindungen führt. Es gibt so gut wie keine Orte mehr, an denen jemand wie Eunice einen kleinen Laden eröffnen könnte (und das möchte sie unbedingt), und die meisten verbliebenen Ecken werden von kriminellen Banden oder nach ethnischen Kriterien organisierten Mafias beherrscht. Außerdem gibt es hier nur sehr wenige Schulen, und das Schulgeld kann zum unüberwindlichen Hindernis werden: Eunice musste ihren jüngsten Sohn wieder aus der Schule nehmen, weil sie sich das Schulgeld nicht leisten konnte. Diese Zustände und der Mangel an anständig bezahlten Arbeitsplätzen für Männer führen dazu, dass Tausende unbeschäftigter junger Männer auf der Straße landen und versuchen, mit Diebstählen, Drogenhandel und der Herstellung und dem Verkauf von selbstgebranntem Schnaps über die Runden zu kommen: eine soziale Mischung, die verhindert, dass sich Kibera zu einer erfolgreichen Ankunftsstadt entwickelt.

Eunice bezahlt dem Vermieter für das Privileg, hier leben zu dürfen, 17 Dollar pro Monat, etwa die Hälfte ihres monatlichen Durchschnittseinkommens. Dem Vermieter, der Hunderte von Hütten verpachtet, gehört das Land nicht selbst. Es ist städtisches Land, und sein Anspruch auf Eigentümerschaft ist so flüchtig wie Eunice' Chancen, jemals ein eigenes Haus zu besitzen. Die fehlende Sicherheit bei den Wohnverhältnissen hat mehr als jedes andere Problem zum Scheitern von Orten wie Kibera beigetragen: Wenn man kein eigenes Haus erwerben kann, ist es sehr schwierig, sich aus den bestehenden Lebensverhältnissen zu lösen.[20]

Die Lösung liegt, zumindest theoretisch, gleich auf der anderen Seite des Hügels. Drüben am Horizont ist, in Sichtweite von Eunice' Hütte, eine wachsende Zusammenballung ansehnlicher grauer Hochhäuser mit roten Dächern und kleinen Betonbalkonen zu erkennen. Dies ist der Standort eines großangelegten Slumsanierungsprojekts, in das die Bewohner von Kibera, wiederum theoretisch, umgesiedelt werden sollen, in solide gebaute, hygienische Eigentumswohnungen. Das Projekt wurde von UN-Habitat organisiert, dem für menschliche Siedlungen zuständigen Programm der Vereinten Nationen, dessen Welthauptquartier zufälligerweise von Kibera aus zu Fuß erreichbar ist. Dass ein solches Projekt erst drei Jahrzehnte, nachdem die Vereinten Nationen sich hier niedergelassen haben, in Gang gebracht wurde, ist aufschlussreich genug, und dass Eunice Orembo glaubt, dass sie niemals in diesen Häusern leben wird, ist noch viel aufschlussreicher.

Das Vorhaben, es trägt die Bezeichnung KENSUP, ist typisch für Slumsanierungsprojekte in Städten wie São Paulo, Istanbul und Peking. Es erinnert in gewisser Weise an ähnliche – allgemein als »die Projekte« (»the projects«) bekannte – Bemühungen, mit denen von den 1950er- bis in die 1970er-Jahre die Innenstädte der Vereinigten Staaten umgestaltet wurden. Die Bewohner des zunächst ausgewählten Viertels (das Projekt beginnt mit dem als Soweto bekannten Nachbarviertel von Eunice) werden für Monate oder Jahre in einer »Umsetzwohnung« (»decanting site«) untergebracht, während ihre alten Hütten abgerissen und durch Wohnblocks mit fließendem Wasser, Kanalisation und Stromanschluss ersetzt werden. Sie erhalten in der Regel für die neue Wohnung eine Besitzurkunde, für die eine kleine Hypothek zu bezahlen ist, die der vorherigen Mietzahlung in etwa entspricht. Dies ist eine Verbesserung im Vergleich zur früher in Kenia und vielen anderen Ländern praktizierten Methode: dem massenhaften Abriss von Slumwohnungen und der Vertreibung ihrer Bewohner, der mit dem doppelten Mythos gerechtfertigt wurde, Slumbewohner seien die Ursache für Armut in der Stadt, und das Fortbestehen eines geduldeten Slums würde weitere Migranten ermutigen. Diese Bulldozeraktionen (die bis heute, wenn auch mit geringerer Intensität, fortgeführt werden) zerstörten die Netzwerke von Kleingewerbetreibenden, vernichteten Kapital, das über ganze Lebensläufe hinweg angespart worden war, und verstreuten die Menschen über Hunderte kleinerer, noch unsichererer Slums, oder drückten sie in die Obdachlosigkeit. Deshalb war es ein revolutionärer Umschwung, als Kenias Regierung im Jahr 2000 anerkannte, dass Slumwohnungen aufgebessert und nicht beseitigt werden sollten.

Das Problem bei so vielen dieser Wohnungsbauprojekte ist, dass die Regierungen nicht begreifen, dass bessere Wohnungen immer einen höheren wirtschaftlichen Wert haben werden und die Menschen in den Slums, nicht anders als die Angehörigen der Mittelschicht, ihre Wohnung als Kapitalanlage betrachten. Slumbewohner in aller Welt zeigen ein anhaltendes und zwanghaftes Interesse am Wert ihrer Behausungen, denn der Immobilienmarkt ist eines der wirksamsten Mittel, mit denen man der Armut entkommen kann. Kaum etwas stärkt die eigene Position so sehr wie eine uneingeschränkte, rechtsgültige Besitzurkunde für das eigene Grundstück: Eigentümerschaft verleiht Slumbewohnern Legitimität und Rechte, die sie zuvor niemals besessen haben. Dazu gehört auch das Recht, den eigenen Besitz zu verkaufen. Wenn die Wohnungen nicht viel größer als eine Slumhütte waren und einen Anschluss an die kommunale Wasserversorgung hatten, wurden sie unter anderen Bewohnern der Ankunftsstadt gehandelt. Aber die Wohnungen im KENSUP-Projekt sind, wie bei vielen anderen Projekten dieser Art, nach den kenianischen Vorschriften für den Wohnungsbau errichtet worden, die auf die Mittelschicht zugeschnitten sind. Danach werden zwei ohne Einschränkungen bewohnbare Räume verlangt, was die neuen Wohneinheiten dann letztlich zu Drei-Zimmer-Wohnungen macht, deren Wert den von Slumbehausungen bei Weitem übertrifft. Slumbewohner erkennen rasch, dass es zwei Möglichkeiten gibt, diesen Wert zu Geld zu machen: entweder, indem man zwei der Räume an andere Familien vermietet und sich selbst mit dem dritten begnügt (so hat man letztlich ein kleineres Haus und weniger Privatheit als in der ursprünglichen Hütte im Slum), oder indem man die Wohnung an eine Mittelschichtfamilie »verkauft« (und sich hierfür einer »Geheim«-Urkunde des grauen Marktes bedient, um die Slumsanierungsbestimmungen zu umgehen, die solche Transaktionen untersagen). Die Einkünfte aus einem solchen Verkauf können für das Universitätsstudium der eigenen Kinder oder für die Gründung eines kleinen Unternehmens ausreichen – auch wenn man dafür wieder in eine Slumhütte ziehen muss. Aus Slumsanierungsprojekten werden deshalb häufig Enklaven der Mittelschicht am Rand eines Slums.

Es kommt noch ein weiteres Problem hinzu. Die Ankunftsstadt ist mehr als nur eine Ansammlung von Unterkünften. Ihre Bewohner sind durch komplexe Netzwerke miteinander verbunden und nutzen den zur Verfügung stehenden Raum als Ausgangspunkt für den eigenen Aufstieg durch das Betreiben von Geschäften und informellen Unternehmen. »Die Slums werden oft als große Märkte unter freiem Himmel bezeichnet«, schreibt die südafrikanische Stadtplanerin Marie Huchzermeyer in ihrer Untersuchung zum Kibera-Projekt. »Man kann als Außenstehender nicht genau vorhersagen, wie sich eine Intervention auf Gemeinschaften, Haushalte und Individuen, deren Einkommenssituation und den Zugang zu grundlegenden Dienstleistungen auswirken wird.«[21] Projekte wie KENSUP beziehen sich meist ausschließlich auf die Wohnsituation: Üblicherweise sind dabei keinerlei Flächen für das Betreiben eines Ladengeschäfts, einer Werkstatt oder einer kleinen Fabrik im Wohnhaus oder in dessen unmittelbarer Nähe vorgesehen; es gibt keine Möglichkeiten, die eigene Wohnfläche zu erweitern oder Teile davon für gewerbliche Zwecke umzuwidmen. Und was von ganz entscheidender Bedeutung ist: Es besteht kein Zugang zur Straße oder zu Passanten, die als potenzielle Laufkundschaft mit dem Bewohner in eine Geschäftsbeziehung treten könnten. Wohnhäuser ohne wirtschaftlich nutzbare Flächen können, wie bei Wohnungsbau-»Projekten« der öffentlichen Hand in den USA oder in den Banlieue-Wohnblocks in Frankreich, die Bewohner in fortdauernder Abhängigkeit festhalten.

Eunice Orembo vertraut nicht auf dieses Wohnungsbauprojekt in ihrer Nähe. Sie glaubt nicht, dass sie jemals die Kraft haben wird, an eine »bessere« Wohnung zu kommen, und ist der Ansicht, der Verbesserungsvorgang würde die bescheidenen Zugewinne vernichten, die sie seit 2001 erreicht hat. »Nachbarn sind wichtig«, sagt sie.»Wenn man sich gut mit ihnen versteht und gute Kontakte untereinander hat, können sie einen hier am Leben erhalten. Diese Verbindungen aufzubauen ist sehr wichtig, Freunde sind hier sehr wichtig.« Sie weicht allen Bemühungen, ihre Wohnsituation sofort zu verbessern, aus und steckt stattdessen all ihr überschüssiges Geld in die Ausbildung ihrer Söhne. Der 21-jährige Emmanuel macht eine Schneiderlehre, der 19 Jahre alte John ist noch in der Friseurausbildung. Die beiden jungen Männer haben selbst jetzt noch, in dieser Situation, den Ehrgeiz, mit ihrem Einkommen der Familie den Ausweg aus dem Slum zu eröffnen. »Die Kinder sehen die Dinge anders als ich, weil ihnen klar ist, dass ihr Zuhause nicht so aussieht wie die anderen Häuser in der Stadt«, sagt Eunice. »Ein Umzug in eine bessere Wohnung ist eines Tages vielleicht möglich, weil meine Kinder im College sind und genug Geld verdienen, sodass sie uns ein anständiges Haus kaufen können – ich zähle auf sie.«

REFORM: AM ABGRUND
SANTA MARTA, RIO DE JANEIRO, BRASILIEN

Devanil de Souza jr., ein schlaksiger junger Mann mit einem kurzen Afro-Haarschnitt und schüchternem Lächeln, sah in den zwölf Jahren seines bisherigen Lebens aus großer Höhe auf das geschäftige Treiben in Rio de Janeiros Copacabana-Viertel hinunter. Das einzige Fenster in der aus Holz und Blech errichteten winzigen Hütte seiner Familie bietet über die steile Felskante hinweg eine Aussicht auf das wohlhabende Geschäftsviertel dort unten, das nur ein paar Hundert Meter unterhalb seiner Felshangsiedlung liegt. Aber Devanil kann an den Fingern abzählen, wie oft er dort schon gewesen ist, im *Asfalto,* der eigentlichen »Asphalt«-Stadt Rio. Sobald er seine ersten eigenen Schritte getan hatte, lernte er auch die Regeln für das Verlassen der Favela Santa Marta, einer dicht gedrängten Ansammlung von 10 000 Menschen auf einem steilen Hügel. Zunächst musste er die 788 Stufen und zahllosen gefährlichen Pfade meistern, einen Höhenunterschied von 55 Stockwerken, er kam an Müllhaufen vorbei, an Höhlenschreinen, Felsenbars und Hunderten improvisierter Häuser, die in den steilen Felshang hineingebaut waren. Dann traf er auf die *Traficantes,* junge Mitglieder des Comando Vermelho (Roten Kommandos), einer Drogenarmee, die das Leben in der Favela vollständig unter Kontrolle hatte, und sagte ihnen, dass er in die Stadt gehen wolle. Diese instruierten dann die Teenager, die am Straßeneingang zur Favela mit ans Bein gepressten Neun-Millimeter-Pistolen Wache hielten, das Kind durchzulassen und nicht zu erschießen. Auf dem Weg zum Ausgang musste er noch an der »crack line« vorbei, einem Straßenstück, an dem Kokainpakete von Tischen herunter en gros an Dealer verkauft wurden, 15-jährige Jungen mit Sturmgewehren bewachten dieses Treiben. Wenn er zurückkam, kontrollierten die bewaffneten Teenager seine Taschen, um sicherzugehen, dass er in der Stadt keine Gaskartuschen oder andere wichtige Versorgungsgüter gekauft hatte, um die 30 Prozent Aufpreis zu sparen, die für solche Dinge an die Bande zu zahlen waren. Anschließend stand ihm noch der steile Aufstieg nach Hause bevor. Er genoss diese Wege nicht.

Devanils Leben entspricht auf den ersten Blick den üblichen Vorstellungen über Brasiliens Favelas, den von den Bewohnern selbst errichteten Slums, die durch Filme wie *City of God* und zahllose Zeitschriften und Fernsehberichte popularisiert wurden. Diese Darstellungen zeigen Orte pausenloser Gewalt und Verwüstung, die von einer zugrunde gehenden und gequälten Unterschicht bewohnt werden. Es ist eine härtere und gewalttätigere Version der Geschichte, die sich um von Migranten beherrschte städtische Enklaven in aller Welt rankt. Aber diese Vorstellung von der Favela als einer festen Einheit, von einer gescheiterten und unveränderlichen Bevölkerung von »Armen«, die am untersten Ende des »Systems« leben und als Opfer betrachtet werden müssen, lässt die umfassendere Geschichte der Ankunftsstadt außer Acht, die Reise, die von den Familien unternommen wird, die sie gebaut und vorangebracht haben. Die Gewalt und der Mangelzustand sind eine Unterbrechung jener Reise, ein unnatürlicher und manchmal auch endgültiger Einschnitt. Die Menschen hier sind jedoch keine »marginalen«, sondern eher im Mittelpunkt stehende Akteure im Wirtschaftsleben, die sich momentan im Randbereich aufhalten, um ein höheres Ziel zu erreichen.

Devanils Vater wurde im Bundesstaat Paraíba im äußersten Nordosten Brasiliens geboren, wo seine Eltern als Erntearbeiter auf Zuckerrohrfeldern ein Leben in extremer Armut und ohne jede Sicherheit führten. Sie wohnten damals in einer Holzhütte. Hierher nach Rio kamen sie in den 1970er-Jahren, als Teil einer Zuwanderungswelle, die aus Santa Marta, einer bis in die 1930er-Jahre zurückreichenden Hüttensiedlung auf einem Berg, eine ausgewachsene Ankunftsstadt machte, eine chaotische, vertikal angeordnete Masse aus unsicherem Lehmboden und Hütten aus Holz und Blech auf einer ansonsten für menschliches Wohnen eigentlich zu steilen und zu schwer zugänglichen Landzunge. Jetzt tummelten sich dort Familien, deren arbeitsfähige Erwachsene in der von Touristen überlaufenen Stadt als Gepäckträger, Portiers, Reinigungskräfte und Hotelbedienstete arbeiteten. Santa Marta war eine funktionierende Ankunftsstadt, trotz der harten Lebensbedingungen und trotz der Erdrutsche, bei denen alle paar Jahre einige Bewohner des Viertels umkamen:

Bis zum Ende der 1970er-Jahre gelang in jedem Jahrzehnt Tausenden von Menschen der Wechsel aus den wirklich erbärmlichen Lebensumständen dort in ein angenehmeres, mitunter sogar in ein Mittelschicht-Wohnumfeld. Santa Marta wurde von einem effizient arbeitenden Nachbarschaftsrat verwaltet, der in den 1980er-Jahren für dieses Viertel eine Versorgung mit Strom und fließendem Wasser sowie einige Abwasserleitungen durchsetzte, und dieser Ort schien Wege zum uneingeschränkten Bürgerrecht zu eröffnen.

Als sich Brasiliens Volkswirtschaft dann in den 1980er-Jahren auf den Bankrott zubewegte und die Militärregierung zusammenbrach, geriet der ständige Zu- und Wegzug ins Stocken, die Favela war vom Geschehen in der übrigen Stadt immer stärker isoliert, und während der brasilianische Staat immer schwächer wurde, übernahmen die Drogenbanden zunehmend das Kommando. Sie herrschten uneingeschränkt und mit Gewalt und übernahmen auch den Nachbarschaftsrat. Das Comando Vermelho wurde zum einzigen Arbeitgeber für Männer und bot ihnen ein gefährliches Leben, das eine beunruhigende Zahl der Jugendlichen von Santa Marta noch vor dem 21. Geburtstag ins Grab brachte. Dennoch dachte in Santa Marta fast niemand an eine Rückkehr ins Heimatdorf, obwohl das einfach gewesen wäre. Die Menschen hatten ein Gefühl sicherer Eigentümerschaft über das Land unter ihren Hütten und ein besseres Leben als ihre Cousins auf dem Land. Im Gegenzug fristeten sie in Santa Marta eine vom übrigen Gemeinwesen isolierte Existenz in einer gewalttätigen Drogenfabrik. In den von Banden kontrollierten Favelas von Brasilien fehlt – im Unterschied zu den aufblühenden Ankunftsstädten überall in den Entwicklungsländern – die geschäftige Mischung aus Läden und Kleinunternehmen in den Erdgeschossen der Wohnhäuser, mit Ausnahme der Schnapsbuden. In Santa Marta gab es nahezu kein Wirtschaftsleben und so gut wie keine Arbeitsmöglichkeiten außerhalb des Drogengeschäfts. Auch Devanils Vater wurde in diesen Strudel hineingezogen, und der Junge war sich sicher, dass er, wenn er erst einmal 14 Jahre alt war, ebenfalls eine Pistole tragen würde.

Ende 2008 veränderte sich dieses Leben dann auf dramatische und gewalttätige Art und Weise. Devanil fand sich eines Abends, kurz vor Weihnachten, auf dem Lehmboden ihres Hauses kauernd wieder, und seine Mutter schrie vor Angst, als Hunderte Militärpolizisten mit Schutzwesten bei einem Kommandounternehmen in die Favela eindrangen, die 788 Stufen hochstürmten, aus ihren Sturmgewehren und Maschinenpistolen zahllose Salven abgaben und alle Mitglieder der Drogenbande und viele unbeteiligte Zuschauer niederschossen oder festnahmen. Für sich genommen war das zunächst nur eine äußerst intensive Version der Militärpolizeirazzien, die fast in jedem Jahr veranstaltet wurden. Der nächste Schritt sah allerdings anders aus. Fünf Wochen nach der Kommandoaktion kam Staatspräsident Luiz Inácio Lula da Silva nach Santa Marta und hielt dort eine Rede, in der er diese Siedlung als seinen Testfall für die Umgestaltung der Favelas bezeichnete: »Wir gehen so vor, dass der Staat im Alltagsleben der Armen präsent ist. […] Früher griff nur die Polizei ein, und zwar mit großer Brutalität, […] [heute] haben wir das größte Investitionsprogramm für die Urbanisierung von Hüttensiedlungen, für Kanalisation und Wohnungsbau, das es in Brasilien je gegeben hat.«[22] Der Präsident eröffnete eine Seilbahn, die eine Verbindung bis zum oberen Ende der Favela bot, eine moderne Tagesstätte, eine Technikerschule mit Berufsausbildungsprogramm und einen Fußballplatz mit Flutlichtanlage ganz oben auf dem Berg (das erste Freizeitangebot, das es in diesem Slum jemals gab). Arbeiter im Regierungsauftrag installierten Straßenbeleuchtung, ein WiFi-Netzwerk und ein Müllsammelsystem und begannen mit einem groß angelegten Programm zum Neubau sämtlicher Häuser in solider Backsteinbauweise und mit vollständiger Kanalisation und rutschfesten Fundamenten. Die Polizei, die bisher nach ihren Razzien wieder abgezogen war, errichtete oben auf dem Berg einen festen, ständig besetzten Stützpunkt und verfolgte jetzt ein Konzept, das sie als »im Gemeinwesen verankerte Polizeiarbeit« (»community-based policing«) bezeichnete, allerdings in einer Version, zu der auch Sturmgewehre und vollständige Körperpanzerung gehörten. Mit einem Schlag wurde einem Gemeinwesen, das die Präsenz der Regierung bisher nur in Form von Polizeirazzien erlebt hatte, der handfeste Nutzen eines organisierten Staatswesens zuteil. Es handelt sich hier um diejenige Art von Programm, die sich die Regierung Kenias im Kibera-Slum nicht leisten konnte: Sie wertet alle Slumhäuser und die sie umgebende Infrastruktur auf, bis hin zu Standards, wie sie in den entwickelten Industrieländern gelten, ohne dass irgendjemand deswegen umziehen muss.

Die Veränderungen in der sozialen Struktur von Santa Marta, die Anfang 2009 auf den Weg gebracht wurden, waren zwar weniger sichtbar, dafür aber bedeutsamer. Lulas Regierung versuchte letztlich mit einer Schockstrategie innerhalb weniger Monate das zu bewirken, was funktionierende Ankunftsstädte im Lauf von Jahrzehnten leisten: eine vollständige Integration in das Leben der Stadt. Zunächst zog ein Team von Statistikern und Kartografen in den Slum und richtete im neuen Berufsbildungszentrum am Fuß des Berges ein Büro ein. Die Experten erhoben detaillierte demografische Daten und fertigten eine Karte an, die jedes Haus, dessen baulichen Zustand und die jeweiligen Erfordernisse festhielt. Dann erhielten die Bewohner von Santa Marta zwei Dinge, die sie bis dahin noch niemals besessen hatten: eine Geburtsurkunde und eine Adresse mit Angabe der Straße und Hausnummer. Diese Daten und Dokumente machten sie zu amtlich registrierten Bürgern, die zum Empfang staatlicher Sozialleistungen berechtigt waren und in der formellen, versicherungs- und steuerpflichtigen Wirtschaft arbeiten konnten, aber auch Steuern und Stromrechnungen bezahlen mussten (beides war Gegenstand schockierter Beschwerden von Favela-Bewohnern, die so etwas noch nie bezahlt hatten und es sich in einigen Fällen auch gar nicht leisten konnten). Am anderen Ende der Favela wurde eine hohe Mauer errichtet, um die bestehende Grenze zu markieren, und den Menschen, die dort lebten, eindeutige Besitzurkunden ausstellen zu können.* Die Arbeitsbehörde richtete ein Büro ein, das

---

* Diese in gewisser Weise überdimensioniert anmutende »Öko-Mauer«, die ihren Namen erhielt, weil sie zugleich auch den Waldbestand auf der anderen Seite schützen sollte, wurde 2009 zum Gegenstand von Protesten und Medienberichten, weil eine Gruppe von Aktivisten das Gerücht weitertrug, sie sei gebaut worden, um die Menschen daran zu hindern, nach Rio zu ziehen und dort Favelas zu errichten. Der Vorwurf leuchtete zu keinem Zeitpunkt ein: Das Gebiet jenseits der Mauer war niemals für eine Besiedlung attraktiv, und die massenhafte Zuwanderung von Landbewohnern ist in den Großstädten Brasiliens weitgehend abgeschlossen.

Favela-Bewohnern Kontakte zu Fabriken und Unternehmen vermittelte, die Arbeitskräfte suchten. »Unser Hauptanliegen hier ist, Vertrauen zu staatlichen Institutionen aufzubauen«, sagt Vera Lucia Nascimento, die leitende Sozialarbeiterin des Projekts. »Die Menschen hatten immer nur in der Schattenwirtschaft gearbeitet, auf der Straße verkauft, was immer sie sich beschaffen konnten, und ihren Müll einfach aus dem Fenster geworfen. Wir mussten erst auf den Plan treten und ihnen Wege aufzeigen, wie sie zu real existierenden, von den Behörden registrierten Bürgern werden und ihr Leben organisieren konnten. Mit gültigen Papieren und einer Adresse haben sie so viele neue Möglichkeiten. Ohne solche Voraussetzungen sind Polizeirazzien für den Staat die einzige Methode, in der Favela überhaupt in Erscheinung treten zu können. Inzwischen dreht sich alles um Bildungsmöglichkeiten, Kleinunternehmen, Arbeitsplätze. Die Menschen fühlen sich jetzt als Teil dieser Stadt.«

Die Bewohner des Viertels entwickeln angesichts der neuen Präsenz der Regierung große Angst und Misstrauen: Die Angst bezieht sich vor allem darauf, dass der Staat in ein paar Monaten wieder fort sein und das Rote Kommando zurückkehren könnte. Aber es gibt hier auch einen wahrnehmbaren Stolz, den Stolz auf eine Gemeinschaft, die früher schon das allerkleinste bisschen Prachtentfaltung, das sie aufbringen konnte, in den extravaganten, überdrehten eigenen Beitrag zum Karneval investierte. Devanil spricht nicht mehr mit düsterem Blick über eine Zukunft als Drogenhändler, er ist vielmehr stolz darauf, dass seine Mutter »für das Berufsbildungszentrum unten am Berg arbeitet«. Sie wischt dort die Fußböden, aber schon die bloße eigene Anwesenheit ist ein

Kennzeichen der Legitimität und ein Ausgangspunkt für den Weg in die größere Stadt, um den sich die Menschen in Santa Marta seit zwei Jahrzehnten intensiv bemüht haben.

Die Intervention in Santa Marta ist natürlich ein Projekt mit Symbolcharakter – eine von ein paar Dutzend Favelas, die auf diese teure und aufwendige Art und Weise umgestaltet werden, eines unter Hunderten von Wohnvierteln dieser Art in Rio, von denen viele sogar noch schlechter dastehen. Aber es besteht eine gute Chance auf Erfolg, weil sich das Projekt der grundlegenden Dynamik der Ankunftsstadt bedient. Wenn ein Hindernis beseitigt werden kann, wenn der Staat den Bewohnern der Ankunftsstadt die wichtigsten Errungenschaften der Stadt nahebringen kann, kommt die Ankunftsstadt gut allein zurecht, wie ein Fluss, der vom Wintereis befreit ist: Ihre Bewohner wissen, was zu tun ist, sie haben sich jahrelang bemüht, und sie und ihre Kinder werden ihren Platz in der Stadt finden. Die unter der Bezeichnung »slum upgrading« bekannte Praxis ist seit zwei Jahrzehnten mit großem Erfolg überall auf der Welt in Entwicklungsländern angewendet worden, aber leider nur im räumlich begrenzten, symbolträchtigen Rahmen. Wenn ein Wohnviertel bereits vollständig errichtet ist, kommt der nachträgliche Aufbau einer Infrastruktur teuer, allerdings nicht so teuer wie die kriminellen und politischen Explosionen, die sich ohne solche Maßnahmen einstellen. Mit kleinen Eingriffen, etwa mit der Installierung einer Straßenbeleuchtung oder mit finanzieller Unterstützung für eine private Buslinie, die auch den Slum bedient, lassen sich enorme Wirkungen erzielen, und diese Viertel werden mit einem Mal zu begehrten und produktiven Orten. Dasselbe gilt für das uneingeschränkte Eigentum an Haus und Grundstück und die Wahrnehmung politischer Bürgerrechte, selbst wenn das bedeutet, dass man Steuern zahlen muss.

Die Armen in Brasiliens Städten haben bei einem Ankunftsprozess, der auf anderen Kontinenten eben erst beginnt, schon einen weiten Weg zurückgelegt. Südamerika ist der erste Ort auf der Welt, der in der Nachkriegszeit die große Wanderung vom Land in die Stadt durchlebt hat, und das volle vier Jahrzehnte vor den meisten Ländern Asiens und Afrikas. Bereits Anfang der 1950er-Jahre lebten 40 Prozent der Bevölkerung Südamerikas in Städten, das ist ein höherer Anteil, als man ihn heute in Asien und Afrika findet. Im Lauf der nächsten fünf Jahrzehnte verdoppelte sich dieser Anteil, sodass Südamerika heute der erste vollständig urbanisierte Teil der Entwicklungsländer ist: Die Migration ist dort praktisch abgeschlossen. In Brasilien nahm der Anteil der städtischen Bevölkerung von 45 Prozent in den 1960er-Jahren bis zu den 80er-Jahren auf 75 Prozent zu – man war damit fast so stark verstädtert wie Europa. Das erklärt, warum Lebensstandard und Durchschnittseinkommen der Armen Lateinamerikas um eine Größenordnung höher liegen als überall sonst in den Entwicklungsländern.

Die brasilianischen Erfahrungen zeigen, was geschehen kann, wenn die Regierungen Ankunftsstädte ignorieren oder ihre Struktur und Wirkungsweise falsch verstehen. Brasiliens Favelas haben jedoch oft erfolgreich funktioniert, wenn sie die Gelegenheit dazu erhielten, sie machten aus Millionen in bitterer Armut lebenden Menschen im Erwerbsleben stehende und sozial integrierte Stadtbewohner. In den letzten Jahren ermöglichten sie den Aufstieg einer recht großen und erfolgreichen »neuen« Mittelschicht, der auch Präsident Lula selbst angehört, der in einem Slum in São Paolo aufwuchs. Er zählt, wie auch der türkische Ministerpräsident Recep Tayyip Erdoğan, zur ersten Generation von Politikern, die Abkömmlinge der Ankunftsstadt sind und ihre politische Anhängerschaft aus deren Bewohnern rekrutieren, ehemaligen Migranten.

Aber Brasilien liefert mit seinen Hunderten von dicht bevölkerten Slums, die immer noch von Drogenbanden kontrolliert werden, auch eine lehrreiche Geschichte. Die Regierungen des Landes versuchten jahrzehntelang, die Ankunftsstadt zu verhindern, zu beseitigen, zu isolieren oder zu ignorieren, und deren zwangsläufige Dynamik wirkte dem entgegen: Die Ankunftsstadt bringt, wenn sie auf sich selbst zurückgeworfen ist und ihr der Zugang zum politischen System verwehrt wird, eine Verteidigungspolitik eigener Art hervor. In Brasilien geschah das in der Gestalt der Drogenbande. In Mumbai ist es der Hindu-Nationalismus. In den Ankunftsstädten Europas wirkt der islamische Extremismus. Die Ankunftsstadt möchte normal sein, will dazugehören. Gibt man ihr die dafür benötigten Ressourcen, blüht sie auf. Ohne diese Ressourcen droht eine Explosion. Die Ankunftsstadt ist kein statischer, festgefügter Ort. Sie ist vielmehr ein dynamischer Schauplatz, der einer eigenen Entwicklung folgt. Es liegt in unserer Macht zu entscheiden, wohin diese Entwicklung führt.

3 Ankunft an der Spitze der Pyramide

DIE GROSSE AMERIKANISCHE ANKUNFTSSTADT
LOS ANGELES, KALIFORNIEN, USA

Das salvadorianische Dorf El Palón ist kaum mehr als ein schmaler Streifen von Bauernhütten an einer unbefestigten Straße, umgeben von kleinen Parzellen trockenen Weidelands und Waldstückchen. Ein großer Teil der Ansiedlung hat weder Strom noch fließendes Wasser; die paar Dutzend Bewohner leben von dem Gemüse und dem Vieh, das sie sich halten können, der weitere Speiseplan besteht aus Tortillas, Reis und Bohnen. Die Kinder arbeiten mit, sobald sie sechs Jahre alt sind, und gehen mit der Familie während der Zeit der Kaffeeernte auf lange Wanderungen. Das Leben der Menschen besteht aus der Suche nach spärlichen Einkommensquellen durch Tätigkeiten außerhalb der Landwirtschaft und aus der gezielten Umgehung der regelmäßigen Ausbrüche von Gewalt in der Region. »Wir waren dort vor allem mit dem Überleben beschäftigt«, sagt Mario Martinez, der in den konfliktbeladenen 1980er-Jahren in diesem Ort aufwuchs.

Das Gebiet rings um die Kreuzung des South Redondo und des West Adams Boulevards in Los Angeles könnte man nicht mit einem Dorf verwechseln, obwohl es auf verschlungenen Wegen fest mit El Palón verbunden ist. Es ist ein Gitterwerk von schmalen Bungalows mit winzigen Rasenflächen vor dem Haus, das von Industrie- und Geschäftsbauten an den Hauptboulevards unterbrochen wird. All dies spielt sich im Schatten des höher gelegenen Santa Monica Freeway ab. Bei der Stadtverwaltung heißt dieses Viertel West Adams, für viele Angelenos ist es einfach eine nördliche Ecke von South Central.* Es ist ein graues, kochend heißes, von Autos beherrschtes Viertel, in dem es weder Parks noch Grünflächen gibt, einer der am dichtesten besiedelten, zugleich auch einer der ärmsten Bezirke der Stadt.[1] Stadtgeschichtlich war hier ein afroamerikanisches Ghetto, das unter weißen Angelenos als von Verbrechen heimgesuchte Gegend galt, die man zu meiden hatte. Wirtschaftsleben existierte hier nicht, die einzigen Werbetafeln an den Boulevards lenkten die Aufmerksamkeit auf schwerbewachte Schnapsläden und solche, in denen man Barschecks einlösen konnte. Im Jahr 1992 kam es in diesem Viertel zu einer Explosion der Gewalt, bei den Rodney-King-Unruhen gingen Dutzende von Gebäuden in Flammen auf, zahllose weitere wurden geplündert. Männer mit Schrotflinten standen auf den winzigen Rasenstücken vor den Wohnhäusern und vor den leeren Schaufensterflächen. Verzweifelt versuchten sie, ihre gemieteten Häuser und Geschäfte zu verteidigen, und schworen, bei der ersten sich bietenden Gelegenheit fortzuziehen.

Doch zwei Jahrzehnte nach den Unruhen zeigt sich dieser Stadtteil gründlich verändert. Die winzigen Bungalows sind meist frisch gestrichen und in gutem Zustand, mit gepfleg-

---

* Die Stadtverwaltung und die *Los Angeles Times* nennen dieses Viertel heute West Adams, aber für viele Angelenos steht dieser Name für ein wohlhabenderes Viertel mit attraktiven Häusern aus dem 19. Jahrhundert, das in der Nähe der University of Southern California liegt. Keiner der Bewohner des hiesigen Viertels scheint mit diesem Namen einverstanden zu sein.

ten Gärten und Blumenbeeten auf der Vorderseite, die von schmiedeeisernen Zäunen umgeben sind, und ergiebigem Gemüseanbau hinter dem Haus. Die Boulevards wirken heute lebendiger und fröhlicher, es gibt sehr viel mehr Geschäfte, Kleinbetriebe, belebte Märkte und Imbissstuben, die mit überschwänglichen, farbigen Schildern und Displays geschmückt sind. Dieses Viertel wird nie schön aussehen, und es ist auch nicht vollkommen sicher, aber es ist viel sauberer, glücklicher und optimistischer geworden. Heute wohnen dort hauptsächlich Menschen, die vom Land kommen: Sechs von zehn heutigen Bewohnern wurden in einem lateinamerikanischen Dorf geboren, oft im gleichen Ort wie ihre Nachbarn.[2] Die monatlichen Abstecher zu Western Union, die von den hier lebenden Salvadorianern unternommen werden, sind, das ist ziemlich sicher, die größte Einnahmequelle in El Palón; diese Rücküberweisungen mit Tausenden von Dollars haben das Erscheinungsbild und die Qualität der salvadorianischen Häuser verändert und elektrischen Strom und Fernsehen ins Dorf gebracht. Die Angehörigen der salvadorianischen Enklave in West Adams haben sich gegenseitig bei der Migration unterstützt, bei der Wohnungs- und Arbeitssuche, beim Sparen und bei der Gründung von Kleinunternehmen, bei der Einstellung weiterer Arbeitskräfte und beim Hauskauf. Dieses dorfbezogene Netzwerk und Hunderte ähnliche Systeme, die benachbarte Straßen und Häuserblocks mit abgelegenen ländlichen Bezirken in Honduras, Guatemala, El Salvador und Mexiko verbinden, haben aus dem Süden von Los Angeles und aus L.A. South Central einen Flickenteppich von Ankunftsstädten gemacht. Dieses kunterbunte Durcheinander von städtischen Häuserblocks trägt nicht nur zum

Ausbau von Dörfern in Mittelamerika bei, sondern macht auch die neuen Stadtbewohner zu vollwertigen Mitgliedern der amerikanischen Gesellschaft.

Mario Martinez machte sich 1991 auf die Reise von El Palón nach Los Angeles, wenige Monate, bevor die Unruhen in diesem Wohnviertel einen Sturm auslösten, der in Brandstiftungen und Schießereien mündete. Victoria und Marta, seine beiden Tanten, waren bereits Anfang der 1980er-Jahre hierhergekommen, sie flohen vor der Gewalt in ihrem Heimatdorf. Victoria hatte vom Lohn für ihre einfachen Hilfsarbeiten so viel Geld zurückgelegt, dass sie einen Einwanderungsvermittler bezahlen konnte, der Mario ins Land brachte. Der nahezu mittellose Neffe zog in ihr Haus in Inglewood (das bei den Unruhen ebenfalls schwer in Mitleidenschaft gezogen wurde). In der vom Aufruhr schwer erschütterten Stadt reihte er sich in die nicht enden wollende Reihe lateinamerikanischer Zuwanderer ein, die als Tagelöhner arbeiteten, nahm Hilfsarbeiten auf dem Bau oder bei Umzugsunternehmen an – was immer er auftreiben konnte. Die bereits etwas besser eingewöhnten salvadorianischen Landsleute hatten in ihren Geschäften und Betrieben schon bald Arbeit für ihn und vermieteten ihm Wohnungen. Er schickte seinen Eltern und Geschwistern in El Palón Geld und sparte noch genug, um seine (aus einer kurzlebigen Beziehung in El Salvador stammende) Tochter, die inzwischen im Teenageralter war, in die Vereinigten Staaten nachholen zu können.

Ende der 1990er-Jahre fand er eine Arbeit in einem von Koreanern geführten Unternehmen, das Neonreklamen herstellte. Er erwies sich als Naturtalent beim Biegen von Neonröhren, Formen von Plastik sowie in der Typografie und war auch im Verkaufswesen nicht schlecht. Die Koreaner nahmen ihn gut auf und förderten ihn in ihrem Betrieb. Er legte etwas Geld beiseite, verliebte sich in Bibi, eine guatemaltekische Frau aus dem Viertel, heiratete und bezog eine Hinterhofwohnung in einem in mehrere Wohneinheiten aufgeteilten Bungalow, der einem geschäftlich erfolgreichen Freund aus El Salvador gehörte, unmittelbar nördlich des Adams Boulevards. Nach einigen Jahren in diesem Betrieb ging er an einem warmen Abend von der Arbeit gemächlich nach Hause, und dabei fiel ihm zum ersten Mal so richtig auf, dass die Straßen in seiner Umgebung inzwischen von sehr schlicht aufgemachten Restaurants, Kleinbetrieben, Importwarengeschäften und Geschäftsneugründungen aller Art gesäumt waren, die alle im Besitz von lateinamerikanischen Landsleuten waren. Seine Mitbewohner, so stellte er fest, hatten dringenden Bedarf an Leuchtreklame.

Also kratzte er 1500 Dollar zusammen und mietete im Jahr 2000 das billigste Ladengeschäft, das er an einer bei den Unruhen schwer heimgesuchten, ein halbes Dutzend Blocks von seinem Wohnhaus entfernten Kreuzung finden konnte, und hängte ein in hellen Farben gehaltenes Transparent auf: »JM Plastic & Sign Co. – Custom Design – Banners – Magnetics«. Er hatte weder einen Bankkredit noch einen Geschäftsplan, nur Kredit, den ihm Verkäufer und Materiallieferanten einräumten, und meistens waren das andere Neuankömmlinge aus Mittelamerika. Hilfreich war für ihn ein im Anschluss an die Unruhen aufgelegter Wiederaufbauplan der Stadt, der die Bestimmungen für Flächennutzung und die Vorschriften für die Unternehmensgründung lockerte und so den Aufbau einer kleinen Firma billiger und einfacher machte. Er kaufte einen gebrauchten Computer für 150 Dollar und klapperte die Ladenzeilen mit lateinamerikanischen Inhabern ab.

Es waren unzählige. Nachdem Los Angeles gebrannt hatte, verwandelten sich innerhalb eines Jahrzehnts ganze Viertel im Herzen der Stadt aus armen Gegenden mit schwarzen Bewohnern, die ihre Unterkünfte von nicht am Ort wohnenden weißen Besitzern gemietet hatten, in Latino-Ankunftsstädte, deren Bewohner alles daran setzten, ihre Ghetto-Behausungen kaufen zu können. Berüchtigte Problemviertel wie South Central, Crenshaw, Watts und Compton wurden so zu spanischsprachigen Enklaven von Neuankömmlingen vom Land, die sogar noch ärmer waren als die ehemaligen schwarzen Bewohner. Aber die Neuen hatten eine andere Perspektive und verfolgten eine andere Strategie. Schwarze Angelenos waren bestrebt gewesen, ihrem Wohnviertel so schnell wie möglich zu entkommen und in die Vororte zu ziehen, und folgten damit dem Vorbild der weißen Arbeiterklasse aus der vorhergehenden Generation. Die spanischsprachigen Neuankömmlinge setzten dagegen alles daran, am Ankunftsort Wurzeln zu schlagen, ihre Wohnungen zu kaufen und ein Geschäft zu eröffnen.

Der Unterschied liegt zum Teil in der Kultur begründet – weiße und schwarze Amerikaner möchten draußen, vor den Toren der Stadt, ein großes Stück Rasen vor ihrem Haus haben, während sich Lateinamerikaner lieber im Herzen der Stadt niederlassen, sobald sie zu etwas Geld kommen. Aber dies ist auch eine Funktion der Ankunftsstadt. Mittelamerikaner versuchen nicht einfach nur durchzukommen und Arbeit zu finden, sie errichten vollständige und kohärente Ankunftsstädte, denn sie sind Dorfbewohner, die Netzwerke zur persönlichen und wirtschaftlichen Unterstützung schaffen, um Wege ins wirtschaftliche Zentrum der Stadt zu finden. In den 1990er-Jahren gelang ihnen dies in einem außerordentlichen Umfang, sie verwandelten den größten Teil des inneren Stadtzentrums, ebenso wie den gesamten Osten und den größten Teil des Südostens, in ein Ankunftsstadtgebiet. Wer sich damals, zurzeit der Unruhen, in Los Angeles aufhielt, würde die Stadt heute nicht mehr wiedererkennen. In Florence and Normandie, dem Bezirk von South Central Los Angeles, der bei den Unruhen von 1992 zum größten Krisenherd geworden war, stieg der Anteil der in Lateinamerika geborenen Bewohner von 25 Prozent (1990) auf 45,4 Prozent (2000) und nahm im darauf folgenden Jahrzehnt noch weiter zu. Es war ein Zustrom von Hauskäufern, der es den der Stadt überdrüssigen bisherigen Bewohnern ermöglichte, in die wohlhabenderen schwarzen Vororte zu ziehen, sodass der Anteil der schwarzen Bevölkerung in Florence and Normandie um ein Drittel abnahm, von 76 auf 53 Prozent.[3] Die Besiedelung des Stadtkerns von L.A. durch Neuankömmlinge aus Mittelamerika, der demografische Einfluss dieser Wohnviertel verlieh der Wirkung der bereits etablierten Latino-Barrios von East L.A. und Downtown noch mehr Gewicht, und dann waren da noch die spanischsprachigen Viertel wie Rampart und Silverlake. Sie alle waren in den 1970er- und 1980er-Jahren von ehemaligen Dorfbewohnern übernommen worden und hatten eine wohlhabende Mittelschicht hervorgebracht. Und es gab dort, wie Mario Martinez feststellte, eine Menge Leute, die Leuchtreklamen brauchten.

Mario betreibt heute sein Leuchtreklamengeschäft nach wie vor in dem winzigen Ladenlokal an der Kreuzung von

Adams und Hauser Boulevard. Aber dieser staubige und öde Korridor hat sich in einen umtriebigen Ort verwandelt, an dem es von kleinen Fabriken und Läden nur so wimmelt, und auf den Bürgersteigen herrscht ständige Betriebsamkeit. »Ich wählte den Standort für mein Unternehmen nach dem aus, was ich mir leisten konnte, und das war nur sehr wenig«, sagt er, »aber heute denke ich gar nicht mehr daran, von hier wegzugehen – die Lage ist ganz zentral.« Sein Laden ist von anderen erfolgreichen ehemaligen Dorfbewohnern umgeben: von einem Betrieb für Installationszubehör, einem Fliesenhersteller mit Keramikwerkstatt, dem Büro eines Computertechnikers, einer großen Bäckerei, einem Verkaufsauslagenhersteller, der mit ihm zusammenarbeitet. Mario hat in aller Stille expandiert. Er investierte 8000 Dollar in einen Großformat-Drucker, der farbige Fotoschilder liefert, die bei Restaurants und Märkten am Ort sehr beliebt sind. Inzwischen beschäftigt er zwei Vollzeitangestellte und seine Frau Bibi, die ihre Anstellung bei der Heilsarmee aufgab, um mit ihm zusammenzuarbeiten. Ihr Ladenlokalunternehmen, eine Neugründung ehemaliger Dorfbewohner, hat es durch Latino-Netzwerke zu einiger Bekanntheit gebracht, und das wiederum führte zu einigen eindrucksvollen Geschäften: Die Spielzeugfirma Mattel bestellte bei ihm eine Serie beleuchteter Werbeschilder für ihr Sortiment zu 3000 Dollar das Stück. Der geschäftliche Boom fiel mit der Erweiterung der Familie zusammen: Mario und Bibi haben einen inzwischen sieben Jahre alten Sohn namens Jonathan, der in kultureller Hinsicht amerikanischer ist als sämtliche Angehörigen der Elterngeneration in seinem Umfeld. Zu Hause spricht er zwar Spanisch, aber er war noch nie in El Salvador und weiß nur wenig über die Kultur des Landes.

Die Geschichte von Mario Martinez und seinem Wohnviertel in L.A. ist typisch für die westliche Welt, sie läuft überall in ähnlicher Form ab, in den Außenbezirken der Städte, in den Vororten mit niedrigen Mieten, den Bezirken mit Sozialwohnungen und den von den früheren Bewohnern verlassenen Innenstadtenklaven nordamerikanischer und europäischer Städte. Die letzte große Migrationswelle, die die zweite Hälfte der Menschheit vom Land in die Stadt führt, verwandelt die Städte des wohlhabenden Westens ebenso sehr, wie sie die Struktur der Städte Asiens, Südamerikas und Afrikas verändert. Die meisten Menschen im Westen verstehen das, was sich in ihren Städten abspielt, nicht als Migrationsprozess vom Land in die Stadt. Die Einkommen und absoluten Armutsgrenzen sind unterschiedlich, aber die Frustrationen, Chancen, Mittel und Gefahren sind genau gleich.

In den Banlieue-Außenbezirken von Paris oder in den von Wohnblocks geprägten Einwandererviertel von Amsterdam und Berlin, im bangladescher East End von London oder im pakistanischen Bradford, in den Barrios von Los Angeles und New York oder in den Einwanderer-Vororten von Washington, Atlanta und Sydney sind die Menschen, die Wohnungen mieten, Häuser kaufen und Geschäfte betreiben, mehrheitlich ehemalige Dorfbewohner. Die regelmäßigen Geldüberweisungen ins Heimatdorf sind für das Wirtschaftsleben in all diesen Wohnvierteln von zentraler Bedeutung. Und in der Ankunftsstadt Los Angeles geschieht dies in einem Umfang, der in der übrigen westlichen Welt kaum seinesgleichen hat. Mindestens ein halbes Dutzend Banken in Los Angeles ist auf die Bereitstellung von Hypotheken spezialisiert, die in US-Dollars geführt und in winzigen Beträgen ausgezahlt werden, damit Migranten aus Mittelamerika in ihren Herkunftsdörfern Häuser kaufen können. Es ist ein boomendes transnationales Immobiliengeschäft, angetrieben von einer Bevölkerungsgruppe, die nach selbstständigem Unternehmertum, Bildung und Hausbesitz strebt.

Los Angeles ragt als führende Ansammlung von Ankunftsstädten in den Vereinigten Staaten heraus. Fast die Hälfte seiner Bevölkerung wurde in anderen Ländern geboren (und dort vor allem in ländlichen Gebieten). Diese Quote erreicht in Nordamerika nur noch Toronto, das in Kanada eine ähnliche Rolle spielt. Los Angeles wird von Demografen als »gateway city« beschrieben, was bedeutet, dass es eine im Allgemeinen erfolgreiche Ankunftsstadt ist: Seine armen Viertel entsenden erfolgreiche Migranten aus der Mittelschicht und oberen Arbeiterschicht in wohlhabendere Gegenden, und das in einem Umfang, der dem Zustrom neuer, armer Dorfbewohner entspricht. Die Menschen bewegen sich *durch* ihre Wohnviertel: Los Angeles gibt innerhalb eines Jahrzehnts ein Drittel seiner Wohnbevölkerung wieder ab, wird also innerhalb einer Generation zu einer ganz neuen Stadt. Eine umfangreiche Untersuchung zur Situation der Einwanderer in der Stadt zeigt, dass sie bei der Ankunft noch sehr arm sind. Die Armutsraten liegen zunächst nahe bei 25 Prozent, gehen dann aber, vor allem während der ersten zehn Jahre, deutlich zurück, auf im Allgemeinen weniger als zehn Prozent.[4] Die Wohnviertel bleiben dagegen oft sehr arm oder verarmen sogar noch weiter. Die Armutsraten in von Einwanderern dominierten Wohnvierteln liegen seit etwa 1990 bei rund 20 Prozent, trotz der Vermögenszugewinne bei der Zuwandererbevölkerung insgesamt.

Der in Los Angeles lebende Soziologe Dowell Myers erklärte, dies sei auf den Erfolg der amerikanischen Ankunftsstadt zurückzuführen: Das Wohnviertel selbst wirke ärmer, als es in Wirklichkeit sei, weil es ständig seine gut ausgebildete zweite Generation in wohlhabendere Viertel entsende und dafür neue Einwanderungswellen von Dorfbewohnern aufnehme, in einem sich ständig wiederholenden Kreislauf von »Ankunft, Aufstieg und Exodus«. »Die Erfassung charakteristischer Daten von Bewohnern schließt zu einem beliebigen Zeitpunkt die am stärksten benachteiligten Neuankömmlinge in einer Stadt ein, aber nicht die besser gestellten ›Absolventen‹, die aus einem solchen Gebiet kommen«, sagt Myers. »Der durchschnittliche wirtschaftliche Status der Stadt wird sich im Lauf der Zeit verschlechtern, wenn der Zustrom benachteiligter Neuankömmlinge wächst oder die Abwanderung aufstiegsorientierter Bewohner zunimmt. Dies führt zu einem merkwürdigen Paradoxon: Der Abwärtstrend für den Ort ist der umgekehrte Indikator für den Aufwärtstrend, den die Bewohner selbst erleben.«[5] Dieses Paradoxon hat bei Außenstehenden das Gefühl erzeugt, dass die Einwandererbezirke der Stadt ärmer oder verzweifelter sind, als dies in Wirklichkeit der Fall ist, und das führt zu Fehldeutungen hinsichtlich der Investitionen durch die öffentliche Hand, die die Bezirke wirklich brauchen. In vielen von Migranten dominierten Stadtvierteln in aller Welt ist das ein ernsthaftes politisches Problem. Anstatt geeignete Mittel wie Hausbesitz, Bildung, Sicherheit, Möglichkeiten zur Unternehmensgründung und Anbindung an die Gesamtwirtschaft an die Hand zu bekommen, werden sie als völlig verarmte Orte behandelt, die Nicht-Lösungen wie Sozialarbeiter,

Sozialwohnungsblocks und von Stadtplanern eingeleitete Sanierungen benötigen.

Dabei wird jedem Besucher dieser Wohnviertel klar, dass sie sich in keiner Abwärtsspirale befinden, sondern vielmehr zu Plattformen für Wandlungsprozesse im eigenen Leben wie auch in der Familie und im Dorf werden. Der Investitionsumfang in diesen Stadtgebieten ist riesig. Der Hausbesitzeranteil unter den Latino-Einwanderern in der Stadt erreichte in den 1990er-Jahren 45,3 Prozent, was umso erstaunlicher ist, wenn man die vergleichsweise hohen Immobilienpreise in Los Angeles und die sehr niedrigen Einkommen in den entsprechenden Vierteln bedenkt. Der Anteil der Hochschulabsolventen unter den aus Latino-Familien stammenden Einwohnern von L.A. verdoppelte sich in einem Zeitraum von 30 Jahren fast, er stieg von 9,5 Prozent im Jahr 1970 auf 18,8 Prozent im Jahr 2000.[6] Mike Davis, der Historiker aus Los Angeles, der apokalyptische Vorstellungen zu gescheiterten und unterdrückten Slums in Lateinamerika entwickelte, geriet ob der Auswirkungen der Latinisierung von Slums in seiner Heimatstadt in Verzückung: »Abgewohnte triste kleine Häuser durchlaufen eine wundersame Wiederbelebung: Die Fassaden, von denen einst die Farbe abblätterte, sind frisch gestrichen, durchhängende Dächer und Veranden repariert, und vergilbte Rasenflächen wurden durch Azaleen und Kakteen ersetzt. Insgesamt gesehen wurde das durch Fleiß erworbene Kapital von rund 75 000 mexikanischen und salvadorianischen Hauseigentümern zu einer unübertroffenen Aufbaukraft (im Gegensatz zur Flucht der Weißen), die für die Wiederherstellung des guten Rufs von heruntergekommenen Vierteln arbeitete […]. Außerdem haben sie ein besonderes Händchen für die Umwandlung toter urbaner Räume in gemeinschaftlich genutzte soziale Räume.«[7]

Mitte des ersten Jahrzehnts in diesem Jahrhundert waren die raschen Investitionen und die Mobilität der mittelamerikanischen Ankunftsstadt zur dominierenden Kraft in der Lokalpolitik und Wirtschaft von Los Angeles geworden. Einerseits erzeugte die Nachfrage nach Hauseigentum in der Innenstadt durch Dorfbewohner aus Mittelamerika einen Boom bei den Einnahmen aus Hausverkäufen zugunsten älterer afroamerikanischer Familien. Ihre Häuser waren in den drei Jahrzehnten nach den Unruhen in Watts von 1965 nur wenig wert gewesen, aber plötzlich bestand eine stetige Nachfrage. Dies erzeugte im Gegenzug in den äußeren schwarzen Vororten eine erhöhte Nachfrage nach Eigentum und Investitionen. Dies bedeutete eine neue Chance für viele schwarze Familien, die jahrzehntelang in einem Kreislauf von Mietverhältnissen, Unterbeschäftigung und Abhängigkeit gefangen gewesen waren.

Die Ankunftsstädte entwickelten gleichzeitig ihre eigenen, äußerst effektiven politischen Strukturen, zusätzlich zu den organisatorischen Netzwerken der Latinos in den stärker etablierten Barrios, die im Lauf der Jahrzehnte langsam an Einfluss gewonnen hatten. Diese Entwicklung kulminierte in der Wahl von Bürgermeister Antonio Villaraigosa, einem Vertreter des Netzwerks der Macht von Latino-Einwanderern in East Los Angeles. Er war das erste Kind aus einer Ankunftsstadt, das es bis an die Spitze der Verwaltung einer der wichtigsten Städte der USA schaffte. Sein Vater war ein armer mexikanischer Dorfbewohner gewesen, der mit einer der ersten Einwandererwellen von Landbewohnern nach dem

Zweiten Weltkrieg in die USA gekommen war und sich in City Terrace niedergelassen hatte, einer der ersten voll funktionsfähigen Ankunftsstädte von East Los Angeles. Villaraigosa stieg über die wirtschaftlichen, Bildungs- und politischen Netzwerke in der Ankunftsstadt von East Los Angeles auf und wurde zum bevorzugten Aushängeschild für die politischen Ambitionen der Neuankömmlinge im Stadtkern, zu einem Emblem für die neue politische Dominanz ehemaliger Dorfbewohner. Er ist gemeinsam zu nennen mit Persönlichkeiten wie dem brasilianischen Staatspräsidenten Luiz Inácio Lula da Silva und dem türkischen Ministerpräsidenten Recep Tayyip Erdoğan, Anführern von aus der Ankunftsstadt hervorgegangenen Bewegungen, die bis in höchste Staatsämter aufgestiegen sind.

Mario hat es mit seinem Reklameschildunternehmen im Adams-Boulevard-Viertel zu Ersparnissen von mehreren Zehntausend Dollar gebracht, obwohl er auch große Geldsummen nach El Palón überwies, mit denen er seine Eltern und Geschwister unterstützte, und ein kleines Vermögen für die Einbürgerung seiner Tochter in den Vereinigten Staaten ausgab. Deshalb haben sich Mario und Bibi zu guter Letzt doch noch entschieden, einen Hauskauf zu versuchen. Sie sind entschlossen, in diesem Block zu bleiben, wo sie von anderen Neuankömmlingen umgeben sind, und den sozialen Zusammenhalt zu stärken. Das einzig Ungewöhnliche an dieser Geschichte ist, dass Mario mit dem Hauskauf so lange gewartet hat: Fast zwei Jahrzehnte lang war er Mieter in den Wohnungen und Hinterhofhäusern anderer Migranten, die sich mit viel weniger Eigenkapital auf den Immobilienmarkt gewagt haben, als er das jetzt getan hat.

Das hat sehr viel mit der sich verändernden Haltung gegenüber der Einwanderung zu tun, die in den USA zu beobachten ist. Weil Mario nach 1990 aus El Salvador ins Land kam, konnte er sich nicht nach den Bestimmungen eines Bundesgesetzes (des NACARA-Gesetzes von 1987) einbürgern lassen, das rund 200 000 Menschen, die aus von schweren innenpolitischen Konflikten heimgesuchten mittelamerikanischen Ländern stammten, Amnestie gewährte. Obwohl er ein erfolgreicher Geschäftsmann ist, außerdem der Ehemann einer eingebürgerten Immigrantin und der Vater eines jungen amerikanischen Staatsbürgers, hat er bis heute noch keinen Weg zur rechtskräftigen Einbürgerung gefunden (gegenwärtig verfolgt er einen Asylantrag, den er mit dem immer noch andauernden Konflikt in seinem Dorf begründete). Die Vereinigten Staaten gewährten in der Vergangenheit einer großen Zahl illegaler Einwanderer eine Amnestie und machten sie damit von Hilfsarbeitern in der Schattenwirtschaft, die keine Steuern zahlten, zu Bürgern mit allen Rechten, die in die Gesellschaft, in der sie leben, auch investieren. Zehntausende, wenn nicht sogar Hunderttausende von Angelenos sind in einer ähnlichen Lage: Sie fürchten sich oder sind nicht imstande, ihre Einkünfte in ihrem Wohnumfeld zu investieren, weil sie in einer Unterwelt der »halben Ankunft« festsitzen, obwohl sie im Wirtschaftsleben tätig sind. Diese zwiespältige Haltung zur Staatsbürgerschaft kann den Ankunftsstädten Schaden zufügen und sie von Orten der Lebenschancen zu Orten der Bedrohung machen.

DIE ANKUNFTSSTADT IN DER POST-MIGRATIONS-NATION

Die Präsenz eines mittelamerikanischen Bauern wie Mario Martinez in Los Angeles und einer Familie von Dorfbewohnern aus Bangladesch wie den Tafaders im Londoner East End kommt vielen Menschen wie eine Verwirrung vor, wie ein Artefakt aus vergangenen Zeiten oder wie ein politischer Fehler. Wir denken oft, in diesem Zeitalter der Grenzkontrollen, der auf High-Tech-Informationstechnik beruhenden Volkswirtschaften und der selektiven Einwanderungspolitik gäbe es keinen Grund mehr für die Entstehung von Enklaven, in denen sich eine große Zahl von armen Menschen aus ländlichen Regionen der Entwicklungsländer sammelt, in den großen Städten der westlichen Welt. In vielen Ländern West- und Mitteleuropas, in Kanada, den Vereinigten Staaten und Australien besteht die Antwort der Regierungen auf die Ankunftsstadt nicht darin, sie funktionsfähiger zu machen, sie halten vielmehr an der Vorstellung fest, zur Migration von Landbewohnern werde es gar nicht erst kommen oder die Menschen könnten auf Dauer aufgehalten oder aussortiert werden.

Das ist ein gefährlicher Fehler. Die große Migrationswelle vom Land in die Städte, die in diesem Jahrhundert die Entwicklungsländer gründlich verändern wird, wird zugleich die Hauptquelle bedeutender, über das ganze Jahrhundert anhaltender Migrationsströme sein, die aus dem Süden und Osten der Welt in die Städte des Westens führen. Dieser Strom mag in bestimmten Ländern für begrenzte Zeiträume verlangsamt oder aufgehalten werden, aber die Ankunft ist unter ökonomischen und politischen Gesichtspunkten unvermeidlich. Sie ist bereits im Gang. Heute gibt es in den Städten Nordamerikas, Europas und Australiens mehr vom Land kommende Migranten als zu jedem beliebigen Zeitpunkt seit dem frühen 20. Jahrhundert. Jahr für Jahr ziehen mehr als fünf Millionen Menschen aus weitgehend ländlich strukturierten Gebieten der Entwicklungsländer in den verstädterten Westen.

Die Ankunftsstadt ist ein bedeutendes Phänomen in der westlichen Welt, und ihre Bewohner sind dieselben Menschen, die auch die Ankunftsstädte in den Entwicklungsländern bevölkern. Im wohlhabenden Teil der Welt leben heute rund 150 Millionen anderenorts geborene Menschen, in Europa machen sie rund acht Prozent der Bevölkerung aus, in Nordamerika stellen sie 13 und in Australien 19 Prozent. Sie kommen meist vom Land. Die größte Einwanderergruppe in Europa und den Vereinigten Staaten stammt aus Dörfern oder Bezirksstädten in ländlichen Gebieten der Entwicklungsländer und ist mehr oder weniger direkt in die Großstädte gezogen. Es ist nicht möglich, die Einwandererzahlen exakt nach dem Anteil der Land- oder Stadtbewohner aufzuschlüsseln (Experten für Bevölkerungsfragen in der Hauptabteilung Wirtschaftliche und Soziale Angelegenheiten des UN-Sekretariats berichten mir, sie hätten nur zu gern solche Statistiken, Daten dieser Art zu beschaffen ist unglaublich schwierig), aber wir verfügen über ein anekdotisches Wissen zu der Tatsache, dass die auf dem Land geborenen Menschen die größte Gruppe der Neuankömmlinge in West- und Mitteleuropa und den Vereinigten Staaten sowie der im Ausland geborenen Bürger Kanadas und Australiens ausmachen. Die meisten Migranten in den Vereinigten Staaten stammen aus Lateinamerika, und die überwältigende Mehrheit kommt aus Dörfern; es sind 18 Millionen Menschen oder sechs Prozent der Gesamtbevölkerung, zusammen mit ihren Nachkommen zählen sie 40 Millionen Menschen, 14 Prozent der Bevölkerung. In den Mitgliedsländern der Europäischen Union leben legal 4,5 Millionen Menschen aus Nordafrika, drei Millionen aus dem übrigen Afrika, fünf Millionen aus dem Nahen und Mittleren Osten und der Türkei, 2,5 Millionen aus Südamerika und 1,7 Millionen vom indischen Subkontinent. Bei den meisten dieser Bevölkerungsgruppen besteht eine starke Tendenz zur ländlichen Herkunft.

Auch bei der Wanderungsbewegung innerhalb der Europäischen Union machen die Migranten, die es vom Dorf in die Stadt zieht, einen großen Anteil aus. Die größte Migrantengruppe aus Polen, Rumänien und den baltischen Staaten in den Städten Westeuropas kommt aus ländlichen Gebieten. In Europa gibt es außerdem fünf bis zehn Millionen Menschen, die ohne offizielle Papiere leben und arbeiten, die meisten von ihnen kommen aus ländlichen Gebieten der angrenzenden Regionen Afrikas, des Nahen Ostens und Osteuropas. Sowohl auf Entsende- wie auch auf Empfängerseite gibt es allerdings auch Ausnahmen vom üblichen Muster, das vom Land in die Stadt führt: Aus Ländern wie Kolumbien und Ägypten kam in unruhigen Zeiten eine erhebliche Zahl von Stadtbewohnern, und die Vereinigten Staaten und Kanada erlebten in den letzten Jahren einen enormen Zustrom von Migranten aus Lateinamerika und der Karibik, die vom Land aufs Land ziehen: Bauern aus Mittelamerika, die als Landarbeiter zuwandern. Aber das ist nur deshalb bemerkenswert, weil es sich hier um Ausnahmen handelt. Wenn Menschen Meere und internationale Grenzen überqueren – das ist ein sehr viel schwierigeres und dauerhafteres Unterfangen als ein Umzug im eigenen Land –, ist der gewählte Bestimmungsort im Allgemeinen eine Stadt. Und in der Liste der Städte, in denen mehr als eine Million im Ausland geborene Menschen leben, ist der reiche und vollständig verstädterte Teil der Welt in der Mehrheit: Melbourne, Sydney, Singapur, Hongkong, Dubai, Riad, Mekka, Medina, Moskau, Paris, London, Toronto, New York, Washington, Miami, Chicago, Dallas, Houston, San Francisco und Los Angeles.[8]

Unsere Debatten über Einwanderung drehen sich zu oft um Fragen nach dem, was geschehen oder was erlaubt werden sollte. Wir verwenden viel zu wenig Zeit auf Planungen für das, was geschehen wird. Es ist absolut vernünftig, wenn Regierungen aus politischen oder wirtschaftlichen Gründen – z. B. in Zeiten hoher Arbeitslosigkeit, wegen eines in der Öffentlichkeit diskutierten Eindrucks kultureller Spannungen oder schlichter Überbevölkerung – die Einwanderung begrenzen oder ganz stoppen oder sie auf eine Personengruppe mit bestimmten Qualifikationen beschränken. Aber wir sollten erkennen, dass solche Maßnahmen nicht für immer gelten werden, dass die Länder des Westens langfristig weiterhin Einwanderer ohne Berufsausbildung aufnehmen werden und dass, unabhängig von den getroffenen Maßnahmen, ein erheblicher Teil dieser Einwanderer aus den Menschen besteht, die Ankunftsstädte bilden. Länder wie Kanada und Australien, denen es gelungen ist, die Zahl der Einwanderer aus ländlichen Gebieten zeitweise zu begrenzen, werden diesen Kurs nicht mehr sehr lange durchhalten und wollen das vielleicht auch gar nicht. Der Dorfbewohner wird in der westlichen Großstadt über das ganze Jahrhundert hinweg eine gut wahrnehmbare Erscheinung sein.

Dafür gibt es zwei wichtige Gründe. Der erste ist ökonomischer Natur: In den westlichen Ländern wird es noch in diesem Jahrzehnt und im Verlauf des ganzen Jahrhunderts einen massiven Arbeitskräftemangel geben, und zwar bei gut ausgebildeten wie auch, und das ist wichtig, bei den ungelernten Arbeitskräften. Die Ursache dieses Mangels liegt in kleiner werdenden Familien, was zu einer raschen Alterung der Bevölkerung führt. In den meisten westlichen Ländern ist die durchschnittliche Kinderzahl pro Familie unter 2,1 gesunken, also unter den Wert, der für den Bestandserhalt der einheimischen Bevölkerung benötigt wird, deshalb wächst auch der Anteil der Renten beziehenden und Leistungen der öffentlichen Hand in Anspruch nehmenden Senioren in der Bevölkerung. Das ist schon für sich genommen ein kostspieliges Problem, das sich am einfachsten lösen lässt, indem man neue Einwanderer im arbeitsfähigen Alter ins Land holt, mit deren Steuern sich die stetig ansteigenden Staatsausgaben begleichen lassen. Die Alternative für die Regierung besteht in der Anhebung von Steuern, der Kürzung von Leistungen oder der Anhebung des Rentenalters, aber ohne Einwanderung wird der Lebensstandard der Gesamtbevölkerung abnehmen, und die Regierungen werden wichtige Dienstleistungen und politische Maßnahmen nicht mehr bezahlen können.* Es wird damit gerechnet, dass der finan-

---

*   Japan ist das einzige Land, das trotz eines Arbeitskräftemangels und einer alternden Bevölkerung der Migration mit Erfolg aus dem Weg ging. Der Mangel an Einwanderern hat zu einer Verringerung des Lebensstandards geführt, doch die politische Führung Japans erklärt nach wie vor, man sei bereit, diesen Preis zu bezahlen. In Japan hat es jedoch niemals eine bedeutsame Zahl von Einwanderern gegeben, deshalb gibt es auch keine bereits vorhandene Ankunftsstadtbevölkerung, die weitere Immigranten animieren könnte.

zielle Aufwand für die 2008 und 2009 geschnürten Rettungspakete der Regierungen Großbritanniens und der Vereinigten Staaten zur Behebung der Finanzmarktkrise zwei bis vier Prozent des Bruttoinlandsprodukts ausmachen werden, und das mehr als ein Jahrzehnt lang. Die Einwanderung ist deshalb zwar keine zwingende Lösung für einen Arbeitskräftemangel, aber die finanziellen Nöte der Regierungen im Zusammenwirken mit höheren demografischen Kosten lassen sie als die am wenigsten schmerzende und wählerfreundlichste Lösung erscheinen.

Nach einer 2009 veröffentlichten Untersuchung der Marshall School of Business an der University of Southern California werden die Vereinigten Staaten bis zum Jahr 2030 35 Millionen mehr Arbeitskräfte brauchen, als die derzeitige arbeitsfähige Bevölkerung stellen kann, Japan braucht bis 2050 weitere 17 Millionen, die Europäische Union bis 2050 zusätzliche 80 Millionen. In Kanada werden zum Ende dieses Jahrzehnts eine Million Arbeiter fehlen, selbst wenn das Land weiterhin jährlich 250 000 bis 300 000 Einwanderer aufnimmt.[9] Selbst die hohe, durch die Finanzmarktkrise nach 2008 ausgelöste Arbeitslosigkeit in den westlichen Ländern schwächte dieses langfristige demografische Problem nur vorübergehend ab. Sogar während der schlimmsten Monate des Abschwungs herrschte in vielen Ländern erheblicher Arbeitskräftemangel. Führende Vertreter der australischen Wirtschaft verlangten Ende 2009 eine rasche Steigerung der Einwandererzahlen, um Hunderttausende offene Stellen für angelernte Arbeitskräfte in den Bundesstaaten Victoria und Westaustralien besetzen zu können, und warnten davor, dass der Arbeitskräftemangel im Lauf des eben begonnenen Jahrzehnts ohne entsprechende Gegenmaßnahmen auf 1,6 Millionen ansteigen würde.[10] In Kanada bezeichneten Ende 2009 14 Prozent der Unternehmen den »Mangel an un- sowie angelernten Arbeitskräften« als ihr größtes Geschäftshindernis (über einen Mangel an qualifizierten Arbeitskräften berichteten 29 Prozent), trotz des steigenden Arbeitslosenanteils.[11] Die Rückkehr zu wirtschaftlichem Wachstum wird auch den Vereinigten Staaten und Europa einen vergleichbaren Arbeitskräftemangel bescheren, und Einwanderung wird der einzige bequeme Ausweg sein.

Der zweite Grund für eine weitere Zuwanderung aus ländlichen Gebieten ist politischer Natur. Einwanderer und ihre Kinder und Enkel werden zu Staatsbürgern und Wählern und Politikern, zu Regierungsmitgliedern im Ministerrang und führenden Politikern, und über Partei- und ideologische Grenzen hinweg vereint sie das übermächtige Thema des Kontakts zu ihren Familien und den Menschen in ihrem Herkunftsort. Der Soziologe Christian Joppke schrieb in einer Untersuchung zu der Frage: »Warum liberale Staaten unerwünschte Einwanderung akzeptieren« (»Why Liberal States Accept Unwanted Immigration«), Länder mit autoritären Regierungen – kommunistischen, faschistischen, autokratischen Regimen – seien bisher die einzigen gewesen, denen es gelungen sei, die Zahl der Einwanderer wirkungsvoll zu kontrollieren. Überall sonst auf der Welt, auf allen Kontinenten und über einen Zeitraum von Jahrzehnten hinweg, stieß er auf »die Lücke zwischen restriktiver Politik und expansionistischen Ergebnissen«, und das bedeutete, dass nahezu alle politischen Bestrebungen, die Einwanderung zu beschränken oder zu beenden, gescheitert waren, weil der vorgebliche

Personenkreis, auf den sich die Gesetze bezogen, bereits aus aktiven Bürgern bestand, die die Ankunftsstadt als Plattform zu deren Selbsterhaltung benutzten.[12]

Millionen von Migranten mit geringer Berufsqualifikation kamen während all dieser Zeiträume, in denen Länder wie die Vereinigten Staaten, Deutschland und Frankreich einen gesetzlichen Einwanderungsstopp verfügt hatten, dennoch ins Land und nutzten dafür die Netzwerke der Ankunftsstadt, die ihnen den Zugang ermöglichten. Mauern und polizeiliche Maßnahmen verringerten die Zahl dieser Zuwanderer kaum. Die Regierungen haben vielmehr in den meisten Fällen erkannt, dass Millionen potenzieller Steuerzahler unterhalb des Radarschirms leben, Geld verdienen, aber keine Steuern zahlen, nirgendwo registrierte Familien gründen und unangenehme rechtliche Paradoxe schaffen, wenn ihre entwurzelten Kinder heranwachsen. Das Ergebnis einer solchen Entwicklung ist meist eine Massenamnestie. Die Vereinigten Staaten gewährten in den letzten Jahrzehnten (zuletzt Anfang der 1990er-Jahre) Millionen illegaler Einwanderer nachträglich die Staatsbürgerschaft. Vergleichbare Amnestien, die Hunderttausenden von Migranten ohne Papiere zugutekamen, gab es in Spanien, Italien, Frankreich, Großbritannien und Deutschland. Es ist so gut wie sicher, dass es zukünftig weitere Amnestien dieser Art geben wird.

Ein typisches Beispiel ist der U.S. Immigration Reform and Control Act (IRCA), den der Kongress 1986 mit dem Ziel auf den Weg brachte, die Zuwanderung lateinamerikanischer Dorfbewohner über die Südgrenze ein für allemal zu beenden. Der Druck von Seiten der Handelskammer und der landwirtschaftlichen Lobby hatte das Gesetz dann bis zum

Zeitpunkt der Verabschiedung so stark verändert, dass daraus eine Massenamnestie geworden war, die fast drei Millionen »Illegale« zu Staatsbürgern mit allen Rechten machte. Die Amnestie war außerdem mit einem neuen Gastarbeiterprogramm verbunden, das von der Agrarindustrie in den westlichen Bundesstaaten verlangt worden war und gering qualifizierten Migranten die Einreise gestattete. Dieses Gastarbeiterprogramm führte schließlich zu einer weiteren Massenamnestie. Im folgenden Jahrzehnt brachte ein Vorstoß des konservativen Repräsentantenhauses, den der republikanische Mehrheitsführer Newt Gingrich, unterstützt von breitem öffentlichem Druck, mit dem Ziel unternahm, die Ergebnisse des IRCA rückgängig zu machen, ein ähnliches Ergebnis: In den 1990er-Jahren gab es mehr Einwanderer in die Vereinigten Staaten aus lateinamerikanischen Ländern als in allen bisherigen Jahrzehnten der US-Geschichte: eine Welle legaler und illegaler Migration, die 31 Millionen Menschen ins Land brachte. Die Wirtschaft brauchte Menschen und bekam sie auch.

Viele Länder versuchten es mit einer anderen Taktik, wenn sie erkannten, dass der Arbeitskräftemangel eine langfristige Erscheinung sein würde: Sie siebten aus dem Zustrom die weniger Gebildeten, die nicht so gut Ausgebildeten und die aus ländlicher Umgebung kommenden Einwanderer aus. Australien und Kanada waren die ersten Länder, die so vorgingen und »Bonuspunkte«-Einwanderungssysteme einführten, mit denen nur diejenigen Bewerber ins Land gelangen, die bei Sprachkenntnissen, höherer Schulbildung plus Studium, besonderen beruflichen Fähigkeiten oder nachgewiesenen Ersparnissen für künftige Investitionen am besten abschnitten. So entstand tatsächlich eine stärker mittelschichtorientierte, kulturell anpassungsfähigere Gruppe von Einwanderern, aber zugleich wich man einem ernsthaften Problem aus. Arbeitskräftemangel tritt häufig bei gering qualifizierten oder Anlerntätigkeiten auf, zum Beispiel im Handwerk, und dafür sind diese der Bildungselite zuzurechnenden Einwanderer ungeeignet. Zu den Wirtschaftssektoren, die auf dem Höhepunkt der Krise 2009 in Europa und Nordamerika von ernstem Arbeitskräftemangel sprachen, gehörten Dienstleister im Haushaltsbereich, Landwirtschaft, Transportwesen, Bauwirtschaft, Tourismus, die Cateringbranche und Sozialdienste mit direktem Kontakt zu den Betreuten. Weltweit fehlen bereits 200 000 Schweißer, und im verarbeitenden Gewerbe wird bis zum Jahr 2020 mit 14 Millionen unbesetzten Stellen für angelernte Arbeitskräfte gerechnet.[13]

Das wird viele Länder nicht nur zwingen, eine große Zahl von gering qualifizierten und angelernten Arbeitskräften aufzunehmen, man wird um diese Menschen auch noch konkurrieren müssen. Die demografische Entwicklung reduziert das weltweit verfügbare Arbeitskräftereservoir rasch in allen Kategorien: Ost- und Mitteleuropa haben Geburtenraten, mit denen sich die Einwohnerzahl nicht halten lässt, und das wird auch auf dem Arbeitskräftemarkt einen tiefen Einschnitt nach sich ziehen, China erlebte bereits 2010 einen erheblichen Arbeitskräftemangel in allen Bereichen der Volkswirtschaft. Indiens rasches Wirtschaftswachstum bei zugleich stark abnehmender Fruchtbarkeitsrate hat zur Folge, dass es in absehbarer Zeit kein verlässlicher Arbeitskräftelieferant mehr sein wird. China hat bereits Programme zur Anwerbung von Arbeitern aus Afrika südlich der Sahara und vom indischen Subkontinent auf den Weg gebracht und konkurriert auf diesem Gebiet mit den Golfanrainerstaaten und dem Westen um Arbeitskräfte. Es ist gut möglich, dass die Länder Nordamerikas und Europas eine aktive Anwerbepolitik betreiben und sich keineswegs einer Flut entgegenstemmen müssen.

Wer nur städtische, an der Universität ausgebildete Eliten ins Land lässt, um diese Lücken zu füllen, verschwendet menschliches Potenzial und betreibt eine falsche Außenpolitik, denn diese Immigranten absolvieren ihr Studium oft an Universitäten in ihren Heimatländern, die von den jeweiligen Regierungen finanziell unterstützt worden sind, um in den Entwicklungsländern medizinisches, juristisches und technisches Wissen zu schaffen. Die gesamte Entwicklungspolitik wird konterkariert, wenn die Absolventen dieser Bildungsprogramme später dann in den Großstädten westlicher Länder als Hotelempfangschefs und Dachdecker arbeiten.

Genau dies geschieht in Kanada, Australien und anderen Ländern, die mit eigenen Punktesystemen nachgezogen haben (Großbritannien führte dieses Verfahren 2005 ein). In Kanada übte im Jahr 2008 ein außerordentlich hoher Prozentsatz von 60,1 Prozent der Einwanderer mit Hochschulabschluss Tätigkeiten aus, für die eigentlich eine Lehre oder eine geringere Qualifikation verlangt wurde – der Anteil der Überqualifizierten war eineinhalbmal so hoch wie bei den in Kanada geborenen Arbeitern.[14] Eine erhebliche Zahl dieser Menschen passte einfach nicht in eine Volkswirtschaft, in der handwerkliches Geschick gefragt war, und kein Abschluss in einem freien akademischen Beruf. Einundvierzig Prozent der »dauerhaft armen« Einwanderer in Kanada haben einen Universtitätsabschluss.[15] Mit anderen Worten: Länder wie Kanada haben eine ganze Generation lang die falschen Arbeiter ins Land geholt.

All diese Länder haben auch festgestellt, dass es einer großen Zahl von Dorfbewohnern nach wie vor dennoch gelingt, ins Land zu kommen, sich legal niederlassen und Ankunftsstädte zu bevölkern, und diese Entdeckung sorgte für soziale Frustration und wirtschaftliche Erleichterung zugleich. Tatsache ist nämlich, dass ein »gut qualifizierter« Migrant oft ein zunächst allein eingereister Dorfbewohner aus einem Entwicklungsland ist, der später dann ein ganzes Netzwerk von Ehepartnern und Verwandten aus dem Herkunftsdorf oder der ausländischen Ankunftsstadt nachholt. Kanada, das eines der härtesten Punktesystemprogramme praktiziert, ist ein typisches Beispiel dafür. Offiziell gehören 57 Prozent der jährlichen 250 000 Einwanderer der »Kategorie Wirtschaft« an – es handelt sich hier hauptsächlich um hochqualifizierte Arbeiter und »Einwanderer aus der Geschäftswelt«, die bereit sind, in der neuen Heimat Hunderttausende Dollar zu investieren. Aber im Jahr 2005 waren von den 133 746 Einwanderern, die dieser Kategorie angehören, nur 55 179 Hauptbewerber – gehörten also dem Personenkreis mit entsprechender Qualifikation oder dem verlangten Vermögen an. Die übrigen 78 567 Personen waren ihre Kinder, Ehepartner, Eltern oder sonstige von ihnen abhängige Familienmitglieder, die in vielen Fällen über keine Sprachkenntnisse verfügen und ländlicher Herkunft sind. Und weitere 62 246 Einwanderer jährlich – mehr als die nach dem Punkteverfahren Zugelassenen – waren Einwanderer, die unter die »Kategorie Familie« fielen: Eltern, Ehepartner und andere Verwandte von bereits fest ansässigen Einwanderern, die aus Gründen der Familienzusammenführung aus dem Heimatland nachgeholt wurden; aus mündlichen Berichten weiß man, dass ein großer Teil dieser Menschen ebenfalls auf dem Land gelebt hat. (Weitere 39 832 Einwanderer waren Flüchtlinge oder kamen aus anderen humanitären Gründen, und viele von ihnen stammten ebenfalls vom Dorf.) Unter dem Strich wurden damit nur 23 Prozent der Einwanderer nach Kanada nach dem Punktesystem ausgewählt,[16] der Rest orientierte sich sehr viel enger an der Ankunftsstadt.

In anderen Ländern liegt der Anteil der aus einem ländlichen Umfeld stammenden Verwandten sogar noch höher. In den Vereinigten Staaten sind 39 Prozent der Einwanderungen »nicht ins Belieben gestellt« (fallen also in die Kategorie Familienzusammenführung); in Großbritannien sind es 49, in Frankreich 83 Prozent.[17] Das ist kein Nachteil, wenn man sich den aktuellen Arbeitskräftebedarf dieser Länder anschaut. Die kanadische Regierung stellte zu ihrer Überraschung fest, dass die ohne Schulabschluss oder Berufsausbildung nachgezogenen Verwandten der Punktesystemmigranten wirtschaftlich erfolgreicher waren als die ursprünglichen Hauptbewerber: Erst-Immigranten mit sehr hohem Bildungsgrad weisen ein um 18 Prozent höheres Risiko eines Absturzes in eine durch geringes Einkommen ausgelöste Armut auf als ihre schlecht ausgebildeten und auf dem Familienticket später eingetroffenen Verwandten.[18]

Zu Beginn des 21. Jahrhunderts spitzten sich die mit der Immigration verbundenen kulturellen Konflikte zu, und Ankunftsstädte wurden zu Brennpunkten religiös und politisch motivierter Feindseligkeiten. Die Regierungen begannen daraufhin mit einer restriktiven Politik in der Frage des Nachzugs zur Familienzusammenführung, und man erhoffte sich auch, dass Dorfbewohner auf diese Weise ferngehalten würden. Großbritannien, Frankreich, Kanada, die Niederlande und Deutschland versuchten, die Zahl der nachziehenden Familienangehörigen einzuschränken. All diese Maßnahmen wirkten nur kurze Zeit. Frankreich griff hier mit zu den härtesten Maßnahmen, die Staatspräsident Nicolas Sarkozy 2007 als Wahlversprechen angekündigt hatte: Als Nachweis der unmittelbaren Blutsverwandtschaft von Bewerbern wurden DNS-Tests verlangt. Dieses Verfahren wurde nach zwei Jahren wieder aufgegeben. Der Einwanderungsminister Eric Besson bezeichnete es als »dumm«.

Solche Einschränkungen scheiterten zum Teil aus den oben beschriebenen wirtschaftlichen und politischen Ursachen, aber auch aus einem dritten Grund: Wenn Einwanderer ohne die Hilfe der Netzwerke von Verwandten und Dorfnachbarn in ein Land kommen, bleiben sie eher isoliert und außerhalb der sozialen Strukturen, rutschen in die Kriminalität ab oder verharren im Wertkonservatismus. Dazu kommt es, wenn die Migration zur Familienzusammenführung eingeschränkt wird oder wenn Länder mit zeitlich befristeten Gastarbeiterprogrammen gering qualifizierte Arbeitskräfte ohne ihre Familien anwerben. Deutschland hat das in den 1970er-Jahren getan, und Kanada und Australien versuchen es heute.

Ankunftsstädte und ihre hilfreichen Netzwerke können sich nicht entwickeln, wenn die Ansiedlung von Familien eingeschränkt wird, und das Verhalten ändert sich. Eine Untersuchung von Dennis Broeders und Godfried Engbersen, zwei Wissenschaftlern der Erasmus-Universität in Rotterdam, beschäftigte sich mit Einwanderern, denen es untersagt worden war, Verwandte nachzuholen: Ohne die Unterstützung von familiären Netzwerken wurden die Migranten in eine »Abhängigkeit von informellen und zunehmend kriminellen Netzwerken und Institutionen gezwungen«.[19] Arrangierte Eheschließungen, häufig mit einer Cousine aus einem weit entfernten Dorf, die der künftige Ehemann und ursprüngliche Einwanderer noch gar nicht kannte, waren weit verbreitet, selbst unter Migranten aus Ländern wie Bangladesch und der Türkei, wo solche Praktiken allmählich aussterben. Erfolgreiche Versuche, die Entstehung von Ankunftsstädten in den Ländern des Westens zu verhindern, haben deshalb Wellen des religiös motivierten Konservatismus, der sexuellen Unterdrückung und des organisierten Verbrechens hervorgebracht. Solche Praktiken entwickeln sich nicht aus der Ankunft, sondern aus der gescheiterten Ankunft. Wenn wir in die Ankunftsstadt investieren und ihr eine Entwicklungschance geben, dient sie als Mittel gegen solche Extreme.

ANKUNFT IN DEN VORORTEN
HERNDON, VIRGINIA, UND WHEATON, MARYLAND, USA

An einer Ampelkreuzung zweier vierspuriger Straßen in den fernen Außenbezirken der US-Hauptstadt stehen, sitzen und lehnen 19 braunhäutige Männer, von jung bis alt, an und auf einer niedrigen Backsteinmauer am Eingang zum Parkplatz einer leer stehenden Pfingstkirche. Die Männer aus El Salvador, Honduras und Mexiko fallen auf, denn sie sind hier, in diesem langen Teilstück mit Tankstellen, Minieinkaufszentren und einstöckigen Regierungsgebäuden, der einzige Hinweis auf nicht mit Fahrzeugverkehr verbundene Aktivität. Einige lange Minuten verharren sie regungslos. Dann hält ein Kleintransporter, in rudimentärem Englisch werden ein paar Worte gewechselt, und zwei der Männer steigen ein. Es ist ein Möbelpackerjob, offenbar die Zwangsräumung eines Hauses, ein halber Tag Arbeit für zehn Dollar Stundenlohn. Zwanzig Minuten später ducken sich die verbliebenen Männer hinter Gebüsch und Mauern, als ein Streifenwagen vorbeifährt: Herumstehen und auf Tagelöhnerarbeit warten, ein Übergangsritus für Neuankömmlinge in der Ankunftsstadt und eine wichtige erste Einkommensquelle, ist in Herndon in Virginia inzwischen illegal und gefährlich.

In dem Vorortstädtchen Herndon waren noch 1980 96 Prozent der Bevölkerung englischsprachige Weiße, die Schlafstadtenklave der unteren weißen Mittelschicht lag ganz in der Nähe der Leichtindustrie-Arbeitsplätze, die mit dem Washington Dulles International Airport verbunden waren. Charakter und Funktion dieser Ansiedlung änderten sich, wie in so vielen amerikanischen Vororten, fast über Nacht. Im Jahr 2000 lebten in Herndon nur noch 47 Prozent Weiße, über ein Viertel der Bevölkerung stellten die Lateinamerikaner, und 14 Prozent waren Asiaten: der Schauplatz einer Ankunftsexplosion. Die Arbeiter aus der Flugzeugindustrie hatten den expandierenden Hypothekenmarkt für den Hauskauf in noch weiter draußen gelegenen Vororten genutzt und waren aus den Wohnblocks im Ortskern ausgezogen. In den dicht besiedelten Latino-Enklaven von Washington, D.C., und den Dörfern Mittelamerikas verbreitete sich die Nachricht von günstig zu mietenden und vergleichsweise angenehmen Wohnungen und kleinen Häusern in Herndon und den von dort aus leicht zu erreichenden, in großer Zahl angebotenen Jobs im Dienstleistungsgewerbe. Es bildeten sich hilfreiche Netzwerke: kleine Geschäfte, spanischsprachige Kirchen, gesellschaftliche Treffpunkte. Weitere Menschen zogen an diesen Ort, halfen sich gegenseitig beim Einrichten und Renovieren und machten sich unter den Arbeitgebern in dieser Gegend einen Namen als gutes Arbeitskräftereservoir. In Herndon war man zu Beginn des 21. Jahrhunderts schockiert, als man feststellte, dass sich der Ort zu einer ausgewachsenen Ankunftsstadt entwickelt hatte.

Die Verlagerung der Einwandererankunft in die Vororte ist ein neues und dramatisches Phänomen in Nordamerika und Australien. Im Jahr 2005 lebten zum ersten Mal mehr Einwanderer in den Vororten als in den Innenstädten der Vereinigten Staaten, und das Verhältnis der Einwanderer, die sich gleich in den Vororten niederließen, zu den Neuankömmlingen in den Stadtkernen lag bei knapp zwei zu eins. Ethnische Minderheiten stellen jetzt ein Drittel der Bevölkerung der amerikanischen Vororte, im Jahr 1990 waren es noch 19 Prozent gewesen.[20] Fast die Hälfte der Hispano-Amerikaner lebt heute in den Vororten.[21] Wissenschaftler bezeichnen diese Orte als »Schmelztiegel-« oder als »Ethno-Vororte«. Die asiatischen Einwanderer in den Vororten zogen große Aufmerksamkeit auf sich, denn sie bringen berufliche Qualifikationen, Ersparnisse und ein enormes kulturelles Kapital mit. Zahlenmäßig übertroffen werden sie aber von den sich in Richtung der Vororte orientierenden Mittelamerikanern und Mexikanern, die während der ersten Phasen der Ankunft in den rasch expandierenden Randbereichen vor allem in der Baubranche, als Landschaftsgärtner und im Dienstleistungsgewerbe Arbeit fanden. Ein großer Teil der Neuansiedlungen in den Vororten ist mit familiären und dörflichen Netzwerken verbunden, durch die Anlaufstellen für Kettenmigration entstehen. So wird aus einer kleinen Gruppe von Arbeitern rasch ein großer und konzentrierter Zustrom. Ein Verwaltungsbeamter aus der Gegend von Washington bezeichnet diese Entwicklung als »Cousin-Syndrom«. Wirtschaftswissenschaftler haben auch einen von der Einwanderung angetriebenen Preismechanismus festgestellt, der in Richtung der Vororte weist: Einwanderer der ersten Welle kommen dabei in so großer Zahl im Stadtkern an, dass sie die Mieten in der Ankunftsstadt in die Höhe treiben und gleichzeitig die Löhne der Einwanderer drücken. So werden die Löhne und Mieten in den Vororten des inneren Rings um die Stadtmitte für die nächste eintreffende Welle von Dorfbewohnern attraktiver.[22]

Dieses Muster ist in den größten Städten Kanadas noch klarer definiert. Bei einer Untersuchung in Toronto, der Stadt, die jährlich 40 Prozent der 300 000 Einwanderer nach Kanada aufnimmt, wurde 2008 festgestellt, dass nahezu alle diese Menschen sich in Vororten niederließen. Das war eine vollständige Umkehrung des noch in den 1970er-Jahren üblichen Musters, bei dem die meisten Migranten den Stadtkern ansteuerten. Die wohlhabenderen Migranten vom indischen Subkontinent und aus China, die von Stadt zu Stadt wechselten, zog es in die äußeren Vororte, während die noch in Dörfern geborenen Neuankömmlinge aus Afrika, Lateinamerika und Asien die Ankunftsstädte des inneren Rings bevorzugten, Orte wie Victoria Park, Thorncliffe Park und den südlichen Teil von Etobicoke. Diese neue Siedlungsstruktur ist eng mit der Gentrifizierung der Wohnviertel in der Stadtmitte verbunden, durch die die inneren Vororte zu den letzten preisgünstigen Enklaven werden. Robert Murdie vom Zentrum für Urban and Community Studies der Universität Toronto hat festgestellt, dass davon eine schädliche Wirkung ausgeht, die die Isolation und Segregation von Einwanderern in einer Stadt erhöht, die einmal für ihre integrative Wirkung berühmt war.[23]

Die plötzliche Umwandlung von Vororten zu Ankunftsstädten löst bei der alteingesessenen Bevölkerung häufig einen Schock aus. Der Wandel kann einen schläfrig gewordenen Vorort aufwecken, kann neue, von Unternehmergeist geprägte Wirtschaftsweisen, Kulturen und Attraktionen mit sich bringen. Oder er kann die etablierten »weißen« Bewohner zornig machen, von denen viele die Einwanderung lange Zeit nur mit dem weit entfernten Stadtkern in Verbindung brachten (manche waren auch, in einer früheren Generation, aus jenem Stadtkern geflüchtet, um Einwanderern und Minderheiten aus dem Weg gehen zu können). In Herndon führte die neue Lage zu einer politischen Explosion, die im ganzen Bundesstaat Beachtung fand. Das begann, eher unauffällig, mit Männern, die auf der Straße standen und nach Arbeit Ausschau hielten.

Zu Beginn der 1990er-Jahre, die Ankunftsstadt von Herndon stand noch am Anfang ihrer Entwicklung, versammelten sich die Neuankömmlinge zur Arbeitssuche an der Ecke Elden Street/Alabama Drive, in der Nähe der Wohnblocks, in denen viele von ihnen Unterkunft gefunden hatten. Es bestand anhaltende Nachfrage nach Arbeitskräften, die stunden-, tage- oder wochenweise angeheuert wurden, weshalb die meisten Arbeitssuchenden auch nicht vergeblich herumstanden. Dieser exponierte und ungeschützte Ort war nach anderthalb Jahrzehnten zu einem sozialen und humanitären Ärgernis geworden, weshalb der Stadtrat von Herndon unter dem Vorsitz von Bürgermeister Michael O'Reilly 2005 die Schaffung einer festen Arbeitsvermittlungsstelle für Tagelöhner beschloss, die mit Etatmitteln des Countys finanziert und von Personal betrieben werden sollte, das bei einer kirchlich-gemeinnützigen Einrichtung am Ort beschäftigt war. Dieser Vorstoß rief Kräfte auf den Plan, die sich gegen Einwanderung wandten, zum Beispiel die Bürgerwehrorganisation »The Minutemen«, die in Herndon eine Ortsgruppe gründete. Diese Leute erklärten, es sei nicht akzeptabel, Steuergelder für die Unterstützung illegaler Einwanderer zu verwenden. Die geplante Arbeitsvermittlung geriet dann zum zentralen Thema eines üblen Wahlkampfs für das Gouverneursamt in Virginia. Der republikanische Kandidat Jerry Kilgore bestritt einen großen Teil seiner Wahlwerbung mit seiner Gegnerschaft zu dem Vorgehen in Herndon und machte die Stadt zu einem konservativen Emblem für die verbohrte staatliche Unterstützung von Migranten ohne Papiere. (Er verlor die Wahl knapp.)

Monate nach der Eröffnung der Vermittlungsstelle, die mit einem auf zwei Jahre befristeten Finanzierungsvertrag in einer ehemaligen Polizeiwache untergebracht wurde, reagierten die Bürger von Herndon darauf nach einem monothematischen Wahlkampf, der sich nur um diese Einrichtung drehte, mit der von einer großen Mehrheit getragenen Abwahl von Bürgermeister O'Reilly. Sein Nachfolger war Stephen J. DeBenedittis, der eine radikale Antieinwandererpolitik vertrat. Er begnügte sich nicht mit der Schließung des Zentrums im Jahr 2007, mit der er die Arbeiter wieder auf die Straße trieb, sondern verpflichtete die Polizei der Stadt auch zur Teilnahme an einem Bundesprogramm, bei dem die Polizisten in der Durchsetzung der Einwanderungsgesetze geschult wurden. Außerdem setzte er eine auf Latinos abzielende Bauordnungsbestimmung durch, die eine Zwangsräumung vorsah, wenn mehr als vier »nicht verwandte Personen« sich eine Unterkunft teilten. Dies führte zu rund 200 Beschwerden pro Jahr wegen Verstößen gegen diese Bestimmung.

Doch diese Gegenbewegung ignorierte die wichtigste Konsequenz des Einwanderungsbooms in Herndon. Jene Männer auf der Straße – viele besaßen keine Papiere und waren arm – waren nur die ärmsten und sozial am wenigsten vernetzten unter den Dorfbewohnern aus Mittelamerika, die hierherkamen. Den meisten anderen ging es viel besser. Ein Jahrzehnt nach der Ankunft der ersten Einwanderer waren 53 Prozent der im Ausland geborenen Einwohner von Herndon Hausbesitzer. Diese Quote näherte sich dem Durchschnittswert von 62 Prozent für die im Inland geborene Bevölkerung des Großraums Washington. Der soziale Aufstieg der Migranten war verblüffend. Dennoch zeitigte die Gegenreaktion Wirkung: Unternehmen mit Latino-Eigentümern hatten Startschwierigkeiten, und eine große Zahl von Einwanderern verließ das Land, als die Wirtschaft 2008 in eine schwere Krise rutschte. Das Wirtschaftsleben in Herndon bekam das zu spüren.

Wenn der eigene Vorort zur Ankunftsstadt wird, kann man auch anders reagieren. Auf der anderen Seite von Washington erlebten die nordöstlichen Vororte in Montgomery County, Maryland, in den 1980er- und 1990er-Jahren einen ähnlich dramatischen Wandel: Der Vorort Wheaton, die Endstation der Washingtoner Metrorail-Bahnlinie, war in den 1970er-Jahren noch zu 90 Prozent weiß und hatte im Jahr 2000, wie Herndon, einen Einwandereranteil von 40 Prozent. Den größten Teil davon stellen die Immigranten aus El Salvador, aber in den Ankunftsstadtgemeinden trifft man auch auf Vietnamesen, Jamaikaner, Filipinos, Peruaner, Mexikaner und andere Neubürger aus Mittelamerika.

Wähler und Verwaltung von Montgomery County empfanden die zugewanderten Dorfbewohner jedoch, im Unterschied zu den Bewohnern von Herndon, nicht als Bedrohung, sondern als Chance, ihre im Abstieg befindliche Ortsmitte wiederzubeleben. Sie bauten eine Arbeitsvermittlung, nahmen diese Einrichtung auch an und starteten außerdem eine Werbekampagne, die Wheaton in der ganzen Hauptstadtregion unter dem Motto »deliciously habit-forming« (etwa: »köstliche neue Gewohnheiten«) für seine multiethnische Kultur, Feste und Esskultur bekannt machen sollte. Bauordnung und Büros wurden dazu verwendet, Einwandererunternehmer zu einem Neustart mit Restaurants, Märkten und farbenprächtigen Geschäften zu ermutigen und sie dabei zu unterstützen, und die neuen Unternehmen wurden mit von der Stadt finanziell geförderten Annoncen beworben. Ein County-Mitarbeiter in Wheaton beschrieb das Selbstbild des Vororts als »entgegenkommend und aus dem Einwanderungstrend Nutzen ziehend«, indem man die »anregende ethnische Mischung« fördere, »die den Ort wie ein echte Stadtlandschaft erscheinen lässt, ohne die Probleme der Stadt zu teilen«.[24]

Diese Art von (Eigen-)Werbung, die dem Ortskern von Wheaton tatsächlich neuen Schwung verlieh, wäre ohne die Bereitschaft der Gemeinde, in den Ankunftsstadtprozess zu investieren, nicht möglich gewesen. In den Reihen der Verwaltung war man sich nicht nur einig, dass der Zustrom von ehemaligen Dorfbewohnern unvermeidlich sei, sondern erkannte auch, dass er sehr viel günstiger verlaufen werde, wenn man für ein reibungsloses Funktionieren auch Geld ausgab. Ankunftsstädte blühen nicht automatisch und aus eigener Kraft auf. Oft bedarf es dazu Investitionen. In Wheaton erfolgte das in Gestalt eines parallelen Systems von Sozialfürsorge, das sich an den Bedürfnissen der Ankunftsstadt orientierte. Unter anderem gehörten dazu eine umfassende medizinische Grundversorgung, das Proyecto Salud, das den Einwanderern über ein öffentlich-privates Partnerunternehmen angeboten wurde, und ein personell gut ausgestattetes Berufsbildungszentrum mit vielsprachiger Mitarbeiterschaft, die Computer- und Sprachkurse sowie Rechtsberatung anbietet. Die Ergebnisse sind verblüffend: Die Region erlebt inzwischen einen Boom von Kleinunternehmen, die von Einwanderern geführt werden, und der Hausbesitzeranteil in dieser Bevölkerungsgruppe liegt bei 62 Prozent, was der »weißen« Quote in Washington fast entspricht und in der Hauptstadtregion der Spitzenwert ist.

Natürlich war es der leichte Zugang zum Hausbesitzerstatus, der 2008 zum wirtschaftlichen Zusammenbruch führte, und den höchsten Anteil von Zwangsräumungen gab es unter den schwarzen und Latino-Hausbesitzern. Die ethnisch bunten Vororte wurden schwer getroffen. Zum einen verloren manche der bis dahin wirtschaftlich besser gestellten Latinos ihre Häuser, zum anderen standen die ärmeren Neuankömmlinge, die oft im Baugewerbe und in auf Renovierungen spezialisierten Betrieben Arbeit gefunden hatten, ohne diese wichtige Beschäftigungsquelle da. Dennoch beeinträchtigte der Abschwung die grundsätzliche Funktionsweise der Ankunftsstadt nicht. Die lateinamerikanischen Migranten reduzierten Ende 2008 und 2009 die Geldüberweisungen in ihre Heimatdörfer deutlich, aber es gab keine Rückwanderung. Es sieht so aus, als hätten die Latinos zeitweise ihre Ausgaben reduziert und dabei auf die Netzwerkhilfe der Ankunftsstadt gesetzt. Interessanterweise ging der Anteil der Latino-Einwanderer unter den Hausbesitzern in den Vereinigten Staaten von 2008 bis 2009 nicht zurück: Die Zwangsräumungen wurden durch Neukäufe wirtschaftlich erfolgreicher Migranten ausgeglichen. Dennoch machten die Bewohner der äußeren Vororte von Washington eine äußerst schwierige Zeit durch. In Herndon führte sie zu einer großen Abwanderung von Migranten in Wohnviertel mit niedrigeren Mieten. Begleitet wurde dies von einer verbitterten Öffentlichkeit voller Kommentare, die den Weggang der Einwanderer begrüßten.

In Montgomery County liefen die Dinge anders. Bürger und Verwaltung erkannten, dass die Einwanderer ihre wichtigste Quelle für die Schaffung von Wohlstand waren, und taten sich zusammen, um die Neubürger beim Ausharren zu unterstützen. In Gaithersburg in Maryland, einem Vorortstädtchen an der Nordgrenze des Countys mit einer vergleichbaren Einwanderermischung wie Wheaton, ersann eine Koalition von Verwaltungsmitarbeitern, Bürgern und Aktivisten eine Tür-zu-Tür-Kampagne, mit der sie Einwanderer vor der Zwangsräumung ihres Hauses bewahren wollte. Ein Verwaltungsmitarbeiter erklärte die dahinterstehende Idee so: Man wolle »zu den Häusern der Einwanderer gehen, sie ansprechen, sich dabei ihrer Sprache bedienen, um etwas über ihre aktuellen Probleme zu erfahren, sie über Bürgerversammlungen informieren, bei der Inanspruchnahme verfügbarer Dienstleistungen von Regierungsseite und gemeinnützigen Organisationen unterstützen, [...] und Einwandererfamilien nach Qualifikationen fragen, über die sie möglicherweise verfügen und die für ihre Nachbarn nützlich sein könnten.« Die Kampagne wurde durch ein Netzwerk finanzieller und wirtschaftsfördernder Dienstleistungen unterstützt, die für die Steuerzahler dieser wohlhabenden Stadt zwar nicht billig waren, aber als weise Investition betrachtet wurden. Uma Ahluwalia, die Leiterin des Gesundheits- und Sozialamts von Montgomery County, erläuterte Lokalreportern die hinter diesem Vorgehen stehende Denkweise: Eine Familie, die durch eine Zwangsräumung aus ihrem Haus vertrieben wird, muss auf Kosten der Steuerzahler 40 bis 60 Tage lang in einem Motel untergebracht werden, was pro Tag 110 Dollar kostet. Im Vergleich dazu ist ein kurzfristiger Mietzuschuss oder eine Beihilfe für Hypothekenzahlungen ein Schnäppchen.[25] Und die Verwaltungsleute sind der Ansicht, dass der Nutzeffekt, den man erreicht, wenn man wirtschaftlich aktive Einwanderer am Ort und ihre Unternehmen intakt hält, sich auf den Erfolg dieses Vororts auswirkt.

Montgomery County steht für einen von zwei Wegen, denen eine Ankunftsstadt in den Vororten der Großstädte folgen kann. Überall auf der Welt gibt es die Wahl: Man kann am Aufbau und an der Zukunft eines Gemeinwesens arbeiten oder die Bühne für dessen Ende bereiten. Investiert man nicht jetzt, bevor die nächste Welle eintrifft, wird diese Entscheidung von den Lebensumständen getroffen. Wenn wir den neuen Bevölkerungsgruppen keine Beachtung schenken, werden die Vororte zu grausamen und gewalttätigen Schauplätzen für unsere irrationalen Ängste werden.

4 Die Verstädterung des Dorfes

DAS DORF ALS FALLE

TATARY, POLEN

Die 17 Jahre alte Gosia Storczynski verabschiedet sich jeden Nachmittag bei Schulschluss mit ein paar eiligen, in einem polnisch-englischen Slang gehaltenen Worten von ihren Freundinnen, steigt auf ihr Fahrrad und legt damit die vier Kilometer zu einem einsamen Feld am Rand ihres Heimatdorfs zurück. Dort zieht sie sich ein Kopftuch über ihre kastanienbraunen Haare und trifft ihren Vater, einen großen, grauhaarigen Mann, der mit einem Pferdekarren gekommen ist. Gosia nimmt einen Zehn-Liter-Eimer vom Karren, geht zur Mitte des Feldes, hockt sich, den Eimer zwischen die Knie geklemmt, unter eine weidende Jungkuh und beginnt mit der anstrengenden zweistündigen Melkarbeit mit der Herde der Familie, die sie vollständig von Hand erledigt, um später auch noch die schweren Eimer nach Hause zu befördern. Diese Arbeit wiederholt sich jeden Nachmittag. Jeden Morgen steht sie bei Tagesanbruch auf, um auf dem Hof weitere Pflichten zu übernehmen. Sie führt das Leben einer Bäuerin, es ist zeitlos, ermüdend, von den regelmäßigen Abläufen der Natur bestimmt.

Aber Gosia gehört, und das weiß sie sehr genau, zur letzten Generation von Bauern in Europa. Sie wird, gemeinsam mit mehreren Millionen anderen jungen, Subsistenzwirtschaft betreibenden Bauern am östlichen Rand des Kontinents, dieser jahrtausendealten Institution ein Ende bereiten. Sie zählt zu den westlichsten Mitgliedern einer weltumspannenden Generation, die dem bäuerlichen Leben Adieu sagt. In Europa wird das früher geschehen, in Asien innerhalb von Jahrzehnten und in Afrika mit großer Sicherheit bis zum Ende dieses Jahrhunderts.*

Gosia hat, wie so viele Bauern fast überall auf der Welt, festgestellt, dass ihr Leben weniger von den Erträgen der Landwirtschaft und dem Lebensmittelmarkt als von den Anziehungs- und Abstoßungskräften der Ankunftsstadt bestimmt wird. Gosias Vater, der 53 Jahre alte Marek, erbte diesen 16 Hektar großen Hof am östlichen Rand Polens in der Nähe der Stadt Białystok und der Grenze zu Weißrussland. Nach einheimischen Maßstäben ist das ein großer Betrieb (und nahezu überall sonst in Europa gälte er als winzig), aber ein großer Teil des Landes eignet sich nicht für den Anbau: Wald, Wiese und Schlucht machen mehr als die Hälfte der Fläche aus. Nur sieben Hektar sind Ackerland, was den Hof nahezu auf die polnische Durchschnittsgröße reduziert, die für ein richtiges Einkommen nicht ausreicht. Die Bauernhöfe in dieser Randlage der westlichen Welt sind fast so klein wie die Höfe in den sehr viel fruchtbareren Feuchtgebieten Asiens: 60 Prozent der polnischen Bauernhöfe sind kleiner als fünf Hektar; mehr als ein Drittel um-

---

* Für unsere Zwecke wird das bäuerliche Wirtschaften definiert als landwirtschaftliche Tätigkeit im Familienrahmen, bei der die Familie die Haupt- und meist auch die einzige Quelle von Arbeitskraft ist und die Produkte hauptsächlich zur Deckung des unmittelbaren Nahrungs- und Geldbedarfs der Familie dienen.

fasst weniger als einen Hektar. Das ist bäuerliches Wirtschaften im engeren Sinn: Mehr als 44 Prozent der polnischen Bauernhöfe produzieren ausschließlich oder hauptsächlich für den eigenen Bedarf, und weitere zehn Prozent produzieren überhaupt nichts.[1] Die vier Millionen polnischen Bauern sind die größte verbliebene bäuerliche Bevölkerungsgruppe in Europa. Im Vergleich zu ihren Berufskollegen im postkommunistischen Osteuropa und in China haben sie den Vorteil, eindeutige und uneingeschränkte Eigentümer ihrer Wiesen und Felder zu sein. Der polnische Staat kollektivierte während der kommunistischen Ära nur die größten Betriebe und beließ 80 Prozent des Landes in der Hand von Kleinbauern.

Polens kleinbäuerliche Betriebe sind eine höchst ineffiziente Art der Bewirtschaftung landwirtschaftlicher Flächen. Ein Fünftel der polnischen Bevölkerung arbeitet in der Landwirtschaft, die aber nur 4,7 Prozent zur Wirtschaftsleistung des Landes beiträgt – und dieser Beitrag kommt nahezu vollständig von nur fünf Prozent der Betriebe, von den größten. Eine Verschwendung wirtschaftlicher Chancen: Bezahlte Lohnarbeit in der Landwirtschaft verrichten nur drei Prozent der Arbeitskräfte auf dem Land, von denen ein Fünftel arbeitslos ist. Eine produktive kommerzielle Landwirtschaft würde sehr viel mehr Menschen beschäftigen. Und es ist eine gewaltige Verschwendung von Land. Durchschnittliche europäische Bauernhöfe produzieren pro Hektar fast fünfmal so viel Nahrungsmittel wie die polnischen Betriebe.[2]

Der Hof der Familie Storczynski ist, wie ein großer Teil der bäuerlichen Landwirtschaft weltweit, wirtschaftlich unrentabel. Zwei Hektar werden als Viehweide genutzt; auf den verbleibenden fünf Hektar wird Weizen, Hafer und Gerste angebaut, zur Deckung des Bedarfs der Familie und als Futter für die Kühe; die Familie baut außerdem noch Gemüse an. Die Milch bringt, trotz aller Mühe, nur monatliche Einnahmen von rund 800 Złoty (280 Dollar). Nach Abzug der Betriebsausgaben, deren größten Anteil der Dünger ausmacht, bleibt Marek weniger als die Hälfte dieses Betrags. Das reicht nicht für den Lebensunterhalt, selbst dann nicht, wenn man die Subventionen hinzurechnet, die er von der polnischen Regierung und der Europäischen Union erhält. Beide zusammen zahlen ihm jährlich rund 400 Złoty (140 Dollar) pro Hektar bewirtschafteten Landes. Aber er bezieht ein sehr viel höheres Einkommen von seiner ältesten Tochter Magda (23), die in Warschau eine Ausbildung zur Krankenschwester macht und von dem Lohn für eine Teilzeitarbeit Geld abzweigt und nach Hause überweist. Ohne diese finanzielle Unterstützung aus der Stadt müsste die Familie den Hof aufgeben. Das ist tatsächlich auch geplant – sobald Marek alt genug ist, um eine staatliche Rente zu beziehen, was seit den 1990er-Jahren der einzige Grund ist, den Hof überhaupt weiter zu betreiben.

»Ich will nur meine Rente haben, dann machen die Mädchen hier Schluss«, sagte mir Marek, während er und seine Tochter die Eimer mit der hin und her schwappenden Milch auf den Karren hievten. »Wenn man in der Landwirtschaft Erfolg haben will, braucht man einen großen Hof, und das hier ist keiner. Ich bin 53, also bleiben mir noch sieben Jahre, und das war's dann. Alle hier warten nur auf ihre Rente. Das ist die Zukunft: Die Menschen müssen von hier weggehen. Ich will nicht, dass meine Töchter in Polen leben, nachdem meine Familie schon seit ewigen Zeiten hier lebt. Zeit zu gehen.«

Aber derzeit sind sie noch, wie vier Millionen andere polnische Bauern auch, in einem sorgfältig aufrechterhaltenen Gleichgewicht gefangen, das sie darin hindert, das Dorf zu verlassen. Das System von Renten und weiteren Zahlungen hat dafür gesorgt, dass sich Polens kleinbäuerliche Betriebe nicht zu wirtschaftlich lebensfähigen Unternehmen zusammengeschlossen haben. Und es verhinderte, jedenfalls bis zur großen Explosion der westwärts orientierten Migration im Jahr 2004, dass diese vier Millionen Bauern ihre Höfe aufgaben und in die Stadt zogen. Polen hat eine teure Politik für den ländlichen Raum verfolgt, die eine Abwanderung in die Ankunftsstadt verhindern sollte.

Die entsprechenden Bemühungen wurden kurz nach dem Zusammenbruch des Kommunismus im Jahr 1990 auf den Weg gebracht. Die wichtigste Rolle spielt dabei der Rententräger, die unter der Abkürzung KRUS (für: Kasa Rolniczego Ubezpieczenia Społecznego) bekannte Sozialversicherungsgesellschaft für Landwirte. Die KRUS wurzelt politisch, wie viele andere Programme zur Unterstützung der Landwirtschaft in anderen Ländern, in der romantischen Bindung an das Ideal des landwirtschaftlichen Familienbetriebs und die Ästhetik des Bauernhofs, und wirtschaftlich im hartnäckigen Bestreben, die Städte vor der Überflutung durch Migranten zu schützen. Die Erhaltung der Bauernschaft war in Polen wie auch in vielen anderen Gesellschaften – in historischer Abfolge mit dem postrevolutionären Frankreich beginnend, mit Fortsetzungen bis heute in Ländern wie Indien – ein Ersatz für eine umfassendere Vorstellung von sozialem Fortschritt.

Polens bäuerliche Bevölkerung wuchs während des schwierigen Übergangsjahrzehnts nach dem Ende des Kommunismus durch eine Migrationswelle von der Stadt zurück aufs Land sogar um fünf Prozent. In den Städten hatte es vor 1989 eine große Zahl staatseigener Fabriken gegeben, die Waren produzierten, für die es keinen Markt gab und die außerdem von geringer wirtschaftlicher Bedeutung waren. Ihre Hauptaufgabe bestand eher darin, ein aufsässiges Volk zu beschäftigen und von Protestaktionen der Gewerkschaft Solidarität fernzuhalten. Staatsverschuldung, Hyperinflation und das Ende des Kommunismus zwangen den Staat zur Schließung dieser Fabriken, und Hunderttausende flohen in die Dörfer ihrer Vorfahren und suchten ein sicheres Auskommen mithilfe der landwirtschaftlichen Rente.

Ein Jahrzehnt lang, in dem zwei Drittel der drei Millionen Arbeitslosen Polens in Städten lebten und in Warschau ein massiver Wohnraummangel herrschte, wirkte diese Rückkehr aufs Dorf wie eine kluge Reaktion. Die KRUS war in diesem Sinn ein schlaues Programm: Sie gab Polen einen gewissen Teil des sozialen Schutzes in einem voll ausgebauten Sozialstaat, aber ohne die hohen steuerlichen Kosten einer vollständigen Absicherung des Lebensunterhalts. Der bäuerliche Kleinbetrieb deckte einen Teil des grundlegenden Nahrungsmittelbedarfs des Leistungsempfängers ab und machte Mietzuschüsse überflüssig, deshalb konnte Polen seine von den Härten der Übergangszeit schockierte Bevölkerung zu vernünftigen Kosten unter Kontrolle halten.

Die KRUS-Rente steht Männern ab einem Alter von 60 Jahren zu, wenn sie mindestens 30 Jahre in der Landwirtschaft gearbeitet haben und mit dem Eintritt in den Ruhestand all ihr Land abgeben, mit Ausnahme eines Hektars in unmittelbarer Umgebung ihres Wohnhauses. Das Land kann allerdings, was auch fast immer geschieht, einem nahen Verwandten überschrieben werden, sodass die Höfe nur selten zu rentableren größeren Betrieben zusammengelegt werden. Die Rente fällt nach polnischen Maßstäben recht ordentlich aus: 650 Złoty (178 Dollar) monatlich, was für den Lebensunterhalt einer Familie ausreicht, vor allem, wenn sowohl der Bauer als auch die Bäuerin diese Summe erhalten.* Es ist ein teures Programm, dessen Kosten zu Beginn dieses Jahrhunderts vier Prozent der gesamten polnischen Wirtschaftsleistung entsprachen.[3] Die ursprünglich damit verbundene Absicht war, größere Höfe zu schaffen, doch hauptsächlich bewirkt wurde, dass eine ganze Generation von Bauern bis zum Alter von 60 Jahren auf dem Land festgehalten wurde, ohne dass es, auf dem Hof selbst oder in der Stadt, irgendeinen Anreiz zur Effizienzsteigerung in der Landwirtschaft oder zum Eingehen unternehmerischer Risiken gegeben hätte.

In einer Untersuchung war zu lesen: »Das [KRUS-]System ist ein Sozialhilfeprogramm ohne Prüfung der Bedürftigkeit, das überzähligen Arbeitskräften keinen Anreiz bietet, in eine Beschäftigung außerhalb des landwirtschaftlichen Bereichs zu wechseln.«[4]

Warschau, Breslau und Danzig blieben eineinhalb Jahrzehnte lang ohne Ankunftsstädte und ohne die mit deren

---

* Frauen, die 25 Jahre gearbeitet haben, stehen etwas weniger großzügige Beträge zu, und Männer, die bis zum Alter von 55 Jahren gearbeitet haben und der Übergabe des Hofes an eine Person zustimmen, die jünger als 40 Jahre ist, erhalten eine entsprechend geringere Rente.

Entstehung verbundenen wirtschaftlichen Impulse. Eine ganze Generation, Millionen produktiver und kreativer Menschen, blieb an Höfe gebunden, die keine produktive Landwirtschaft betrieben, war abgeschoben in eine fortdauernde landwirtschaftliche Vergangenheit. Dann, im Jahr 2004, wurde Polen Mitglied der Europäischen Union und fand Anschluss an eine größere Welt – eine Welt, in der es, am anderen Ende Europas, große Städte gab, die auf Ankunft eingestellt waren. Die wirtschaftliche Logik des polnischen Bauernhofs veränderte sich über Nacht.

Wenn die Storczynski-Töchter Schule und Berufsausbildung abgeschlossen haben und Polen verlassen, könnte der Hof ihrer Familie eines Tages vielleicht so aussehen wie der benachbarte Hof des 55-jährigen Marian Snarski. Die Ansammlung baufälliger Gebäude auf kargem, sandigem Boden geht wohl kaum als funktionsfähiger landwirtschaftlicher Betrieb durch. Die Subventionen für den Hof decken kaum die Kosten für Dünger, und die einzigen Arbeitskräfte für die Feldarbeit sind Snarskis ebenfalls nicht mehr junge Frau und eine Tochter, die noch im Teenageralter ist. Doch ein Blick auf die Zahlungsbilanz der Familie enthüllt das neue Gesicht des landwirtschaftlichen Familienbetriebs. Das Einkommen durch den Hof und die Subventionen von EU- und Staatsseite bringen nur etwa 200 Dollar pro Monat. Aber diese beiden Posten werden weit übertroffen von den Überweisungen, die die Snarskis jeden Monat von ihren beiden 19 und 27 Jahre alten Töchtern erhalten, die in Großbritannien als Haushaltshilfen arbeiten. Die Töchter, die bis zu 400 Dollar monatlich schicken, sind zur Haupteinnahmequelle der Familie Snarski geworden.

Die polnische Innenpolitik mochte teilweise darauf abgezielt haben, einen massenhaften Zustrom von Bauern zu verhindern, die in Warschau und Danzig Ankunftsstädte bilden würden, heraus kam dabei letztlich, dass ein wertvolles Arbeitskräftereservoir in die Ankunftsstädte Westeuropas strömte, sobald die dafür benötigte Mobilität gegeben war. In den drei Jahren nach Polens EU-Beitritt im Jahr 2004 verließen eine bis zwei Millionen Menschen – die meisten von ihnen waren junge Dorfbewohner – das Land, um in den größten Städten Großbritanniens und Irlands zu arbeiten, als Kellner, Bauarbeiter, Hausangestellte, Kindermädchen, Fahrer, Ladenbesitzer und Fabrikarbeiter. In London wurden ganze Stadtbezirke zu polnischen Ankunftsstädten: Eine davon erweiterte sich über die ältere polnische Enklave in Hammersmith und Ealing hinaus in westlicher Richtung; eine weitere entstand in den nördlichen Stadtbezirken von Haringey und Enfield, in denen Dutzende von Ladenlokalen an jeder Hauptstraße inzwischen ganz auf Polnisch werben und aufgelassene anglikanische Kirchen von katholischen Gemeinden übernommen wurden, die ihre Gottesdienste in polnischer Sprache abhalten.

Die Polen entwickelten sich in Großbritannien und Irland quasi über Nacht zu einer dominanten und im Allgemeinen beliebten und gut aufgenommenen Minderheit. Viele Polen sagten, sie würden nur auf Zeit bleiben und eines Tages in die Heimat zurückkehren. Andere heirateten, gründeten Unternehmen und begannen Wurzeln zu schlagen. Der Schub an produktiver Verstädterung, den Polen so lange aufgehalten hatte, vollzog sich jetzt in dramatischem Umfang an anderen Orten.

Diese jungen Dorfbewohner überwiesen jährlich insgesamt mehr als 11 Milliarden Dollar in die Heimat, was 2,5 Prozent der gesamten polnischen Wirtschaftsleistung ausmachte und in der Summe die meisten Industriezweige übertraf.[5] Diese Rücküberweisungen aus dem Ausland wurden, in Verbindung mit Renten- und anderen Zahlungen der polnischen Regierung, mit überwältigender Mehrheit zur Hauptquelle bäuerlichen Einkommens. Nur 27 Prozent der ländlichen Bevölkerung in Polen erzielten 2004 ihr Grundeinkommen in der Landwirtschaft; der Rest lebte in erster Linie von Rücküberweisungen aus Städten. Die Burger-Brater und Toilettenreinigungskräfte in London und Dublin ersetzten die polnische Regierung als Hauptgarant des Lebensunterhalts polnischer Bauern.

Polen verlor zwischen dem EU-Beitritt 2004 und der Wirtschaftskrise 2008 sehr viele Facharbeiter. Wer über eine qualifizierte Berufsausbildung verfügte, und das galt für Klempner und Maurer bis hin zu Chirurgen und Kernspintomografie-Technikern, ging in den Westen. Die wirtschaftliche Logik für bäuerliche Betriebe veränderte sich dramatisch. Als KRUS noch die Haupteinnahmequelle des Hofes darstellte, war es noch sinnvoll, einen landwirtschaftlichen Kleinbetrieb über Generationen hinweg in Familienhand zu behalten. Heute gibt es für die nächste Generation keinen Grund mehr, auf dem Land zu bleiben. Marian Snarski rechnet damit, dass sein Hof mit seinem Tod am Ende sein wird. Einige Zeit vorher wird er noch die EU-Wiederaufforstungsprämie in Anspruch nehmen und seinen gesamten Grundbesitz für ein paar Hundert Dollar jährlichen Zuschuss wieder zu Wald machen. Gosia Storczynski verfolgt einen noch beliebteren Plan: Sie will das Land ihres Vater an einen größeren, nach wirtschaftlichen Gesichtspunkten geführten Betrieb verkaufen, einen Hof mit bezahlten Landarbeitern und systematischer Bodennutzung.

Der aussichtsreichste Käufer könnte Krzysztof Chlebowicz sein, der Bürgermeister des benachbarten Dorfes Tykocin.* Er sieht seine politische Hauptaufgabe darin, seine Wähler bei der Aufgabe ihrer Kleinbetriebe zu unterstützen und denjenigen, die bleiben, die Zusammenlegung ihrer Höfe zu rentablen Unternehmen zu erleichtern. Er will zur letzteren Gruppe gehören: Unmittelbar nach dem Zusammenbruch des Kommunismus, 1991 bis 1992, arbeitete er als illegaler Einwanderer in New York und sparte dabei genug Geld, um seine fünf Hektar Land auf 25 Hektar erweitern zu können. Heute setzt er EU-Fördergelder für den Ankauf von weiteren sieben Hektar ein. »Ich bin mir ziemlich sicher, dass nur die Hälfte der 1,5 Millionen Bauernhöfe in Polen diese Bezeichnung auch verdient«, sagt er. »Die anderen bestehen einfach nur aus Bauern, die auf ihre Rente warten – ich würde sagen, das ist derzeit die Hälfte. In fünf bis zehn Jahren wird dieser Anteil nach meiner Einschätzung auf ein Viertel zurückgehen. Es liegt auf der Hand, dass die wirtschaftlich aktiveren Höfe die kleineren und weniger produktiven übernehmen. Ich bin ein typisches Beispiel dafür.«

---

* Tykocin, ein Ort, der heute 1800 Einwohner hat, erlangte traurige Bekanntheit wegen eines Pogroms im August 1941, bei dem einheimische Polen mit Unterstützung deutscher Besatzungssoldaten 3400 Juden, 73 Prozent der Bevölkerung des Ortes, aus ihren Häusern holten und ermordeten. Die heutigen Bewohner hassen es, über dieses Geschehen zu sprechen, aber es ist vermutlich einer der Gründe dafür, dass hier die Höfe etwas größer sind als im regionalen Durchschnitt.

Die 2008 einsetzende Wirtschaftskrise ließ Hunderttausende von Polen, die Ersparnisse, persönliche Verbindungen und Qualifikationen mitbrachten, in ihr Heimatland zurückkehren. Die meisten gingen aber nicht in ihre Herkunftsdörfer zurück, sondern zogen in die größeren Städte und Industrieregionen Polens. Die Polen und die Osteuropäer des 21. Jahrhunderts haben das vollzogen, was Sozialwissenschaftler als »J-turn« bezeichnen. In den Städten des Westens nutzten sie die Migration für die eigene Urbanisierung und kehrten dann zurück, aber nicht ins Heimatdorf, sondern in die großen Städte des eigenen Landes, und brachten Ersparnisse und unternehmerische Erfahrung mit. Ihre Ankunft beendete den Mangel an qualifizierten Arbeitskräften in Polen, und diese Ankunftsstadt-Rückkehrer trugen zum wirtschaftlichen Wiederaufschwung in Danzig, Warschau und dem polnischen »Silicon Valley« in Breslau, Krakau und Oberschlesien bei. Die polnische Hauptstadt erlebte jetzt eine wahrnehmbare Zersiedlung, und ehemalige ländliche Gebiete in der unmittelbaren Umgebung Warschaus verwandelten sich in neue Enklaven für ehemalige Dorfbewohner, die aus dem Westen zurückgekehrt waren. Polen war einer der wenigen Orte in Europa, der den schlimmsten Auswirkungen des wirtschaftlichen Abschwungs entging, und zu großen Teilen war dies das Ergebnis der Rückkehrbewegung. Das Land schaffte sogar ein Wirtschaftswachstum (wenn auch in verringertem Umfang) und hielt sein Exportniveau. Schließlich und endlich, trotz großer Anstrengungen in die Gegenrichtung, bekam Polen seine Ankunftsstädte.

DAS LETZTE DORF

SHUILIN, SICHUAN, CHINA

Zur Schlafenszeit nimmt der sechs Jahre alte Pu Ming Lin seine vierjährige kleine Schwester Dong Lin und legt sie auf der Matte zwischen sich und der 56-jährigen Großmutter He Su Xiou ab. Die drei kuscheln sich zusammen, nebenan verglüht langsam das Herdfeuer, und von der anderen Seite der dünnen Mauer dringt das sanfte Schnarchen der beiden fetten Schweine in ihrem Stall herüber, das leise Summen im an der Wand aufgehängten Bienenkorb, und dann ist da noch das etwas derbere Schnarchen des Großvaters im benachbarten Raum. Das ist die verbliebene Wohnbevölkerung im Dorf Shuilin von heute – die, die man in den meisten Dörfern in ganz China heute noch antrifft: kleine Kinder, Großeltern, Haustiere. Alle anderen Dorfbewohner zwischen 14 und 55 Jahren, auch die Eltern dieser beiden Kinder, sind verschwunden. Was bleibt, sind ruhige Abende, leere Zimmer und ein wahrnehmbarer, anhaltender Schmerz.

Sie stehen kurz vor Sonnenaufgang auf, und Dong Lin und Ming Lin machen ein fachgerechtes Herdfeuer für den Frühstückstee, geschickt schieben ihre winzigen Händchen Zweige auf den Rost, um das Feuer anzufachen. Um sechs Uhr dreißig klettert Dong Lin auf den klapperdürren Rücken ihrer Großmutter, Ming Lin nimmt ihre schwielige Hand, und sie machen sich vorsichtig auf den halbstündigen Weg zur Dorfschule, der auf schmalen Lehmpfaden an Reisfeldern vorbeiführt. Die Großmutter wird um 11 Uhr zurückkehren, um die Kinder zum Mittagessen nach Hause zu holen, währenddessen sie auf der Veranda sitzen und der

Großmutter bei der Feldarbeit zusehen werden. Um zwei Uhr bringt sie sie dann zurück, um sie um fünf wieder abzuholen, was sich für die alte Frau zu täglichen acht Spaziergängen von jeweils zwei Kilometern summiert.

»Ich hätte nie gedacht, dass ich in diesem Alter noch Kinder aufziehen müsste«, sagt Su Xiou, als sie Eier vom Boden aufsammelt, um für mich Suppe zu kochen. »Mein Sohn ist in Chongqing nicht so erfolgreich, deshalb kann er es sich nicht leisten, uns alle nachzuholen und die Kinder dort in die Schule zu schicken. Aber das macht mir nichts aus. Ich habe sie sehr liebgewonnen, und sie sind sehr folgsam. Beide sagen abends zu mir: ›Wohin du auch gehst, Großmutter, ich werde mitgehen.‹« Die Kinder scheinen ihre Großmutter zu verehren, hängen beim Gang durch die Felder an ihr, obwohl sie auch den täglichen Anruf ihres Vaters genießen.

Es sind die Kinder von Pu Jun, dem 32 Jahre alten Transformatorenhersteller, den wir bereits im ersten Kapitel kennengelernt haben. Er hat die beiden nicht mehr regelmäßig gesehen, seit Dong Lin ein paar Monate alt war, und das ist jetzt fast vier Jahre her. Aber Jun ist ein engagierter Vater, deshalb überweist er einen großen Teil seines Einkommens in das 300 Kilometer entfernte, in der Nachbarprovinz Sichuan gelegene Dorf, um ihren Lebensunterhalt zu sichern. In letzter Zeit hat er 150 Dollar jährlich geschickt. Zu wohlhabenderen Zeiten schickte er so viel Geld, dass die alte Hütte aus Lehm und Flechtwerk durch ein neues Haus aus Schlackenbetonsteinen ersetzt werden konnte, das auf einem soliden Betonfundament errichtet wurde. Es war stabil genug, um dem Erdbeben von 2008 zu widerstehen. Im vorderen Zimmer, einem ungestrichenen Betonwürfel, steht ein Farbfernseher, der mit einer Dachantenne verbunden ist, und die Kinder sprechen fast jeden Tag mit Herrn Pu über das Mobiltelefon, das er ihnen geschenkt hat. Im Jahr 2005 versuchte er den Ertrag des elterlichen Hofes zu verbessern, indem er seine gesamten Ersparnisse in eine kleine Plantage mit Mandarinenbäumen investierte. Das sollte ihnen einen attraktiven Verkaufsartikel an die Hand geben und ihr Leben deutlich verbessern. Aber eine fürchterliche Dürre ließ in jenem Sommer die Bäume vertrocknen, und die Familie kehrte zum Anbau von Ölsamen, Reis und Getreide für den Eigenbedarf zurück und verkaufte ein Schwein pro Jahr. »Er ist ein so treuer und unschuldiger Mann«, sagt seine Mutter, während sie seine Kinder von einem großen Haufen Samen wegscheucht, »und alles, was er will, ist eine Möglichkeit, mit seinen Kindern unter einem Dach zu leben.«

Eine ganze Generation chinesischer Kinder ist damit aufgewachsen, dass sie ihre Eltern nicht mehr als einmal im Jahr zu sehen bekommt, meist ist das ein paar Wochen lang, während des Neujahrsfestes im Februar. In sozialer Hinsicht ist so eine Generation herangewachsen, die sich mit ihren Großeltern identifizierte und oft enge Bindungen an diese ältere Generation entwickelte. Das brachte Teenager häufig in die tragische Situation, dass sie den altersbedingten Verfall und Tod von Ersatzeltern erleben mussten, die scheinbar die einzigen Menschen gewesen waren, die ihnen Schutz und Liebe gaben. Der Druck auf die Kinder, die von ihren Eltern isoliert sind und von denen erwartet wird, dass sie ihre Ausbildung dazu verwenden, die Landflucht der Familie zu unterstützen, ist oft überwältigend.[6] Die Belastungen, denen das Dorf ausgesetzt ist, gehen ebenso weit.

Dörfer in China dienen häufig nicht so sehr als Zentren landwirtschaftlicher Produktion, sondern als »soziale Puffer«. Dieses System ist allgemein bekannt unter dem Motto *Li Tu Bu Li Xian* (»Verlasse die Scholle, aber nicht das Dorf«), es weist dem Heimatort des Bauern eine Ersatzfunktion für den abwesenden Staat zu. Für die meisten der 140 Millionen Ankunftsstadtarbeiter ohne formelles städtisches Hukou oder festen Wohnsitz ist das Dorf der einzige Ort, an dem sie die Kinder in die Schule schicken und medizinische Versorgung oder Kinderbetreuungsdienste in Anspruch nehmen können. Für Migranten kosten diese Dienste in den allermeisten Fällen Gebühren, die sich die Mehrheit der Arbeiter nicht leisten kann.

Wohnungen in der Stadt, in der eine Drei-Generationen-Familie leben kann, sind nur für die allererfolgreichsten Arbeiter erschwinglich. Aber auch diejenigen, die sich Schulplätze, ausreichenden Wohnraum und soziale Dienste in der Stadt sichern konnten, haben gute Gründe, den Kontakt zum Dorf zu halten. Staatliche Renten sind in China vernachlässigbar klein, und Renten über private Vorsorge gibt es für die meisten Arbeiter nicht. Herr Pus Vater, ein ehemaliger Funktionär der Kommunistischen Partei im Dorf, bezieht nur 14 Dollar Rente im Monat, und das ist noch mehr, als die meisten Rentner bekommen. Arbeitslosenversicherung und Sozialhilfe gibt es für die Wanderbevölkerung nicht. Das städtische Sozialprogramm zur Sicherung eines Mindestlebensstandards gilt nicht für auf dem Land geborene Menschen. Nach Schätzungen von Experten könnten 500 Millionen Menschen ohne jede soziale Absicherung sein.[7] Das Dorf und die dort betriebene Subsistenzlandwirtschaft bieten den meisten Bewohnern der Ankunftsstadt noch am ehesten so etwas wie ein Netzwerk sozialer Sicherheit.

Und noch einen spezifisch chinesischen Grund dafür, dass Familien wie der Pu-Klan an ihrem Hof festhalten, gibt es. Die Landwirtschaft wird nach offizieller Lesart immer noch gemeinschaftlich betrieben. Seit die Landwirtschaftsreformen der 1980er-Jahre die Umstellung auf Familienbetriebe brachten, sodass die Bauernfamilien ihren Grund und Boden von den Volkskommunen mieten und als eigenständige Produzenten mit größerer wirtschaftlicher Entscheidungsfreiheit handeln können, die die Früchte ihrer Arbeit nach eigenem Gutdünken verbrauchen, verkaufen oder handeln, hat diese Auffassung allerdings nur noch symbolische Bedeutung. Dennoch hat das Kollektiv nach wie vor die Macht, das Land für die bestmögliche Nutzung neu zuzuteilen. Gelangt das Dorfkomitee zu der Auffassung, dass eine Familie ihren Hof nicht mehr engagiert betreibt, kann es das Land beschlagnahmen und einer produktiveren Verwendung zuführen; beschließt das Kollektiv die Förderung von Wirtschaftszweigen außerhalb der Landwirtschaft – grundsätzlich ist das eine gute Idee –, nimmt es in die Stadt abgewanderten Familien ihr Land weg. Mit anderen Worten: Die Bauernfamilien sind nicht die mit allen Rechten ausgestatteten Besitzer ihres Ackerlandes und können es nicht verkaufen, um damit den vollständigen Umzug in die Stadt zu finanzieren. (Reformen des Jahres 2002 machten dies rechtlich möglich, aber in den meisten Dörfern ist es noch sehr schwierig.) Und umgekehrt zwingt die Furcht vor der Beschlagnahmung des als soziale Absicherung dienenden Ackerlands die Familien, den Hofbetrieb in irgendeiner Form aufrechtzuerhalten, bis die eigene Ankunft in der Stadt abgeschlossen ist.

Irgendwann im Lauf des Jahres 2004 lösten die Rücküberweisungen aus der Stadt die Erträge aus der Landwirtschaft als wichtigste Einnahmequelle der chinesischen Landbevölkerung ab.[8] Ein großer Teil der Geldtransfers fließt in die Erhaltung und den Ausbau des Hauses im Dorf, denn das Dorf dient als De-facto-Kinderbetreuungsstätte und Alterssitz. Die Rücküberweisungen in den Heimatort sind einer der Hauptfaktoren, die verhindern, dass Bewohner der Ankunftsstadt genügend Geld für den Wohnungskauf ansparen können. Die 2008 einsetzende Wirtschaftskrise zeigte, wie sehr Chinas Ankunftsstädte noch vom Dorf abhängen. In den Anfangsmonaten des Folgejahres kehrten nach Schätzungen etwa 20 Millionen Wanderarbeiter aus den Ankunftsstädten (bei einer Gesamtpopulation von vielleicht bis zu 150 Millionen) in ihr Heimatdorf zurück und gaben ihren städtischen Wohnsitz auf. Die Pekinger Regierung berichtete jedoch, dass nach der wirtschaftlichen Erholung 95 Prozent dieser Arbeitsmigranten bis zum September 2009 wieder in die Stadt zurückgekehrt seien.[9] Das Dorf hatte als Arbeitslosenversicherung fungiert, deren Preis das Auseinanderreißen der Familien ist.

Diese Millionen räumlich getrennter Familien erschweren das Verständnis der Verhältnisse im ländlichen Raum. Chinas rentabel arbeitenden bäuerlichen Betriebe erzeugen inzwischen genügend Nahrungsmittel für das gesamte Land. Die Regierung kann so viel Getreide und Schweinefleisch für ganz China einlagern, dass das Land auch eine mehrmonatige

Hungersnot überstehen könnte, dennoch ist die chinesische Landwirtschaft noch bei Weitem nicht die mächtige Exportindustrie, die sie sein könnte. Das liegt zum großen Teil daran, dass das Land nach wie vor eine chaotische Ansammlung nicht rentabler bäuerlicher Betriebe ist, die eher sozialen als Nahrungs- oder wirtschaftlichen Bedürfnissen dienen. In China gibt es heute etwa 200 Millionen bäuerliche Kleinbetriebe mit einer durchschnittlichen Betriebsgröße von nur etwas mehr als einem halben Hektar.[10] Die Rücküberweisungen aus den Städten haben in Verbindung mit steigenden Einkünften aus dem landwirtschaftlichen Betrieb mehr als 400 Millionen Chinesen, die nahezu ausnahmslos auf dem Land leben, aus der völligen Armut befreit. Dennoch leben etwa 99 Prozent der immer noch absolut mittellosen Familien auf dem Land.

So ist der ehemalige chinesische Dorfbewohner in einem nicht enden wollenden Paradoxon gefangen, bei dem das bäuerliche Dorf und das Ankunftsstadtviertel die jeweils schlimmsten Eigenschaften des anderen Milieus verstärken, sodass Migranten, ihre Familien und ganze Dorfgemeinschaften in einem Zustand verharren, in dem ihnen ein festes und sicheres Zuhause verwehrt bleibt. Das Hin- und Herpendeln Hunderter Millionen von Menschen in China, die sich wurzellos und ineffizient zwischen Ankunftsstadt und Dorf bewegen, erklären Wissenschaftler der Universität Oxford und der Akademie der Wissenschaften Chinas in einer umfassenden Studie so: »Es sind keine Sozialhilfe- und Sozialwohnungsbauprogramme eingerichtet und keine Bestimmungen für den Schulbesuch erlassen worden, die es den Migranten ermöglicht hätten, sich auf Dauer in den Städten niederzulassen.« Für diejenigen Bauern, die in den Ankunftsstädten feste Wurzeln geschlagen haben, die dort Wohnungseigentümer geworden sind und erfolgreiche Unternehmen betreiben, gilt: »Das Fehlen solcher Vereinbarungen nimmt ihnen den Willen oder die Möglichkeit, ihr Ackerland aufzugeben, was im Gegenzug den auf dem Land verbliebenen Menschen erschwert, ihre landwirtschaftliche Produktion auszuweiten und ihre Landrechte zu sichern, weil zu wenig zusätzliches Land freigegeben werden kann, um den demografischen Veränderungen auf dem Land Rechnung zu tragen.«[11]

Das »leere Dorf«, wie diese von Kindern und Großeltern bewohnten ländlichen Enklaven in China auch heißen, ist zu einem weltweiten Phänomen geworden, denn die Subsistenzlandwirtschaft dient notgedrungen als Ersatz für ein gut ausgebautes soziales Netz. In Rumänien sind leere Dörfer aus ähnlichen Gründen zu einem nationalen Problem geworden. Die Millionen von Bauern im erwerbsfähigen Alter, die in die Ankunftsstädte Italiens und Spaniens gezogen sind, haben dort festgestellt, dass die Schulsysteme und Sozialbehörden den sich niederlassenden Neuankömmlingen (auch denen, die aus Mitgliedsländern der Europäischen Union kommen) verschlossen bleiben, oder sie bekamen es, wie im Falle Italiens, mit einer Polizei und einem Rechtssystem zu tun, die sich im Umgang mit Ankunftsstadtfamilien offen feindselig verhalten. Deshalb gibt es in Rumänien Dörfer, die von Großeltern bewohnt werden, die mit finanzieller Unterstützung der in fernen Ländern lebenden Eltern deren Kinder großziehen.

Besonders nach der dramatischen Migrationsbewegung, auf die in der Krise 2008 die Rückkehr folgte, wird dennoch immer deutlicher, dass Chinas hin und her wandernde Bevölkerung echte Ankunftsstädte schafft und sich dabei sämtlicher verfügbarer Strategien bedient, um ein fester Bestandteil der Stadt zu werden. Noch im Jahr 2002 konnten in China nur sieben Prozent der Zuwanderer vom Land ihre Familienangehörigen mit in die Stadt nehmen. Diese Zahl nimmt langsam zu, denn die erfolgreicheren Ankunftsstädte lassen es zu, dass Dörfer entvölkert werden. Shuilin, der Heimatort von Dong Lin, Ming Lin und ihren Großeltern, entwickelt sich rasch in diese Richtung. »Wir haben die Phase hinter uns, in der wir nur Arbeitsmigranten in die Städte schickten«, berichtet mir Pu Ze Shi, der pensionierte Parteifunktionär des Dorfes. »Heute finden die Leute eine Möglichkeit, für immer wegzugehen.« Im Jahr 2000 lebten hier noch 2500 Menschen. Heute sind es kaum noch 1000, und fast alle Verbliebenen sind über 50 oder jünger als 15. Dorfälteste erzählen mir, dass vielleicht noch zehn Prozent aus diesem Personenkreis dauerhaft hier wohnen. Die anderen suchen nach einer Möglichkeit, von hier wegzukommen. He Su Xiou, die Großmutter, sagt mir, sie sei bereit, das Zuhause aufzugeben, das schon seit Jahrhunderten im Besitz ihrer Familie sei.

»Wenn Jun in Zukunft Erfolg hat, wenn er seine finanziellen Schwierigkeiten überwindet, würden wir sehr gerne für immer nach Chongqing ziehen«, sagt sie. »Wir sind sehr alt, wir können nicht mehr lange Landwirtschaft betreiben, und ich möchte nicht, dass meine Kinder sich auf das Bauernleben einlassen müssen. Wenn wir alle dort hinziehen könnten, wird Jun zum ersten Mal mit seinen Kindern zusammenleben, und das wünschen wir uns so sehr. Ich weiß, dass das für das Dorf schlecht ist, aber das Dorf war noch nie ein guter Ort zum Leben. Wir haben dort so lange ein sehr schlechtes Leben gehabt und schulden ihm nichts. Wenn wir erst einmal fort sind, werde ich nie wieder hierher zurückkehren.«

DAS DORF OHNE STADT
DORLI, MAHARASHTRA, INDIEN

Der Einfluss, der von der Ankunft in der Stadt ausgeht, mag dem bäuerlichen Leben schwer zu schaffen machen, aber daraus sollte man nicht den Schluss ziehen, das Fehlen einer Verbindung zur Stadt sei eine friedliche Alternative. Im gnadenlos heißen Landesinneren Indiens wurde mir das deutlich vor Augen geführt, und zwar in einem Dorf, das sich mit seinen aus Kuhmist und Lehm errichteten Hütten von den gleichförmigen Nachbarorten durch einen Hinweis unterscheidet, der für die Insassen vorbeifahrender Autos gut sichtbar mit kühnen Pinselstrichen auf eine Außenmauer gemalt wurde: »Dieses Dorf ist zu verkaufen, einschließlich der Häuser, Tiere und Bauernhöfe.«

Ich deutete diese Marathi-Inschrift zunächst, wie viele andere Besucher des 270-Seelen-Dorfes Dorli auch, als Zeichen des Protests oder als rhetorischen Aufschrei, verbunden mit der Bitte um Aufmerksamkeit. Eine politische Erklärung dieser Art wäre hier, in den Außenbezirken von Wardha, dem ehemaligen Sitz von Gandhis Indischer Unabhängigkeitsbewegung, durchaus nicht fehl am Platz. Man führte mich in eine einfache Hütte, deren Wände im ortsüblichen fröhlichen Hellblau gestrichen waren. Im einzigen Raum des Gebäudes hockte sich ein Dutzend Männer aus dem Dorf, jung und alt, mit mir auf den Boden und lehnte dort zwischen den Betten und dem Fernsehgerät. Sie erklärten, ihr Angebot sei ernst gemeint und basiere auf dem, was sie als schicksalhaften Logik bezeichneten, die man sich nach monatelangen herzzerreißenden Berechnungen und Debatten zu eigen gemacht habe. Sie wollten wirklich, dass irgendjemand ihr Dorf kaufte, und hofften darauf, dass sich irgendein Industrieller bei ihnen melden würde, denn alle 40 hier ansässigen Familien waren zu dem vernünftigen Schluss gekommen, dass ihre Subsistenzlandwirtschaft inzwischen ein tödliches Geschäft bedeutete. Sie meinten, es lohne sich, etwas zu riskieren, um in die relative Bequemlichkeit der Armut in der Stadt flüchten zu können, anstatt der Abwärtsspirale ländlicher Armut bis zum qualvollen Ende zu folgen.

»Warum soll ich mich umbringen, wenn ich mir mit meinem Land ein neues Leben verschaffen kann? Wir alle haben uns so entschieden – wir haben erkannt, dass ein Komplettverkauf die beste Möglichkeit ist, das Dorf für immer hinter uns zu lassen«, sagte mir der 41-jährige Chandrashekhar Dorlikar, als er die handgeschriebenen Kontobücher des Dorfes aufschlug. Sein Schnurrbart und Bart waren akkurat gestutzt, die Kleider abgetragen. Er gehörte zu den wenigen Menschen im Dorf, die lesen und schreiben konnten, und er vertrat die Ansicht, die Felder und Häuser könnten von Indiens größtem Industriekonzern, der in Mumbai ansässigen Tata Group, aufgekauft werden, eventuell zu einem Preis von 20 Millionen Rupien (400 000 Dollar) – 10 000 Dollar pro Familie. Für diese Familien wäre das eine Riesensumme, und ziemlich sicher ist es eine vollkommen unrealistische

Erwartung. In früheren Zeiten, bis zum Ende der 1990er-Jahre, mochte jede Familie hier zwei Dollar pro Tag verdient haben, aber im darauffolgenden Jahrzehnt geriet man in die roten Zahlen. Die Menschen hier ersticken an ihren Schulden, so wie Kleinbauern in armen Gegenden überall auf der Welt. Die Familien schulden den Banken und privaten Geldverleihern im Schnitt etwa 500 Dollar, was fast einem Jahreseinkommen entspricht. Und die Schulden wachsen weiter.

»Wir dachten, dass wir nach einem Verkauf in irgendeine Stadt ziehen und dort einem Handwerk nachgehen könnten«, sagte mir Chandrashekhar. »Selbst ein Rikschafahrer verdient in der Stadt genug, um sein Kind auf eine christliche Missionsschule schicken und sich einen Gaskocher leisten zu können. Hier müssen wir in die Dorfschule gehen, und unsere Frauen kochen über dem offenen Feuer. Also würden wir das Geld für den Umzug in eine städtische Umgebung verwenden, wo das Leben zumindest besser wäre. Vom Ertrag der Landwirtschaft können wir unseren Kindern keine Ausbildung ermöglichen. Die Schulbildung der Kinder hier ging nicht über die Grundschule hinaus. Um ihnen mehr zu ermöglichen, müssten wir einen Raum in der Stadt mieten und den Transport und die Bücher bezahlen – zu teuer. Wir haben die letzten 20 Jahre in der Hoffnung gelebt und jedes Jahr gebetet, dass uns eine gute Ernte beschert werden möge. Wir wollen nicht sterben, lieber würden wir in einem Slum leben.«

Diese Dichotomie ist mehr als nur eine Metapher, denn neben dem Verkauf des ganzen Dorfes oder eines wichtigen Körperteils (was Menschen in anderen Dörfern versucht haben) ist der einzige andere beliebte Ausweg aus der Falle des

Landlebens ein strategischer Tod. Bauern in der gesamten Region Vidarbha (Dorli liegt in der Nähe des Zentrums), die unter Missernten und wachsenden Schulden zu leiden hatten, waren es leid, ihre Familien an Unterernährung zugrundegehen zu sehen, und entdeckten eine Strategie, mit der sich ihr Ruin abwenden ließ. Auf dem Hof eines armen indischen Baumwollbauern finden sich nur wenige tödliche Werkzeuge: Säen, Pflügen und Ernten erfolgen in mühevoller Handarbeit, und selbst scharfe Klingen sind eine Seltenheit. Die Männer hier entschieden sich meist dafür, bis zum frühen Abend zu warten und dann auf ihre Felder hinauszugehen, wo sie sich auf den Boden setzten, die ausgedörrte und ausgemergelte Erde um sich herum betrachteten, und dann einen Liter Pestizid tranken.

Diese Praxis breitete sich bald wie eine Epidemie aus. Von 1995 bis 2004 vervierfachte sich die Selbstmordrate unter armen männlichen Bauern im Bundesstaat Maharashtra beinahe, sie nahm von 15 Toten pro 100 000 Einwohnern auf mehr als 57 zu, wie der Wirtschaftswissenschaftler Srijit Mishra aus Mumbai bei einer Untersuchung feststellte. Bei nicht in der Landwirtschaft tätigen, aber vergleichbar armen Arbeitern stieg sie nur von 17 auf 20 (und bei den Frauen fiel sie von 14 auf 11). In einigen Bezirken in der Umgebung von Dorli stieg die Rate sogar auf bis zu 116 Selbstmordfälle, was um mehr als das Achtfache über dem nationalen Durchschnitt für Männer lag. Noch gibt es keine Anzeichen dafür, dass diese Zahlen seitdem zurückgegangen sind. Nach Mishras Ergebnissen waren die Selbstmordopfer in 87 Prozent der Fälle verschuldet, und der durchschnittliche Schuldenstand entsprach einem guten Jahresertrag eines kleinen Hofes. Aufschlussreich ist außerdem, dass die Selbstmorde in 79 Prozent der Fälle durch das Trinken eines Pestizids verübt wurden.[12] In dieser Region nehmen sich weiterhin Jahr für Jahr Hunderte von Bauern das Leben. Man muss nur in irgendein beliebig ausgewähltes Dorf in Vidarbha gehen, und jeder Einheimische wird einem die Häuser der vielen Selbstmordopfer der letzten Jahre zeigen.

Ich besuchte zwei Dutzend solcher Familien in mehreren Dörfern. Sie alle lebten in Lehmhütten mit niedrigen Decken, und in den meisten dieser Unterkünfte gab es Strom, in wenigen sogar ein Fernsehgerät. Ihre Geschichten glichen sich auf erschütternde Art und Weise: die winzigen, immer kleiner werdenden Streifen Ackerland; die rasch zurückgehenden Ernteerträge; die Abhängigkeit von Saatgut- und Düngerhändlern bei hohen Kosten; das von Staatsbanken und Schwarzmarkt-Geldverleihern immer wieder geliehene Geld, mit dem diese Betriebskosten gedeckt werden sollten; dann waren da noch die immer höher ausfallenden Rechnungen für die neuen Früchte der Modernisierung – Strom, Fernsehen, die ständig steigenden Kosten für die Mitgift und die Hochzeitsfeier, die mit der Verheiratung einer Tochter verbunden waren, manchmal allzu aufwendige Anschaffungen wie etwa ein Motorrad. Am auffälligsten ist das völlige Fehlen von nicht mit dem Hof verbundenen Einnahmequellen: Die Baumwollkleinbauern in der Landesmitte Indiens erhalten, im Unterschied zu den Kleinbauern an so vielen anderen Orten weltweit, keine Geldüberweisungen aus der Stadt. In einer Zeit, in der bäuerliche Kleinbetriebe zu einem bloßen Puffer für die städtische Wirtschaft geworden sind, haben Bauern in Gegenden wie dieser, wo die direkte Anbindung an die städtische Rücküberweisungsökonomie fehlt, zu kämpfen, denn das landwirtschaftliche System geht grundsätzlich von der Existenz eines parallelen städtischen Lebens aus, von einem funktionierenden Netzwerk in den Slums der indischen Städte.*

Leider sind die Slums für die meisten Bauern aus dieser Region nicht zugänglich. Nagpur, die nächstgelegene größere Stadt, liegt eine beschwerliche Tagesreise entfernt, und man braucht Ersparnisse, um dorthin zu gelangen. Die Wirtschaft dieser Region beruht auf der Baumwolle, deshalb orientieren sich alle Kommunikationswege in Richtung Mumbai, das unmögliche 20 Zugstunden weit weg ist. Die generationenlangen Verflechtungen von saisonaler und Kettenmigration begannen nicht hier. Bei einer informellen Untersuchung zu Dorli und den Dörfern in der unmittelbaren Umgebung war kein einziger Dorfbewohner aufzufinden, der auch nur von irgendjemandem gehört hatte, der in die Stadt gezogen war. Ohne diese Art von Wissen ist Migration nicht einmal eine Option. Jedes Dorf hat Zugang zu mindestens einem Fernsehgerät und einem Mobiltelefon und wird von mit dem städtischen Leben verbundenen NGOs und politischen Parteien besucht, aber nichts von alledem hat diese Region der Stadt

---

* Solche Gegenden sind nach wie vor die Norm in vielen Teilen Afrikas südlich der Sahara, vor allem dort, wo bis zur Küste oder zu größeren Städten ein weiter Weg zurückzulegen ist (die Bevölkerung Nord-, Ost- und Westafrikas verfügt zunehmend über Verbindungen zu Städten in Afrika oder Europa), im Süden Indiens, im Norden von Bangladesch, in zahlreichen Regionen Südostasiens und nur in wenigen, sehr entlegenen Gebieten Südamerikas. Man findet sie zum Beispiel auch im Südosten Polens – dort allerdings mit sehr viel weniger tödlichen Konsequenzen –, wo die Landwirtschaft auf der Subsistenzebene verharrt, wo es aber bisher, im Vergleich zum Westen und Norden des Landes, nur wenig Migration nach Westeuropa gab.

nähergebracht. Die geringe Größe ihres Besitzes und die großen wirtschaftlichen Zwänge machten es den Bauern unmöglich, irgendwohin abzuwandern, und das galt auch für die nahe gelegenen Städte Wardha oder Chandrapur.

Die indischen Medien erklärten die Selbstmorde der Bauern mit einer Vielzahl von Ursachen. Eine beliebte Schuldzuweisung macht die Globalisierung und die US-Politik verantwortlich. Schließlich ist der Weltmarktpreis für Baumwolle seit dem Spitzenwert im 20. Jahrhundert stark gefallen, teilweise aufgrund der US-Praxis, die eigenen Baumwollfarmer zu subventionieren, aber auch, weil auf dem Weltmarkt einfach ein Überangebot an Baumwolle herrscht. Das Sinken der Erträge war mit Sicherheit schmerzlich, aber eine einfache Buchprüfung bei einem beliebigen Baumwollbauern wird diese Theorie widerlegen. Ich stellte fest, dass die meisten Bauern, die sich das Leben nahmen, auch dann nicht kostendeckend gearbeitet hätten, wenn sie für ihre Ware Preise erhalten hätten, die dem historischen Spitzenwert entsprachen. Auch mit solchen Einnahmen wäre ein stetiges Anwachsen der Schulden nicht zu vermeiden gewesen. Ihre Felder waren einfach zu klein und die Erträge zu armselig, um ein sinnvolles Wirtschaften mit dieser Nutzpflanze zuzulassen.

Andere Berichte suchten die Ursache bei den Kosten für und der nachlassenden Produktivität von gentechnisch veränderten Pflanzen und dem Kunstdünger, den sie benötigen. Aber das Problem ist älter als diese Technik und geht von den höheren Grundkosten moderner Landwirtschaft aus. Das Auslaugen des Bodens ist zu einem fast allgegenwärtigen Problem geworden: Überdüngung und mangelhafter Fruchtwechsel, ausgelöst durch die Anwendung der Techniken der

Grünen Revolution auf unhaltbar kleine Bestände und ohne das nötige Fachwissen, verwandelten die riesigen Erträge des vorhergehenden Jahrzehnts in eine permanente Hungersnot. Die Bauern in dieser Gegend erlebten im letzten Jahrzehnt, wie ihre Erträge abstürzten und die Unkosten im selben Zeitraum stiegen. Das Ergebnis waren Verzweiflung, Verschuldung und Selbstmorde. Bauern, die in ähnliche Bedrängnis geraten, aber in anderen Regionen und näher bei großen Städten leben, entgehen diesem Schicksal. Die wirtschaftlichen Probleme sind ähnlich unlösbar, aber diese Menschen werden – wie die polnischen Bauern in Tatary – durch Zahlungen gerettet, die von Verwandten in den Slums der Ankunftsstädte von Nagpur und Mumbai kommen. Diese Art kleinbäuerlichen Wirtschaftens hat ohne städtisches Kapital keine Grundlage mehr.

Der Anblick, der einen in dieser Region am traurigsten stimmt – mehr noch als die trauernden Familien der durch Selbstmord umgekommenen Bauern –, geht von den wenigen Betrieben aus, die in passender Größe eine rentable Landwirtschaft betreiben und mit angemessener Kapitalausstattung auf ein paar Dutzend Hektar Ackerland moderne Anbaumethoden und wassersparende Strategien praktizieren. Diese fruchtbaren, profitablen, viele Arbeitsplätze bietenden Betriebe sind grüne Oasen inmitten des ausgedörrten Graubrauns ruinierter bäuerlicher Existenzen. Für die verarmten Familien sind sie ein ständig sichtbarer Hinweis, wie leicht es ist, mit Landwirtschaft erfolgreich seinen Lebensunterhalt zu verdienen, wenn ein gewisses Maß an Investitionen und Geldmitteln von außerhalb diese Möglichkeit eröffnet. »In dieser Gegend kann man mit Landwirtschaft leicht einen guten und stabilen Lebensunterhalt verdienen – wenn man nur genug Land hat und es richtig bewirtschaftet«, sagt der 55 Jahre alte Subhash Sharma, dem seine zehn Hektar, die er mit 45 einen Dollar pro Tag verdienenden Arbeitern bewirtschaftet, einen jährlichen Gewinn von fast 10 000 Dollar einbringen. Er und sein Vater nutzten bezeichnenderweise die Einkünfte aus einem Umzug nach Mumbai für die Finanzierung des mit neuem Leben erfüllten Betriebes.

Noch vor einer Generation hatten fast alle Bauern in dieser Region eine für wirtschaftlichen Erfolg im Stil von Herrn Sharma günstige Ausgangsposition. Ihr Besitz war groß genug, im Durchschnitt waren es über acht Hektar. Eine Reservearmee von Landarbeitern stand zur Verfügung, und die Grüne Revolution zu Beginn der 1970er-Jahre hatte hohe Erträge versprechendes Saatgut, entsprechende Anbaupraktiken und landwirtschaftliches Betriebswissen bereitgestellt, das großen Hungersnöten in Indien ein für alle Mal ein Ende setzte und die Möglichkeit für marktorientiertes Wirtschaften eröffnete. Auch hier hätte geschehen sollen, was sich im 18. und 19. Jahrhundert im größten Teil West- und Mitteleuropas abspielte: Die ehrgeizigsten Bauern vergrößerten ihren Besitz, stellten Arbeitskräfte ein und vervielfachten ihre Produktion, während die Kleinbauern ihre Betriebe verkauften und entweder in die Stadt abwanderten oder Arbeiter in den erfolgreichen Großbetrieben wurden. Die städtische Wirtschaft und die Agrarindustrie boomten und unterstützten sich gegenseitig.

Aber zu dieser Art von Übergang gehören funktionierende Beziehungen zur städtischen Wirtschaft, und Indiens verarmten ländlichen Gebieten wurden sie auf verschiedene Art genommen, in erster Linie durch eine Regierungspolitik, die den kleinen bäuerlichen Familienbetrieb fördert, ja sogar romantisch verklärt. Die dramatischsten Auswirkungen, die am unmittelbarsten mit der Selbstmordkrise verbunden sind, hatte dies auf den Landbesitz. Die bäuerlichen Familienbetriebe in dieser Region gaben zu einem bestimmten Zeitpunkt nach der Unabhängigkeit und der Teilung des indischen Subkontinents im Jahr 1947 das Prinzip der Primogenitur auf, nach dem der älteste Sohn den gesamten Hof erbt und die jüngeren Söhne entweder Landarbeiter werden oder in die Stadt ziehen. Stattdessen wurde jetzt nach dem Tod des Familienoberhaupts der Landbesitz unter den daran interessierten Söhnen aufgeteilt. In der gesamten Region wurden die Höfe deshalb rasch kleiner, und das hatte verheerende Konsequenzen. Kleinere Höfe führen zu steigender Arbeitslosigkeit und abnehmenden Erträgen, und das macht einen Durchbruch zu wirtschaftlichem Erfolg unmöglich.[13]

Ich besuchte die Familie Chaple, die in dem geschäftigen, dicht bevölkerten Dorf Rehaki lebt und bis zu den eigenen Feldern einen Kilometer weit zu gehen hat. Noch 1970 umfasste der Hof der Familie 35 Hektar. Der Großvater teilte ihn unter seinen vier Söhnen auf, wobei 12,5 Hektar an einen der Brüder gingen, während die anderen drei jeweils 7,5 Hektar erhielten. Dieser Besitz wurde dann weiter aufgeteilt, sodass bereits die Angehörigen der nächsten männlichen Generation nur noch 3,5 Hektar besaßen. Heute bearbeiten einige dieser Männer nur noch 1,2 Hektar. Solche Parzellen sind so winzig, dass selbst arme Landarbeiter von ihren Einkünften noch genügend auf die Seite legen können, um einen regelmäßigen Lohn gegen das hohe Risiko eintauschen zu können, das mit einem bäuerlichen Kleinbetrieb verbunden ist (und Saatguthändler überredeten viele von ihnen auch dazu). Ramaji Chaple, einer der Enkel, die ein 1,2-Hektar-Stückchen des ursprünglich 35 Hektar großen Hofes erbten, kaufte 2007 für 300 Dollar Baumwollsaatgut und Kunstdünger und bekam dann im Herbst für seine Baumwollernte nur 400 Dollar, was in jenem Jahr ein Durchschnittserlös war. Die verbliebenden 100 Dollar reichten nicht aus, um die Familie zu ernähren, von der Rückzahlung der Kredite in Höhe von 500 Dollar ganz zu schweigen. Er hatte zwar wohlhabendere Geschwister in der Stadt, die ihm kleine Summen anboten, aber es gab kein Überdruckventil in Form von Migration in die Stadt, über das er hätte entkommen oder finanzielle Unterstützung erhalten können. Seine Frau Muktu fand ihn im Juli jenes Jahres tot auf dem Feld liegend, die Pestizidflasche hielt er noch fest in der Hand.

»Indien braucht mehr Arbeiter in der Landwirtschaft und weniger selbständige Bauern«, sagt Anand Subhedar, ein Landwirtschaftsexperte aus Vidarbha. »Wir haben eine Situation geschaffen, in der die Bauern ihr Leben aufs Spiel setzen, indem sie in der Hoffnung auf eine gute Ernte, die es in den letzten Jahren nicht gegeben hat, Schulden machen. Die Lage wäre sehr viel besser, wenn sie einfach nur Lohnempfänger wären.« Aber es ist schwierig, einen solchen Schnitt zu machen, weil den Indern Landbesitz so ungeheuer wichtig ist. Für sie ist das Land eine Göttin, zu der sie beten. »Der Bauer weiß nicht, wie er das Geld investieren soll, um sich eine bessere Zukunft zu sichern«, sagt Subhedar. »Also bleibt er und wartet ab, bis die letzte Hoffnung erloschen ist.«

DAS ANKUNFTSDORF

BISWANATH, SYLHET, BANGLADESCH

Biswanath ist noch weiter abgelegen, hat keinerlei Kontakt zu irgendeiner größeren Stadt, die Parzellen der Bauern sind winzig, und der Ort ist dicht besiedelt. Dieses Dorf im Bezirk Sylhet in Bangladesch hätte also ohne weiteres das Schicksal des indischen Dorli teilen können. Aber Sylhet, ein fast ganz vom Reisanbau lebender Bezirk im fernen Nordosten von Bangladesch, hat einen wesentlichen Unterschied vorzuweisen: Seit den 1960er-Jahren hat er einen nicht abreißenden Strom von Migranten auf Dauer in die Ankunftsstädte von London und anderen britischen Großstädten entsandt. Nach Schätzungen stammen 95 Prozent der in Großbritannien lebenden Bangladescher aus diesem kleinen Bezirk, und die dadurch entstandenen Verbindungen sorgten in den Dörfern hier, in denen es keine asphaltierten Wege und Straßen gab, für eine erstaunliche Metamorphose, denn die in beide Richtungen verlaufenden Ströme der Ankunftsstadt-Migration haben die einheimische Wirtschaft verändert. In Sylhet hat die Beziehung zwischen Ankunftsstadt und Dorf ihr dramatisches, vorletztes Stadium erreicht.

Wer nach Biswanath hineinfährt, kommt auf den ersten Blick in ein beliebiges, großes Bauerndorf in Bangladesch. Man sieht die wackligen, aus Holz und Wellblech errichteten Hütten, Heimstätten für Dutzende von Menschen, die von weniger als einem Dollar pro Tag leben. Man sieht die Kinder, die in den Reisfeldern Fische fangen, sieht Erwachsene bei der Erntearbeit mit Sensen, als Rikschafahrer und als Verkäufer von allem, was ihnen nur in die Hände fällt. Die

Armut des Landlebens fällt einem als Erstes auf. Nähert man sich dann der belebten Ortsmitte, zeigt das Dorf ein ganz anderes Gesicht: Dort gibt es Dutzende mehrstöckiger Geschäftshäuser und sogar ein komplettes Einkaufszentrum, Al Hera, das mit einer Rolltreppe, Rauchglasfenstern und Klimaanlage aufwarten kann. Verkauft werden dort unter anderem Schuhe, Unterhaltungselektronik, Kosmetika und Toiletten nach westlichem Vorbild, Waren, die man in Reisbauerndörfern früher nie zu Gesicht bekam. Es gibt Restaurants, Fast-Food-Lokale und Kebabverkäufer – viele von ihnen benutzen englische Schilder und Namen wie London Fried Chicken – und eine erstaunliche Zahl von Immobilienmaklern. Dieses Dorf ist hochgradig urbanisiert. Die meisten Dörfer im Bezirk Sylhet haben, im Unterschied zur Situation in den anderen 64 Bezirken in Bangladesch, einen ähnlichen Wandel erlebt.

Der nächste Schock folgt, sobald man das Dorf wieder verlassen hat und auf den schmalen Fahrwegen durch die Reisfelder fährt. Dort wird dann die Horizontlinie nach jeweils einem Dutzend Hektar durch die hoch aufragende Silhouette eines gewaltigen, drei oder vier Stockwerke hohen und modernen Hauses unterbrochen. Es verfügt meist über eine schön gestaltete Dachterrasse, einen fachkundig angelegten, von Mauern eingefassten Garten und eine kreisförmig verlaufende Zufahrt, die gut zum Landsitz eines Granden aus der Kolonialzeit passen würde, und all das ist in den am Persischen Golf üblichen grandiosen Baustilen ausgeführt oder erinnert an die reichsten Wohngebiete von Dhaka. Nähert man sich diesen schimmernden Schlössern, wird schnell deutlich, dass viele von ihnen unbewohnt und nur spärlich möbliert sind, obwohl sie von schäbigen Slumsiedlungen voller Menschen umgeben sind und obwohl es auf den Reisfeldern von Arbeitern nur so wimmelt.

Das sind die »Londoni«-Häuser, Eigentum der und in absentia erbaut von den Familien, die man hier als Londonis bezeichnet – mit dem Sylheti-Begriff für all diejenigen, die sich auf Dauer an einem beliebigen Ort in Großbritannien niedergelassen haben. Diese palastartigen Landsitze kosten im Regelfall Zehntausende von Dollar, im Westen wären sie, in vergleichbaren Dimensionen ausgeführt, Millionen wert. Diese Gebäude sind oft nur wenige Wochen im Jahr bewohnt, nämlich dann, wenn die Londoni-Verwandten zu Besuch kommen. Irgendwo in der unmittelbaren Nähe des großen Londoni-Hauses steht meist eine eindrucksvolle einstöckige Residenz, die ebenfalls mit aus Großbritannien stammenden Geldmitteln errichtet wurde und von den in der Heimat gebliebenen Verwandten der Londonis bewohnt wird. In der weiteren Umgebung dieser Gebäude befinden sich die sehr viel bescheidener ausgefallenen Unterkünfte der zahlreichen Arbeiter und Bediensteten. Manche von ihnen wurden hier am Ort geboren, andere sind mit den Jahreszeiten gehende Wanderarbeiter aus weit entfernten Bezirken des Landes. Sie alle sind in die Felder ausgeschwärmt, die zu dem großen Haus gehören, weil ihr Lebensunterhalt vom Geldstrom aus London abhängt.

Die in Großbritannien lebenden Sylhetis wohnen zwar oft in Sozialwohnungen und verdienen manchmal kaum mehr als den britischen Mindestlohn, doch diese Einkünfte reichen aus, um sie in Sylhet zu einer Art Feudalherren zu machen. Die Dorfbewohner betrachten sie als reiche Wohltäter, und bei ihren Besuchen legen sie oft eine adlige Arroganz an den Tag. Ihr Wohlstand hat Arbeitsplätze geschaffen, einen Bauboom ausgelöst und die Dörfer der Region in wirtschaftliche Zentren verwandelt, die ihre eigenen Migrationswellen erleben und in denen sogar eigene kleine Ankunftsstädte entstehen. Zu einem typischen Londoni-Haushalt gehören ein Dutzend Hektar bewirtschafteter Felder oder eine noch größere Fläche, mehrere großangelegte Bauvorhaben, ein paar Läden im Dorf und vielleicht noch eine Beteiligung an einem Straßen- oder Moscheebauprojekt. Ein solches Anwesen bietet zwölf bis 100 Sylhetis einen festen, dauerhaften Lohn und lockt Dutzende Menschen aus ärmeren Gegenden von Bangladesch ins Dorf. Sie leben meist in »Kolonien«, Slummietwohnungen, die von den Londonis gebaut wurden und in deren Besitz sind.

In einem großen Reisfeld in Biswanath begegnete ich einer Gruppe von Erntearbeitern, die sich über die Pflanzen bückten, sie mit ihren Sicheln abschnitten, bündelten und sie im Lauf eines anstrengenden Zehnstundentags zusammenbanden. Der 23-jährige Tariq Mia war mit den meisten anderen Mitgliedern dieser Gruppe aus Jamalpur gekommen, einem außerordentlich armen, mehr als 200 Kilometer entfernten Bezirk im Norden des Landes, um die Hälfte des Jahres auf den Reisfeldern zu arbeiten und so den Lebensunterhalt für seine Frau und seine Kinder zu verdienen. In Jamalpur gibt es noch *Monga,* die vor allem in einer bestimmten Jahreszeit immer wieder auftretende Hungersnot; Tod durch Unterernährung ist dort heute noch möglich. Tariq verdient während der Erntemonate 3000 Taka (60 Dollar), von denen er ein Drittel für Miete und Verpflegung in der

Slumhüttenkolonie aufwenden muss. Die verbleibenden 2000 Taka, die er in jedem der vier Erntemonate beiseitelegen kann, summieren sich zu mehr als dem doppelten jährlichen Durchschnittsertrag eines Bauernhofs in Jamalpur, und das genügt, um den Hungertod abzuwenden. Tariq und seine Gruppe arbeiten unter der Aufsicht von Cherag Ali (30), einem armen Bewohner von Biswanath aus einer Familie von Nicht-Londoni. Er ist in einer besser ausgestatteten Hütte im Dorf zu Hause und verdient an der Ernte etwa doppelt so viel wie die von ihm beaufsichtigten Arbeiter.

Diese Männer arbeiten für Mominul Islam, einen jungen Mann, den sie als *Malik* (Landbesitzer) betrachten, der im »blauen Haus« lebt, einem sauberen, modernen Bungalow neben dem großen Londoni-Haus. Das Gebäude ist von einem Zaun und einem gut gepflegten Ziergarten umgeben. Noch vor vier Jahrzehnten machten die zu diesem Besitz gehörenden Felder nur einen Dreiviertelhektar aus und wurden von der hier lebenden Familie bewirtschaftet. Dann, in den 1960er-Jahren, ging das Familienoberhaupt nach London, arbeitete ein paar Jahre in einer Fabrik und eröffnete schließlich im Norden von London ein Restaurant mit Straßenverkauf, das in einer boomenden Wirtschaft einen guten Ertrag abwarf. Der Auswanderer nutzte diese Einnahmen für den Bau des blauen Bungalows, kaufte auch Ackerland hinzu und erweiterte den Landbesitz der Familie, bis er mehr als 25 Hektar beisammenhatte. Sein in London geborener Sohn, der im Familienkreis Sufe Miah genannt wird, arbeitete während des britischen Wohnungsbaubooms in den 1990er-Jahren als Bauträger für kleinere Projekte und verwendete seine Einkünfte für den Bau des Londoni-Hauses, für mehrere Bauprojekte in diesem Gebiet und die Eröffnung einer Ladenkette sowie zu vermietender Ladengeschäfte im Dorf Biswanath. All dies brachte er bei seinen zwei Besuchen pro Jahr auf den Weg, zu denen er aus London anreiste.

Sufe Miahs Neffe, der 21 Jahre alte *Malik* Mominul Islam, ist der im blauen Haus wohnende Aufseher über dieses kleine Reich, der zugleich auch Arbeitgeber und Wohnraumvermieter der Erntearbeiter auf den Reisfeldern ist – ein lakonisch und mit leiser Stimme sprechender Mann, dessen Familie nach dem Tod seines Vaters nicht mit den anderen Verwandten auswandern konnte. Mominul hat Englischkurse belegt, aber es ist ihm bisher noch nicht gelungen, in London eine Frau zum Heiraten zu finden, trotz seiner Vorliebe für Motorradjacken, Schuhe und Fußballmannschaften aus dem Westen. Stattdessen wurde er so etwas wie ein Aufseher und mutmaßlicher Unternehmer: Er verwendete einen Teil des von seinem Onkel überwiesenen Geldes und eines der Mietladengeschäfte, um in der Ortsmitte von Biswanath ein eigenes Geschäft zu eröffnen. Dort verkauft er die Art von Laufschuhen, die auf den Straßen Londons beliebt ist. Er lebt im blauen Haus mit seiner Mutter, seinen drei jüngeren Schwestern und seinem Bruder, der noch die weiterführende Schule besucht. Einen großen Teil seiner Arbeitszeit verwendet er darauf, sicherzustellen, dass das Londoni-Haus jederzeit für einen der immer seltener werdenden Besuche seines Onkels gepflegt, geputzt und hergerichtet ist. Die monatlichen Kosten für den Unterhalt dieses Hauses betragen 15 000 Taka (300 Dollar). Die Monatslöhne von Masuk Ahmed (56) und Moinul Ahmed (25), den beiden ganztägig beschäftigten, im Haus lebenden Dienern, machen 9000 Taka (180 Dollar) aus. Die beiden Kleinbauern aus dem benachbarten Bezirk Habiganj zogen hierher, um sich das Londoni-Geld zu verdienen. Beide schicken mindestens 80 Prozent ihres Lohnes an ihre Familie und besuchen Frau und Kinder zwei- oder dreimal im Jahr.

Als die Volkswirtschaften des Westens in eine vom Kreditmarkt ausgehende Krise gerieten und der Immobilienmarkt in Großbritannien 2008 schwer einbrach, wurden die Rücküberweisungen von Mominuls Onkel zu periodisch eintreffenden Geschenken und hörten schließlich ganz auf. Die Bautätigkeit wurde eingestellt, und das gesamte Unternehmen musste mit den in Biswanath erzielten Einnahmen geführt werden, die hauptsächlich aus den Ladenvermietungen stammten. Dieser Einschnitt, der sich in Tausenden von Haushalten im ganzen Bezirk wiederholte, erforderte die rasche Umstellung der örtlichen Wirtschaftsweise vom Feudalismus auf den Kapitalismus und zwang unrentable Unternehmen zur Schließung. In Mominuls Fall war das Schuhgeschäft nicht mehr zu halten: Er entließ seine sechs Angestellten und sperrte zu. Insgesamt verloren mindestens zwei Dutzend von der Familie direkt oder indirekt beschäftigte Menschen ihren Arbeitsplatz. Der landwirtschaftliche Betrieb, der bis dahin aus einem Gefühl der Wohltätigkeit heraus betrieben wurde, das sich mit Landbesitzerstolz verband, wurde plötzlich zum Objekt finanzieller Überlegungen. Mominul will künftig drei Ernten im Jahr einbringen und den Anbau eventuell auf gut zu vermarktende Feldfrüchte umstellen.

Was geschah in Biswanath? Einerseits erlebte das Dorf einen Wechsel von einer bäuerlichen Wirtschaftsweise zu einer hochgradig von Geldzahlungen und Monumentalismus abhängigen Wirtschaft: Das Geld aus den Ankunftsstädten Großbritanniens unterstützt eine Wirtschaft, die mitunter mehr von Stolz als von wirtschaftlicher Vernunft angetrieben wird. Die Anthropologin Katy Gardner hat in ihren umfassenden Untersuchungen zur Wirtschaft und zum sozialen System von Sylheti gezeigt, dass ein Teil der Londoni-Gelder in den Bau von Straßen und Schulen, die Zusammenlegung von Ackerland und andere produktive Investitionen fließt. Genauso viel Geld wird jedoch für große Häuser, protzige Ladengeschäfte und andere Vorhaben ausgegeben, die den sozialen Status der Familie aufwerten, die Heiratschancen der in Sylhet verbliebenen Familienmitglieder verbessern und als sichtbare Symbole von Modernität und Weltläufigkeit dienen sollen.[14]

Neben diesem Strohfeuer bahnt sich jedoch eine nachhaltigere Entwicklung an. Die Politologin Tasneem Siddiqui aus Bangladesch hat in detaillierten Untersuchungen zur Wirtschaft dieser Dörfer gezeigt, dass Geld und Wissen aus den Ankunftsstädten von London und Dhaka Konsumgütermärkte im ländlichen Bereich schaffen (wo es bis dahin Konsumdenken ebenso wenig gegeben hatte wie die Möglichkeit, Geld zu verdienen) und in hochproduktive Landwirtschaft in Sylhet investiert werden. Es ist eine von Frauen angeführte Form des Fortschritts, denn Frauen übernehmen, unterstützt von hin- und herpendelnden Migranten, häufig die Führung bei Investitionen in Bewässerungsanlagen, Handwerksbetrieben und die Vermarktung von landwirtschaftlichen Produkten.[15] Einige Londoni-Investoren übernehmen die Aufgaben einer nicht präsenten Regierung: Neben Dutzenden von

Schulen, die Englischunterricht anbieten, von Migranten gebaut wurden und Dorfbewohnern Arbeitsplätze bieten, gibt es in Biswanath vier vollständig ausgebaute Colleges, die alle mit Londoni-Geld eingerichtet und betrieben werden, und alle scheinen sehr gefragt zu sein. Sie sind ausgebucht, denn die einheimische Bevölkerung hat auch nach dem höheren Schulabschluss eifrig in die weitere Bildung ihrer Kinder investiert, um ihnen bessere Chancen zur Erlangung des begehrten Einwandererstatus zu verschaffen oder sie für potenzielle ausländische Ehepartner attraktiver zu machen. Je restriktiver das britische Einwanderungsrecht wird, desto mehr Gewinn machen diese Schulen, und sie scheinen die kulturellen Ressourcen neuer Migranten, die von Bangladesch nach Großbritannien gehen, zu verbessern. Aber andere Londoni-Investitionen, diejenigen, die für die Einheimischen von geringerem Wert sind, blieben in der Krise auf der Strecke. Das Laufschuhgeschäft von Mominul Islam hatte sehr viel mehr mit der Zurschaustellung seines persönlichen Geschmacks und seiner Londoni-Ambitionen zu tun als mit der Schaffung von funktionierenden Märkten und Arbeitsplätzen in Biswanath; das Geschäft hatte nur solange Bestand, wie es mit den Geldüberweisungen seiner Familie finanziert werden konnte.

Ein Ergebnis dieser auf bizarre Art und Weise verzerrten Wirtschaft ist, dass die Londonis ihren Anteil am Landbesitz auf fast 80 Prozent vergrößert haben, obwohl sie nur ein Drittel der Familien stellen. Aber sie selbst sind keine Bauern mehr: Mehr als 84 Prozent ihrer Verwandten sind nicht mehr direkt an der Feldarbeit beteiligt. Stattdessen verdienen sie ihr Geld mit Ladengeschäften, Bauprojekten, Transportdienstleistungen und anderen Tätigkeiten und verpachten ihr Ackerland für eine Summe, die im Vergleich zu ihrem neuen Reichtum vernachlässigbar erscheint. Die meisten Familien bringen heute nur eine Reisernte pro Jahr ein und beschäftigen zwischen fünf und zehn Arbeitern. Eine kleine, aber nicht unbedeutende Zahl, etwa zehn Prozent, lässt das eigene Land brachliegen – ein außergewöhnliches Spektakel in einem Land, das unter schlimmer Nahrungsmittelknappheit leidet und Nettoimporteur von Nahrungsmitteln ist.[16]

Aber für Dorfbewohner ist die Landwirtschaft heute nicht mehr in jedem Fall die vernünftigste Art, den eigenen Lebensunterhalt zu verdienen. Es ist sinnvoller, wenn eine kleine Gruppe kleine oder mittelgroße marktorientierte landwirtschaftliche Betriebe führt, eine größere Gruppe als Landarbeiter tätig ist und noch mehr Menschen in nicht mit der Landwirtschaft verbundenen Tätigkeiten weiter auf dem Land arbeiten – ein Wandel, den die Banglatown-Ankunftsstadt zumindest allmählich in Angriff nimmt. Dieselbe »Entagrarisierung« des Dorfes ist in den wirtschaftlich bessergestellten Teilen Afrikas südlich der Sahara und des Nahen und Mittleren Ostens zu beobachten: Die Ankunftsstadt sorgt für die Urbanisierung des Dorfes, in kultureller Hinsicht wie auch bei der Organisation der Wirtschaft.[17]

In Biswanath sind heute mit für den Markt produzierenden landwirtschaftlichen Betrieben, die hohe Erträge erzielen und zahlreiche Arbeitsplätze bieten, alle Voraussetzungen für einen Übergang zu einem nachhaltigeren Leben auf dem Dorf gegeben. Das Ackerland wurde zusammengelegt, die Infrastruktur verbessert, und es fehlt nicht an Investitionsmitteln. Die zentrale und überwältigende Funktion dieses

Dorfes bleibt jedoch die nach außen gerichtete Migration, und die größten Investitionen gelten ausschließlich den riesigen und manchmal absurd anmutenden Denkmalen der Migration selbst. Diese Art von Dorf, die unvernünftig großen Häuser und das brachliegende Ackerland, die dafür typisch sind, gibt es in den Teilen der Entwicklungsländer, die mit westlichen Ankunftsstädten verbunden sind, immer häufiger zu sehen, vor allem in Mexiko, in Nordafrika und in den Deltas des Perlflusses und des Jangtsekiang in China.[18]

Doch diese Wirtschaftsweise und die für sie typischen Formen von Architektur und Beschäftigung sind strikt mit der ersten Generation der Ankunftsstadt verbunden. Die zweite Generation – die in der Ankunftsstadt geborenen Kinder – hat sehr viel weniger Interesse daran, Geld ins Dorf zu überweisen oder dort am eigenen Status zu arbeiten. Dass spätere Generationen solche Verbindungen aufrechterhalten, ist höchst unwahrscheinlich. Die Frage, die sich aus dieser Feststellung ergibt, ist dann, ob die Geldflut und der schockierende Strukturwandel im Dorf noch eine dauerhafte Wirkung haben, wenn die unmittelbaren physischen Verbindungen entfallen. Sylhet ist ein nützlicher Testfall, denn der Bezirk hat fünf Jahrzehnte ununterbrochener Migration einer großen Zahl von Menschen nach Großbritannien erlebt. Der stetige Strom von Rücküberweisungen ist zu gelegentlichen Zahlungen oder strategischen Investitionen geschrumpft. Die Besuche in den Londoni-Häusern werden immer seltener. Das überwiesene Geld wird weniger, und es entsteht der Eindruck, dass die Zurschaustellung von Mittelschichtwohlstand aufhören wird. Ein britischer Sozialwissenschaftler bezeichnete solche Dörfer nach einer detaillierten Untersuchung einer vergleichbaren, von Geldern aus Großbritannien angekurbelten Wirtschaft als »Fall von kapitalreicher Unterentwicklung«, bei der der Wohlstand »nur so stabil ist wie der fortlaufende Zufluss von Überweisungen«.[19]

Doch bei Dörfern wie Biswanath ist die Wahrscheinlichkeit sehr viel größer, dass sie zu funktionierenden Zentren marktorientierter Landwirtschaft werden. Der Anreiz, solche Strukturen auszubilden, ist im Moment wegen der Gelder aus London noch begrenzt. Etwa um das Jahr 2000 zogen Dutzende älterer Bangladescher aus London weg, um ihren Ruhestand in Biswanath zu verbringen. Sie brachten ihre britischen Renten mit, die staatlichen und die in der Privatwirtschaft erworbenen Rentenansprüche, die nach den in Biswanath geltenden Maßstäben bedeutende Quellen des Reichtums sind. Sie werden die letzte Generation sein, die diese Art von Geld ins Land bringt, und einige Menschen am Ort erkennen das und beginnen mit der Planung einer wirtschaftlich eigenständigen Zukunft.

Aber daraus folgt nicht, dass die bäuerlichen Kleinbetriebe in den Entwicklungsländern zu großen, marktorientierten Unternehmen zusammengelegt werden (oder: werden sollten), nach dem Vorbild, das bei der Verstädterung Europas und Nordamerikas entstand. Einige bäuerliche Kleinbetriebe sind zwar für jede Art von rentabler Landwirtschaft offensichtlich zu klein, aber Wirtschaftswissenschaftler kamen meistens zu dem Ergebnis, dass kleinere Höfe in armen Ländern effizienter und profitabler arbeiten und dabei mehr Menschen Arbeit bieten als größere Betriebe, wenn alle anderen Faktoren gleich sind (das Gegenteil der Verhältnisse in Ländern wie Polen).[20] Sie müssen nicht größer werden, sie brauchen Investitionen. Eine den Grundbedarf abdeckende Zufuhr von Geldmitteln und Fachwissen macht einen bäuerlichen Subsistenzbetrieb zu einem Arbeitsplätze schaffenden, für den Markt produzierenden Hof. Zu geringe Investitionen in die Landwirtschaft sind gegenwärtig eines der größten Probleme der Welt, wie die Nahrungsmittelknappheit 2008 gezeigt hat. Doch dies ändert sich allmählich. Die umfangreichen chinesischen Investitionen in die Landwirtschaft Afrikas südlich der Sahara machen zum Beispiel diese Region langsam zu dem Brotkorb, der sie schon immer hätte sein sollen. In den meisten Fällen werden es jedoch die Verbindungen zwischen dem Dorf und einer weit entfernten Stadt sein, aus denen die Investitionen für eine zweite Grüne Revolution hervorgehen werden.

Einigen Menschen dienten die Londoni-Überweisungen als Startkapital für einen dauerhaften Wechsel zu lukrativeren Tätigkeiten. In dem Dorf Rajnagar begegnete ich Montaj Begum (47), die drei Geschwister und zwei Kinder hat, die in London arbeiten, mehrheitlich in Curry-Restaurants. Die Rücküberweisungen der Angehörigen machten ihren elf Hektar großen Reisanbau zum ersten Mal seit Jahrzehnten richtig produktiv. Dann erkannte sie, dass ihr Lebensstandard inzwischen von den Geldern aus London abhing und das Auf und Ab in der Landwirtschaft ihr Auskommen nicht auf Dauer sichern würde. Sie sparte die gesamten Überweisungen von zwei Jahren, dann eröffneten sie und ihre im Ort verbliebenen Verwandten zwei Geschäfte im Dorf, einen Laden für Mobiltelefone und einen Montagebetrieb für Fensterläden, und übergaben das Ackerland einem Nachbarn, der sich für moderne Ackerbaumethoden interessierte. »Bis dahin war das Geld aus London unsere Haupteinnahmequelle, und wir waren Monat für Monat darauf angewiesen«, sagt sie. »Jetzt kommt das Geld wie ein Geschenk, und zwar nur in den Ferien, denn inzwischen sind in London sechs Kinder zu versorgen, es ist viel schwerer für unsere Leute dort. Aber das ist kein Problem, weil wir jetzt unsere eigenen Einnahmequellen haben. Die beiden Betriebe werfen auch Geld ab, deshalb sind wir auf das Geld aus London nicht angewiesen.«

Das kann zum Idealziel für das Dorf werden: Es entwickelt sich zu einem Ort, an dem ein paar Menschen profitable landwirtschaftliche Betriebe führen, viele weitere ihren Lebensunterhalt mit Lohnarbeit auf den Höfen verdienen, und die übrigen ihr Glück im örtlichen Dienstleistungsgewerbe finden. Auf diese Weise bereitete die Migration in Europa dem Bauerndorf ein entschieden unromantisches Ende, und wir können darauf hoffen, dass sich das in den anderen zwei Dritteln der Welt wiederholt. Das Schicksal des Dorfes hängt weitgehend von der Art ab, in der die Länder ihre wichtigsten Städte verwalten, und von den Rechten und Ressourcen, die den dort lebenden Migranten zuteilwerden. Umgekehrt hängt das Schicksal von Städten und ganzen Ländern sehr oft vom Umgang mit den Dörfern und den Menschen ab, die von dort wegziehen. Die schlecht verwaltete Ankunftsstadt kann das Dorf in ein Gefängnis verwandeln; das schlecht verwaltete Dorf kann die Ankunftsstadt explodieren lassen.

5 Die erste große Migration: Ankunft im Westen

SCHEUSSLICHE PORTALE ZUR MODERNEN WELT
PARIS, FRANKREICH

Als ein mageres 14-jähriges Mädchen namens Jeanne Bouvier im Jahr 1879 zum ersten Mal die neu errichteten Außenmauern von Paris durchschritt, hatte sie nur zwei Garnituren Kleidung dabei, die sie übereinander trug, ein paar Toilettenartikel in einem Tuch, dessen vier Ecken sie zusammengeknotet hatte, und die zeitlosen Erwartungen, die Migranten vom Land in die Städte mitnehmen. Sie war allein und hatte die lange Reise aus dem Rhônetal hierher schon vor einigen Monaten mit der Kutsche und zu Fuß zusammen mit ihrer Mutter unternommen. Die Mutter hatte nach einer deprimierenden Zeit, in der sie in den Vororten von Paris als Bürstenfärberin ihr Glück versucht hatte, aufgegeben und war in ihr von einer Hungersnot heimgesuchtes Dorf zurückgekehrt. Jeanne blieb alleine zurück und wagte sich in die mit Migranten überfüllte Stadtmitte vor. Sie schloss sich dem größten Migrationszug vom Land in die Stadt an, den die Welt je gesehen hatte, und kam auf dem Höhepunkt einer seit 125 Jahren anhaltenden Umwandlung der westlichen Welt in Paris an. Wie Hunderttausende andere Neuankömmlinge vom Land, die im 19. Jahrhundert in der französischen Hauptstadt die Mehrheit der Bevölkerung stellten, suchte sie nur eine Verdienstquelle, brauchte Geld, das sie nach Hause ins Dorf schicken konnte, und irgendeinen Platz zum Schlafen.

Was sie fand, war die erste große Ankunftsstadt der modernen Welt; nicht die größte, denn London und Manchester hatten Paris bis dahin an Größe, Umfang, Besiedlungsdichte, Aktivität und Grauen bei Weitem übertroffen, aber mit Sicherheit die explosivste. In Paris machten Regierungen die ersten schweren Fehler bei der Verwaltung der großen Migration, Fehler, die heute wiederholt werden. Und in Paris wurde die Ankunftsstadt zu einer politischen Kraft, die eine Nation verändern kann.

Jeanne kam in ein Straßenlabyrinth, in das sich die in der Stadt aufgewachsenen Pariser nicht hineinwagten, Straßen, die durch die Werke von Victor Hugo, Honoré de Balzac und Eugène Sue zum Inbegriff für Schmutz, Lasterhaftigkeit, Mord, Krankheiten und Zerstörung geworden waren, Straßen, die schon die Hauptschauplätze der gewaltsamen und den Lauf der Geschichte verändernden Aufstände und Revolutionen von 1789, 1830, 1832, 1848 und 1871 gewesen waren. In der allgemeinen Vorstellung waren diese Viertel der Aufbewahrungsort des Bodensatzes, das Versteck der gescheiterten Stadtbewohner, die Behausung der vertierten Überreste der Menschheit. Jeanne sah sie als das, was sie wirklich waren: als vorübergehendes Zuhause von Millionen Menschen, die, nachdem sie etwas gefunden hatten, was geringfügig besser war als die Verzweiflung im Heimatdorf, nach einer festen Ausgangsbasis in einer besseren städtischen Welt suchten.

Ihre erste Unterkunft, ein winziger Raum, dessen einzige besondere Merkmale ein schlichtes Bett aus Brettern und eine Abflussrinne für Fäkalien waren, die direkt unter ihrem

Fenster verlief, bestätigte die schlimmsten Vorstellungen von der Ankunftsstadt, und für ihre grausamen Arbeitgeber galt dasselbe. Nach einigen wenig einträglichen Tätigkeiten als Hausbedienstete fand sie innerhalb eines Jahres entfernte Verwandte aus ihrem Dorf, die im 9. Arrondissement im Nähereigewerbe arbeiteten und ihr dort zu einer Arbeitsstelle als Näherin in der aufblühenden Industrie für Konfektionskleidung verhalfen. Dort, in Werkstätten, die in Aussehen und Funktion wohl den heutigen Betrieben in den absolut vergleichbaren Ankunftsstädten von Shenzhen und Dhaka ähneln würden, verbrachte sie lange Arbeitstage für einen Durchschnittslohn von etwa zweieinhalb Francs pro Tag.

Und Jeanne Bouvier tat, was die Bewohner von Ankunftsstädten in ganz Europa taten: Sie rechnete, sparte, schickte Geld nach Hause und bemühte sich ausdauernd um eine Verbesserung ihrer Situation. Ihr Budget war äußerst knapp bemessen. Von ihren wöchentlichen Einkünften, die zwischen 12 und 40 Francs betrugen (sie arbeitete im Stücklohn, deshalb schwankten ihre Einkünfte erheblich), gab sie 8,40 Francs für Essen aus, 3 Francs für die Miete, 3,75 Francs für Kleidung; der Rest wurde nach Hause geschickt oder gespart. »Ich brachte jedes erdenkliche Opfer, um das kaufen zu können, was ich brauchte, um mich in meiner eigenen Wohnung einrichten zu können«, schrieb sie.

> Aber der Kauf eines Bettes und der dazugehörigen Ausstattung ist eine erhebliche Ausgabe für eine arbeitende Frau, die keinen Centime entbehren kann und außerdem weder Kleidung noch Unterwäsche besitzt. [...] Mein Ehrgeiz war es, eine Leibrente anzusparen und genug Geld auf die Seite zu legen, um

mir ein kleines Haus auf dem Land kaufen zu können. [...]
Dort wollte ich meine Tage beschließen. Um diesen Traum verwirklichen zu können, musste ich nähen, was das Zeug hielt, also stürzte ich mich leidenschaftlich auf die Arbeit.
Ich mietete ein kleines Zimmer. Dafür zahlte ich 30 Francs vorab, einschließlich des Trinkgelds für die Concierge. Dieses Zimmer war ein elendes kleines Loch, hatte aber einen Vorzug, den ich sehr zu schätzen wusste: Es war sauber. Die Wände waren geweißt. Es war nicht komfortabel, aber es war ein Zuhause. Ich hatte auch ein paar Küchenutensilien und einige Teller gekauft, sodass ich zu Hause essen und auf diese Weise einiges Essensgeld sparen konnte.[1]

Jeanne reihte sich ein unter die (mehrheitlich weibliche) Arbeiterschaft, die die 6., 7. und 8. Stockwerke der Häuser von Paris bewohnten – *sixièmes,* meist fensterlose Räume (weil die Gebäude nach der Anzahl der Fenster und Türen besteuert wurden), die oft von bis zu einem Dutzend Menschen bewohnt wurden. Die Flure waren in manchen Fällen durch Mauerdurchbrüche in die angrenzenden Gebäude hinein verlängert worden, sodass hoch über dem Straßenpflaster eine Art Parallelstraße entstanden war, die ausschließlich von Neuankömmlingen aus den Dörfern bewohnt wurde. In einigen Stadtbezirken wurde die Ankunftsstadt durch diese »vertikale Schichtung« definiert: Die bereits etablierten Stadtbewohner belegten die untersten Stockwerke, die armen Neuankömmlinge vom Land die obersten zwei oder drei Etagen. (Es war eine Zuordnung, die durch die Erfindung des nach den 1880er-Jahren eingeführten Aufzugs später dann umgekehrt wurde.)

In Paris hatten sich bis zu Jeanne Bouviers Zeit einzelne, klar erkennbare, vom übrigen Gemeinwesen abgetrennte Ankunftsstädte entwickelt. Die in der Stadt geborene und aufgewachsene Ober- und Mittelschicht verlagerte sich zunehmend in die Stadtviertel im Westen, die auf dem Land geborenen Arbeiter, Möchtegernarbeiter und die anhaltend Arbeitslosen bewohnten die Bezirke in der Stadtmitte und in den neuen, sich unkontrolliert ausbreitenden Ankunftsstädten im Nordosten, Osten und Süden, unmittelbar außerhalb der alten Stadtbefestigung. Während das Stadtzentrum von Paris unter Haussmann und seinen Nachfolgern zu einem fortlaufend verschönerten Netz von Boulevards und Plätzen wurde, drängte man die Mehrheit der Ankunftsstadtbewohner immer weiter hinaus an die Peripherie ab.

Jeanne Bouviers eigenes Leben und die damit verbundenen Wohnorte waren sowohl von horizontaler als auch von vertikaler sozialer Schichtung geprägt, denn sie lebte in den obersten Stockwerken der Nebenstraßenviertel, die in die Zwischenräume des Pariser Stadtzentrums eingezwängt waren, vor allem im 9. Arrondissement, in Zusammenballungen von billigen Pensionen und *garnis* (meist nach Berufsgruppen unterteilten Wohngebäuden, in denen man für sein Zimmer eine Wochenmiete zahlte). Viele dieser Gebäude blieben bis in die 1960er-Jahre erhalten, bis die Neuankömmlinge vom Land in Paris endgültig und auch unter Anwendung von Zwangsmaßnahmen in die neuen Hochhaussiedlungen in den äußeren Vororten abgeschoben wurden.

Jeanne sollte, wie die Mehrheit der Ankunftsstadtbewohner Europas, niemals in ihr Heimatdorf zurückkehren, bis auf ein, zwei Besuche, bei denen sie schockiert feststellen musste, dass sie den regionalen Dialekt nicht mehr verstand.* Auch keiner ihrer Nachbarn in Paris hatte eine Rückkehr im Sinn. Durch jahrhundertelange, jahreszeitlich begrenzte zirkuläre Migration waren Verbindungen zwischen Dorf und Stadt entstanden, und diese Pendelwanderungen, an denen seit dem Mittelalter Hunderttausende von Menschen in ganz Europa beteiligt waren, wurden noch bis zum Ersten Weltkrieg nicht vollständig durch eine feste Ansiedlung abgelöst. Bauern aus Savoyen zogen im Winter nach Paris, um dort als Schornsteinfeger und Kutscher zu arbeiten; Steinmetze und Bauern gingen von den Höfen des Limousin zu Arbeitsaufenthalten in die Hauptstadt; ein steter Zustrom von Dienstmädchen und Prostituierten kam auf Zeit aus der Bretagne. Als das Leben in Paris nicht mehr so mörderisch war und die Überbevölkerung auf dem Land zunahm, blieben immer mehr Bauern auch während der Zeit der Aussaat in der Stadt. Im letzten Viertel des 19. Jahrhunderts, zu Jeanne Bouviers Lebenszeit, blieb in Europa die Mehrheit der Zuwanderer vom Land für immer in der Stadt, obwohl diese Menschen meistens mit einer Rückkehr gerechnet hatten.

Auch Jeanne Bouvier sollte nicht zurückkehren und schaffte es dennoch, sich per Ratenzahlungen ein Bett zu kaufen. Schließlich hatte sie, durch exakte Budgetplanung

---

* Eine der Auswirkungen der Pariser Ankunftsstadt war, dass sie die französische Standardsprache zur landesweit verwendeten Sprache machte. Zu Jeanne Bouviers Zeit sprachen nur etwa 40 Prozent der Bevölkerung die Standardsprache, und noch viel weniger, vor allem diejenigen, die lange in Paris gearbeitet hatten, beherrschten sie sicher; die meisten Franzosen verwendeten nur Regionalsprachen und -dialekte wie das Okzitanische, Burgundische, Bretonische und Wallonische. Erst zu Beginn des 20. Jahrhunderts beherrschte die Mehrheit der französischen Staatsbürger die offizielle Standardsprache des Landes.

und strenge Selbstdisziplin, genug Geld gespart, um in ihren eigenen vier Wänden leben zu können, fern der Ankunftsstadt und in unmittelbarer Nachbarschaft der Mittelschicht. Dafür sollte sie Jahrzehnte brauchen.*

Jeannes Migration war von Hoffnung geprägt, aber nicht vom Glück veranlasst. Ihre Eltern, Bauern und Böttcher im Südosten Frankreichs, waren durch den großen Reblausbefall in den 1870er-Jahren, der Frankreichs Weinberge vernichtete, ruiniert worden. Ihr Vater hatte Frau und Kinder zur Arbeit in die Stadt geschickt, um den drohenden Hungertod abzuwenden. Er führte unterdessen den Hof, mit zunehmender Unterstützung durch Jeannes Geldüberweisungen.

Jeanne Bouvier fand ihren Platz in Paris mit Unterstützung des Netzwerks anderer Migranten aus ihrem Heimatdorf, und das war typisch für die Menschen, die die erste große Migrationswelle im Europa des 19. Jahrhunderts bildeten. Ebenso typisch war ihr Geschlecht. Die gängige Vorstellung geht von jungen Männern aus, die zur Arbeit in den Fabriken in die Stadt kommen und später ihre Familien aus den Dörfern nachholen. In Wirklichkeit waren es häufiger die Frauen, die als Erste eintrafen. Der Historiker Charles Tilly stellte fest, dass im 19. Jahrhundert die Arbeit als Hausbedienstete, vor allem unter Frauen, am häufigsten den Zugang zur vollständigen Migration vom Land in die Stadt bot (wie das auch heute noch häufig der Fall ist): »Die Bauern, die in die Stadt zogen, fanden meist eine untergeordnete Anstellung

---

* Jeanne Bouvier entwickelte sich im 20. Jahrhundert zur Funktionärin der Arbeiterbewegung, Feministin und Amateurhistorikerin sowie zur Autorin einer der ganz wenigen Lebenserinnerungen aus der Feder von europäischen Arbeitsmigrant(inn)en, die vom Land in die Stadt zogen.

als Bedienstete und im Handel. [...] Der wichtigste städtische Beschäftigungsbereich für Migranten in Europa, die vom Land in die Stadt zogen, war in den beiden letzten Jahrhunderten wahrscheinlich die Hauswirtschaft. Aber eine unangemessene Konzentration auf Männer und den Industriebereich verdeckte diese Tatsache.«[2]

DIE ERSTE EXPLOSION
Ende des 18. Jahrhunderts, als die ersten modernen Ankunftsstädte entstanden, gehörte die Wanderung vom Land in die Stadt schon seit Jahrtausenden zum Leben der Menschen. Sie waren seit etwa 3000 vor Christus vom Land in die Stadt gezogen, seit der Zeit, in der sich die ersten städtischen Siedlungen am Persischen Golf herausbildeten und diese Siedlungsform sich rasch über Asien und Europa ausbreitete. In den folgenden 5000 Jahren zogen unzählige Millionen von Bauern und Hunderttausende Menschen, die zu den regionalen Eliten zählten, in die Stadt. Die meisten taten dies, jahreszeitlich bedingt, für einen begrenzten Zeitraum oder um ihrem Beruf nachzugehen, aber eine immer größere Zahl von Zuwanderern blieb. Die Enklaven der Neuankömmlinge vom Land wurden jedoch erst in der zweiten Hälfte des 18. Jahrhunderts zu einer auffälligen und einflussreichen Erscheinung in der Stadtlandschaft. Die Städte waren bis dahin direkt mit der bäuerlichen Bevölkerung verbunden gewesen. Ab dieser Zeit waren solche Ankunftsstädte die treibende Kraft des politischen Wandels in den westlichen Ländern.

Ein großer Teil dieser Veränderungen hatte mit Krankheiten zu tun. Große Städte dienten während dieser 5000 Jahre sehr lange als »Bevölkerungssammelbecken«, um einen Ausdruck des Historikers William H. McNeill zu zitieren: Sie saugten eine große Zahl von Menschen auf, die vom Land kamen, hielten sie einige Jahre lang fest, um sie dann prompt umzubringen, meist bevor sie sich fortgepflanzt oder einen festen Wohnsitz gefunden hatten. In den langen Jahrhunderten, bevor den meisten Menschen Immunität, Hygiene oder Medizin bekannt waren, stellten die Städte große Ansammlungen nicht behandelbarer, tödlicher »Zivilisationskrankheiten« wie Pocken, Masern und Mumps dar, von Infektionskrankheiten also, die nur durch direkte Kontakte von Mensch zu Mensch in dicht bevölkerten Siedlungen übertragen werden können. Alle paar Jahrzehnte kamen dann noch katastrophale Ausbrüche von Epidemien wie der Beulenpest hinzu. In jeder größeren Stadt gab es mehr Sterbefälle als Geburten, und die Kindersterblichkeit war besonders hoch: In den Städten der frühen Neuzeit standen die Chancen, das Erwachsenenalter zu erreichen, selten besser als 1:1.

Europäische Städte verzeichneten deshalb Mitte des 18. Jahrhunderts einen jährlichen Bevölkerungszuwachs von nur 0,2 Prozent. Die Gesamtbevölkerung Westeuropas lag 1750 nur geringfügig über dem Stand von 1345, vor der ersten großen Pestepidemie, und viele italienische Städte hatten seit den Tagen des Römischen Reiches keinen Bevölkerungszuwachs erlebt. Die Sterberate war in London im 18. Jahrhundert so hoch, dass die Stadt nur mit durchschnittlich 6000 Zuwanderern vom Land pro Jahr ihre Einwohnerzahl von 600 000 stabil halten konnte.[3] Die Städte vernichteten, wie die Armeen, Menschenleben fast so schnell, wie sie sie aufnehmen konnten.

Diese Dynamik veränderte sich in der zweiten Hälfte des 18. Jahrhunderts, vor allem in den Jahren etwa ab 1780. In London übertraf die Zahl der Taufen erstmals 1790 die Zahl der Sterbefälle, und dieser Trend beschleunigte sich ab dem Beginn des 19. Jahrhunderts dramatisch.[4] Andere europäische Städte zogen schon bald nach. Diese Veränderung war zu großen Teilen auf das sich verdichtende Netz des weltweiten Handels und der damit verbundenen Kommunikation zurückzuführen. Es hatte einen homogenen Pool der Immunität geschaffen, der ganz Europa und große Teile Asiens umfasste und viele vormals tödliche Epidemien zu endemischen Krankheiten herabstufte (sie also zu bloßen Kinderkrankheiten machte). Diese neue Immunität löste einen bisher noch nie dagewesenen Bevölkerungszuwachs aus, und als weitere Faktoren kamen frühere Eheschließungen, bessere medizinische Versorgung und eine verbesserte Ernährungslage hinzu. In Europa und China nahm das Bevölkerungswachstum nach 1750 prozentual um das Fünf- bis Siebenfache zu. Die Gesamtbevölkerung Europas stieg von 118 Millionen im Jahr 1700 auf 187 im Jahr 1801 und sollte sich im nächsten Jahrhundert abermals verdoppeln.

Die meisten dieser Dutzende Millionen neuer Europäer waren Bauern, denn mehr als 90 Prozent der Europäer lebten bis weit ins 19. Jahrhundert hinein auf dem Land. Aber das Land konnte die angewachsene Bevölkerung nicht ernähren. In Gebieten, in denen das vererbte Bauernland gleichmäßig unter den Söhnen aufgeteilt wurde, zum Beispiel in den Staaten im Westen und Südwesten Deutschlands, gerieten die Parzellen bald so unwirtschaftlich klein, dass davon nicht einmal eine einzelne Familie leben konnte (wie heute in der

Landesmitte Indiens); die wirtschaftlich ruinierten Bauern wurden in die Städte getrieben. Andernorts wurde der jüngere Nachwuchs einfach fortgeschickt. »Das nach 1750 einsetzende rasche Bevölkerungswachstum brachte die Dorfgemeinschaften unter einen enormen und kaum auszuhaltenden Druck«, schreibt McNeill. »Für zu viele Arbeitskräfte gab es, als sie das entsprechende Alter erreichten, keine Verwendung. Die Städte waren bald völlig übervölkert durch Zuwanderer, die in den Randbereichen der städtischen Gesellschaft ihren Lebensunterhalt zu verdienen suchten, und in den Dörfern war sämtliches zur Bewirtschaftung geeignete Land belegt. Vor diesem Hintergrund brach die Französische Revolution aus.«[5]

Die Revolution – oder zumindest die besonderen Ereignisse, die sie vorantrieben – spielte sich in einem neuartigen städtischen Raum ab, den es in vorhergehenden Generationen in dieser Form noch nicht gegeben hatte. Er wurde von Neuankömmlingen vom Land bewohnt, und er bot neben niedrigen Mieten auch ein komplexes Netzwerk von Personenkreisen, in denen man sich gegenseitig Hilfe leistete und die sich oft nach Herkunftsorten und Berufsgruppen organisierten. Der Historiker Olwen Hufton gibt eine eloquente Beschreibung dieses neuen europäischen Ankunftsorts für Ankömmlinge vom Land:

In Städten jeder Größenordnung gab es Straßen oder ganze Viertel, die von Zuwanderern [vom Land] und ihren Familien und Bekannten nach und nach übernommen und schließlich überschwemmt wurden. Sie waren unweigerlich die am weitesten heruntergekommenen, feuchtesten, am schlechtesten beleuchteten und mit Wasser versorgten Teile des Gemeinwesens, um die sich die Verwaltungen am wenigsten kümmerten, boten aber billigen Wohnraum. [...] In diesen Zentren befanden sich meist auch wichtige Kirchen, Kathedralen und Klöster, denn sie waren die ältesten Teile der Städte, mittelalterliche Slums, die von Ratten und Läusen verseucht waren [...], doch ihre Lage brachte es auch mit sich, dass der Zuwanderer sich in strategisch günstiger Nähe zu den Häfen, Docks und Lagerhäusern sowie zu wichtigen Verkehrswegen befand, auf denen man zu öffentlichen Gebäuden gelangte. Wenn er sich seinen Lebensunterhalt erbetteln musste, welchen besseren Standort gab es dafür als den Zugangsweg zu Kathedralen oder die Eingangstore von Klöstern? Viele Betreiber von *garnis* waren Landsleute, die in der Stadt erfolgreich Fuß gefasst hatten; vielleicht konnte der Neuankömmling sogar einen kleinen Kredit erwarten? [...] Er hatte Schwestern und Kusinen, die in der Stadt als Dienerinnen arbeiteten, Brüder, Onkel, Vettern, Freunde, die Hausdiener und Hausbedienstete waren, und die lebten alle in den wohlhabenden Vierteln. Wenn er auf den Straßen oder im Hafen eine Gelegenheitsarbeit als Lastträger, Wasserträger oder Botengänger suchte, musste er wissen, wo er hinzugehen hatte, um eine solche Arbeit zu finden.[6]

Frankreich war im 18. Jahrhundert das mit Abstand am dichtesten bevölkerte und am weitesten entwickelte Land Europas, und es sollte auch die ersten vollständig ausgebauten Ankunftsstädte haben. In Paris lebte im Jahr 1789 eine amtlich registrierte Bevölkerung von 524 000 Menschen, aber eine schwere Hungersnot auf dem Land in jenem Jahr hatte diese Zahl auf 700 000 anschwellen lassen, weil Zehntausende Männer und Frauen aus dem bäuerlichen Milieu auf der Suche nach Geldeinkünften in die Stadt geströmt waren. Jacques Necker, der revolutionäre Finanzminister, beschrieb die Lebensverhältnisse im Stadtzentrum auf eine Art, die verblüffend an die chinesischen Städte zu Beginn des 21. Jahrhunderts erinnert. Die Bewohner, schrieb Necker damals, waren »die große ›wandernde‹ Bevölkerung der Hotels und möblierten Unterkünfte, […] Abertausende von Dorfbewohnern aus der Umgebung, die aus wirtschaftlicher Not hinter den Mauern der Hauptstadt Zuflucht suchten«.[7]

Die meisten dieser Menschen erwachten am Morgen des 14. Juli 1789 in bedrohlich übervölkerten Wohnvierteln im historischen Stadtzentrum von Paris, viele von ihnen hatten ihren Schlafraum mit 15 oder 20 anderen geteilt und machten ihre *garni*-Betten für die Schläfer der Tagschicht frei. Viele hatten wegen der enorm gestiegenen Brotpreise am Vortag nichts gegessen und sich zwei Tage lang durchgeschlagen, inmitten des Aufruhrs und der Plünderungen. Sie waren in den Slumgebäuden der Île de la Cité und im Gebiet um das Rathaus und die Markthallen zusammengepfercht, außerdem in einer rasch anwachsenden Ankunftsstadt in den Faubourgs, den dicht bebauten und rauchigen Vororten unmittelbar außerhalb der alten Stadtmauer. Die Faubourg Saint-Antoine, Standort von Gerbereien und Werkstätten, war das lebhafteste und am dichtesten bevölkerte Viertel, das außerdem unmittelbar hinter dem Bastille-Gefängnis lag. Die meisten in der Saint-Antoine lebenden Männer und Frauen hatten ihre täglichen Gänge zur Place de Grève gemacht, einem öffentlichen Platz im Zentrum der Pariser Ankunftsstadt, der nicht nur Schauplatz für Hinrichtungen war, sondern auch als Freiluft-Arbeitsvermittlungsstelle für alle Arten von Handwerkern und Hausbediensteten galt.* Die meisten Menschen fanden an jenem Tag keine Arbeit, weil der Bauboom, der die Ankunftsstadt im vorhergehenden Jahrzehnt hatte anwachsen lassen, in eine tiefe Krise geraten war. In den letzten Jahren waren die Menschen bei solchen Neuigkeiten in ihre Dörfer zurückgegangen, aber der Hunger hatte sie diesmal in die Verzweiflung getrieben, und sie blieben in Paris, waren teilnahmslos und zornig zugleich.

Die Menschenmengen, die sich am 14. Juli in Paris zusammenrotteten, die Bastille stürmten und das Rathaus plünderten, bestanden fast ausschließlich aus Bewohnern dieser Ankunftsstadt. Eine genaue Untersuchung der Akten zu den Verhaftungen an jenem Tag führte den Historiker George Rudé zu der Schlussfolgerung, dass »die Männer und Frauen, die die Absperrungen niederbrannten, vor allem aus den Reihen der Armen kamen, die in den Vororten am Rand der Hauptstadt lebten«. Mit anderen Worten: Sie gehörten zur Kernbevölkerung der größten Ankunftsstadt von Paris, waren Menschen, die noch mit einem Bein im Dorf standen. Mindestens 400 der 635 von der Polizei während der Erstürmung der Bastille festgenommenen Personen »waren ländlicher Herkunft«, und ein erheblicher Teil von ihnen wurde als arbeitslos geführt. Die Zuwanderer vom Lande waren die ersten Sansculotten; die Revolution war zunächst vor allem ein Aufstand der Ankunftsstadt.[8] Die Französische Revolu-

---

* Der Ausdruck *faire la grève* entstand auf diesem Platz; zunächst bedeutete er »arbeitslos sein«, heute steht er für »streiken«.

tion blieb auch in den Folgemonaten ein Ereignis, das von der Ankunftsstadt ausging. »Die Pariser Menschenmengen, die in der Anfangszeit die Revolution vorantrieben«, schrieb ein Beobachter, »rekrutierten einen großen Teil ihrer Kämpfer aus einer in jüngerer Zeit zugewanderten Bevölkerung vom Lande.«[9] Diese Sansculotten aus der Ankunftsstadt brachten 1793 die Jakobiner an die Macht und trieben die Revolution weiter voran.

Die Neuankömmlinge vom Dorf waren zwar die Triebkräfte der Revolution, gehörten aber nie zu ihren Nutznießern. In den folgenden unruhigen eineinhalb Jahrzehnten, die den Lauf der Geschichte veränderten, wurde absolut nichts getan, um die Lebensbedingungen oder die gesellschaftliche Stellung dieser Neuankömmlinge in der Stadt zu verbessern (mit Ausnahme kontraproduktiver Maßnahmen, zu denen das Einfrieren der Brotpreise gehörte), auch in ihren Wohnvierteln änderte sich nichts. Die führenden Revolutionäre waren vielmehr bestrebt, die Bauern im Dorf zu behalten, und bemühten sich darum, dass sie auch Bauern blieben. Die Generalstände wurden am Abend des 4. August 1789 zur ersten europäischen Regierung, die den Feudalismus offiziell abschaffte. Dies geschah mit einer Reihe von Dekreten, die die Möglichkeiten von Adel und Klerus, den Zugang zum Land zu kontrollieren, einschränkten, den Großgrundbesitz aufteilten und die Bauern über einen Prozess der Parzellierung – zumindest theoretisch – zu Eigentümern ihrer Äcker machten. Aber es gab nur wenige Geldquellen, aus denen Investitionen in ländliche Gebiete flossen. Die Landaufteilung zwischen den Generationen führte in vielen Gebieten zu winzigen Parzellen, die keine rentable Landwirtschaft zuließen. Das förderte idyllische Vorstellungen vom Leben der französischen Bauern, aber die humanitären Konsequenzen waren fürchterlich. Reetdächer mögen hübsch anzusehen sein, aber das damalige Leben unter solchen Dächern war kurz, hart, von Krankheiten heimgesucht und stets von Hungersnot bedroht. Das wiederum führte dazu, dass die Bauern Schulden anhäuften oder von Systemen abhängig wurden, die dem Feudalismus sehr ähnlich waren. Diese besondere Konzentration auf das Landleben sorgte dafür, dass das folgende Jahrhundert von einer chaotischen Urbanisierung geprägt wurde, an der eine fiebrige und vernachlässigte Ankunftsstadt und verarmte ländliche Gebiete bemerkenswert waren.

Am allerschlimmsten war, dass es der französischen Kleinlandwirtschaft nicht gelang, genug Nahrungsmittel für die Versorgung der Städte herzustellen. Brot blieb selbst in den besten Zeiten in Paris sehr viel teurer als in London. Arbeiter in Paris gaben 50 bis 60 Prozent ihres Lohnes für Brot aus, in London waren es nur 35 bis 40 Prozent. In Paris kam es in diesem Zeitraum häufig zu Hungerunruhen, während solche Vorgänge in Ländern mit effizienterer Organisation der Landwirtschaft weitgehend unbekannt waren.[10] Das liefert zumindest eine teilweise Erklärung für den berühmten Mangel an Stabilität in Frankreich: Hunger in breiten Bevölkerungskreisen und Brotpreisschocks gingen der Revolution von 1848 voraus (die sich fast ausschließlich in Ankunftsstädten abspielte), ebenso der Julirevolution von 1830 und dem Aufstand der Pariser Kommune (der in der Ankunftsstadt Montmartre begann). Frankreichs Konzentration auf die Parzellierung des Ackerlands bei gleichzeitiger Vernachlässigung von Reformen in den Städten sorgte zwar für eine gewisse Stabilisierung auf dem Land, aber nur um den Preis eines gefährlichen Verlustes von wirtschaftlicher und politischer Stabilität.

DER URBANISIERENDE SCHOCK DER EINHEGUNG

Anderswo in Europa hatte eine ebenso grundlegende Umwälzung eine ähnlich dramatische Wirkung wie die Französische Revolution. In den Niederlanden, in Skandinavien, in den deutschen Staaten und besonders in England und Wales gelang es den Bauern durch eine Reihe von Neuerungen, die man als intensive Bodenbewirtschaftung bezeichnete, ihre Erträge zu steigern und in der Landwirtschaft viele neue Arbeitsplätze zu schaffen. Dafür sorgten verschiedene Innovationen im Lauf eines Wandels, der bereits im 16. Jahrhundert eingesetzt hatte, aber in England und im Nordwesten Europas erst zwischen 1750 und 1870 zur gängigen Praxis wurde: großangelegte Entwässerung, systematische Bewässerung und der Einsatz von Düngern; neue Technik wie stählerne Gerätschaften für die Bodenbearbeitung, Sä- und Dreschmaschinen; besseres Futter für die Tiere und gezielte Züchtung, Fruchtwechsel, verstärkt durch neue Brachen und Futterpflanzen; und schließlich hohe Erträge versprechende Nahrungspflanzen wie Kartoffeln, Rüben und Zuckerrüben.

Die intensive Bodenbewirtschaftung war in vielerlei Hinsicht das perfekte Gegenstück zum Bevölkerungswachstum in Europa. Sie benötigte sehr viel mehr Arbeitskräfte pro Hektar, mitunter bis zu dreimal so viele, und steigerte deshalb den Beschäftigungsgrad auf dem Land; sie produzierte auch ein Mehrfaches an Nahrungsmitteln, was Malthus' These ein Ende setzte, nach der das Ackerland zur Ernährung einer wachsenden Bevölkerung nicht ausreiche, und sorgte dafür, dass die Länder, in denen sie praktiziert wurde, für Nahrungsmangel und Hungersnöte sehr viel weniger anfällig waren. Das extrem schnelle Wachstum der Stadtbevölkerung schuf große und lukrative Märkte für massenhaft angebaute Grundnahrungsmittel und bot den Landbesitzern einen machtvollen Anreiz für die Umstellung auf eine intensive und marktorientierte Landwirtschaft.

Für eine intensive Bodenbewirtschaftung mussten bisher gemeinschaftlich genutzte Weiden und Felder abgeräumt, zu ausreichend großen Besitztümern zusammengelegt und eingezäunt werden. Das Leben der Bewohner – der Bauern, Landarbeiter, landlosen Gelegenheitsarbeiter und Landstreicher – wurde auf dramatische und manchmal tragische Weise von Grund auf verändert. Wirtschaftswissenschaftliche Untersuchungen haben gezeigt, dass sich viele Menschen dadurch verbesserten, vor allem die wohlhabenderen Bauern, die das Eigentumsrecht an ihrem Land erwarben, eine Intensivlandwirtschaft aufbauten und zu Arbeitgebern wurden.[11] Der rasche Übergang zu einer marktorientierten Landwirtschaft in großen Teilen Europas wirkt, aus der historischen Distanz betrachtet, unter dem Strich wie ein Nettogewinn. »Die Einhegung brachte mehr Nahrungsmittel für die wachsende Bevölkerung, mehr Land unter dem Pflug und, insgesamt, mehr Arbeitsplätze auf dem Land; und eingezäunte Höfe bereiteten den Boden für die neuen Fortschritte des 19. Jahrhunderts«, heißt es in einer wichtigen historischen Studie.[12]

Aber das rasche Ende für die bäuerlichen Selbstversorgerbetriebe führte in Verbindung mit dem enormen Bevölkerungswachstum jener Zeit zu einem Bevölkerungsüberschuss von Dutzenden Millionen Menschen, die das Landleben aufgaben – durch eigene Entscheidung oder nach behördlicher Verfügung – und in den Städten Arbeit suchten, entweder im Heimatland oder jenseits des Atlantiks. In einigen Fällen war dies eine Flucht aus Verzweiflung. Daraus ergab sich eine massive Verschiebung von ländlicher Armut hin zu städtischer Armut, was zu unterschiedlichen Ergebnissen führte.

Nirgendwo sonst in den Ländern der westlichen Welt war der Abschied von der bäuerlichen Kleinlandwirtschaft auch nur annähernd mit solchem Grauen und solcher Unmenschlichkeit verbunden wie in Irland. Durchgesetzt wurde er mit oft brutalen Kolonialgesetzen. Zum Beispiel wurde Bauern, die von einem mehr als 1000 Quadratmeter großen Besitz vertrieben worden waren, jede Unterstützung verweigert, selbst das Armenhaus. Diese zwangsweise Neugestaltung des ländlichen Raums, die niemals ein rentables System mit einer marktorientierten Landwirtschaft hervorbrachte (Irland blieb ein Nettoimporteur von Nahrungsmitteln), verschlimmerte noch die von der Kartoffelfäule von 1845–1849 ausgelöste Hungersnot, während der mehr als eine Million Menschen an Hunger oder Krankheiten starben und eine weitere Million in die Ankunftsstädte von England und Nordamerika floh. Das Land verlor dadurch ein Viertel seiner Bevölkerung. Die Iren stellten schon bald einen bedeutenden Teil der Einwohnerschaft von Ankunftsstädten in Manchester, Liverpool, Bradford, London, New York City, Chicago und Toronto.

Diese Migration erfolgte so plötzlich und unter so dramatischen Umständen, dass sie die Ankunftsstadt für kurze Zeit in den hoffnungslosen Slum verwandelte, der in der allgemeinen Vorstellung verankert ist. Der Zustrom entwurzelter Familien vom Land war in verschiedenen Phasen während der ersten Hälfte des 19. Jahrhunderts groß genug, um die Löhne in der Stadt auf ein unmenschliches Niveau zu drücken. In den ersten Jahrzehnten dieses Jahrhunderts bestand die Belegschaft der Fabriken in Nordengland zu großen Teilen aus Frauen und Kindern, denen die Eigentümer noch weniger zahlten als den Männern. Die offenen Abwasserrinnen unter den Fußböden und in nicht abgedeckten Rinnsteinen hinter den Wand an Wand gebauten Häusern stellten eine gefährliche Infektionsquelle dar, sodass die Ankunftsstädte Westeuropas von 1830 bis 1860 drei oder vier große Cholera-Epidemien erlebten, denen Millionen von Menschen zum Opfer fielen. Erst die Hygiene-, Wohnungsbau- und humanitären Reformen in der zweiten Hälfte des 19. Jahrhunderts setzten diesen städtischen Leiden ein Ende.

Wäre es Europa besser ergangen, wenn andere Länder dem französischen Vorbild gefolgt wären und das Recht der Bauern, auf ihren Subsistenzhöfen zu bleiben, gesichert hätten? Oder hätte die britische Vorgehensweise mit einem abrupten Übergang zu marktorientierter Landwirtschaft und Verstädterung den von der Kleinlandwirtschaft beherrschten Ländern West- und Südeuropas einen höheren Lebensstandard gebracht? Das ist keineswegs nur historische Spekulation, denn genau diese Frage müssen sich heute regionale und nationale Regierungen in Asien, Afrika und Südamerika stellen.

Ein großer Unterschied zwischen der britischen und französischen Vorgehensweise war der zwischen ländlichem und städtischem Leben. In Frankreich lebten sich Bauern und Stadtbewohner in kultureller und wirtschaftlicher Hinsicht immer weiter auseinander, während sich die Lebensweisen in Großbritannien eher anglichen. Der französische Ökonom Léonce Guilhaud de Lavergne stellte in den 1860er-Jahren fest, dass in Großbritannien die Löhne auf dem Land und in der Stadt nahezu gleich waren, sodass es keinen wahrnehmbaren Unterschied gab »zwischen dem Lebensstil des Londoners und dem des Mannes in Cumberland«.[13]

Unmittelbar vor dem Ersten Weltkrieg waren 41 Prozent der französischen Arbeitskräfte in der Landwirtschaft beschäftigt und erzeugten 35 Prozent des französischen Nationaleinkommens; in Großbritannien waren acht Prozent der Arbeitskräfte in der Landwirtschaft tätig und kamen nur auf fünf Prozent des Bruttoinlandsprodukts. Praktisch die gesamte ländliche Bevölkerung von England und Wales wurde im Verlauf dieses Jahrhunderts von den Ankunftsstädten in London, Manchester, Liverpool, Bradford, Birmingham, Sheffield und anderen Industriezentren aufgesogen. Die Durchschnittslöhne in Großbritannien – einschließlich der Arbeiterschaft in den Slums der Ankunftsstädte – lagen zum Ende der großen europäischen Migration im Jahr 1914 um 15 bis 25 Prozent über den Löhnen in Frankreich, obwohl Frankreich ein vergleichbares Niveau im Gesundheitswesen, beim Alphabetisierungsgrad und im Bildungswesen hatte.[14] Es ist ein außergewöhnlicher Tatbestand, dass die britische Bevölkerung in diesem gesamten Zeitraum mit zwei- oder dreimal so hohen Raten wie in Frankreich wuchs und dieser demografische Druck dennoch keine sozialen Spannungen erzeugte, die tief genug gingen, um das Staatsgefüge zu erschüttern. Zweifellos gab es auch in Großbritannien in der ersten Hälfte dieses Zeitraums erheblichen politischen Aufruhr, der zu Konfrontationen wie dem Peterloo-Massaker in Manchester 1819 führte, und Regierungen, deren Umgang mit den Bewohnern von Ankunftsstädten man im besten Fall als gleichgültig und im schlimmsten Fall als grausam und unmenschlich bezeichnen kann. Doch die neuen Stadtbewohner hungerten nicht und hatten im Allgemeinen auch nicht das Gefühl, für immer festzusitzen. Ankunft war möglich und machbar, deshalb war Gewalt selten einer Überlegung wert.

Das vorhergehende Leben auf dem Land hatte eine direkte und dramatische Auswirkung auf das politische Leben in der Ankunftsstadt. Wenn ihre Bewohner zunächst von einer Nahrungsmittelknappheit aus ihren Dörfern vertrieben worden waren und dann in der Stadt sofort unter dem Nahrungsmittel-Preisschock und einer Arbeitslosigkeit litten, die durch diese Notsituationen verursacht worden war, neigten sie zum Handeln. Die Revolutionäre jener Zeit missdeuteten dieses Handeln oft. Überaus klar wird das in Karl Marx' der Selbstrechtfertigung dienendem Meisterwerk *Der achtzehnte Brumaire des Louis Bonaparte* (1852). Mit dieser Schrift versucht er zu erklären, warum der Aufstand von 1848 in Paris nicht zu der von ihm vorhergesagten dauerhaften sozialistischen Umgestaltung geführt hatte. Er macht dafür die Bauern und die auf dem Land geborenen Bewohner der Pariser Ankunftsstadt verantwortlich. Die letztere Gruppe wertet er als Lumpenproletariat ab, dem es an Bewusstsein mangele und das seinen politischen Standort nicht so verstehen könne, wie das einem in der Stadt geborenen Arbeiter gelinge. Ihm war, ähnlich wie den Romanautoren jener Zeit, entgangen, dass nicht die Arbeiter aus der Stadt, sondern die Neuankömmlinge vom Dorf zur treibenden Kraft in der Gesellschaft geworden waren.[15]

DAS GROSSE ZEITALTER DER EUROPÄISCHEN ANKUNFTSSTADT

Europas Städte waren Mitte des 19. Jahrhunderts für diejenigen Monarchen und Stadtplaner, die versucht hatten, ihnen Form, Ordnung, Mauern und Boulevards zu geben, nicht mehr wiederzuerkennen. Die ganze Pracht und Herrlichkeit war weggefegt und zur unbedeutenden Größe geworden inmitten der großen Ankunftsstädte, die den Stadtkern abschnürten und die Außenbezirke verschlangen. Die Regierungs- und Verwaltungsviertel und ihre monumentalen Bauten wurden zu bloßem Beiwerk.

Der elegante Plan von Berlin, den die Stadtplaner am Hof der Hohenzollern im 18. Jahrhundert mit einem geschickt angelegten Netz von Boulevards entwickelt hatten, wurde umgehend durch die Zuwanderungswellen vom Land zunichtegemacht, die Planer waren angesichts des nicht zu verwaltenden Tempos des Bevölkerungszuwachses hilflos. Es war ein Sprung von 197 000 Menschen im Jahr 1816 zu 431 000 im Jahr 1841, und 1871 waren es noch einmal doppelt so viele, bis die Stadt am Vorabend des Ersten Weltkriegs fast zwei Millionen Einwohner zählte. Die ländlichen Gebiete Deutschlands wurden im 19. Jahrhundert von den

Bauern geräumt, eine Entwicklung, die sich fast ein Jahrhundert nach den Einhegungen in England abspielte, dafür aber mit noch größerer Geschwindigkeit. Ganz Berlin wirkte wie eine Ankunftsstadt, mit Ausnahme einiger Viertel mit Monumentalbauten im Stadtzentrum. Im Jahr 1885 waren 81 Prozent der in der Nahrungsmittelversorgung Beschäftigten, 83,5 Prozent der Bauarbeiter und mehr als 85 Prozent der im Transportwesen tätigen Personen noch auf dem Land geboren worden. Sie alle waren, nach eigener Entscheidung oder unter Zwang, in eine Stadt gezogen, die zur räumlichen Ausdehnung nicht in der Lage war, sodass eine riesige Zahl von Menschen sich einen begrenzten Raum teilen musste. Berlin war im letzten Viertel des 19. Jahrhunderts die am dichtesten bevölkerte Stadt der Welt.

Die Grundlage der Ankunftsstadt in Berlin war eine düstere Form von Mietwohnungsbauten, wie sie auch am Stadtrand von Wien, Warschau, Prag und St. Petersburg mit großer Geschwindigkeit entstanden waren, um den Wohnraumbedarf zu decken. Solche Bauten bezeichnete man damals – und heute noch – als Mietskasernen. Der Architekturhistoriker Joseph Rykwert beschrieb sie als trostlose Aufbewahrungsorte für Menschen: »Häuserblocks, oft fünf bis sieben Stockwerke hoch, mit mehreren Hinterhöfen, die als Lichtschächte dienten, obwohl sie meist zu eng waren, um viel Licht hereinzulassen. [...] Wie schon ihr Name nahelegte, wurden sie errichtet, um möglichst hohe Mieteinnahmen zu erzielen, auch wenn ihre Außenwände oft mit Stuckverzierungen und Mustern versehen waren, um die mehr oder weniger zivilisierte Anmutung von Großstadtstraßen aufrechtzuerhalten.«[16]

Die Ankunftsstädte Mitteleuropas sperrten eine unglaubliche Zahl von Menschen in stickige, unmenschlich gestaltete, vertikale Speicher, die in einem dichten, deprimierenden Gitterwerk angeordnet waren, während die Ankunftsstädte in Westeuropa und England, die sehr viel größer waren, Ordnung und Vernunft ganz und gar zu meiden schienen. Sie stopften Menschen in endlose, scheinbar willkürlich angelegte Reihen von Hütten, die man kaum als Wohnungen bezeichnen konnte und die sich über die Felder am Stadtrand erstreckten, und füllten baufällige und ungenutzte Gebäude in der Nähe der Fabriken und Betriebe, die in unmittelbarer Nähe des Stadtzentrums lagen.

Schmutz und Verwahrlosung in den Ankunftsstädten von London und Paris gingen in die Literatur ein, aber die erstaunlichste Ausprägungsform mag vielleicht die riesige Hüttensiedlung gewesen sein, die Barcelona überzog. Es war ein städtischer Notstand von unglaublichen Ausmaßen, denn Katalonien hatte, im Unterschied zu allen anderen Orten auf der Iberischen Halbinsel im 19. Jahrhundert, eine Industrialisierung im großen Stil erlebt. Die Löhne, die in den Fabriken der Stadt gezahlt wurden, waren doppelt so hoch wie in Madrid, und die entwurzelten Bauern Spaniens und Südfrankreichs, die in ihren Herkunftsgebieten unter raschem Bevölkerungswachstum und häufigen Hungersnöten zu leiden hatten, strömten in großer Zahl in die Stadt. Die Einwohnerzahl Barcelonas wuchs von 35 000 Mitte des 18. Jahrhunderts auf 175 000 im Jahr 1854, und das auf einem sehr begrenzten, durch die alte Stadtmauer definierten Raum. Die Mehrzahl der Bewohner landete so in der schrecklichsten Art ungeplanter Slums, wo immer wieder Krankheiten ausbrachen und Cholera-Epidemien wüteten. Barcelona galt deshalb als die Stadt mit den unhygienischsten Lebensbedingungen in ganz Europa. Die Ankunftsstadt von Barcelona, die von allen Entscheidungsebenen der Regierung vernachlässigt wurde, entwickelte sich, mehr noch als das Gegenstück in Paris, zu einem Ort gewalttätiger Unruhen. Das wiederum führte zu einer ein Jahrhundert lang anhaltenden Abfolge von Aufständen, Revolutionen und Unruhen, den vielleicht schlimmsten in ganz Europa. Barcelona wurde, wegen dieser Krise und aufgrund des besonderen Genies des Stadtplaners Ildefons Cerdà, zu einer der ersten Städte in Europa, die die Ankunftsstadt bei ihren Planungen berücksichtigte. Cerdàs berühmte Stadterweiterung, die Eixample, brachte nicht nur die Kanalisation, sondern für eine ganze Generation von Neuankömmlingen vom Land auch die Möglichkeit, sich durch den Erwerb von Wohnraum einen Ausgangspunkt für das Leben in der Stadt zu verschaffen. Das reichte sicherlich nicht aus, um die Menschenmassen aufzunehmen, die zu Beginn des 20. Jahrhunderts weiterhin kamen, weshalb diese Zeit von ständigen Unruhen in der Ankunftsstadt geprägt war, aber es diente als Beispiel für das städtische Leben der Zukunft.

WIE DAS NEUNZEHNTE JAHRHUNDERT GESTALTET WURDE

Fünf Jahre bevor sich Jeanne Bouvier auf den Weg vom Rhônetal nach Paris machte, unternahmen zwei Pachtbauern aus einem Reetdach-Dorf im Südosten Englands unter vergleichbar dringenden und traumatischen Begleitumständen eine ähnliche Reise. Ein junges Ehepaar, Will und Lucy mit dem treffenden Familiennamen Luck, wurde 1874, mitten in der letzten Runde von Einhegungsgesetzen (Enclosure Acts), aus ihrem Cottage vertrieben. Die beiden nahmen ihre wenigen Habseligkeiten auf den Rücken und legten die 50 Kilometer von Luton zu den sich rasch erweiternden Randbezirken von London zu Fuß zurück.

Sie landeten in der Ankunftsstadt, die sich im Lauf des vorhergehenden Jahrzehnts ausgehend vom Regent's Canal in der Nähe von Paddington Station stadtauswärts entwickelt hatte. Die langen Häuserreihen waren hauptsächlich von spekulierenden Bauunternehmern errichtet worden, in der Hoffnung auf Käufer aus den Reihen der unteren Mittelschicht, die sich nach ihrer Erwartung außerhalb der City of London stadtauswärts an den neuen Straßenbahnlinien ansiedeln würden. Es gab jedoch einfach nicht genug Menschen, die dieser Schicht angehörten und die Vororte besiedeln konnten, schon gar nicht während der anhaltenden Wirtschaftskrise, die ein Jahr vor dem Eintreffen der Lucks in London eingesetzt hatte. Wie die Bauunternehmer über das gesamte Jahrhundert hinweg feststellen sollten, strömte die größere menschliche Flut nicht vom Zentrum stadtauswärts, sondern von der Scholle in die Stadt. Das Viertel wurde, ebenso wie ein großer Teil der sich rasch erweiternden Peripherie Londons, ein Ankunftsstadt-Slum.

Die Lucks sahen sich von ehemaligen Handwerkern, Bauern und Landarbeitern umgeben, die aus benachbarten Dörfern in ihrer vormaligen Heimat Bedfordshire stammten und sie in die dichten sozialen Netzwerke einbezogen, die zu einem Arbeitsplatz verhalfen. Lucy fand schon bald eine Anstellung als Strohflechterin in einem der vielen Hutgeschäfte in ihrem Stadtbezirk. Wills Fachkenntnisse im Umgang mit Pferden brachten ihm eine feste Anstellung als Pferdepfleger bei den Eisenbahngesellschaften ein. Beide verdienten ein Vielfaches dessen, was sie im Dorf jemals hätten erwirtschaften können, und führten schließlich ein angenehmes Leben im sicheren Umfeld des Mittelschichtmilieus.[17]

Millionen von Menschen aus ganz Großbritannien folgten dem Weg der Lucks nach London. Es war die größte Migrationsbewegung vom Land in die Stadt, die es bis Ende des 20. Jahrhunderts gegeben hatte. London war die mit Abstand größte Stadt der Welt, und mindestens 40 Prozent der Bevölkerung waren zu nahezu jedem beliebigen Zeitpunkt des 19. Jahrhunderts außerhalb der Stadtgrenzen geboren worden. Im Jahr 1901 lebte die verblüffende Zahl von 1,3 Millionen Neuankömmlingen vom Land in der Metropole, nur 50 Jahre zuvor waren es noch 750 000 gewesen, und in der zweiten Hälfte des 19. Jahrhunderts waren durchgehend rund 50 000 Neubürger vom Land pro Jahr eingetroffen. Die größte Gruppe stellten die Frauen: 1881 kamen in London 1312 Frauen auf 1000 Männer, und das lag in erster Linie daran, dass so viele Frauen vom Land kamen, um als Hausbedienstete zu arbeiten.

Das London des 19. Jahrhunderts war für die Slums im Osten und Süden der Stadt berüchtigt – dicht zusammengebaute Elendsquartiere, bestehend aus dunklen, stinkenden Häusern mit offenen Abflussrinnen unter den Fußböden und ohne Frischluftzufuhr. Diese Unterkünfte wurden von nicht am Ort wohnenden Vermietern zu Quadratmeterpreisen vermarktet, die höher waren als in Mayfair. Die elenden hygienischen Verhältnisse führten zu häufigen Cholera-Ausbrüchen, und die Statistiken über Gewaltverbrechen und Kinderarbeit machten sie zu Sinnbildern für Dickens-Romane und radikale Sozialreformen.

Aber das waren nicht Londons Ankunftsstädte. Der Historiker Jerry White zeigte in einer sorgfältigen Untersuchung von Bevölkerungsstatistiken, dass die hoffnungslosen Armen von London nicht mit den Neuankömmlingen vom Land identisch waren. »Die Neuankömmlinge schlugen nicht in der Stadtmitte Wurzeln«, schreibt er. »Auf dem Land geborene Londoner schienen sich am Stadtrand von London am wohlsten zu fühlen, in jenem großen neuen Gürtel der viktorianischen Metropole, der von 1840 bis 1880 entstand. Das alte, problembeladene, aus dem 18. Jahrhundert übernommene Stadtzentrum wurde dem Cockney überlassen. Im weiteren Verlauf des Jahrhunderts verstärkte sich dieser Trend noch weiter.«[18]

Die Besitzlosen waren keine Migranten. Bethnal Green, das allgemein als übelste Slumgegend im Londoner East End galt, hatte den höchsten Anteil von in London selbst geborenen Einwohnern in der ganzen Stadt. Im Jahr 1881 lag er bei 83,5 Prozent. »Armut und Not sind hausgemacht«, schrieb der große Demograf Charles Booth damals, »sie werden nicht von außen herangeholt.« Mit Blick auf den gewaltigen Zustrom ist es natürlich statistisch wahrscheinlich, dass im 19. Jahrhundert praktisch jeder gebürtige Londoner, der zur Arbeiterschicht gehörte, einschließlich der völlig mittellosen Menschen, zumindest einen Elternteil hatte, der ländlicher Herkunft war. Die fürchterlichen Stadtviertel im East End und im Süden Londons sind wohl am besten beschrieben als eine Art wirtschaftlicher Fliegenfänger, an dem diejenigen hängen bleiben, die beim Aufstiegsstreben in der Ankunftsstadt nicht mithalten konnten.

Londons große Ankunftsstädte entstanden stattdessen an der Peripherie, im Umfeld der Orte, an denen die Zuwanderer vom Land ausstiegen. Saisonarbeiter bauten diese Enklaven während der ersten Jahrhunderthälfte in den noch halb ländlich strukturierten Randgebieten. Auf den Straßen nach London waren im Wechsel der Jahreszeiten zahllose Handwerker vom Land unterwegs: Ziegelsteinträger aus Devon, Schiffsbauer von der Ostküste und Frauen, Hausbedienstete, aus dem ganzen Land. Außerdem herrschte ein reger Pendelverkehr von Arbeitskräften zu den Viehmarktsiedlungen in Islington und Holloway und den Landwirtschaftsenklaven in Chelsea und Fulham. Eine typische Erscheinung waren Bäuerinnen aus Shropshire, die zu Fuß nach Fulham gingen, auf den Höfen dort Arbeit fanden, ihr Gemüse täglich bis nach Covent Garden trugen und am Ende der Verkaufssaison wieder nach Shropshire zurückkehrten. Dieser Pendelverkehr hielt bis zum Ende der 1860er-Jahre an, bis bessere Lebensbedingungen und Verkehrsverbindungen es vielen dieser Menschen ermöglichten, sich in Fulham niederzulassen und dort Familien zu gründen. Hackney und Bethnal Green hatten für Dorfbewohner aus östlicher Richtung eine ähnliche Funktion. Die Iren machten eine ähnliche Migrationsbewegung durch. Zunächst kamen alleinstehende Männer, die auf den Kartoffel- und Weizenfarmen in den Außenbezirken Londons arbeiteten, große Geldsummen nach Irland zurückschickten und dann langsam in Richtung City vorrückten, wo sie schließlich die großen irischen Ankunftsstadtenklaven von St. Giles und Whitechapel bildeten. Die Hungersnot ließ in den 1840er- und 1850er-Jahren Zehntausende von Iren nach London strömen. Sie landeten in überfüllten Unterkünften in gescheiterten Ankunftsstädten rund um die Metropole und standen folglich bald in dem Ruf, völlig verarmt zu sein und eine ungesunde Lebensweise zu pflegen. Aber die wirtschaftliche Entwicklung rettete sie: In den 1880er-Jahren waren die Iren mehrheitlich gut in das Londoner Großstadtleben integriert.

In der zweiten Jahrhunderthälfte entstand die Londoner Ankunftsstadt in einer bis dahin noch nie gesehenen Ausdehnung rings um die Endstationen der Eisenbahn. Migranten aus Wales und Cornwall ließen sich in der Umgebung von Paddington nieder, und ihnen schlossen sich Landarbeiter an, die zu Fuß aus näher gelegenen Dörfern gekommen waren. Die allerärmsten unter ihnen, diejenigen, die von der eigenen Verzweiflung aus den Dörfern getrieben worden waren, ließen sich bevorzugt in den rauen Enklaven von North Kensington und Notting Dale nieder, einem ehemaligen Schweinezuchtgebiet, das sich in der Folge zu einem berüchtigten Slum entwickelte. Zu ihnen gesellten sich Bauarbeiter der Eisenbahngesellschaften und verarmte Slumbewohner aus dem Stadtzentrum, die von Sanierungsmaßnahmen vertrieben worden waren. Neuankömmlinge aus dem Norden und aus Schottland und ein größerer Teil der Iren fanden den Weg nach Camden und dort eine Unterkunft in Häusern, die sich von Euston, St. Pancras und King's Cross stadtauswärts aneinanderreihten. In einigen Fällen gab es für sie sogar Arbeit bei den riesigen Baukolonnen, die diese Bahnhöfe errichteten. Dorfbewohner aus Essex kamen in die City und breiteten sich von dort ebenfalls stadtauswärts aus, die armen Arbeiter siedelten sich rings um die Hafenanlagen an, die wirtschaftlich etwas besser gestellten Handwerker aller Art fanden ein Zuhause in den ambitionierten Zuwandererenklaven von Leyton, West Ham und Walthamstow, wo sie auf die Büroangestellten und -arbeiter aus der unteren Mittelschicht trafen, die aus der City stadtauswärts zogen. Die Zuzügler aus Kent landeten in der Gegend von Deptford und Greenwich. Eine ähnliche Schicht von Neuankömmlingen bildete sich im Süden, wo in der Umgebung von Lambeth und Southwark ärmere und weniger arme neue Ankunftsstädte entstanden.

Viele der Ankunftsstadt-Slums in London waren von Bauunternehmen errichtet worden und sollten eigentlich zu hübschen Vororten für die sich herausbildende untere Mittelschicht werden, aber eine spekulative Immobilienblase und eine erhebliche Überschätzung der Zahl von Büroangestellten, die sich ein Haus kaufen konnten, führte dazu, dass viele solcher Projekte unmittelbar nach ihrer Fertigstellung zu Enklaven der Migranten aus den Dörfern wurden. Orte wie Lisson Grove in Marylebone oder Portland Town nordwestlich von Regent's Park oder North Kensington verwandelten sich umgehend in Wohnheim-Slums. Einige Straßen in jenen Vororten kamen so weit herunter, dass sie zu den schlimmsten Adressen in London gezählt wurden. Campbell Road, Holloway (oder Sultan Street), Camberwell (oder Litcham Street), Kentish Town, sie alle wurden zu Synonymen für Gewalt und Verbrechen, obwohl sie einst von Bauunternehmen errichtet und mit aufwendigen Kampagnen beworben worden waren.

Aber in den Außenbezirken Londons gab es auch von den Bewohnern selbst errichtete Hüttensiedlungen. An Orten wie Camberwell, Deptford und Holloway entstanden zu verschiedenen Zeiten im 19. Jahrhundert große, illegale Enklaven bettelarmer Neuankömmlinge vom Land (zu denen auch Obdachlose aus der Stadtmitte stießen). Der soziale Aufstieg blieb für die meisten Migranten ein sichtbares und konkretes Ziel, aber der Wechsel vom Land in die Stadt führte keineswegs immer zu einem besseren Lebensstandard. Viele der Tausende von obdachlosen Kindern, die in London allein und auf der Straße lebten, waren nach der Auffassung des viktorianischen Philanthropen Thomas Barnardo »Opfer der Entwurzelung von Familien, die sich an der Massenwanderung nach London beteiligten«.[19] Mindestens die Hälfte der Prostituierten jener Zeit war nicht in London zur Welt gekommen. Der Umzug in die Stadt brachte, wie überall sonst, fast immer eine Verbesserung der Lebensbedingungen mit sich, aber er erfolgte nicht ohne Risiko.

London erlangte in der zweiten Hälfte des 19. Jahrhunderts eine gewisse Berühmtheit wegen des breiten Spektrums von Sozialwohnungsbauten, die von wohltätigen Organisationen und Regierungs- und Verwaltungsbehörden errichtet wurden. Es waren oft bewundernswerte Projekte. Sie hatten aber auch wenig Bezug zu den tatsächlichen Bedürfnissen der Menschen, die nach London strömten, und oft verschlimmerten sie die Probleme noch. Zunächst einmal war das Angebot niemals besonders groß. Im Jahr 1905, nach einem halben Jahrhundert des Bauens, hatten die neun Unternehmen und Stiftungen, die im Bereich des sozialen Wohnungsbaus tätig waren, nur 123 000 Menschen zu einem Dach über dem

Kopf verholfen, und das war »wenig mehr als die Bevölkerungszunahme in Greater London innerhalb von eineinhalb Jahren«.[20] Und die zu wohltätigen Zwecken errichteten Wohnungen lagen meist nicht dort, wo sich die Ankunftsstädte befanden: Über acht Prozent der Einwohner von Westminister waren in Sozialwohnungen untergebracht, aber im East End waren es nur zwei Prozent. Der Geograf Richard Dennis schrieb, der Sozialwohnungsbau habe die am sozialen Status orientierte räumliche Trennung in London sogar verstärkt – ein Muster, das sich in ganz Europa zu wiederholen schien.[21] Die Stadtplanung hatte, in London wie auch in Paris, nur geringe Auswirkungen auf den Erfolg der Ankunftsstadt.

ANKUNFT WO?

Die erste große Welle der Migration vom Land in die Stadt wurde von keiner einzigen Regierung vorausgesehen, verstanden oder verwaltet. In ihrem 125 Jahre währenden Verlauf hatte sie vielmehr eine erhebliche Zahl von Regierungen überrannt und von der Macht verdrängt und einige neue an die Macht gebracht, so wie sich das heute bei der letzten Migrationswelle wiederholt.

Die europäische Ankunftsstadt bietet weiterhin Anlässe für große Kontroversen. War sie ein perfekter Antrieb für das Weiterkommen, ein »Land unbegrenzter Möglichkeiten«, wie der viktorianische Moralschriftsteller Samuel Smiles schrieb, in dem Männer »aller Klassen oder Rangstufen von Universitäten, aus Werkstätten oder Bauernhäusern, aus den Hütten der Armen und den Herrensitzen der Reichen« kommen und zu »großen Männern der Wissenschaft, Literatur und

Kunst«[22] werden können? Oder war sie ein Ort, an dem Millionen von Menschen, die auf grausame und ungerechte Art aus der friedvollen Sicherheit des bäuerlichen Lebens vertrieben worden waren, über mehrere Generationen hinweg in Schmutz, Krankheit, proletarische Knechtschaft und Konsumdenken geworfen wurden? Die letztere Sichtweise wird nicht nur in Dickens' Romanen und Friedrich Engels' Schriften engagiert vertreten, sondern auch in Edward P. Thompsons historischem Meisterwerk *Die Entstehung der englischen Arbeiterklasse,* in dem die gesamte Epoche als Tragödie geschildert wird. Die erstere Sichtweise ist auf grausame Weise blind und taub für die fürchterlichen Kämpfe und Strapazen der Armen. Aber die zweite ist ebenso unempfänglich für deren Motive, denn jede detaillierte Studie zur Stadt im 19. Jahrhundert zeigt, dass die meisten Neuankömmlinge vom Land alles andere als passive Opfer waren und die sozialen Mechanismen der Ankunftsstadt in den allermeisten Fällen als großes Gemeinschaftsinstrument für die Hebung des Lebensstandards mindestens über das Niveau der fortdauernden ländlichen Armut dienten – wenn es nicht noch weiter nach oben ging.

Heute lässt sich diese Frage mit Fakten beantworten, denn in den letzten beiden Jahrzehnten erlebten wir eine Revolution bei den Analysetechniken zur sozialen Mobilität. Das betrifft sowohl die intergenerationelle (sind Sie besser oder schlechter gestellt als Ihre Eltern?) als auch die intragenerationelle Mobilität (stehen Sie heute besser oder schlechter da als zum Zeitpunkt Ihrer Geburt?). Der britische Sozialhistoriker Andrew Miles kam in der bisher umfassendsten und am besten durch Quellen belegten Untersuchung zur Mobilitätsfrage zu dem Ergebnis, dass sich Struktur und Funktion der Ankunftsstadt im Lauf des Jahrhunderts veränderte. Nach der Jahrhundertmitte kam es zu einem Wandel: Soziale Barrieren wurden immer durchlässiger, und in den letzten Dekaden des Jahrhunderts nahmen beide Arten von Mobilität durchweg zu. Die Chancen eines Mannes, die Einkommensklasse der Familie zum Zeitpunkt seiner Geburt hinter sich zu lassen, verbesserten sich von eins zu drei zu Beginn des 19. Jahrhunderts auf eins zu zwei an dessen Ende. Zu jenem Zeitpunkt stammten ein Viertel bis ein Drittel der britischen Mittelschicht und ein Achtel der Vertreter höherer akademischer Berufe und des Managements aus den unteren Gesellschaftsschichten. Für die meisten dieser Männer waren vermutlich die Ankunftsstädte von London und Manchester das Tor zum sozialen Aufstieg gewesen. Das belegt nach Miles' Einschätzung einen höheren Grad an sozialer Mobilität als gegen Ende des 20. Jahrhunderts.

Doch dieser Mobilität waren Grenzen gesetzt. Einer Mehrheit der in die Stadt gekommenen Armen gelang zwar innerhalb einer Generation der Aufstieg vom Status des ungelernten, armen Hilfsarbeiters zum sehr viel angenehmeren und stabileren Status des Facharbeiters oder Handwerkers, doch nur fünf Prozent der Männer aus der Arbeiterschicht gelang Anfang des 20. Jahrhunderts der Aufstieg in die Mittelschicht.* Das ist zu großen Teilen mit dem Erwerb von Haus- und Grundbesitz verbunden. Im Europa des 19. Jahr-

---

* Diese fünf Prozent der aus der Arbeiterschaft aufgestiegenen Menschen konnten 33 bis 50 Prozent der Mittelschicht stellen, weil die Mittelschicht damals so sehr viel kleiner war.

hunderts war es selbst für die am weitesten aufgestiegenen Angehörigen der Arbeiterklasse nahezu undenkbar, das Land unter ihren Füßen zu kaufen. Ein bequemes Leben als Kunsthandwerker war deshalb für einen Neuankömmling vom Land das Höchste, was er erreichen konnte.[23]

Die chaotische, von Handel und Wandel geprägte Ankunftsstadt machte diesen sozialen Aufstieg möglich, nicht das wohlgeordnete Dorf oder die ländliche Kleinstadt. Die Ankunftsstadt verwandelte sich irgendwann um die Jahrhundertmitte von einer Falltür zu einem Notausstieg. Der Wirtschaftshistoriker Jason Long kam zu dem Ergebnis, dass in den Jahrzehnten von 1851 bis 1901 die Hälfte aller Söhne in anderen Gesellschaftsschichten ankamen als ihre Väter, wobei der Anteil der Aufsteiger um 40 Prozent über dem der Absteiger lag.[24]

Aber im Unterschied zu Miles' Ansichten war dies keine schlichte Frage von Selbsthelfertum und persönlicher Listigkeit. Die Jahre zunehmender sozialer Mobilität waren zugleich auch die Jahre, in denen die allgemeine Schulpflicht, Gesetze gegen Kinderarbeit, Reformen in der Gesundheitspflege und im Wohnungsbau und eine rudimentäre Sozialfürsorge eingeführt wurden, und zahlreiche Untersuchungen sind zu dem Ergebnis gekommen, dass beide Trends zusammengehören. Im Verlauf der ersten großen Migration der Menschheit lassen sich zwei Epochen unterscheiden. Die erste fiel in die Zeit vor 1848, in der das Leben in der Stadt verlockend war, aber die Aussicht auf Erfolg bei höchstens 50 Prozent lag; die zweite kam nach 1848, als ein besseres Leben, wenn nicht für die Eltern, so doch für die Kinder, sehr wahrscheinlich war.

Das Jahr 1848 war ein bedeutender Wendepunkt. Nach der Welle von Revolutionen und Aufständen, die in jenem Jahr durch ganz Europa zog und die Funktionsfähigkeit der Staats- und Wirtschaftsordnung ernsthaft gefährdete, stand die Ankunftsstadt zum ersten Mal in der Geschichte im Mittelpunkt der Aufmerksamkeit der Behörden. Die Reformen erfolgten nicht schnell und verpufften oft wirkungslos, aber in ihrem Gefolge fassten die Armen allmählich Hoffnung. 1848 war das Jahr, in dem das erste Gesetz zum öffentlichen Gesundheitswesen in England erlassen, die Kinderarbeit verboten und das erste echte Bauprojekt für Sozialwohnungen vorgeschlagen wurde. Jahrzehntelang wirkten diese Reformen weder umfassend noch waren sie ausreichend finanziert, aber sie förderten ganz allmählich und wahrnehmbar die soziale Mobilität. Einige aktuelle Untersuchungen, die auf umfangreiche Aktenbestände zurückgreifen konnten, zeigen, dass solche Reformen die Fortschreibung von Armut und die Entstehung einer dauerhaften Verarmung blockierten und die soziale Mobilität zunahm, nachdem die allgemeine Schulpflicht eingeführt und politische Maßnahmen zur Sozialfürsorge ergriffen wurden.[25] Dieser Politikwechsel zugunsten eines staatlichen Eingreifens veränderte die Ankunftsstadt des 19. Jahrhunderts mehr als alle anderen Einflussfaktoren. Vor 1848 war sie von äußerster Armut geprägt; in der zweiten Jahrhunderthälfte wurde sie, mithilfe von Investitionen der Regierung und der Aufmerksamkeit, die ihr von außerhalb zuteilwurde, zu einer großen Antriebskraft für Fortschritt und Wachstum.

DIE TRANSATLANTISCHE ANKUNFT

Wer eine Garantie für soziale Mobilität haben wollte, musste den Atlantik überqueren. Der Unterschied war gewaltig. Die europäische Ankunftsstadt des Fin de Siècle bot dem armen Dorfbewohner eine gewisse Chance für ein besseres Leben, doch in der Neuen Welt war dies nahezu sicher. Nordamerika ermöglichte während des gesamten 19. Jahrhunderts sozialen Aufstieg in einem verblüffenden Umfang. Eine Untersuchung kam zu dem Ergebnis, dass 81 Prozent der Söhne ungelernter Arbeiter in höherwertige Beschäftigungen aufstiegen, während dies nur für 53 Prozent der jungen Männer in Großbritannien galt, und dass auch die Fälle sozialen Abstiegs seltener waren.[26]

Diese Nachricht gelangte auch zu den Bewohnern der entlegensten Dörfer Europas, und die Reaktion darauf sorgte für die größte internationale Wanderungsbewegung der Menschheitsgeschichte. Zwischen 1800 und dem Ersten Weltkrieg verließen etwa 50 Millionen Europäer den Heimatkontinent für immer, und 65 Millionen wanderten für einen Teil ihrer Lebenszeit aus. Ende des 19. Jahrhunderts waren nicht weniger als 20 Prozent aller Europäer auf den amerikanischen Doppelkontinent, nach Australien oder Südafrika ausgewandert. Über die Hälfte dieser Migranten hatten die Vereinigten Staaten zum Ziel, und im entscheidenden Zeitraum von 1846 bis 1890 kam fast die Hälfte der neuen US-Bürger aus Großbritannien und Irland.

Es war eine in überwältigendem Ausmaß vom Land in die Stadt führende Migration. Die Europäer, die in die Vereinigten Staaten, nach Kanada, Australien und Neuseeland kamen, machten mehrheitlich keinen Umweg über eine Metropole ihres Heimatlandes, sie wechselten aus ihrem Dorf direkt in die Neue Welt und folgten dabei oft den Pfaden, die von Nachbarn und Freunden angelegt worden waren. Gegen Ende des Jahrhunderts wurden 80 Prozent der Migranten bereits von einem Verwandten erwartet. Und, so formulierte es der Historiker Leslie Page Moch, es überquerten nicht einfach nur Dorfbewohner den Ozean, es waren die Bewohner der abgelegensten und allerärmsten Dörfer: »In Italien waren das die Provinzen am Alpenrand nördlich und östlich von Mailand sowie rings um den südlichen Apennin. Die meisten Menschen, die Spanien und Portugal verließen, kamen von den Inseln im Atlantik (von den Kanarischen Inseln und den Azoren) und aus der gebirgigen Nordwestecke der iberischen Halbinsel. [...] Skandinavische Emigranten stammten höchstwahrscheinlich aus den Bergen im südlichen Zentralnorwegen, aus dem südlichen Teil Mittelschwedens, von der Insel Öland und den dänischen Inseln Lolland und Falster. Aus dem schottischen Hochland wanderte schon zu Beginn des Jahrhunderts eine unverhältnismäßig große Zahl von Menschen aus.«[27]

Das Archivmaterial zeigt, dass der starke Anstieg der Auswandererzahlen in den meisten europäischen Ländern weitgehend von den demografischen und wirtschaftlichen Veränderungen auf dem Land verursacht wurde, der die Menschen auch in die Städte ihrer Heimatländer trieb. Wenn es in den Städten Europas zu einem Arbeitskräftemangel kam, gingen die Auswandererzahlen in der Neuen Welt meist zurück, weil die Bauern es dann für wirtschaftlich günstiger hielten, in die Ankunftsstädte des eigenen Landes zu ziehen. Man hatte es hier nicht mit unwissenden und verzweifelten Bauern zu tun, die blindlings nach jedem Strohhalm griffen. Die überwältigende Mehrheit bildeten die gut informierten Menschen, die einen wohlüberlegten Schritt vom Land- zum Stadtleben machten.[28]

Und sie wünschten sich fast immer ein Leben in der Stadt. Eine kleine Minderheit wechselte von europäischen Bauernhöfen zu den größeren und fruchtbareren Parzellen in der Neuen Welt (wo die maschinelle Bodenbearbeitung die Landwirtschaft zu einem sehr viel profitableren Unternehmen machte), aber die meisten Menschen wollten die Landwirtschaft ganz aufgeben. Nur zehn Prozent der Einwanderer aus Übersee lebten 1880 in den ländlichen Gebieten der Vereinigten Staaten.

HEIMLICHE ANKÜNFTE

TORONTO, KANADA, UND CHICAGO, USA

Joseph Thorne hatte 1905 genug von den Cockney-Slums von Bermondsey im Süden Londons, die für ihn und seine Frau die Endstation zu sein schienen, nachdem sie in Londons Ankunftsstädten gescheitert waren. Er buchte eine Überfahrt nach Kanada mit einem Vertrag, der ihn zu einem Jahr Arbeit auf einer Farm verpflichtete. Den größten Teil seines Lohns schickte er nach Hause. Anschließend arbeitete er ein Jahr lang im Stadtzentrum von Toronto und sparte dabei etwas Geld, mit dem er ein kleines Stückchen Land in der Einöde jenseits der Stadtgrenze kaufte, in einem keiner Verwaltung unterliegenden und nicht kartografierten Gebiet namens Silverthorn, von dem die Stadtverwaltung Torontos gar nichts wusste, in dem es aber von nicht registrierten Siedlern wimmelte. Thorne besorgte sich eine Schaufel, grub ein Loch, deckte es mit Wellblech ab und bezeichnete es als sein Zuhause. Ein paar Monate später trafen seine Frau und ihre fünf Kinder aus London ein, und er klaubte genügend Holz und Pappe für eine Zweizimmerhütte mit Lehmboden zusammen.

Ringsherum standen bis zum Horizont ähnliche Hütten, Schuppen und Bruchbuden, alle errichtet von Besitzern, die ausnahmslos Neuankömmlinge aus Europa waren. Dieser dichte Ring aus Hüttensiedlungen, der auf vielerlei Art den heutigen Slums an der Peripherie asiatischer Großstädte ähnelte, umgab und überschwemmte Toronto. Denken wir an eine Ankunftsstadt in Nordamerika, kommen uns meist die Mietwohnungsblocks auf der Lower East Side in New York in den Sinn. In Wirklichkeit fanden europäische Dorfbewohner ebenso oft einen Weg in die Stadt, indem sie zunächst ihre eigenen illegalen Siedlungen in den Außenbezirken errichteten.

Die Royles, Nachbarn der Thornes, kamen kurz vor Beginn des Ersten Weltkriegs nahezu ohne jeden Besitz aus einem Dorf nach Toronto, kauften auf einem Abrissgrundstück aus dem Restbestand eine Ladung Gebrauchtholz, schafften diese mit Pferd und Wagen aus der Stadt hinaus und errichteten mit diesem Material eine Hütte mit zwei Zimmern. Wilf Royle, der seine Kindheit in dieser rasch wachsenden Siedlung verbrachte, beschrieb seine unmittelbare Umgebung so: »Es dauerte ziemlich lange, bis es so etwas wie Abflussrinnen gab, und Überschwemmungen gehörten zum Alltag. Die einzige Hygienemaßnahme waren die Außentoiletten, und jede Familie hatte eine. Damals gab es keine Müllabfuhr, […] die

Menschen entledigten sich ihres Abfalls, so gut sie konnten. Einige verbrannten ihn, andere vergruben ihn, und manche ließen ihn einfach herumliegen.«[29]

Dieser Hüttendorf-Slum, der einen großen Teil der Fläche umfasste, die heute ein Innenstadtbezirk von Toronto namens York einnimmt, war keine Ausnahme. Die meisten östlichen, nördlichen und westlichen Außenbezirke der Stadt waren von diesen Eigenbausiedlungen an unbefestigten Straßen, ohne Wasserleitungen oder Kanalisation, dicht umlagert; sie belegten Flächen, die man heute unter den Ortsnamen Etobicoke, York, The Junction, North York, East York, Davenport, Broadview und Coxwell kennt. Solche Hüttensiedlungen trieben in den Jahrzehnten vor der Weltwirtschaftskrise das Wachstum Torontos voran. In vielen anderen Städten Nordamerikas entstanden ebenfalls ungenehmigte Ankunftsstädte im Stil dieser von den Besitzern selbst errichteten Ansammlung von Hütten, der an das heutige Mumbai erinnert.

Dieses neue Verständnis des informellen Charakters der nordamerikanischen Ankunftsstadt verdanken wir dem kanadischen Geografen Richard Harris. In seiner Studie *Unplanned Suburbs* untersuchte er Grundbucheinträge und stellte dabei fest, dass am Stadtrand von den Bewohnern selbst errichtete Behausungen dieser Art zurzeit des Ersten Weltkriegs mindestens ein Drittel aller Unterkünfte in Toronto ausmachten – eine Zahl, die spätere Autoren auf die Hälfte aller vor der Weltwirtschaftskrise in Toronto bestehenden Unterkünfte schätzten.[30] Solche Siedlungen blieben bis Ende der 1920er-Jahre ein auffälliges, aber nur selten erwähntes Merkmal städtischen Lebens, bis die Stadt sie schließlich eingemeindete, feste Wege und Straßen anlegte, Versorgungsdienstleistungen anbot und die meisten von ihnen mit der allgemein üblichen Bebauung versah.

Millionen ehemaliger europäischer Dorfbewohner (und eine große Zahl ehemaliger afroamerikanischer Dorfbewohner, die ihre eigene große Migration vollzogen) wiederholten dieses klassische Vorgehen bei der Neuansiedlung. In Toronto entstand die dramatischste Ansammlung solcher Hüttensiedlungen, aber auch in den Arbeitervororten von Chicago, Milwaukee, Detroit und, später, in Los Angeles entwickelten sich größere Ansammlungen ungenehmigter, von den Bewohnern selbst errichteter Unterkünfte, die bis zu einem Drittel der Neubauten in diesen Städten ausmachten. In den Jahrzehnten vor der Weltwirtschaftskrise nahmen sie einen größeren Teil der Randbezirke Chicagos ein und bildeten damals noch nicht in das Stadtgebiet eingegliederte Wohnviertel wie Stone Park, Oak Forest, Burnside, Robbins, große Teile von Gary, Hegewisch, Garfield Ridge und Blue Island sowie über den Westen und Südwesten verstreute kleine Enklaven.[31]

Das herausragende Merkmal dieser Siedlungen war, abgesehen von ihrer improvisierten Form und ihrem ungeplanten Erscheinungsbild, dass nahezu sämtliche Bewohner das Land, auf dem ihre Hütten standen, auch besaßen. Spekulanten, die größere Stücke Ackerlandes oder ungerodeten Waldes gekauft hatten, unterteilten diese zwar oft ohne Genehmigung in kleine Streifen, die sie dann zum Beispiel für jeweils 200 Dollar weiterverkauften, aber Regierungen und Banken erkannten die Besitzurkunden in den meisten Fällen an. Wie wir überall in den Entwicklungsländern gesehen haben, eröffnet Landbesitz einen klar definierten Weg zu sozialer Stabilität und sorgt oft für die Entstehung einer tatkräftigen Mittelschicht, wenn die Regierungen zur Hilfeleistung bereit sind.

Der große Unterschied zwischen dem Nordamerika Ende des 19. und Anfang des 20. Jahrhunderts und Europa – und dem heutigen Nordamerika – war der Anteil der Haus- und Grundbesitzer unter den armen Neuankömmlingen. Der Anteil der Hausbesitzer unter Fabrikarbeitern in Kanada wie auch in den Vereinigten Staaten (und sehr wahrscheinlich auch in Australien) war viel höher als in allen anderen sozialen Schichten. Die Historikerin Elaine Lewinnek wies nach, dass im Zeitraum von 1870 bis 1920 ein Viertel der Einwohnerschaft Chicagos im eigenen Haus lebte, während der Anteil der Hausbesitzer in den ärmeren Stadtvierteln fast bei 50 Prozent lag. Das Bestreben, mit den Einkünften, so gering sie auch sein mochten, äußerst sparsam umzugehen, um ein Stück Land kaufen oder eine Anzahlung auf ein kleines Häuschen leisten zu können, hatte unter den Arbeiter-Einwanderern ländlicher Herkunft jener Tage fast religiösen Charakter. Ähnlich hohe Anteile von Hausbesitzern mit niedrigem Einkommen sind für Boston, Detroit, New Haven und Toronto dokumentiert. Die entsprechenden Zahlen waren auch unter Afroamerikanern und Frauen überraschend hoch.[32]

Das Ergebnis war ein extrem hoher Anteil sozialer Aufsteiger – ein Trend, der erst in der zweiten Hälfte des 20. Jahrhunderts zu Ende ging, als die Städte nutzungsrechtlich stärker durchgeplant und von Vorschriften geprägt waren, die Hürden für Hauseigentum und Immobilienfinanzierung höher und die Wege für den Aufstieg von der Unter- in die

Mittelschicht durch sehr viel schwieriger zu erlangende Formen von höherer Schulbildung und Krediten vorgezeichnet wurden.

ABSCHIED VON ALLEM

In Europa verdrängte die Industrialisierung der Landwirtschaft weitere Millionen von Menschen aus den ländlichen Gebieten. Der Höhepunkt dieser Entwicklung war Anfang des 20. Jahrhunderts erreicht, und während die übergroße Mehrheit der davon betroffenen Menschen mehr oder weniger komplikationslos in den Ankunftsstädten Europas und Nordamerikas Aufnahme fand, scheiterten nach wie vor zahllose Ankunftsstädte, vor allem in den eher an der Peripherie des Kontinents gelegenen Gebieten. Das hatte zunehmend explosive Folgen.

Gegen Ende dieses Zeitraums kam in einem Bauerndorf auf dem Balkan ein Junge zur Welt. Als zweiter Sohn unter insgesamt neun Kindern erbte er keinerlei Land und fand im Umkreis seines Heimatorts auch keine Arbeit. Nach mehreren gescheiterten Versuchen, über die nicht ans städtische Leben angebundenen Ankunftsstädte der Region Fuß zu fassen, schloss er sich schließlich der wandernden Bevölkerung von Tagelöhnern an, die am Rand der Städte in Armut lebten. Diese erniedrigende Erfahrung im Angesicht des Reichtums der österreichisch-ungarischen Doppelmonarchie radikalisierte den jungen Mann und sein Milieu. Als Gavrilo Princip den Schuss abfeuerte, mit dem die Jahrzehnte des Krieges begannen, war dies nicht nur eine gewalttätige Quittung für die verquere Politik in Mitteleuropa, sondern auch eine Reaktion auf das schreckliche Scheitern vieler europäischer Regierungen, die die expansiven neuen Gemeinschaften ehemaliger Dorfbewohner, die sich in ihren Städten herausbildeten, weder verstanden noch angemessen verwalteten. Wie die Revolution, mit der dieser 125 Jahre dauernde Wandlungsprozess begann, war der Pistolenschuss, der ihm ein Ende setzte, ein Produkt der Ankunftsstadt.

Die Welt war eine andere geworden, als sich der Pulverdampf verzogen hatte. Der Krieg hatte, deutlicher noch als der Frieden, die Urbanisierung des Westens gefördert, und die vorübergehenden Innovationen aus der Zeit des Ersten Weltkriegs, das Passwesen und die kontrollierte Einwanderung, wurden zu festen Bestandteilen des Nationalstaats. Sie sollten zu den wichtigsten Elementen der Migration werden, als der neu erwachte Süden und Osten der Welt in den Jahrzehnten, die auf den Zweiten Weltkrieg folgten, Dorfbewohner in die eigenen wie auch in die Ankunftsstädte des Westens schickte. Die Zahl der davon erfassten Menschen und die Entfernungen, die sie zurücklegten, gaben dieser abschließenden Migration zwar ein nie zuvor gesehenes Ausmaß, aber die Migranten folgten dabei Mustern, die nur allzu vertraut wirken sollten.

6 Tod und Leben einer großen Ankunftsstadt

ISTANBUL, TÜRKEI

Man erwacht bei Sonnenaufgang in einem schläfrigen, auf einem Hügel gelegenen Dorf, geht den von Steinen übersäten Weg ins Tal hinunter, wartet an einer einsamen geteerten Straße, fährt dann stundenlang auf einem holprigem Asphaltweg auf der Route der alten Seidenstraße bis zum westlichsten Zipfel des asiatischen Kontinents und steht dann an einem Ort namens Harem. Er bietet keineswegs, wie der Name nahelegen mag, irgendeine verlockende Zuflucht und auch keine duftende orientalische Erscheinung. Harem ist vielmehr ein Ort, der von anonymer, schmuckloser Stahlbetonmoderne geprägt ist, von unablässigem Lärm und steter Betriebsamkeit, von hastig eingenommenen Mittagessen, die am glimmenden Holzfeuer verkauft werden, und von Straßenverkäufern, die lautstark für ihre Angebote werben. Es ist der Ort, an dem, mehr als an jedem anderen, die große Umgestaltung Istanbuls – und später dann die der türkischen Nation – ihren Ausgang nahm.

Harem ist ein Busbahnhof. Genau hier entfaltete sich, der übrigen östlichen Hemisphäre um Jahrzehnte voraus, die große Migration in ihrer dramatischsten Spielart. Und hier errichtete die Migration zum ersten Mal – ohne dass der größte Teil der Welt Notiz davon nahm – eine Ankunftsstadt, die groß und mächtig genug war, um ein ganzes Land zu übernehmen. Was hier in Harem begann und sich in erstaunlich kurzer Zeit explosionsartig über ganz Istanbul ausbreitete, bietet einen Vorgeschmack auf die ebenso aufregenden wie bedrohlichen Wandlungsprozesse, die schon bald über die halbe Welt hinwegfegen werden. Wer Harem besucht, wird dort auf die Zukunft der Städte der Welt stoßen.

Der Busbahnhof Harem wurde in den 1950er-Jahren gebaut, in einer Zeit, in der es das moderne türkische Straßennetz der Bevölkerung erstmals ermöglichte, zügig große Entfernungen zurückzulegen. Seit jener Zeit ist dieser Ort die wichtigste Anlaufstelle für einen steten Zustrom von Neuankömmlingen, die ihre wenigen Habseligkeiten in Plastiktüten bei sich tragen und aus den Dörfern Zentral- und Ostanatoliens stammen. Diese Neuankömmlinge haben die Einwohnerzahl des Großraums Istanbul von unter einer Million Ende der 1950er-Jahre bis heute auf 14 Millionen anwachsen lassen. Harem war bis 1973 – als die erste Brücke über den Bosporus gebaut wurde – die letzte Haltestelle auf einem Weg, der einst die Hauptader der Seidenstraße gewesen war. Es bleibt für viele Menschen das Endziel der Reise. Im Lauf der 1980er- und zu Beginn der 90er-Jahre ließ sich hier Jahr für Jahr eine halbe Million Dorfbewohner nieder, und Harem ist heute noch – obwohl inzwischen routinemäßig zu hören ist, Istanbul sei »voll« – ein zentraler Ankunftsort für die jährlich 250 000 oder mehr neuen Einwohner, die sich unter die Bevölkerung der Stadt mischen.

Hier beginnt auch, symbolisch und funktional, Istanbuls Peripherie, obwohl Harem selbst rein von der Entfernung her nahe am Stadtzentrum liegt: Hält man in der Mitte seiner Asphaltflächen inne, was nur wenige Menschen tun, hat man, über den von zahlreichen Schiffen befahrenen Bosporus hinweg, einen guten Blick auf die Kuppeln und Türme der Blauen Moschee auf der geschichtsträchtigen europäischen Seite. Die gut etablierten Bewohner jenes älteren Istanbul wissen oft überhaupt nicht um das Vorhandensein dieser staubigen Bus-Endhaltestelle, was auch erklären mag, warum ihnen die Explosion der Außenbezirke einen so starken Schock versetzte. Das Istanbul, das man aus der Literatur und den Legenden kennt, die gesamte Geschichte von Byzanz und Konstantinopel, ist heute nicht viel mehr als ein flüchtiger Blick auf Grünflächen und historische Kuppeln an den Ufern des Bosporus, ein winziges Museum, das in einem dichten und ununterbrochenen kristallinen Wachstum um ein Vielfaches größerer menschlicher Siedlungen eingeschlossen ist.

Harem selbst hat, seiner Bedeutung für die moderne türkische Geschichte zum Trotz, nur wenig zu bieten – ein paar gedrungene Betonbauten, grell aufgemachte Fahrkartenverkaufsstellen, die von konkurrierenden Busunternehmen betrieben werden, Straßenhändler, die warme, mit Sesamkörnern bestreute Simit-Kringel verkaufen, Stapel von Matchsäcken und Pappkartons und Busfahrer, die auf den Abfahrtssteigen ihre Reiseziele ausrufen: »Bilecik, Bozüyük, Eskişehir! Abfahrt in fünf Minuten, Beeilung, Beeilung, Beeilung – wunderschönes Bilecik!« Tag und Nacht strömen die Neuankömmlinge aus den Bussen, nach Reisen, die bis zu 20 Stunden dauerten, und ziehen rasch weiter in Stadtteile Istanbuls, die auf keiner Touristenkarte auftauchen, an Orte, die es vor 20 Jahren noch gar nicht gab, die auf Weideland entstanden sind, das sich über Nacht in ein Megalopolis-Dickicht verwandelte.

DIE NEUANKÖMMLINGE FINDEN IHREN PLATZ
Eines Abends zu Winteranfang 1976 kam ein schüchterner, schnauzbärtiger Mann namens Sabri Koçyigit in Harem an. Es war nicht sein erster Besuch in Istanbul. Die Wechselfälle des winzigen, unproduktiven, auf Getreideanbau setzenden Bauernhofs seiner Familie in der hügeligen Region Sivas im Inneren der Türkei hatten seinen Vater schon oft gezwungen, als Saisonarbeiter in die große Stadt zu ziehen, oft mit seinem kleinen Sohn im Schlepptau. Aber diesmal wollte Sabri, inzwischen 31 Jahre alt, für immer bleiben. Er war entschlossen, sein Leben dauerhaft zu verändern und seiner jungen Familie ein neues Zuhause zu geben, außerdem hatte er vage Ambitionen, die nach größeren, noch dramatischeren Änderungen riefen. Und er hatte überhaupt kein Geld.

Zu seines Vaters Zeiten war auf eine Ankunft in Harem unweigerlich eine Fahrt mit der Fähre über den Bosporus hinüber zur europäischen Seite Istanbuls gefolgt, dann eine provisorische Unterkunft in einem Industriegebiet und ein Platz auf Probe in der wachsenden Reservearmee türkischer Industriearbeiter, von denen einige nur Saisonarbeiter waren, während die meisten auf Dauer in der Stadt blieben. Die 1950er-Jahre waren für die Türkei eine Zeit durchschlagender Veränderungen. Das Land erfuhr, ein halbes Jahrhundert, bevor die meisten anderen armen Nationen ihre Volkswirtschaften öffneten, die Schmerzen und Belastungen, die sich mit dem raschen Übergang von einer landwirtschaftlich geprägten zu einer städtisch-industriellen Wirtschaft verbanden. Ministerpräsident Adnan Menderes drängte aggressiv und im Großen und Ganzen bewundernswerter Weise auf die Abschaffung eines landwirtschaftlichen Systems, das von kleinbäuerlicher Subsistenzwirtschaft geprägt war. Von 1951 bis 1953 ließ er 40 000 Traktoren in die ländlichen Gebiete schaffen, subventionierte eine nationale Industrie und legte ein modernes Fernstraßennetz an, das die uralten, unbefestigten Wege der Seidenstraße ablösen sollte. Er erzielte beeindruckende Erfolge und schuf eine mechanisierte Landwirtschaft, die den meisten anderen Ländern weit voraus war. Aber Menderes unternahm nur wenig, um sein Land auf die Flut von Bauern vorzubereiten, die ihr Land für bessere Zukunftschancen in der Stadt aufgaben. Die Wirtschaft war aufnahmebereit: Der industrielle Boom in der Türkei brauchte alle anatolischen Arbeiter, die er nur bekommen konnte. Aber für diese Menschen gab es keinen Ort, an dem sie leben konnten, die Löhne waren nach dörflichen Maßstäben zwar großzügig, aber in einem städtischen Umfeld völlig unzureichend, außerdem gab es keinerlei wohlfahrtsstaatliche Strukturen zur Unterstützung der Arbeitsmigranten.

Die neuen Stadtbewohner fanden, von Ministerpräsident Menderes zu Lösungen in Eigeninitiative ermutigt, ihren eigenen Weg zu einem Dach über dem Kopf. Ein Beobachter schilderte, was sie taten: »Die Menschen, die in den Fabriken arbeiteten, errichteten einfach Häuser in der unmittelbaren Nachbarschaft: einstöckig, oft mit einem Garten zur Selbstversorgung. [...] Dies führte zur Entstehung von Siedlungen, die nicht wegen ihres Marktwertes, sondern von den späteren Bewohnern selbst gebaut wurden, eigenhändig und zur persönlichen Nutzung. Diese Landnahme war nach geltendem Recht keineswegs legal. Dennoch hielt man sie für legitim, und das galt nicht nur für die Landbesetzer.«[1]

Dieses Ad-hoc-System war bis zum Jahr 1976 bereits zu einer mächtigen Institution geworden. Als Sabri ankam, wusste er, was zu tun war: Er lebte ein paar Wochen lang in der Stadtmitte unter ehemaligen Dorfbewohnern, gleichgesinnten Bauern, die mehrheitlich der in der Region Sivas dominierenden Minderheit der Aleviten angehörten; einige von ihnen hatten, wie er selbst, auch kurdische Wurzeln.* Es waren aufregende, hoffnungsvolle Zusammenkünfte, zu denen viele Männer und Frauen erschienen, die hart arbeiten wollten. Dann ließ Sabri die europäische Seite hinter sich, nahm die Straße in Richtung Ankara, zog weiter, bis die Häuser der Stadt hinter dem Horizont verschwunden waren, und hielt an einem nahezu leeren, von Felsen übersäten Tal. »Dort gab es überhaupt nichts, und es sah schrecklich aus – nichts als Bäume, Felsen, Staub, Müll, nicht ein begehbarer Weg«, erinnert er sich. Sabri und die Zuwanderer vom Land in seiner Begleitung beschlossen: Dies hier sollte ihr Zuhause werden.

Sabri tat Anfang 1977 das, was Dutzende Millionen Türken aus den ländlichen Regionen auch taten. An einem bis dahin unbeachteten, ungenutzten Ort am Stadtrand errichtete er eine grobe, rudimentäre Behausung, die dort eigentlich nicht stehen sollte. Sabri wusste, was aus ihm geworden war. Die Gebäude und die Gemeinschaften, die sie bildeten, er-

---

* Die Aleviten, die zwischen einem Fünftel und einem Viertel der türkischen Bevölkerung ausmachen, sind historisch gesehen schiitische Muslime (die Mehrheit der Türken gehört der sunnitischen Glaubensrichtung an). Im Osmanischen Reich wurden sie verfolgt und wichen in die entlegensten und landwirtschaftlich am wenigsten ergiebigen anatolischen Dörfer aus, weshalb sie auch zu den ersten Migranten zählten.

hielten bei ihrem Auftauchen während des industriellen Aufschwungs in der Türkei in den 1950er- und 1960er-Jahren eine Bezeichnung, die von den wirtschaftlich besser gestellten Bewohnern der Istanbuler Kernstadt nur mit Widerwillen ausgesprochen wurde. Sie verband das Wort für »Nacht« beziehungsweise »nachts« *(gece)* mit dem Wort für »eingetroffen« oder »niedergelassen« *(kondu)*. Die *Gecekondu*-Siedlung galt viele Jahre lang als Bedrohung an der (Stadt-)Grenze. Das Wort fing auf perfekte Art und Weise das Gefühl des Schocks und der Besorgnis ein, das diese »nächtlichen Ankömmlinge« in der Stadt hervorriefen, die sie schon seit längerer Zeit eingekreist und überlaufen hatten. Der anfängliche Schock entwickelte sich im Lauf der 1960er-Jahre zu einer widerwilligen, wenn auch mit Furcht vermischten Hinnahme. Gecekondu-Bewohner waren nun einmal dringend benötigte Arbeitskräfte. Sie waren zudem auch noch Wähler und potenzielle Steuerzahler – was sich noch als wichtig erweisen sollte.

»Ein öder Ort – Gebüsch, Felsen, sonst gab es dort nichts«, erinnert sich Sabri heute. Er sitzt im mit Doppelfenstern ausgestatteten Geschäft seines Freundes, das im Erdgeschoss unter seinem Büro liegt – an einem Ort, der sich inzwischen zu einem dicht bebauten, zentralen Teil des Stadtgebiets entwickelt hat. Noch 1977 war dies ein von Steinschutt übersätes und von Bäumen gesäumtes, tief eingeschnittenes Tal weit jenseits des äußersten Stadtrands von Istanbul gewesen. Seine gewundenen ungeteerten Straßen führten zu einer Fleischfabrik, ein paar Steinbrüchen und einer Müllkippe, auf der der gesamte Abfall der asiatischen Seite Istanbuls abgeladen wurde. Der größte Teil des Gebiets wirkte öde und unbewohnbar. Die steilen Talhänge schienen für jede Art von Bebauung ungeeignet, es gab keine Wasserleitungen und keine Kanalisation, und die Straßen waren oft so holprig, dass man nur mit dem Traktor nach Istanbul gelangen konnte. Aber dieses Gebiet besaß eine Eigenschaft, die anatolische Bauern in den vergangenen beiden Jahrzehnten sehr zu schätzen gelernt hatten: ungeklärte Eigentumsverhältnisse.

Sabris Freunde – die meisten von ihnen waren alevitische Glaubensbrüder aus Sivas und einige Monate vor ihm nach Istanbul gekommen – hatten dieses abgelegene Tal dank der Gerichte gefunden. Früher war es als Hekimbaşi-Landgut bekannt gewesen, ein großes Stück brachliegenden Ackerlandes, das seit 1874 einem osmanischen Prinzen gehört hatte. Ab 1923, nach dem Zusammenbruch des Osmanischen Reiches und der Errichtung eines säkularen, reformorientierten Regimes unter Mustafa Kemal Atatürk, das aus der Türkei eine Republik machte, war den Angehörigen des ehemaligen Herrscherhauses jeglicher Landbesitz verboten, und das Anwesen ging in das Eigentum des türkischen Finanzministeriums über. Die Nachkommen des Prinzen begannen in den 1940er-Jahren mit einer Serie von Prozessen, die erst in den 90er-Jahren ein Ende fand. Die Kläger versuchten einzelne Parzellen an verschiedene Privateigentümer zu veräußern, um diese Prozesse finanzieren zu können, was wiederum zu weiteren Rechtsstreitigkeiten um die Berechtigung zu einem solchen Vorgehen führte. Das nominell im Besitz der Regierung befindliche Land war, wie ein großer Teil der übrigen leeren Flächen in der Umgebung Istanbuls, rechtlich gesehen jenseits jeder offiziellen Nutzung durch Regierungsbehörden.[2]

»Dieser Ort war der äußerste Rand von Istanbul. Dort gab es gar nichts. Es waren die Außenbezirke. Nicht einmal der Randbereich. Zwischen diesem Ort und dem Stadtrand lagen Äcker«, berichtete mir Şükrü Aslan, der Autor einer Geschichte dieses Stadtviertels,[3] als wir von einer unglaublich steilen Straße aus auf das dicht mit fünfstöckigen Häusern bebaute, städtisch wirkende Gebiet schauten, das heute den größten Teil des Tales einnimmt. »Heute könnte man das hier sogar für das Stadtzentrum von Istanbul halten!«

Theoretisch war das Land dazu da, in Besitz genommen zu werden. In der Praxis war seine Besiedlung eine schwierige und tödliche Operation, bei der sich militärische Taktik mit kriminellen Verbindungen und gewalttätigen revolutionären Konfrontationen vermischte. Ende der 1970er-Jahre war Sabri durch diese nächtliche Häuserbaumission zu einem ganz anderen Menschen geworden, und die Türkei war ein ganz anderes Land.

DIE ANKUNFTSSTADT ALS MARGINALE BEDROHUNG

Eine Gruppe von Männern erreichte eines Abends im Februar 1977, kurz vor Sonnenuntergang, mit Traktoren den Taleingang. Die Männer waren nur mit einfachem Handwerkszeug ausgerüstet, als die Dunkelheit hereinbrach, stachen sie ihre Spaten in den trockenen, harten Boden und begannen mit dem Ausheben von Gräben für die Fundamente der Häuser. Kurz vor Sonnenaufgang wurde das Ergebnis mit Schmutz und Staub bedeckt, damit tagsüber vorbeikommende Leute und die Polizei nicht bemerkten, was sich während der Nacht hier abgespielt hatte. Am nächsten Abend kehrte die Gruppe mit großen roten Ziegelsteinen zurück, die in einer nahe gelegenen Fabrik hergestellt worden waren. Im Lauf der Nacht zogen die Männer ohne Mörtel Mauern hoch, verputzten die Außenseiten mit Lehm, setzten einfache Türen und Fenster ein und deckten die Dächer mit Wellblechplatten. Dann zog der Bautrupp ab, schlief tagsüber und bereitete sich darauf vor, anderen Menschen beim Hausbau zu helfen, während die neuen Unterkünfte von Familien bezogen wurden. Buchstäblich über Nacht war, wie der Name Gecekondu nahelegt, eine neue Gemeinde entstanden.

Die massenhafte Besetzung ungenutzten Landes in Städten oder in deren unmittelbarer Umgebung wurde in den 1970er-Jahren zu einem internationalen Phänomen. Arme Länder litten unter der stagnierenden Weltwirtschaft und nicht mehr zu bewältigenden Schuldenlasten, gaben Pläne zu einer staatlich finanzierten Wohnungsbaureform auf und überließen die vom Land in die Städte strömenden Migranten sich selbst. In Ecuador und Kolumbien bezeichnete man diese Landbesetzungen als *invasiones*. Sie wurden mit militärischer Präzision organisiert und entwickelten sich zu einer politisch einflussreichen Bewegung.

Sabri und seine Freunde, die von einigen dieser Vorgehensweisen gehört hatten, kamen zu dem Ergebnis, dass die wilden Landbesetzungen früherer Jahre in Istanbul ihnen kein dauerhaftes Zuhause verschaffen würden. Die alten Gecekondu-Methoden waren riskant geworden: Regierung und Polizei befürchteten, dass Millionen von Neubürgern Jahr für Jahr Wasserleitungen und Kanalisation verlangen würden, waren sehr viel wachsamer geworden und zerstörten neue Siedlungen gleich zu Beginn. Das Errichten von Landbesetzerhäusern war außerdem zu einem illegalen Geschäft geworden. »Als wir ankamen, gab es bereits eine Gecekondu-Mafia«, berichtete mir Sabri. »Die Gemeinden mussten regelmäßige Zahlungen leisten, und die Banden behaupteten, sie würden als Gegenleistung mit den Behörden verhandeln und die Zerstörung der Gecekondus verhindern. Sie gaben das Geld aber für schöne Abendessen mit den Beamten vom Ministerium aus. Diese Typen waren gewalttätig. Sie hatten andere Gecekondu-Gemeinden geschröpft und verspielten das dort abkassierte Geld.«

Sabri und seine Kollegen wollten den Banden und der Regierung etwas entgegensetzen und organisierten regelmäßige Treffen, bei denen der Bau ihrer Siedlung geplant werden sollte. Es wurde eine Wahl abgehalten, und man richtete »Volkskomitees« ein. Sabri wurde zum Vorsitzenden eines dieser Komitees gewählt. Sie waren entschlossen, beim Bau ihrer Siedlung überlegter und besser organisiert vorzugehen als ihre Gecekondu-Vorgänger, planten die Straßenverläufe und ließen sogar Platz für kleine Parks, was in der chaotischen Welt türkischer Landbesetzerstädte eine absolute Neuheit war. Die Treffen lockten Studenten und politische Aktivisten der extremen Linken an, die ihre planerischen Fähigkeiten zur Verfügung stellten und dieser Gemeinde ein revolutionäres Gepräge gaben. Sabri fand bei diesen Treffen seine Ideologie und seine Stimme, er legte seine bäuerliche Schweigsamkeit ab und hielt hitzige Reden. Sein Tonfall wurde durch den immer wieder aufscheinenden zurückhaltenden Witz gemildert, und die Menschen hörten ihm allmählich zu.[4] Es war eine gefährliche Tätigkeit. Die Gecekondus waren 1977 nicht mehr so friedlich, denn eine zweite Generation wuchs ohne die Beschäftigungschancen auf, die sich ihren Eltern geboten hatten, und entwickelte nur schwache Verbindungen zur Kultur der Kernstadt. Die Regierung hatte ihrerseits eine feindselige Haltung gegenüber den Gecekondu-Gemeinden entwickelt, die sie als Brutstätten regierungsfeindlicher Aktivitäten ansah und die oft von Aleviten, Kurden und anderen unruhigen Minderheiten bewohnt wurden.

Die stärkste Waffe des Zuzüglers vom Land beim Kampf um einen Platz in der Stadt ist die physische Präsenz. Die nicht zu verleugnende Tatsache, dass Tausende von Familien auf dem Land an der Peripherie wohnten, in stabilen, eigenhändig errichteten Häusern, hatte den türkischen Regierungen oft genügt, um ihnen das Bleiben und manchmal sogar den Anschluss an Versorgungsdienstleistungen zu gestatten. Amnestiegesetze hatten in den 1960er- und 1970er-Jahren Tausende in Eigeninitiative errichteter Landbesetzergemeinden zu legalen, Steuern entrichtenden und bei Wahlen stimmberechtigten Vierteln gemacht und ihren Dutzenden Millionen Bewohnern die volle Teilhabe am Wirtschaftsleben gebracht (aber dabei die Frage, wem denn nun das Land gehörte, nicht beantwortet).* Sabri und seine Nachbarn hofften – wie Millionen andere Menschen, die Ende der 1970er-Jahre nach Istanbul strömten –, dass sie zu anerkannten Staatsbürgern werden würden.

---

* Die türkische Regierung verabschiedete 1966 das Gesetz Nr. 775, mit dem alle bestehenden Landbesetzersiedlungen legalisiert (aber keine Grundbucheinträge vergeben) wurden. Das Gesetz sah außerdem vor, dass die Eigentümer besetzten Landes das Besitzrecht auf die Kommunen übertrugen. Dieses Gesetz wurde immer wieder aktualisiert, um neuen Siedlungen eine Rechtsform zu geben, und ist heute noch in Kraft.

In jenem Monat entstanden in mehreren mit angestrengter Arbeit verbrachten Nächten in ihrer Ecke des Tales 300 Häuser. Bis zum Jahresende 1977 waren 3000 weitere Häuser hinzugekommen. Die Bewohner waren Zuwanderer aus der Zentral- und Osttürkei, die vor der Armut geflohen waren und ihr Glück versuchen wollten. Die Versammlungen wurden voller und komplizierter. Das Komitee beschloss, dass die ärmsten und am stärksten benachteiligten Dorfbewohner aus der eigenen Heimatregion als Erste Häuser erhalten sollten. Die Komiteemitglieder stellten auch Nachforschungen an, um sich zu vergewissern, dass die Familien wirklich bedürftig und nicht einfach nur auf billigen Wohnraum aus waren.

Das Viertel hatte sich inzwischen so weit entwickelt, dass es einen Namen brauchte. Bei einer alljährlich stattfindenden Kundgebung zum 1. Mai, die 1977 auf dem Taksim-Platz in Istanbul abgehalten, von 150 000 Menschen besucht und von rivalisierenden Parteien der extremen Linken für ihre Zwecke genutzt wurde, kam es zu Gewalttätigkeiten. Die Polizei eröffnete das Feuer, es entstand eine Panik, und zum Tagesende waren 39 Tote zu beklagen, die erschossen oder von der Menge zu Tode getrampelt worden waren. Die Todesfälle versetzten die türkische Gesellschaft in Aufruhr, vor allem die Aleviten und die Kurden, die sich immer mehr im Fadenkreuz einer Regierung sahen, die ihre rigide Auffassung von einer türkischen Identität propagierte. Einige Tage später stimmten die Dorfbewohner bei einer Versammlung mit Sabris Unterstützung für den Ortsnamen 1 Mayis Mahallesi, 1.-Mai-Viertel. Mit diesem Namen wurde ihre Gemeinde zu einer Provokation.

DIE ANKUNFTSSTADT IN DIREKTER KONFRONTATION MIT DER ALTEN STADT

Die Gecekondu sorgte zu diesem Zeitpunkt bereits für Panik unter Regierungsbeamten und säkular gesinnten Stadtbewohnern. Stadtplaner in der Istanbuler Innenstadt mussten mit ansehen, wie ihre sorgfältig ausgearbeitete Wohnraumplanung, ihre Grüngürtel und Infrastrukturstrategien unter dem Druck Hunderttausender Jahr für Jahr eintreffender Dorfbewohner, die die Gebiete am Stadtrand überschwemmten, zusammenbrachen. Die Bevölkerungsstruktur von Istanbul veränderte sich: In den jetzt die Bevölkerungsmehrheit stellenden Vororten der einstmals weitgehend säkularen und ethnisch einheitlichen Stadt lebten Millionen von Aleviten, Kurden und streng gläubigen Sunniten, deren Frauen ein Kopftuch trugen; ihre politischen Vorstellungen waren, ob nun links- oder rechtsextrem, ebenso fremdartig. Am schlimmsten waren ihre Wohnviertel, von einem chaotischen Durcheinander geprägte Gebilde, die mittlerweile Istanbuls elegante, wenn auch etwas abgenutzte Boulevards umlagerten. Ein Stadtplaner schrieb über Istanbul: »Die politische Kontrolle über Städte mit einem Landbesetzerproblem geht von der gegenwärtig etablierten städtischen Gesellschaft in die Hände der sich entwickelnden Landbesetzergesellschaft über, die nur wenig oder überhaupt keine Erfahrung mit dem städtischen Leben und gegenwärtig noch keinerlei Ausbildung in oder administratives Wissen zu Fragen der Stadtverwaltung hat. Es steht zu erwarten, dass grundlegende Dienstleistungen sich verschlechtern, bis sie dann schließlich ganz zusammenbrechen.«[5]

Auf einen Besucher aus den Ankunftsstädten Chinas, Indiens oder Südamerikas hätte dieses Tal jedoch luxuriös gewirkt. Gecekondu-Häuser boten eine durchschnittliche Wohnfläche von 55 bis gut 90 Quadratmetern, es waren schöne Gebäude mit Backsteinmauern, die schließlich einen Steinfußboden erhielten. Meist gehörte auch ein Hof und ein kleiner Garten dazu. Die Mehrheit der türkischen Architekten und Stadtplaner jener Zeit hielt sie zwar für hässlich und unhygienisch (und die hygienischen Verhältnisse ließen mit Sicherheit zu wünschen übrig), aber diese groben, ohne Bauplan errichteten Häuser wurden später für ihre wohldurchdachte Schönheit und erdbebensichere Bauweise gelobt: »Typische Gecekondu-Siedlungen bestehen aus ein- oder zweistöckigen Häusern mit Gärten oder Höfen«, schrieb ein Bewunderer 30 Jahre später. »Sie bilden ein unregelmäßiges Siedlungsmuster mit engen Wegen und Durchgängen zwischen den Parzellen. Diese Art von Raumaufteilung ist das Ergebnis eines langfristigen Konsolidierungsprozesses und bietet den Bewohnern eine besondere Art von Umweltqualität. Die Art der Bebauung sorgt für Abwechslung, Flexibilität bei der Nutzung der unmittelbaren Umgebung der Häuser, fließende Übergänge zwischen drinnen und draußen und die Gelegenheit für Zusammenkünfte.« Etablierte Stadtbewohner richteten den Blick auf die Vororte und sahen dort eine Million ländlich anmutender Dörfer entstehen. In Wirklichkeit gab es im Gecekondu sicherlich Aspekte, die ans Dorfleben erinnerten, aber die Häuser und ihre Umgebung hatten nur wenig Ähnlichkeit mit den Dörfern, denen ihre Bewohner entflohen waren. »Gecekondu-Häuser sind keine reinen Nachbildungen von Original-Dorfhäusern. Sie sind keine Produkte traditioneller Bauweisen«, schreibt eine türkische Stadt- und Regionalplanerin. »Sie sind ziemlich neue Erfindungen.«[6]

Die neuen Bewohner des 1.-Mai-Viertels führten ein Leben, das ihnen sehr viel mehr wirtschaftliche Chancen eröffnete, als ihre ausgedörrten und repressiv verfassten anatolischen Dörfer jemals geboten hatten. Sie verdienten genug Geld, sodass sie den in den Dörfern zurückgebliebenen Angehörigen erhebliche Summen zukommen lassen konnten. Aber es war ein in vielerlei Hinsicht schwierigeres Leben. »Sie mussten ihr Wasser von einer fünfzehn Minuten Fußweg entfernten Wasserstelle holen und nach Hause tragen«, erinnert sich der Historiker Şükrü Aslan. »Die Stadtverwaltung von Groß-Istanbul baute erst 1979 eine Überlandwasserleitung. [...] Strom war illegal. Ingenieure, Vertreter der extremen Linken, halfen beim Verlegen der Leitungen hierher – es war Guerilla-Strom. Es gab keine richtigen Straßen, nur einen Bergweg, den man mit Traktoren befahren konnte. Alles Brot, alle Nahrungsmittel wurden mit dem Traktor herangeschafft und vom Fahrzeug herab verkauft.«

Die Kinder, die die Erwachsenen an Zahl übertrafen, waren ein größeres Problem. Sabri hatte zu diesem Zeitpunkt seine Frau und seine zwei kleinen Kinder in die 1.-Mai-Siedlung nachgeholt, und die Kinder trieben sich wochenlang auf der Straße herum. Schließlich bauten die Bewohner ihre eigene Schule, und die Regierung stellte tatsächlich die Lehrer. »Es war eine merkwürdige Situation – ein illegales Wohnviertel, aber eine legale Schule mit einem von der Regierung ernannten Schulleiter«, erinnert sich Sabri. Unternehmer boten nach und nach Verkehrsverbindungen an, per Bus und *Dolmus* (einem Sammeltaxi, das eine für arme Türken unentbehrliche Reisemöglichkeit ist), die die Entfernung nach

Istanbul überbrückten. Rein äußerlich entwickelte sich jetzt so etwas wie ein richtiges Stadtviertel.

Die politische Lage war jedoch alles andere als ruhig oder sorgenfrei, denn die politische Identität der Türkei, die ein halbes Jahrhundert lang von einem paternalistischen staatlichen Säkularismus bestimmt worden war, war plötzlich weitgehend offen. Ein großer Teil des Drucks kam aus den Ankunftsstädten, in denen sich jetzt die Dorfbewohner nach unterschiedlichen ideologischen Vorgaben organisierten. Einige Gecekondu-Viertel wurden von rechtsextremen Nationalisten beherrscht, die mit den Grauen Wölfen verbündet waren, der faschistischen Frontorganisation der rechtsextremen Partei der Nationalistischen Bewegung. Einige waren islamistisch orientiert und unterstützten die muslimisch-fundamentalistische Wohlfahrtspartei. Andere Orte, allen voran das 1.-Mai-Viertel, waren linksextrem orientiert. Die marxistischen Gruppen wurden als größte Gefahr für den türkischen Staat angesehen. Dies geschah auf dem Höhepunkt des Kalten Krieges, und es sah ganz danach aus, als könnte die Türkei eine kommunistische Revolution erleben.

Sabris abgelegenes Tal geriet im Sommer 1977 erstmals in die Schlagzeilen. In einem unmittelbar benachbarten, oben auf dem Hügel gelegenen Viertel, in dem die meisten Frauen ein Kopftuch trugen, hatte eine Gruppe von Islamisten auf einem Privatgrundstück eine Moschee errichtet. Der in Deutschland lebende Eigentümer des Grundstücks verklagte die Gruppe, und die Islamisten besetzten aus Protest die Moschee. Die Polizei beobachtete das Geschehen, griff aber nicht ein. Sie war über die politischen Ereignisse in den Vorstädten besorgt, aber es waren nicht die Islamisten, die ihr

Kopfzerbrechen bereiteten, sondern die Bewohner des 1.-Mai-Viertels, die Aleviten, Kurden und die extremen Linken. »Wir waren ethnische und politische Minderheiten, und wir lebten am Stadtrand«, erklärt Sabri. »Wir waren absolute Außenseiter, obwohl wir uns der Türkei zugehörig fühlten, und sie behandelten uns wie Eindringlinge.«

Das 1.-Mai-Viertel wurde im Verlauf dieses langen, heißen Sommers zum Schauplatz gewalttätiger Zusammenstöße mit rechtsextremen und islamistischen Banden, mit der Polizei und der türkischen Armee. Es kam zu Morden, die sowohl den Bewohnern des Viertels als auch Außenstehenden zugeschrieben wurden, und die Zeitungen schrieben, das Viertel sei zu einer gefährlichen Gegend geworden, die man nicht mehr betreten könne. Die sozialdemokratische Stadtverwaltung sah sich einem scheinbar stetig zunehmenden Aufruhr gegenüber und ließ verlauten, man werde eingreifen müssen. Die Bewohner des 1.-Mai-Viertels berciteten sich auf eine Konfrontation vor.

Sabri ging früh am Morgen des 2. September 1977 mit seiner Frau und den beiden fünf und zehn Jahre alten Söhnen auf der mit Schlaglöchern übersäten ungeteerten Straße bis zum Rand des Viertels. Er sagte den Jungen, sie sollten Steine sammeln, Stöcke, alles, was man werfen könne. Die Polizei erschien mit mehreren Kompanien, trug weiße Helme und kugelsichere Westen und rückte mit gezückten Pistolen vor. Hinzu kamen gepanzerte Fahrzeuge, denen die Bulldozer folgten. Die Schlacht sollte den ganzen Tag dauern. Schließlich waren zwölf Bewohner der 1.-Mai-Siedlung tot, Dutzende mussten ins Krankenhaus, und das Viertel war völlig zerstört.

Die Häuser wurden wieder aufgebaut, aber Sabris Leben sollte nicht leichter werden. Politisch gehörte er zwar, wie die meisten Aleviten zu jener Zeit, zur Linken, aber der tödliche terroristische Extremismus, für den sich die Jugendlichen der zweiten Generation in der Ankunftsstadt jetzt engagierten, beunruhigte ihn zutiefst. Militante rechte und linke Gruppen sowie verschiedene religiöse Splittergruppen übernahmen die Kontrolle über die Gecekondu-Viertel und erklärten sie zu »befreiten Zonen«, ohne Rücksicht darauf, ob die Bewohner nun mit ihrer Sache sympathisierten oder nicht. Die Mauern des 1.-Mai-Viertels wurden mit Parolen der rivalisierenden linksorientierten und militant maoistischen Gruppen bemalt: Revolutionärer Weg, Befreiung, Fortschrittlicher Jugendverband. »Man errichtete hier eine Art Militärstützpunkt, mitten im Viertel, und anschließend waren die Soldaten ständig präsent«, sagt Mehmet Yeniyol, der als idealistischer, 35 Jahre alter Lehrer ins Viertel kam und 1977 beim Aufbau der ersten Schule mithalf. »Bevor die gebaut wurde, kam nicht einmal die Stadtpolizei in dieses Viertel hinein. Es herrschte Guerillakrieg.«

Sabri und seine Nachbarn waren in den Medien, im Parlament und in akademischen Diskussionen zu Symbolen für den drohenden Showdown zwischen Dorf- und Stadtbewohnern geworden. Die Gecekondu-Leute wurden jetzt nicht mehr als Migranten vom Land, sondern als eine potenziell bedrohliche Bevölkerungsgruppe dargestellt, die die Werte, Institutionen und die soziale Ordnung der Stadt zerstöre.[7]

Aufmerksame Beobachter erkannten damals jedoch, dass man es hier nicht mit rückständigen Dorfkulturen zu tun hatte, die sich am Stadtrand reproduzierten: Dies war ein vollkommen neues politisches Konzept, entwickelt in den Randbezirken durch die Kinder der Zuwanderer vom Land, deren Auftreten die weitgehend unpolitischen und vom Landleben geprägten Eltern schockierte. »Diese jungen Menschen spielen in unserer Gesellschaft keine bedeutende Rolle, haben nur geringe Chancen, eine Arbeit zu finden, und sie haben sich von den Werten ihrer traditionell denkenden Familien gelöst«, schrieb ein Istanbuler Psychiatrieprofessor im Jahr 1978. »Sie fühlen sich isoliert und machtlos und sind eine leichte Beute für Terroristen.«[8]

Die soziale Ordnung in den Außenbezirken verfiel weiterhin. Sabri stellte fest, dass sein Volkskomitee die eigenen Energien aufteilte, sich zum einen der utopischen Aufgabe widmete, ein Wohnviertel für arme Dorfbewohner wiederaufzubauen, und zum anderen die eher schmutzigere Arbeit übernahm, Bedrohungen durch weitere Abrissaktionen und zunehmend gewalttätige Überfälle von konservativen und islamistischen Gruppen aus benachbarten Migrantensiedlungen abzuwehren. Banden patrouillierten auf den Straßen und verprügelten junge Männer, die die falschen politischen Ansichten oder, vielleicht noch schlimmer, gar keine Ansichten dieser Art vertraten.

DIE ALTE STADT ÜBERNIMMT DIE KONTROLLE ÜBER DIE ANKUNFTSSTADT

Eines Nachmittags im Jahr 1978 wurden das Komitee und die utopischen Ambitionen des Viertels einfach ausgelöscht. Sabri beschreibt das Geschehen als düsteres Rätsel: »Fünf rechtsradikale Burschen betraten hier ein Kaffeehaus und behaupteten, das gesamte Viertel habe ursprünglich ihnen gehört. Sie riefen Schimpfwörter und waren bewaffnet. Ich war nicht dort und habe nur gehört, was ich hier berichte. Es kam zu einem Kampf, und die Leichen dieser Burschen wurden später in den Steinbrüchen gefunden.« Eine polizeiliche Untersuchung – die von Sabri als Verschwörung bezeichnet wird – gab dem Volkskomitee, und allen voran Sabri persönlich, die Schuld an den fünf Morden. Sabri flüchtete mithilfe seines Dorfbewohner-Netzwerks und ließ Frau und Kinder in ihrem Gecekondu-Haus im Zentrum des Viertels zurück. In den folgenden drei Jahren versteckte er sich in den die Gesetze der Zentralregierung ignorierenden Dörfern im Südosten der Türkei, unweit der irakischen Grenze.

In den Wochen unmittelbar nach Sabris Untertauchen erreichte die Gewalt ein extremes Ausmaß. Dutzende von ähnlichen Vorfällen versetzten die Gecekondus in einen Aufruhr, der sich mitunter bis in die Istanbuler Innenstadt und bis nach Ankara ausbreitete. Im Dezember 1978 nahm eine Konfrontation zwischen linksgerichteten Aleviten und militanten Anhängern der faschistischen Grauen Wölfe in der südanatolischen Stadt Kahramanmaraş (dem Heimatort zahlreicher Neuansiedler im 1.-Mai-Viertel) gewalttätige Formen an, und mehr als 100 Menschen kamen ums Leben. Einige Tage später fuhren in den Straßen der Istanbuler Vororte Panzer auf, es wurden strenge Ausgangssperren verhängt, und Soldaten mit entsichertem Gewehr patrouillierten in den Städten. Die Regierung hatte über die bevölkerungsreichsten Provinzen der Türkei das Kriegsrecht verhängt.

Doch selbst diese Maßnahmen trugen nur wenig zur Eindämmung der Gewalt bei. In dem Zeitraum nach der Verhängung des Kriegsrechts kam es nach Presseberichten in den Städten der Türkei täglich zu durchschnittlich 16 mit Schusswaffen und Bomben begangenen Morden.[9] Nach Einschätzung hochrangiger Militärs, die das Vertrauen zur gewählten politischen Führung mehr und mehr verloren hatten, war das Chaos ausschließlich den in den Gecenkodus lebenden Migranten zuzuschreiben. »Diese Wohnviertel«, war in einem Bericht der *New York Times* aus Istanbul zu lesen, »sind zu Rekrutierungszentren und Schlachtfeldern für die terroristischen Banden geworden, die die Türkei an den Rand der Anarchie gebracht haben.« Nach Behauptungen der Armee waren 1980 20 000 rechts- und linksextreme Aktivisten in den Gecekondus zu Hause.[10]

Die Gewalt fand am 12. September 1980 schlagartig ein Ende. Die türkische Armee erklärte den säkularen Staat für ernsthaft bedroht und übernahm durch einen lange angedrohten Staatsstreich, den dritten seit 1960, die Macht. Etwa 100 Parlamentsabgeordnete und führende Politiker wurden inhaftiert oder unter Hausarrest gestellt, unter anderen auch der Ministerpräsident und der Oppositionsführer. Generäle übernahmen die Ministerien und Offiziere die unmittelbare Befehlsgewalt über die Stadtviertel. Oppositionelle Politik, ob nun radikal oder von anderer Art, wurde verboten, und die Anordnungen wurden strikt und zügig durchgesetzt. Bis zu 250 000 Personen wurden verhaftet, viele von ihnen auch gefoltert.[11] Die Wanderung aus den Dörfern in die Städte wurde abrupt beendet. Alle türkischen Staatsbürger mussten jetzt Dokumente bei sich tragen, aus denen der Wohnort hervorging, ähnlich den Hukou-Bescheinigungen, die in China galten. Die Parolen an den Gecekondu-Mauern wurden auf behördliche Anordnung übermalt, und in den Wohnvierteln wurde es, so sagen die damaligen Bewohner heute, auf unheimliche Weise still.

Das Problem des gesetzlosen Gecekondu-Grenzlands wurde zügig und prompt gelöst, auf eine Art, die letztlich überraschende und ironische Auswirkungen auf die künftige Machtstruktur der Türkei haben sollte. Unmittelbar nach dem Putsch erklärten die Militärs schlicht und einfach, alle Stadtviertel müssten ab jetzt legal sein. Offiziere wurden angewiesen, drei Vertreter für jedes Stadtviertel zu benennen. Diese Vertreter wurden eines Tages zu einer Versammlung in einem überfüllten Tagungsraum im Stadtzentrum von Istanbul einbestellt. Jedes Trio erhielt einen Tisch zugewiesen, der mit dem Namen des Viertels gekennzeichnet war. Ein hochrangiger Offizier ging durch den Raum, musterte diese neue und unvertraute Kartografie und entdeckte dabei den anstößigen Ortsnamen 1. Mai. Er hielt inne, wandte sich an die drei Vertreter des Viertels – Sabris ehemalige Genossen – und wies sie an, dieses Schild sofort zu entfernen und den beanstandeten bisherigen Namen in Mustafa Kemal zu ändern, zur Erinnerung an den Vater der säkularen Revolution in der Türkei.[12]

Sabri gingen allmählich die Verstecke aus. Die Armee vertrieb bei einer Kampagne zur »Türkisierung« der Bevölkerung Kurden und Aleviten aus ihren Dörfern im Osten und Süden der Türkei. Nach drei Fluchtjahren stellte die Armee Sabri 1981 im Südosten des Landes. Der Prozess war kurz. Sabri wurde dreier Vergehen schuldig gesprochen, unter anderem der »Mitgliedschaft in einer politischen Gruppe«. Die folgenden fünf Jahre sollte er im Gefängnis verbringen, wo er geschlagen wurde und in vollständiger Isolation von seiner Familie und dem von ihm mitgegründeten Stadtteil und seinen Bewohnern lebte.

DIE VERWANDLUNG DER ANKUNFTSSTADT
Sabri kam 1986 frei und reiste per Anhalter zu seinem Wohnort zurück. Bei seiner Ankunft dort war er sich zunächst sicher, dass er sich verfahren hatte, vielleicht sogar in der Innenstadt gelandet war, jedenfalls nicht in den von den Migranten vom Land bewohnten Vororten. »Als ich wegging, sah es dort noch ganz anders aus, der Ort hatte sich vollkommen verändert«, erinnert er sich. Die Straßen waren schmaler, die Häuser viel größer und in hellen Farben gestrichen, auf den Bürgersteigen herrschte ein aberwitziges geschäftliches Treiben. Autos waren überall. Die angenehme Regelmäßigkeit der Gecekondu-Dächer war Vergangenheit, vielerorts standen jetzt höhere Gebäude.

Im Lauf der nächsten paar Tage machte er sich wieder mit seiner Frau und den Söhnen vertraut und wurde von den alten Nachbarn herzlich willkommen geheißen. Dabei erkannte er, dass sich nicht nur Name und Erscheinungsbild der Siedlung, sondern sehr viel mehr geändert hatte. Die Menschen dort, die Politik, die im Stadtviertel gemacht wurde, die allgemeine Lebenseinstellung, die Bedeutung des Viertels für die Stadt Istanbul und seine Rolle in der Türkei, all das war gründlich umgekrempelt worden. Während er im Gefängnis gesessen hatte, hatten die Ankunftsstädte der Türkei einen weltweit einmaligen Wandlungsprozess durchgemacht. Die Militärdiktatur hatte 1983 wenig vielversprechend geendet, als der Chef der Militärregierung nach der Durchsetzung einer äußerst restriktiven neuen Verfassung Wahlen abhalten ließ. Den meisten im ganzen Land bekannten Spitzenpolitikern war jegliche politische Betätigung untersagt, und viele Parteien waren verboten worden. Wahlsieger wurde Turgut Özal, ein Wirtschaftsmanager, der sich an der Militärregierung beteiligt hatte, mit seiner neugegründeten Mutterlandspartei. Es gab keinen Grund für die Annahme, dass Özal irgendeine andere Rolle spielen würde als die des gegenüber dem Militär loyalen Bürokraten. Dennoch reformierte er die Türkei in den 1980er-Jahren auf dramatische Art und Weise, öffnete die Wirtschaft für den internationalen Handel und Investitionen, modernisierte das Währungssystem und ersetzte den desaströsen, auf Importsubstitution beruhenden Wirtschaftsplan durch ein System des von Exporten angetriebenen Wachstums. Außerdem investierte er in eine moderne Infrastruktur und in den Ausbau der Regierungseinrichtungen. Aber keine seiner Maßnahmen war so revolutionär oder so subtil und unauffällig wie die Lösung für das Problem der zornigen, entwurzelten Landbesetzersiedlungen am Stadtrand.

Kurz nach seinem Amtsantritt setzte Özal das Gesetz Nr. 2805 durch, ein Amnestiegesetz für die Gecekondu-Landbesetzer. Es war jedoch keine Neuauflage und unterschied sich von den Amnestien der 1960er- und 1970er-Jahre, machte die Landbesetzer nicht nur zu anerkannten Steuerzahlern, sondern gestand ihnen das formelle Besitzrecht für ihre Eigenbauhäuser sowie Grundbucheinträge für das Land zu, auf dem sie errichtet worden waren. Millionen in Rechtsunsicherheit und Sorge lebender »nächtlicher Neuankömmlinge«, die bisher mit der jeweiligen Stadtverwaltung in Fehde gelebt hatten, wurden, nahezu buchstäblich über Nacht, zu Haus- und Grundbesitzern, die am Wirtschaftsleben teilnahmen.

Die Umwandlung der selbst errichteten Häuser in Eigentümerparzellen erzielte rasche Wirkungen. Der stete Zustrom von Neuankömmlingen aus den Dörfern Anatoliens – der in den 1980er-Jahren zu einer Flut werden sollte – garantierte einen Wertzuwachs des Grundbesitzes. Durch dieses einfache Gesetz wurden die Gecekondu-Häuser von einer Bedrohung für den Staat zu einem Instrument staatlicher Sozialfürsorge und, zumindest ansatzweise, zu einem Ersatz für einen Wohlfahrtsstaat. Eine türkische Autorin schrieb: »Gecekondu-Häuser wurden zum wichtigsten Objekt sozialer Sicherheit für mindestens zwei Generationen von Familien, die keinen Zugang zu staatlichen Sozialhilfeleistungen haben.«[13]

Özal erkannte, dass dieses Eigentum als Startkapital dienen würde, das armen Bauern die Gründung kleiner Unternehmen ebenso ermöglichte wie den Aufbau von Ersparnissen und das Erzielen von Mieteinnahmen. Die Neu-Eigentümer konnten das wenig vertrauenerweckende Bankensystem der Türkei für die Beschaffung von Hypothekendarlehen nutzen. Özal hatte die Entstehung einer neuen Mittelschicht in den Vororten gefördert, überblickte aber die politischen Auswirkungen seiner Maßnahmen nicht in ihrer Gänze. Er erkannte allerdings, dass dies ein äußerst wirkungsvolles Mittel zur Entschärfung der politischen Bedrohung war, die von den Ankunftsstädten ausging, und prahlte 1988 im Gespräch mit einem Journalisten, er habe die Vororte für sich gewonnen, indem er die Leidenschaft des revolutionären Aktivismus durch die prosaischeren Freuden des Hausbesitzertums ersetzt habe: »Wir haben diesen Menschen Grundbesitzrechte gegeben, sie besitzen Land, und jetzt sind ihre Häuser und Straßen sauber, jetzt haben sie Spielplätze für die Kinder, Sporteinrichtungen für junge Leute, und deshalb wählen sie uns und nicht die Linke.«[14]

Dieser Wandel war, wie Özal andeutete, nicht einfach nur eine Frage der Gewährung von Eigentumsrechten. Die Stadtverwaltung von Istanbul investierte massiv in Infrastruktureinrichtungen, die diesen eben erst legalisierten und Steuern zahlenden Wohnvierteln zugutekommen sollten. Ihr Reichtum aus Haus- und Grundbesitz verwandelte sich nicht automatisch in unternehmerischen Reichtum. Dazu brauchte es Schulen, Nahverkehr, Verbindungen zum Wirtschaftsleben der Stadt und allgemeine Lebensgrundlagen. Im Jahr 1987 hatten 74 Prozent des Gecekondu-Häuserbestandes fließendes Wasser (die meisten mussten allerdings während des Sommers längere Unterbrechungen der Versorgung hinnehmen), 90 Prozent eine Innentoilette, und 91 Prozent verfügten über elektrischen Strom.[15]

Das Ende der Militärjunta und die Aussicht, in der Stadt zu Hausbesitzern zu werden, ließen Millionen von Bauern über einen Abschied von ihren Dörfern nachdenken. Istanbul gewann von 1984 bis zum Ende der 1990er-Jahre jährlich mindestens eine halbe Million Einwohner hinzu. Die türkischen Regierungen wollten unbedingt das Vertrauen der neuen Wähler in den Vororten gewinnen, handelten rasch und machten die Neuankömmlinge zu Hausbesitzern, indem sie das Amnestiegesetz 1984 und 1986 jeweils auf die inzwischen hinzugekommenen Gecekondu-Bewohner erweiterten.

Ende der 1980er-Jahre besaßen fast 80 Prozent der Gecekondu-Bewohner entweder Grundbucheinträge zu ihrem Besitz oder Bescheinigungen der Regierung, die sie schließlich zu rechtmäßigen Eigentümern ihrer Häuser machen würden.[16] Das war eine gewaltige Zahl von Menschen. Die Gecekondu-Viertel machten 1989 zwei Drittel des Istanbuler Stadtgebiets aus. Sabris Viertel, das damals, als er vor der Polizei floh, am entlegensten Stadtrand lag, gehörte inzwischen praktisch zum Stadtzentrum. Mustafa Kemal scheint heute, wenn man sich seine Lage auf dem Stadtplan ansieht, nahe am Zentrum zu liegen, etwa nach drei Vierteln des Weges, vom Stadtrand aus gesehen. Eine eng bebaute Dachlandschaft breitet sich dort in allen Richtungen aus, vom Marmarameer bis zum Schwarzen Meer.

Die Türkei war zu einem Land der Ankunftsstädte geworden. Der Gecekondu-Häuserbestand wird allein in den drei größten Städten auf zwei Millionen Wohneinheiten geschätzt, in denen mindestens 10,2 Millionen Menschen leben. Bereits im Jahr 1986 lebte die Hälfte aller Türken in Städten – 1950 waren es noch 20 Prozent gewesen –, und so wurde die Türkei möglicherweise zum ersten bedeutenden Entwicklungsland, das diese Marke übertraf.

Dieser Wandel kam über die alteingesessene Einwohnerschaft Istanbuls wie ein Schock, und sie wusste nicht so recht, was sie davon halten sollte. »Das unerwartete Neu-Istanbul, das sich innerhalb einer einzigen Generation herausbildete, überraschte die Einheimischen«, schrieb ein eher wohlgesinntes Mitglied dieser Bevölkerungsgruppe. »Beim Versuch, die eigene Sprachlosigkeit zu überwinden, erklärte das Wort ›Einzigartigkeit‹ alles: Eine Katastrophe dieses Ausmaßes war nur uns widerfahren.«[17] Historisch gesehen war das natürlich nicht ganz zutreffend: Die »Katastrophe« der plötzlichen Explosion Istanbuls glich auf verblüffende Art den Wandlungsprozessen, die die Städte Europas und Nordamerikas im 19. Jahrhundert durchgemacht hatten. Aber für die Istanbuler Elite sollte sie zu einer politischen Katastrophe werden, plötzlich wurde sie von einer frisch arrivierten Mittelschicht zahlenmäßig übertroffen, deren Frauen oft Kopftücher trugen und die bereits ihre eigenen, fremdartig anmutenden Formen politischer Macht entwickelte.

Für Sabri war es eine Katastrophe anderer Art. Die Jahre der Militärherrschaft und die plötzliche Aufnahme in die städtische Gesellschaft hatten einen großen Teil des Viertels mit Erfolg entpolitisiert. Ein Beobachter formulierte das so: »Die Aleviten-Identität ersetzte das linke Selbstverständnis.«[18] Der neue Status als Landbesitzer hatte es vielen ehemaligen Besetzern ermöglicht, ihre Häuser mit gutem Gewinn an Interessenten von außerhalb zu verkaufen. Das Mustafa-Kemal-Viertel hatte jetzt 50 000 Einwohner, von denen viele nichts über die Vergangenheit als Zentrum rebellischer Aktivitäten wussten. Zu den verfolgten Minderheiten gesellten sich Tausende arme Angehörige der sunnitischen Mehrheit in der Türkei. Sabri erkannte mit einer gewissen Bitterkeit, dass Özal recht gehabt hatte – seine Genossen (von der eigenen Familie ganz zu schweigen) waren zu genügsamen Angehörigen der Mittelschicht geworden, die sorgfältig auf ihren Besitz achteten. »Die Reformen machten uns alle zu Besitzern, und das veränderte unsere Denkweise«, berichtete er mir. »Wir alle dachten jetzt, wie Eigentümer eben so denken. Letztlich schufen wir eine kleinbürgerliche Kultur.«

Aber dann erscheint ein Lächeln auf seinem Gesicht. »Ich bereue das nicht – wir bereuen nichts«, sagt er mit gutem

Grund. Als die Bewohner des Stadtbezirks, zum dem das Viertel gehört, 1989 zum ersten Mal bei Kommunalwahlen stimmberechtigt waren, wählten ihn seine Mitbürger zum Verwaltungschef von Mustafa Kemal, unter dem Banner einer linken Partei und mit 75 Prozent der Stimmen. Während seiner Amtszeit sollte er dann einen weiteren über Nacht vollzogenen Wandel mitverwalten, der das Erscheinungsbild und den Charakter des Viertels abermals von Grund auf verändern sollte. Es war ein Wandel, der das Gecekondu als Wohnform praktisch beseitigen sollte.

Ministerpräsident Özals Gesetz zum Landbesitz hatte in aller Stille eine äußerst wirksame Innovation eingeführt, den sogenannten Verbesserungsplan. Das Gesetz ermöglichte den einzelnen Stadtvierteln auf drei verschiedene Arten die Sanierung ihrer chaotischen Slums, und das damit verbundene Ziel war die Integration der Bezirke in die Stadt. Dabei sollten zugleich die unhygienischsten und die nicht fachgerecht gebauten Häuser beseitigt werden. Zunächst einmal konnte man sich für die Bestandserhaltung entscheiden. Die bestehenden Gecekondu-Häuser wurden legalisiert, baulich verbessert und an das öffentliche Versorgungsnetz angeschlossen. Die zweite Möglichkeit war die Sanierung: Der vorhandene Bestand wurde durch Wohnblocks ersetzt. Drittens kam noch die komplette Räumung infrage: Verkauf und Abriss des Gecekondu und gewinnorientierter Verkauf des Lands an Bauunternehmer.

Özal konnte nicht voraussehen, dass sich fast keiner der Gecekondu-Bewohner für den Verbleib im bestehenden Haus entscheiden würde. Für sehr viele Bewohner des Viertels war es schwierig, der Aussicht zu widerstehen, das eigene, selbst gebaute Haus durch ein sehr viel wertvolleres, vielstöckiges Gebäude zu ersetzen, das einen steten Fluss von Mieteinnahmen einbringen würde. Wieder andere waren versucht, ihre Häuser für eine noch nie gesehene Geldsumme an eine Gruppe von Bauunternehmern zu verkaufen. Als Gegenleistung erhielten sie dann eine der Eigentumswohnungen und einen Anteil an den Mieteinnahmen für die übrige Anlage (eine in der Türkei beliebte Vereinbarung). Selbst diejenigen, die lieber in ihrem kleinen Haus mit dem hübschen Hof geblieben wären, entwickelten schon bald andere Gefühle. »Ich würde mein Gecekondu-Haus nicht gerne abreißen und durch einen Wohnblock ersetzen«, sagte ein gut etablierter Bewohner damals, »aber wenn die Nachbarn das tun, muss ich mitziehen. Sonst hätte ich kein Sonnenlicht mehr im Haus.«[19]

Der Verbesserungsplan veränderte Mustafa Kemal über Nacht. Ein Istanbuler Bürgermeister, der den Anliegen der Linken wohlwollend gegenüberstand, billigte Sabris Wählern 1989 das Recht zu, bis zu fünf Stockwerke hohe Wohnblocks zu errichten. Nahezu alle Grundbesitzer nahmen ihn beim Wort. »Wären Sie Ende der Achtzigerjahre hier zu Besuch gewesen«, sagt der Historiker Şükrü Aslan, »hätten Sie überall die immer noch von Gärten umgebenen Gecekondu-Häuser zu Gesicht bekommen – aber sobald es erlaubt war, rissen die Leute ihre Häuser ab und errichteten größere Gebäude. Das alles geschah ganz plötzlich, wie damals der Bau der Gecekondus selbst. Die Leute sahen, dass ihr Land jetzt mehr wert war, also sagten sie: ›Lasst uns jeden Quadratmillimeter nutzen.‹ Fast mit einem Schlag wurde die idealistische von einer stärker vom Profitdenken bestimmten Haltung verdrängt.«

In Mustafa Kemal erinnert heute überhaupt nichts mehr an eine Landbesetzersiedlung, es sei denn, man weiß, wo man nachsehen muss. In den Seitenstraßen findet man gelegentlich noch ein einsames Exemplar der alten, selbst gebauten Häuser, die sich heute mit attraktiven Anstrichen, roten Ziegeldächern, rauchenden Schornsteinen und Satellitenschüsseln schmücken; sie machen vielleicht noch ein Zwanzigstel des Häuserbestandes aus. An den belebten Straßen sieht man größtenteils moderne Häuser, die verputzt und gestrichen sind und fast alle fünf Stockwerke haben. Im Erdgeschoss sind Ladengeschäfte untergebracht, die darüber liegenden Wohnungen haben Balkone (die ebenfalls Satellitenschüsseln schmücken). Das breite Band einer in den 1990er-Jahren errichteten vielspurigen Schnellstraße zieht sich durch den Talboden, den lärmigen Seitenstreifen säumen die alten Gecekondu-Häuser, von denen einige nach den Landaufkäufen mitten entzweigeschnitten wurden. Diesmal veranstalteten die Bewohner keine gewalttätige Protestaktion gegen die Regierung. Man zahlte ihnen gutes Geld für ihr Land, also zogen sie klaglos um, meist in wohnlichere Gecekondus.

Sabri Koçyigit erzählt mir diese Geschichte an einem glühend heißen Tag im Juli unmittelbar vor einer Parlamentswahl. Er kandidiert – nicht zum ersten Mal – für ein Abgeordnetenmandat auf der Liste der im politischen Spektrum weit links angesiedelten Partei für Freiheit und Solidarität. Der geschäftige Straßenabschnitt rings um sein Büro ist mit Fahnen seiner Partei geschmückt. Nachdem ich einen kurzen Blick auf sein mit Bildern von Demonstranten und triumphierenden Arbeitern geschmücktes Wahlkampfbüro geworfen habe, führt er mich auf eine Tasse Tee in das eine Etage tiefer gelegene Geschäft eines Freundes. Der Ladeninhaber sitzt hinter einem luxuriösen Hartholztisch mit Blick auf eine Ausstellung von Doppelglasfenstern gehobener Qualität – eine Handelsware, deren zunehmende Beliebtheit unter den ehemaligen Bauern ein guter Gradmesser für den sozialen Aufstieg des Viertels ist.

Sabri, ein gelassen auftretender Mann mit Glatze und graumeliertem Schnurrbart, kann immer noch gelegentlich in Zorn geraten, wenn es um Grundsatzfragen geht, vor allem, wenn die Rede auf die Behandlung der Kurden und Aleviten durch die türkische Armee kommt. Wenn wir die Veränderungen diskutieren, die die Türkei und vor allem die Siedlungen vor den Toren Istanbuls durchgemacht haben, wirkt seine Bitterkeit allerdings wie eine abgenutzte Pose, die er mit einem Lächeln darbietet. »Sehen Sie, die Wähler hier sind keine Revolutionäre mehr, das räume ich ein. Das Geld bringt die Menschen von ihren alten Prinzipien ab, und ihre Stimmen sind einfacher zu kaufen.«

Im ehemaligen 1.-Mai-Viertel erhält die extreme Linke heute noch mehr Stimmen als in den meisten anderen Stadtvierteln, aber Sabri oder seine Genossen landen hier keine Wahlsiege mehr, seit den 1990er-Jahren haben sie auch am Ort nicht mehr gewonnen. Die Mehrheit der Wählerstimmen ging 2007 an ihre alten Feinde, die Kemalisten von der Republikanischen Volkspartei. Sabris Partei erhielt landesweit nur 0,15 Prozent der Stimmen und belegte hier weit abgeschlagen nur den zweiten Platz. Das sei, so sagt er, ein Beleg dafür, dass die Bourgeoiskultur sein Viertel übernommen habe.

Dann kommt mir der Gedanke, ihn zu fragen, was aus seinem eigenhändig gebauten Gecekondu-Haus geworden ist. Sieht es noch so aus wie früher? Hat er Doppelfenster einbauen lassen? Könnte ich es vielleicht besichtigen? Mit einem verlegenen Lächeln blickt er zu Boden und zeigt über die belebte Straße hinweg. Dort steht auf einem erstklassigen Eckgrundstück ein großes, fünfstöckiges Gebäude. Im Erdgeschoss ist ein Hähnchenrestaurant untergebracht, außerdem ein Feinkostladen, zwei Handyläden, ein Bekleidungsgeschäft und ein Reisebüro, und in den darüberliegenden Etagen gibt es zwei Dutzend Mietwohnungen: ein eindrucksvolles, gute Mieteinnahmen produzierendes Unternehmen. »Das«, sagt er leise, »habe ich mit meinem Haus gemacht.«

Ich ziehe ihn auf: »Sieht ganz danach aus, als sei bei den ganzen Jahren des marxistischen Kampfes Ihre eigene Verwandlung in ein kleinbürgerliches Mitglied der gefürchteten Rentiersklasse herausgekommen.« Er runzelt die Stirn, hebt den Blick, lässt ein helles Lachen vernehmen und sagt mit erhobenem Zeigefinger: »Absolut nicht! Ganz egal, was geschehen ist, die Bezeichnung Kleinbürger akzeptiere ich nicht! Sie kann unmöglich auf mich zutreffen. Ich war immer Kommunist.«

Sabri hat, wie so viele seiner Landbesetzernachbarn, wenn auch vielleicht auf unterhaltsamere Art und Weise, immer noch mit der Bewältigung der seltsamen Wendung des Schicksals zu tun, die sie von nächtlichen Bauarbeitern draußen vor der Stadt zur Bedrohung aus den Außenbezirken und schließlich zu Angehörigen der wirtschaftlich und politisch dominierenden Gesellschaftsschicht gemacht hat.

DIE NEUANKÖMMLINGE STELLEN SICH
DER ANKUNFTSSTADT

Wer sehen will, was aus der türkischen Ankunftsstadt in den Jahren nach ihrem Erfolg geworden ist, sollte Sabri Koçyigits Büro verlassen und mehrere Häuserblocks bergauf gehen, in eine noch etwas chaotischere Straße, und dort in einem Café namens Hoffnung Platz nehmen. Die handgezimmerten Holzbänke hinter der unecht-ländlichen Fassade sind mit Teppichen bedeckt, an den Wänden sind absichtsvoll kitschige ländliche Idyllen zu sehen. Die Türken bezeichnen ein solches Lokal als »Folklore-Bar«. In den Ankunftsstädten von Istanbul und Ankara ist sie eine immer beliebter werdende Institution, ein Treffpunkt für die Generation, die in den 1990er-Jahren oder später hier angekommen ist.

Den Tee bringt Kemal Doğan, ein gut aussehender, stämmiger Mann mit sauber gestutztem Bart. Er ist der Inhaber des Lokals, das heißt: Er hat es gemietet, ebenso wie seine Wohnung. Sabris Generation wurde zu im Luxus lebenden Hausbesitzern, während Kemals Generation aus einer Reihe von Gründen aus ewigen Mietern besteht. Er nannte das Lokal, unmittelbar nachdem er es im Jahr 2000 übernommen hatte, nach seinem neugeborenen Sohn »Hoffnung« (Türkisch: Umut). Er war, wie die meisten Angehörigen seiner Generation, in erster Linie bestrebt, hart zu arbeiten, um den Lebensunterhalt für seine Familie zu verdienen, ideologische Utopien interessierten ihn nicht. Auch er stieg in Harem aus dem Bus. Das war 1993, er war 23 Jahre alt, und das Leben im Haus seiner Familie in der weit im Osten der Türkei gelegenen Provinzhauptstadt Erzincan war unerträglich geworden. Zuvor hatte es ein schweres Erdbeben gegeben, die militärisch-ethnischen Konflikte nahmen kein Ende, und seiner Familie fehlte das Geld für eine ambitioniert betriebene, rentable Landwirtschaft. Er wusste, dass viele Menschen aus Erzincan, darunter mehrere seiner Onkel, in einem bestimmten Viertel von Istanbul lebten, also durchquerte er mit dem Bus das Land, um sich dort umzusehen.

Die Millionen von Menschen, die in den 1990er-Jahren in den Vororten Istanbuls eintrafen, machten ganz andere Erfahrungen als die Neuankömmlinge in den vier vorhergehenden Jahrzehnten. Auch sie kamen aus Dörfern, in denen keine landwirtschaftlichen Arbeitskräfte mehr gebraucht wurden, und suchten in der Stadt nach besseren Beschäftigungsmöglichkeiten. Aber sie kamen in eine andere Welt. Das spektakuläre Gleichgewicht von Wirtschaftswachstum und sozialen Verbesserungen, das ein Merkmal der 1980er-Jahre gewesen war, hatte in den Neunzigern ein abruptes Ende gefunden. Eine unverhältnismäßig hohe Staatsverschuldung führte zu einer raschen Geldentwertung, die der Wirtschaft erhebliche Probleme bereitete, und die alte Wirtschaft, die in vom Staat subventionierten Unternehmen langfristig gesicherte Industriearbeitsplätze bot, war verschwunden. An ihre Stelle war eine vielseitiger strukturierte, vom Handel angetriebene Wirtschaft getreten, die mehr Chancen, dafür aber weniger Arbeitsplatzsicherheit bot.

Auch die Neuankömmlinge kamen inzwischen mit anderen Voraussetzungen. Die vorherige Generation war noch von der Aussicht auf einen Arbeitsplatz angelockt worden, aber diese enorme Zahl von Menschen wurde in ihrer überwiegenden Mehrheit von der Verarmung zur Landflucht motiviert, vor allem in dem von bürgerkriegsähnlichen Zuständen heimgesuchten Osten des Landes, in dem die türkische Armee Hunderte von Dörfern zu Sperrgebieten erklärte und die Bewohner vertrieb. Ganze Familienverbände wurden so zu Opfern, sie wurden gezwungen, Haus und Hof zu verlassen, und hatten kaum Gelegenheit, sich auf die Rahmenbedingungen und den Rhythmus des städtischen Lebens einzustellen. »Die Armut unter den Neuankömmlingen war so groß, dass sie es sich nicht einmal leisten konnten, ein Gecekondu-Haus zu bauen«, schrieb ein Beobachter. »Es mangelte an ungenutztem Land. Die Menschen fanden nur in alten, bereits konsolidierten Gecekondu-Gebieten als Mieter Unterkunft.« Ende der 1990er-Jahre hatte der Anteil der zur Miete wohnenden Menschen in den ehemaligen Gecekondu-Vierteln bereits 80 Prozent erreicht.[20]

Kemal folgte dem »Himmel-und-Hölle«-Muster des Migranten der zweiten Generation: Zunächst fand er eine Arbeit in einem Möbelgeschäft und mietete ein altes Gecekondu-Haus. Es gehörte seinem Onkel, einem der Revolutionäre, die diesen Ort in den 70er-Jahren aufgebaut hatten. Eigentlich war es nur ein halbes Haus. Sein Onkel hatte in der Talsohle gebaut, und als die Schnellstraße gebaut wurde, nahm er mit Freuden das Geld und akzeptierte, dass sein Haus halbiert wurde. Kemal investierte eine gewisse Summe in die Renovierung des Hauses, machte es wieder bewohnbar und installierte eine Satellitenschüssel. Er holte seine Mutter und seine Schwester nach, die bei ihm wohnen sollten. Die lärmige Haushälfte war ein unerträglicher Wohnort, also mietete er eine Wohnung im dritten Stock eines der zahllosen fünfstöckigen Gebäude.

Zwei Jahre lang arbeitete er im Möbelgeschäft und wechselte anschließend ins Filialbüro einer Versicherungsgesellschaft. Dann übernahm er die Verwaltung einer Schulcafeteria. Seine Frau arbeitete zunächst als Sekretärin, später dann als Buchhalterin. Es spielt keine Rolle mehr, wie traditionell der familiäre Hintergrund ist: Die Türken aus Kemals Generation haben gelernt, dass Ehemann und Ehefrau beide erwerbstätig sein müssen. In unmittelbarer Nähe der Schule, auf der anderen Straßenseite, gab es ein leer stehendes Café. Kemal mietete es, kaufte einem Freund die Einrichtung einer alten Dorfkneipe ab und malte ein Wirtshausschild mit dem neuen Namen »Hoffnung«, als sein Sohn geboren wurde. Die beiden Arbeitsplätze sind gut miteinander vereinbar, bringen ihm aber nicht so viel ein, dass er ein eigenes Haus kaufen könnte.

Der Hausbesitzerstatus ist für viele Angehörige dieser Generation ein unerreichbares Ziel. Die Angebote im Maklerbüro belegen den erstaunlichen Preisanstieg bei den in Eigenarbeit errichteten Häusern: »Gecekondu, drei Zimmer, 60 000 neue Lira, 170 qm ... Gecekondu, mit Grundbucheintrag, 85 000 neue Lira.« Mit anderen Worten: Diese mit einfachsten Mitteln – mit Steinen, harter Arbeit und Hoffnungen – errichteten Behausungen gehen heute für 40 000 bis 55 000 Dollar weg, und in Nachbarbezirken kosten sie erheblich mehr. Ein gut verdienender Fabrikarbeiter kommt vielleicht auf einen Jahreslohn von 18 000 Dollar. Es hat sich etwas verändert, und es sind nicht nur die Preise für Grund und Boden.

Kemal und ein großer Teil seiner Gäste scheinen in den optimistischen Jahren zu Beginn des 21. Jahrhunderts bei ihrem langsamen Aufstieg in die unteren Rangstufen der Mittelschicht in der sich langsam wieder erholenden türkischen Wirtschaft erfolgreich gewesen zu sein. Und die 2008 einsetzende Rezession, deren Auswirkungen auf Kreditwirtschaft und Beschäftigung weitgehend an der Türkei vorbeiliefen, traf sie nicht. Sie sind aufstiegsorientierte Neuankömmlinge. Dennoch empfinden sie nur wenig Sympathie für die Idealisten, die diesen Ort erbauten. Das meiste, was von ihnen zu diesem Thema zu hören ist, klingt wie Hohn und Spott.

Kein Wunder: Was an diesem Ort hier schmerzlich vermisst wird, ist der Beistand des Staates, sind die guten Schulen, Verkehrsverbindungen und staatlichen Sozialleistungen, die es ehemaligen Dorfbewohnern ermöglichen, ihre Kinder zu vollwertigen Stadtmenschen zu machen. Diese Laissez-faire-Entwicklung, bei der die Regierung keine besondere Rolle spielt, hat das Viertel für die Menschen auf den unteren Rangstufen der sozialen Leiter zu einem ziemlich ungemütlichen Ort gemacht. Kemal und seine Tee trinkenden Gäste sagen, es sei vollkommen klar, dass der Hausbesitzerstatus allein noch keine vernünftigen öffentlichen Einrichtungen schafft und dass das Unvermögen der Regierung, für solche Dinge zu sorgen, eine ungute politische Situation herbeigeführt habe. Kemal, der wie die meisten Leute hier Sabri Koçyigit und seinen legendären Ruf kennt, erklärte mir, warum er auf solche Helden nichts mehr gibt. »Ihre radikalen politischen Gruppen sollten sich noch mal ein paar Gedanken machen und diese Sache in den Griff bekommen«, sagt er. »Die einfachen Leute hängen in der Luft.«

Kemal sagt, als er 1993 hier angekommen sei, hätten sich diese Rebellen zu Hausbesitzern entwickelt, und die breiten Straßen seien eng geworden. Privater Landbesitz habe für

Wohlstand gesorgt, aber auch Selbstsucht erzeugt: Die Menschen hätten ihre Häuser bis zu den äußersten Grundstücksgrenzen erweitert, hätten Bürgersteige, Parkanlagen und halböffentliche Plätze überbaut. Für Parks oder bessere Schulen würden nur widerstrebend Gelder gesammelt oder Land geopfert. Es gibt kein städtisches Steuersystem, also ist die Präsenz des Staates eine Sache politischer Großzügigkeit, die hier nicht in Erscheinung getreten ist. Eine Wissenschaftlerin stellte fest, wie das Zusammenwirken von Privatbesitz und abwesender Regierung das Erscheinungsbild der Ankunftsstadt von Istanbul verändert hat: »Die charakteristische Raumaufteilung der Gecekondu-Siedlungen mit ihren niedrigen Häusern und den sie umgebenden Gärten geht verloren. Das neu entstandene Umfeld ist arm an offenen, öffentlichen und halböffentlichen Räumen.«[21]

Für Kemal war das ein Verrat an den Werten des Viertels. »Alle Idealvorstellungen vom Bau kultureller Zentren, öffentlicher Bibliotheken und Parks, all das wurde zunichtegemacht. Heute ist alles nur noch ein Haufen Beton. Damals waren die Mieten noch billig. Aber die Leute fanden Geschmack am Geld und kamen herunter. Sie haben vergessen, dass sie einst selbst arm waren.«

DIE ANKUNFTSSTADT FINDET ZU IHRER EIGENEN POLITIK

Die politischen Vorstellungen aus der Gründerzeit des 1.-Mai-Viertels wurden, im Gegensatz zu den Befürchtungen der Militärbehörden, niemals zur Politik der Türkei, ja nicht einmal zu einer plausiblen Opposition. Der Höhepunkt des

Erfolgs der Linken war 1989 erreicht – mit der Wahl, die Sabri seinen Augenblick an der Macht verschaffte –, als eine sozialdemokratische Partei in Istanbul erfolgreich war. Aber das war die Linke eines alten, dahinschwindenden Istanbul: Ihre Politik orientierte sich an denjenigen Wählern, die richtige Jobs bei richtigen Unternehmen hatten, nicht an den Gecekondu-Bewohnern, deren Arbeitsleben sich in der Regel fast ausschließlich außerhalb der Geschäftsbücher abspielte. Erst in den Krisenjahren der 1990er trat eine politische Partei auf den Plan, die in den Ankunftsstädten entstanden und groß geworden war und die die Art von Hilfe und Unterstützung versprach, die das bloße Hausbesitzertum nicht zustande gebracht hatte. Sie nannte sich auch noch »Wohlfahrtspartei«.

Recep Tayyip Erdoğan, der Bürgermeisterkandidat der Partei, war in vielerlei Hinsicht der typische Gecekondu-Bewohner. Der im armen, in der Nähe des Bosporus gelegenen Stadtteil Kasımpaşa (die Menschen dort sind ärmer als die Bewohner der meisten heutigen Gecekondu-Viertel) geborene und aufgewachsene Politiker kam eigentlich nicht aus einer Stadtrandsiedlung. Aber sein Leben war das eines Neuankömmlings. Seine Familie war aus Rize, einem Ort im fernen Nordosten der Türkei, nach Istanbul gekommen. Sie hatte die Ankunftskultur entwickelt, religiös und verschleiert. In seiner Jugend verkaufte er Simit-Brot auf der Straße und verdiente sich mit großem Einsatz seinen Lebensunterhalt in der Stadt.

Sein Wahlsieg von 1994 war ein entscheidender und für nahezu alle Bewohner des Stadtkerns von Istanbul zutiefst beunruhigender Vorgang. Die Unterstützung für seine Wohlfahrtspartei war von mysteriösen Orten weit außerhalb der alten Stadtgrenzen gekommen, und für durch das städtische Leben geprägte Türken war er kein akzeptabler Politiker: Er gab sich offen religiös, seine Frau trug ein Kopftuch. Damals war es üblich, ihn als Islamisten zu bezeichnen, was einige Landsleute heute noch tun.

Die etablierte Bevölkerung Istanbuls hatte 1994 keinerlei Einfluss auf den Wahlausgang mehr: Sie war regelrecht überschwemmt worden. Bei jener Wahl erreichten die Gecekondu-Viertel einen Anteil von 60,4 Prozent an den abgegebenen Stimmen, es war das erste Mal, dass sie die etablierten Stadtbewohner zahlenmäßig übertroffen hatten. Zu diesem Zeitpunkt hatten nach Schätzungen fast 75 Prozent der Bevölkerung von Istanbul »eine Beziehung zur Gecekondu«, das heißt: ländliche Wurzeln und einen persönlichen Bezug zu den Außenbezirken der Stadt. Die Außenseiter waren zur alleinigen Quelle der Macht geworden. Eine türkische Analyse der Wahlergebnisse kam zu folgender Schlussfolgerung: »Die Bevölkerung von Istanbul, die inzwischen mehrheitlich ländlicher Herkunft ist und immer noch den Übergangsprozess vom ländlichen zum städtischen Leben durchmacht, wobei ihre Lebenssituation sehr stark von informellen Abläufen geprägt ist, hat ihre politischen Vertreter gefunden.«[22]

Erdoğan stieß in den 1990er-Jahren in den Leerraum der türkischen Politik vor, er wurde Bürgermeister von Istanbul zu einem Zeitpunkt, zu dem die säkulare türkische Republik an den Bedürfnissen der meisten ihrer Bürger vorbeizugehen schien. Die Wirtschaft des Landes war eine Katastrophe, sie lag 1994 völlig am Boden, und die Stadt war nach Ansicht vieler ihrer Bewohner zu einem von Müll übersäten Durcheinander heruntergekommen. Erdoğan war eine politische Kraft, die stark genug war, um selbst die Stimmen der Bewohner von Mustafa Kemal zu bekommen.

Die Wohlfahrtspartei tat etwas für die Ankunftsstadt. Ihre Wahlkampfbüros übernahmen auf tausenderlei Art und ganz konkret die Rolle, die vom Staat hätte eingenommen werden können, sie füllten die Lücken in einer städtischen Laissez-faire-Wirtschaft, in der es für ehemalige Dorfbewohner keine Unterstützung gab. Eine Beobachterin erinnerte sich an die »Armee von Frauen mit Kopftüchern«, die »den Kranken zu einem Bett im Krankenhaus verhalfen, an eiskalten Wintertagen Nahrungsmittel verteilten, frisch verheirateten Paaren ein kleines Geschenk überreichten und einen Beitrag zu den Kosten für eine Bestattung leisteten«.[23] Die politische Botschaft der Partei sprach auch den bodenständigen Konservatismus an, der von der Furcht vor den Gefahren des Stadtlebens und dem Zusammenbruch alter familiärer Sicherheiten bewegt wird. Er bewegt alle Zuwanderergemeinden, vor allem diejenigen, die in den gefährlichen und prekären Bereichen der Ankunftsstadt wohnen. Die Partei versuchte (erfolglos) Ehebruch für gesetzwidrig zu erklären, und einige ihrer Kandidatinnen trugen ein Kopftuch, was in der kemalistischen Türkei einem Tabubruch gleichkam. Für Dorfbewohner, die daran gewöhnt waren, Frauen unter lückenloser Aufsicht und stets mit Kopfbedeckung zu sehen – und das nicht aufgrund besonders starker religiöser Überzeugungen, sondern aus liebgewordener Gewohnheit heraus –, schien die Stadt voller die Familien zerstörender Gefahren, und diese Partei bot eine Alternative.

Das türkische Verfassungsgericht verbot der Wohlfahrtspartei 1997 auf Druck der Militärs jede politische Tätigkeit. Erdoğan verbüßte wegen aufrührerischer Reden eine zehnmonatige Gefängnisstrafe. Als die Türkei im Jahr 2001 eine weitere Finanzkrise erlebte, spaltete sich die Wohlfahrtspartei. Die islamistische Fraktion gründete die Partei der Glückseligkeit. Erdoğan und seine Verbündeten, die sich schon immer eher für Sozial- und Wirtschaftspolitik interessiert hatten, riefen die Partei für Gerechtigkeit und Aufschwung (AKP) ins Leben, die schon bald als allerbeste Partei für Außenseiter und als nationale Stimme des Gecekondu bekannt wurde. Von Anfang an schien es unvermeidlich, dass sie eines Tages die Türkei regieren würde.

Ein Wohnviertel hügelaufwärts von Mustafa Kemal entfernt liegt eine Drehscheibe für die neue Politik, ein Ort namens Bitterwasser. Der Ortsname stammt aus den späten 1970er-Jahren, in denen die hier ankommenden Dorfbewohner die ganze Nacht hindurch Gräben und Brunnen aushoben, wobei die letzteren Wasser lieferten, das man fast nicht trinken konnte. Heute ist dies eines der am schnellsten wachsenden Viertel in Istanbul. Das Leben hier wird praktisch vom Grundbuchverwalter kontrolliert, einem Mann mit enormer politischer Macht. Er kann die Menschen zu behördlich registrierten Einwohnern machen, was ihnen Gesundheitsfürsorge, Schulbesuch für die Kinder und vielleicht auch Haus- und Grundbesitz ermöglicht. Er berichtet mir, dass jeden Tag fünf oder sechs eben erst vom Land zugezogene Familien in sein Büro kommen. Rund 18 000 kamen allein im letzten Jahr hinzu.

Die Bewohner sagen, dass dieser Ort noch zu Beginn des starken Zuzugs in den 1980er-Jahren weitgehend unpolitisch war. Es stimmt zwar, dass in diesem Viertel mehr Frauen ein Kopftuch trugen als anderswo – damals war das in Istanbul eine Seltenheit, an öffentlich zugänglichen Orten ist es immer noch gesetzlich verboten –, aber das taten sie nicht, weil sie besonders religiös waren. Mehrere Frauen hier erklärten mir, dass der Brauch ebenso stark in praktischen Überlegungen wurzelt (die meisten Frauen waren zuvor Landarbeiterinnen, die sich so vor der heißen Sonne Anatoliens schützten) wie in irgendwelchen tiefen Bindungen an den Islam. Dennoch sieht man hier sehr viel mehr Kopftücher, und die Ladengeschäfte werden mit Sicherheit auch von mehr Minaretten überragt.

Als die Wirtschaft zusammenbrach und die Familien dringend Unterstützung brauchten, kam die nicht von der türkischen Regierung, sondern von der »kleinen Armee der Frauen mit Kopftüchern« aus den Reihen der AKP. Heute kann man die Auswirkungen der neuen Politik überall in diesem Viertel sehen. Der Grundbuchverwalter gehört der Partei der Glückseligkeit an, und in seinem Büro ist eine außerordentliche Nachbarschaft zu sehen: Das obligatorische Porträt von Kemal Atatürk hängt direkt unter einem islamischen Text. An ein und demselben Schreibtisch stellt er Sozialhilfebescheinigungen aus und sammelt Spenden für die neue Moschee.

Erdoğans AKP existiert hier als Kapillarsystem des Viertels, sie bringt frisches Blut in die isolierten und erschöpften Haushalte dieses Gebiets. Unmittelbar vor Erdoğans zweitem Sieg bei den Parlamentswahlen verbrachte ich hier einen Tag in Gesellschaft einer jungen Frau namens Kadriye Kadabal, einer Universitätsabsolventin, die im weißen Kleid und mit einem schicken weißen Kopftuch durch die Nebenstraßen spazierte. Es war offensichtlich, dass sie jede Familie mit Namen kannte, ebenso wie jedes Haus und dessen genaue Geschichte, und jede Tür stand ihr offen. Sie trat bei einer Familie ein, die in einem baufälligen, gemieteten Gecekondu-Haus wohnte, und half ihr in aller Ruhe beim Ausfüllen eines Antrags für eine regierungsamtliche Karte, die sie zum Empfang kostenloser Medikamente für ihr krankes Kind berechtigt.

Eine andere Familie erhielt eine Schachtel mit Lebensmitteln. Eine dritte kam in den Genuss einer diskreten Zahlung zur Deckung von Unkosten für einen Zeitraum, in dem sich der Familienvater um einen Unglücksfall in der Familie kümmerte. Die junge Frau erklärte, sie habe keine Klagen über den Säkularismus in der Türkei vorzubringen, aber sie selbst sei von ihrem persönlichen Glauben motiviert. »Nach unserer Religion gehört ein Mensch, der ruhig schlafen kann, während ein Nachbar hungert, nicht zu uns. So lautet unser Grundsatz.«

Und so arbeitet die AKP in den Wohnvierteln. Kadabal betreut zwei Dutzend Haushalte und berichtet an Ali Tunel, den 36-jährigen Besitzer einer kleinen, erfolgreichen Möbelfabrik gleich hier um die Ecke. Er führt die Aufsicht über 30 Freiwillige, die 700 Familien an diesem Ort finanzielle und medizinische Hilfe bringen und sie beim Umgang mit der Bürokratie unterstützen. In Istanbul gibt es Hunderte von Männern wie Tunel. Die Partei erhält Spenden von Anhängern, die zu Wohlstand gekommen sind, und diese Gelder sind für ihre Hilfsorganisation bestimmt. »Die AKP sorgt hier dafür, dass die Probleme zwischen Arm und Reich gelöst werden«, erklärt Tunel. »Sie sollten sich uns als eine Art Leitungsrohr vorstellen.«

AKP-Funktionäre werden zornig, wenn man ihre Arbeit mit der von Hamas und Hisbollah vergleicht, islamischen Bewegungen, die sich ähnlicher gemeinschaftsbildender Techniken bedienten. Sie erklären gewöhnlich, die Partei sei auf eine Weise islamisch, auf die auch die Christdemokraten in Deutschland christlich seien – das bedeute, der Glaube sei ein symbolischer Prüfstein, kein grundlegendes gesellschaftliches Ziel. Als Erdoğan 2003 zum ersten Mal Ministerpräsident wurde, glaubten das nur wenige Stadtbewohner, und viele Menschen hielten ihn für ein Trojanisches Pferd des Islamismus. Solche Ängste hatten eine solide Basis bei einer gemäßigten, gut ausgebildeten Minderheit in der Türkei, der es irgendwie gelungen war, die einzige säkulare Demokratie im Nahen Osten acht Jahrzehnte lang zu bewahren (von periodischen Staatsstreichen der Streitkräfte einmal abgesehen). Doch ihre Angst vor der AKP war auch ein unmittelbares Abbild ihrer Angst vor der Ankunftsstadt. Abermals sehen wir hier die alte Geschichte vom konservativen, rückständigen Dorfbewohner, der eine aus Religion und Repression bestehende Dorfkultur in den kosmopolitischen Dunstkreis der Großstadt mitgebracht hat.

Erdoğan gewann jedoch mehrere Wahlen nacheinander, ohne danach durch öffentliche Unterstützung des politischen Islam aufzufallen. Er schien vielmehr den größten Teil seiner Energien auf die Integration seines Landes in Europa und die Stärkung der Wirtschaft zu verwenden, bemühte sich, im

Konflikt mit den Kurden im Südosten des Landes aus der Sackgasse herauszukommen, und versuchte, der Bestrafung von politischen Dissidenten durch die Gerichte ein Ende zu setzen. Er nahm sein einstiges Ehebruchsgesetz zurück und brachte ein dramatisches Gesetz zu Frauenrechten durchs Parlament, das sogenannte Ehrenmorde unter Strafe stellte und Vergewaltigung – auch in der Ehe – zu einem besonders schweren Verbrechen erklärte. Es war das strengste Gesetz dieser Art im islamischen Nahen Osten. Ganz offensichtlich kamen aus den Gecekondus auch noch andere politische Kräfte als der religiöse Konservatismus.

Wissenschaftler der angesehenen Türkischen Stiftung für wirtschaftliche und soziale Studien (TESEV), einer überparteilichen akademischen Denkfabrik in Istanbul, legten 2006 eine ebenso außergewöhnliche wie umfangreiche Studie vor, die belegte, dass das Interesse der Türken an jedweder Form von religiös motivierter Politik dramatisch zurückgegangen war, auch wenn die Zustimmung zur Politik der AKP gleichzeitig zunahm. Die Wissenschaftler interviewten dafür im Jahr 1999 1492 Personen in der ganzen Türkei und wiederholten diese Befragung 2006. Die Zustimmung zum islamischen Rechtssystem, der Scharia, ging von 21 Prozent der Türken im Jahr 1999 bis 2006 auf neun Prozent zurück. Der Anteil derjenigen, die sich islamische politische Parteien wünschten, sank im gleichen Zeitraum von 41 auf 25 Prozent, und der Prozentsatz derjenigen, die niemals in einem islamischen Staat leben wollten, stieg von 58 auf 76 Prozent. Der Anteil der aus religiösen Gründen ein Kopftuch tragenden Frauen war entgegen den Erwartungen von 16 Prozent der Bevölkerung auf elf Prozent zurückgegangen. (Der Anteil der Frauen, die den noch mehr verhüllenden Tschador trugen, hatte noch deutlicher abgenommen, nämlich von drei auf ein Prozent.) Aber in einem Bereich war bezeichnenderweise eine Zunahme der religiösen Empfindungen zu verzeichnen: Der Anteil der Türken, die sich selbst »erstens als Muslim und zweitens als Türke« bezeichneten, war von 36 Prozent der Bevölkerung im Jahr 1999 auf 45 Prozent im Jahr 2006 gestiegen.[24] Diese Entwicklung könnte man als eine Privatisierung der religiösen Überzeugungen bezeichnen. Die Religion war, wie zuvor bereits in großen Teilen Europas und Nordamerikas, zu einer Frage der persönlichen Identität und des persönlichen Stolzes geworden, war eine das eigene Selbstbewusstsein stärkende Mitgliedschaft in einer Gesinnungsgemeinschaft, die den unruhigen Bereich der Nation überwand. Als das Individuum vereinnahmende Ideologie einer omnipotenten sozialen Kontrolle spielte sie dagegen eine geringere Rolle.

Es ist vollkommen klar, dass diese Veränderungen ein direktes Ergebnis der Ankunftskulturen in der Gecekondu-Siedlung waren. Hier, an diesen hybriden Schauplätzen der Bindung ans Dorf und der Umstellung aufs Stadtleben, wurde nach 80 Jahren die persönliche Zurschaustellung islamischer Identität wieder zu einem Teil des türkischen Alltagslebens, und die islamische Identität wurde zu einem Teil der türkischen Politik. Aber hier öffnete sich die Türkei auch für Europa, für den Handel, für eine individualistische Art der Lebensführung, die nicht von einer alles überformenden Ideologie geprägt wurde. In gewisser Weise war das ein Sieg der Ankunftsstadt nicht nur über die Politik und die Demografie der Nation insgesamt, sondern über ihre Denkweise.

Ein türkischer Beobachter schrieb, das Akzeptieren der Neuankömmlinge habe »die Gecekondu, eine in Selbsthilfe errichtete Ersatzstadt, zur eigentlichen Metropole gemacht – zunächst bei der Stadtentwicklung, dann in kultureller, später auch in politischer und seit Neuestem auch in wirtschaftlicher Hinsicht.«[25]

DIE ANKUNFTSSTADT ABSORBIERT DIE ALTE STADT
Wenn man von Bitterwasser aus in Richtung Stadtzentrum zu schauen versucht, wird die Aussicht durch einen ungewöhnlichen Anblick verstellt: durch zehn Wohnblocks, die dicht beieinander in einem engen Kreis angeordnet sind. Es handelt sich hier nicht um Sozialwohnungsmonolithen aus Fließbeton, wie sie über die Vororte verstreut sind, sondern um elegante Glasfassadenbauten mit hübschen Glasbalkonen, Eigentumswohnungstürme, die in Rotterdam oder Santa Monica ein vertrauter Anblick wären. Sie stehen wie eine seltsam schimmernde Luftspiegelung inmitten eines Durcheinanders aus wild wuchernden Gecekondu-Vierteln und von Leichtindustrie geprägten Nebenstraßen, als wäre ein vollkommen runder Krater aus den armseligen Behausungen ringsum gesprengt und ein Wohnbauschmuckstein genau in die Mitte gesetzt worden. Eine hohe Mauer trennt diese Enklave von den Häusern in der Umgebung. Man kommt nur mit dem Auto hinein, durch ein Sicherheitstor, an dem Besucher ihren Personalausweis abgeben müssen, bevor sie in die Tiefgarage einfahren. Über dem Tor ist ein Schild angebracht, das in englischer Sprache den Namen des Wohnkomplexes angibt: Sinpas Central Life.

Ist man erst einmal innerhalb dieses ummauerten Raumes, tut sich eine ganz andere Art von Wohnviertel auf. Die Straßen sind gepflastert und makellos sauber. Überall sind Wachmänner zu sehen, die Erkennungsmarken im Sheriffstil tragen. Den Kreis im Zentrum nehmen Grünanlagen ein, die besondere Attraktion ist ein großer Teich mit Springbrunnen und einer Kinderinsel in der Mitte. Es gibt eine Sporthalle (auf dem Schild steht, auf Englisch, »Wellness Club«), ein türkisches Bad, ein medizinisches Zentrum und eine große, personell gut besetzte Kindertagesstätte, alles zur exklusiven Nutzung durch die Besitzer der 386 Eigentumswohnungen. Nach Auskunft des Verkaufsdirektors Habip Perk wohnen hier fast ausschließlich junge Ehepaare, die im Stadtzentrum von Istanbul aufgewachsen sind, Abkömmlinge von Familien, die seit mehreren Generationen in Istanbul gelebt hatten. Unternehmen wie Sinpas kümmern sich um ihre Bedürfnisse. Sie ziehen hierher, weil die Altstadt überfüllt und teuer geworden ist und die Infrastruktur zerfällt. Sie ist zum Zuhause der wirklichen Armen Istanbuls geworden (Menschen, die viel ärmer sind als die Gecekondu-Bewohner), die Verbrechen und Drogen mit sich bringen. Und diesen Vierteln in den Außenbezirken sagt man außerdem eine größere Erdbebensicherheit nach.

Sinpas ist in den alten Gecekondu-Siedlungen zu einer Macht geworden, hat klammheimlich große Blocks von Eigenbauhäusern aufgekauft, mit örtlichen Kommunalpolitikern Sanierungspläne ausgehandelt und diese Blocks dann abgerissen, um dort Mittelschichtenklaven zu bauen. Der Hochglanzkatalog der Firma präsentiert unter dem englischen Titel Sinpas Love Story diese Stadtinseln, die alle englische Namen tragen: Man findet dort Aqua City, Istanbul Palace, London Palace und den mit einem entzückenden Namen ausgestatteten Avant Garden. Ein halbes Dutzend Großunternehmen errichtet ähnliche Siedlungen.

Sie bedienen einen Markt, auf dem sich Türken bewegen, die einer neuen, globalisierten Mittelschicht angehören. Ihre Lebensform hat mehr mit den Mittelschichten Europas oder Nordamerikas gemeinsam als mit der alten türkischen, vom Staat angeleiteten Mittelschicht. Das Wachstum der Ankunftsstadt und die steigenden Immobilienpreise haben einen Exodus dieser Schicht in die Vororte ausgelöst. In einer Ende der 1990er-Jahre erschienenen türkischen Studie ist zu lesen: »In den letzten beiden Jahrzehnten haben mittlere und höhere Einkommensgruppen ein wachsendes Interesse an Landbesitz in der Peripherie gezeigt. In den Gebieten in der Stadtmitte fühlen sie sich nicht mehr sicher und wohl. Mehr Privatfahrzeuge und der Bau von Schnellstraßen haben ebenfalls zur Verschiebung der Präferenzen innerhalb der Mittelschicht beigetragen.«[26]

Im vierten Stock eines dieser Gebäude leben Şeyda Gurer, 30, und ihr Ehemann Ahmet Uzun, 34. Sie arbeiten beide auf der mittleren Laufbahnebene der türkischen Niederlassung eines multinationalen Pharmaunternehmens. Ahmet ist bei Novartis im Verkaufsbereich tätig, Şeyda bei Pfizer im Marketing. Bei meinem Besuch war sie mitten in einem sechsmonatigen Mutterschaftsurlaub zur Betreuung ihrer drei Monate alten Tochter Yigit. Die beiden kauften ihre Zweizimmerwohnung im Jahr 2004 für 172 000 Dollar, nachdem sie fast vier Jahre lang gespart hatten, um eine Anzahlung von 74 000 Dollar leisten zu können. Als Investition war das eine kluge

Maßnahme. Ende 2006 gingen gleich große Wohnungen in ihrem Haus bereits für 262 000 Dollar weg. Als Lebenserfahrung war es mit dem Schock verbunden, die Existenz der Außenbezirke zu entdecken.

»Bis vor zwei Jahren hatte ich von diesem Teil der Stadt noch nie gehört«, sagt Şeyda. »Ich wurde in Istanbul geboren und hatte noch nie von einem Ort gehört, der so weit draußen liegt. Ich dachte, das Stadtgebiet sei zu Ende, bevor man so weit hinauskommt.« Ihre Wohnung bietet den Einheitslook an keinen bestimmten Ort gebundener Karrieremenschen der zweiten Generation: neue Möbel, saubere Parkettböden, ein klobiger Surround-Sound-Fernseher, ein paar geschmackvolle Fotos an der Wand und viel leerer, weißer Raum. Şeyda sagt, ihre wichtigsten Gründe für den Auszug aus der historischen Altstadt seien – abgesehen von der Tatsache, dass sie sich dort keine Wohnung leisten konnten, die ihren Ansprüchen genügte – Verbrechen und Parkplatznot gewesen. »Es ist ein sehr schönes Leben hier, weil man rund um die Uhr Sicherheit genießt. Ins Stadtzentrum braucht man eine Stunde, also können wir dort auch einkaufen.«

Ich frage die beiden, was sie von ihrem neuen Stadtviertel halten, von dessen abwechslungsreicher Geschichte und den mysteriösen Nebenstraßen. Haben sie eines der bekannteren Restaurants ausprobiert? Haben die berühmten Möbelgeschäfte dieser Gegend sie angelockt? Şeyda und Ahmet antworten mir, dass sie, wie die meisten ihrer Nachbarn, noch nie einen Fuß in das Gecekondu-Viertel gesetzt haben. Sie verlassen die Parkgarage mit dem Auto, fahren durch ein paar Straßen und nehmen Kurs auf das Stadtzentrum. In den anderthalb Jahren, die sie jetzt hier sind, haben sie noch nie zu Fuß die Straßen in der Umgebung ihrer Wohnanlage erkundet. »Wir kennen das Viertel gar nicht«, sagt Şeyda. »Wir kennen nur diesen Ort hier.«

Die Mauer zwischen der globalisierten Mittelschicht von Mitarbeitern multinationaler Unternehmen an Orten wie Sinpas Central Life und der ärmeren, selbstständigen Mittelschicht der Gecekondu-Siedlungen scheint nahezu undurchdringlich – physisch wie kulturell –, aber zugleich zeigen sich immer stärkere Ähnlichkeiten zwischen diesen beiden Gruppen. Ihnen gemeinsam ist ein Desinteresse an der alten, nationalistischen Politik des Kemalismus, dessen endlose Kontroversen – über die Kurdenfrage, über das Recht, »untürkische« abweichende Ansichten zu äußern, und über Zypern – der Türkei schweren wirtschaftlichen Schaden zugefügt haben. Sie teilen das Interesse an einer Integration in Europa, auch wenn die Gecekondu-Mittelschicht den Weg dorthin mit muslimischen Kopftüchern antreten will, während die Sinpas-Mittelschicht für denselben Zweck Schals von Yves St. Laurent bevorzugen würde.

Im Jahr 2007 wurde erstmals offensichtlich, dass diese beiden Mittelschichten, die nach wie vor so gut wie nichts voneinander zu wissen schienen, allmählich gemeinsame Interessen entwickelten. Zum ersten Mal stimmte ein erheblicher Teil der alten türkischen Mittelschicht für Erdoğans AKP. Viele Türken betrachteten dieses Wahlergebnis als Wendepunkt, als Angleichung der Werte der Ankunftsstadt an die Werte der Nation. Der deutsch-türkische Schriftsteller und politische Publizist Zafer Şenocak wertete es als Schlüsselereignis: »Die Aufsteiger aus den Provinzen sitzen mit am Tisch. Vielleicht wollen sie die Alteingesessenen gar nicht verdrängen.«[27]

Unterdessen kommen die überfüllten kleinen Busse weiterhin in Harem an. Die Auswanderung aus den anatolischen Dörfern hat sich verlangsamt, aber immer noch kommen vielleicht bis zu 250 000 Menschen pro Jahr nach Istanbul und sorgen für einen Bevölkerungszuwachs, den manche Beobachter für nicht zu bewältigen halten. Am äußersten Stadtrand von Istanbul sieht man immer noch die geometrischen, wie Eiskristalle anmutenden Muster der sich ausbreitenden Gecekondu-Dächer. Aber ein Stück Land ist heute sehr viel schwieriger zu finden, der Zuwachs ist im Wesentlichen auf die Wälder und Wasserschutzgebiete im Norden begrenzt. In Frage kommt auch noch der Kauf von privatem Ackerland (zu einem sehr hohen Preis) auf der europäischen Seite. Einige Beobachter haben bereits das Ende der Gecekondu-Ära ausgerufen. Der Autor Orhan Esen vertritt die Ansicht, die neue Gecekondu-Variante sei »im Unterschied zur Vorläuferin keine kollektive Ansiedlung in der Nähe eines industriellen Zentrums, das Arbeitsplätze bietet, denn hier leben verarmte Familien, die an einem abgelegenen Ort ihre persönliche Notlösung gefunden haben, ohne jeden Bezug zur Stadt und ohne jeden Nutzeffekt in der absehbaren Zukunft. […] Ein Ort für Verlierer.«[28]

Die Versuchung liegt nahe, jetzt zu erklären, das Ankunftsstadtabenteuer habe ein Ende gefunden, und zu dem Schluss zu kommen, die große Armut in der letzten Welle von Landbesetzersiedlungen mache diese tatsächlich zu einem »Ort für Verlierer«. Die Stadt Istanbul scheint das jedenfalls zu glauben und hat ein großes Slum-Sanierungsprogramm gestartet, das (zumindest in der Theorie) alle »provisorischen Gebäude« durch Hochhäuser ersetzen soll. Aber es ist beachtenswert, dass die »Verlierer« am äußersten Stadtrand nicht in die Armut und in die unterdrückerischen Lebensverhältnisse ihrer Dörfer zurückgehen wollen und für sich selbst keine Verschlechterung sehen. Ebenso lohnt sich die Erinnerung daran, dass diese Beschreibung, »ein Ort für Verlierer«, genau dem entspricht, was die Leute schon 1976 sagten. Doch diese Verlierer gaben der Stadt und diesem Teil der Welt schließlich ein anderes Gesicht.

7 Wenn die Ränder explodieren

EMAMZADEH 'ISA, TEHERAN, IRAN

Die Metropole Teheran erstreckt sich von den schneebedeckten Höhen des Elburs-Gebirges bis zu den Salztonflächen der Dasht-e Kawir, der Großen Salzwüste. Auf dieser Wegstrecke werden Stahl und Glas als Baumaterial für die Häuser nach und nach von Stein und Holz, schließlich von Sand und Lehm abgelöst. Durchmisst man die Stadt bis zu ihrem südlichen Rand und fährt dann weiter, durch mehrere Kilometer grober Industriehölle und immer weiter, bis zum Rand der Wüste, stößt man auf eine Peripherie, die vor heimlicher Aktivität brummt, dort werden Häuser gebaut, man erlebt Ankunft wie Rückkehr, sieht Fahrzeuge mit Nummernschildern aus weit entfernten Provinzen und neue Siedlungen, die aus dem Sand auftauchen.

An diesem Ort fand die Islamische Revolution von 1979 ihren Rückhalt und ihre Ursache. Und heute wendet sich hier, in den noch weiter draußen gelegenen Randbereichen, die neue iranische Generation von der Scholle ab und versucht in der Stadt einen Neubeginn, hier sammelt sich der Frust über die Versäumnisse der islamischen Regierung und, vielleicht, die Saat des nächsten großen Wandels.

Am äußersten Rand von Teheran, unmittelbar jenseits der Stadtgrenze, wo Häuser und Sand ineinander übergehen, ist eine Zusammenballung von etwa 200 ohne Plan errichteten Häusern in einen scheinbar willkürlich ausgewählten Wüstenstreifen gesetzt worden, um einen kleinen Lehmdom herum und von der Umgebung durch Ödland getrennt. Man könnte den Dom ohne Weiteres für ein natürliches Gebilde halten, wenn dort auf der Spitze nicht eine Fahne und ein Muezzin-Lautsprecher zu sehen wären, die anzeigen, dass man es hier mit einem persischen Schrein zu tun hat. Dieser hier wurde vor 800 Jahren zu Ehren des Propheten errichtet, der anderswo als Jesus Christus bekannt ist. Der Schrein, Emamzadeh 'Isa, hat dieser Siedlung den Namen gegeben.

Der Lehmdom war noch bis vor 15 Jahren das einzige Bauwerk in dieser Landschaft gewesen. Dann, in den 1990er-Jahren, tauchten ein oder zwei Häuser auf. Zu Beginn des 21. Jahrhunderts wurden Straßen gebaut und Stromleitungen verlegt. Der Eigentümer des Landes hatte einen örtlichen Beamten überredet, die Aufteilung des Gebiets zu genehmigen oder zumindest zu ignorieren. Diese Häuser waren zunächst primitive, aus handgefertigten Ziegeln errichtete Bauten mit Wassertanks auf dem Dach, aber einige Eigentümer haben nach und nach schmiedeeiserne Tore, Gips, ja sogar eine Marmorverkleidung hinzugefügt. Gas-, Strom- und Wasserleitungen sind an die Versorgungssysteme angeschlossen, aber das Wasser kommt immer noch per Lastwagen. Satellitenschüsseln breiten sich aus.

»Das hier ist ein guter Wohnort, einer der wenigen Orte, an dem jemand, der vom Dorf kommt, heute noch ein Haus kaufen kann, wenn er viele Jahre lang gespart hat«, sagt Jafa Asadi, ein 40 Jahre alter Bewohner von Emamzadeh 'Isa. Er betreibt eines der drei Immobilienmaklerbüros, deren unerwartete Präsenz ein Beleg für die sichtbarste und erfolgreichste Form des Geschäftslebens an der staubigen Hauptstraße der Ankunftsstadt ist. »Die meisten Menschen hier sind Kleinhändler, Handwerker oder selbstständige Bauarbeiter, Mechaniker, Techniker. Die Mehrheit der Leute hier kommt vom Land; es sind Bauernsöhne, sie lernten eine bestimmte Fertigkeit oder einen Beruf und nutzten das, um in der Stadt Fuß zu fassen«, erzählt er mir bei einer Tasse Tee. Das Land war zunächst sehr billig – für 1500 Dollar konnte man eine Parzelle kaufen, für weitere 1500 ein kleines Haus. Dann konnte man die Familie nachholen. Um das Jahr 2000 kosteten diese Häuser bereits 3000 bis 4000 Dollar; heute muss man vielleicht 20 000 Dollar auf den Tisch legen. »Es ist ein gutes Geschäft für uns«, sagt Jafa. »Und einige der Bauernsöhne, die hierher gezogen sind, nutzen den Besitz für den Aufbau eines Unternehmens, wenn sie Glück haben. Wer in den Anfangsjahren hierhergekommen ist, dem geht es gut. Die später Eingetroffenen haben es schwerer.«

Für die 28 Jahre alte Soheila, die 2005 aus einem Bergdorf der weit im Westen des Iran liegenden Provinz Luristan hierherkam, gibt es keinerlei Grund für Optimismus dieser Art.* Wir sitzen im oberen Stockwerk eines karg eingerichteten Cafés, und sie starrt auf den Boden, spricht leise, wird aber rot vor Zorn. »Meine Eltern gaben alles auf, um hierherzukommen, sie sparten ihr ganzes Geld, um mir ein Studium an der Universität ermöglichen zu können«, sagt sie. »Aber jetzt haben sie gar nichts mehr, keine Arbeit, nur dieses Haus im Sand. Meine Freundinnen und ich sind hier ganz allein, es gibt keine Studienplätze. Man hat uns so viel versprochen, und hier gibt es überhaupt nichts.« Sie ist eine zierliche Frau,

---

* Zu Soheilas Schutz habe ich ihren Nachnamen weggelassen.

die schüchtern den Blick abwendet, dennoch trägt sie die kleinstmögliche Kopfbedeckung, die das Gesetz zulässt, einen hellroten »schlechten Hijab«, der einen Teil der Haare freilässt und den ehemalige Dorfbewohnerinnen noch vor einer Generation nicht getragen hätten. Sie hätten damals auch nicht auf die Regierung geschimpft, aber fast alle Menschen, mit denen ich hier gesprochen habe, äußerten einen tief empfundenen, anhaltenden Zorn auf Präsident Mahmud Ahmadinedschad, der gewählt wurde, weil er versprochen hatte, die Lebensbedingungen der Armen in den Städten zu verbessern. Im privaten Rahmen sprechen einige der ansonsten frommen Menschen hier über ihre Enttäuschung von der Revolution selbst.

Im Sommer 2009 wurde dieser improvisierte Randbezirk von Teheran unerwartet zu einem Schauplatz des Protestes. In jenen unruhigen Monaten nach Ahmadinedschads zweitem, umstrittenen Wahlsieg gab es hier keine Protestmärsche, es wurden keine Transparente aus den Fenstern gehängt und auch keine Gebäude besetzt. Solche Ereignisse spielten sich hauptsächlich in den von der Mittelschicht geprägten Stadtbezirken in der Innenstadt und im Norden von Teheran ab und wurden von Studenten getragen, die weniger zu verlieren hatten (obwohl einige von ihnen ihr Leben verloren). Hier geschah etwas sehr viel weniger Sichtbares. Die Menschen in den südlichen Randbezirken Teherans stiegen in diesen Sommernächten nach Sonnenuntergang auf die Hausdächer an den Straßen und sangen in einem getragenen Chor: »Allahu akbar, Allahu akbar« – Gott ist groß, Gott ist groß. Auf einen Außenstehenden könnte dies wie eine Demonstration des Glaubens und der Unterstützung für das islamische Regime wirken. Im

Iran ist das jedoch ein verbotener Protestakt: Dies war der Gesang, der bei der Revolution von 1979 von den Dächern erklang; hier im Süden Teherans wurde er während der 1980er-Jahre zu einer spöttischen, gegen das Regime gerichteten Botschaft. Er wurde 2009 fast zu einer Gewohnheit, erboste die Vertreter der Staatsmacht und ließ Abteilungen der Basij, der Revolutionsgarden, die Dächer stürmen, wo sie dann die Sänger verhafteten und in einigen Fällen auch töteten.

Die meisten Bewohner von Emamzadeh 'Isa stammen aus den Dörfern Luristans oder aus dem fernen Nordwesten des Landes. Manche sind ethnische Türken oder gehören anderen nichtpersischen Minderheiten an. Die Männer kamen zuerst und arbeiteten Ende der 1980er- und während der 1990er-Jahre in Teheran. Sie mieteten Zimmer in den näher an der Innenstadt gelegenen Vororten, bis sie dann genug Geld gespart hatten – oder Einkünfte aus dem landwirtschaftlichen Betrieb der Familie nutzten –, um in Emamzadeh 'Isa ein Stück Land zu kaufen und dort ein Haus zu bauen. Die Menschen, die in jüngerer Zeit hierhergekommen sind, ob nun vom Land oder aus der Teheraner Innenstadt, sehen sich gezwungen, in den Häusern hier draußen Zimmer zu mieten, und das zu Mietpreisen, die schneller steigen als die Löhne. Einige der ursprünglichen Bewohner sind nach weniger als einem Jahrzehnt in ihre Dörfer zurückgezogen, um alle Zimmer in ihren Häusern vermieten zu können, denn das Einkommen eines Vermieters ist höher als der Lohn für jede Art von Tätigkeit, die einem Migranten zugänglich ist.

Die Häuserpreise in diesen weit draußen gelegenen Siedlungen ziehen stark an, und das aus einem Grund, den alle armen Bewohner Teherans kennen: Es gibt nichts anderes.

Die Stadt hat die Entstehung neuer Siedlungen aggressiv verhindert, manchmal auch unter Einsatz von Gewalt. Untersuchungen aus dem Iran zeigen, dass die steigenden Preise und der Mangel an neuem, kostengünstigem Wohnraum Arbeiter aus der Innenstadt, ja sogar aus den schon etwas etablierteren Ankunftsstädten vertreiben und in diese Siedlungen abdrängen – die dann ihrerseits für die letzte Welle von ländlichen Zuwanderern unerschwinglich werden.[1] Die Tagelöhner, die hier so weit draußen zur Miete wohnen, erkennen inzwischen, dass sie keine Chance haben, ihre Familien nachzuholen oder zu einem eigenen Haus zu kommen.

Der Teheraner Stadtplaner Esfandiar Zebardast warnt vor einer Explosion, die hier in den Randgebieten des Ballungsraumes bevorstehe. Er schreibt: »Das unbewegliche Stadtplanungssystem im Iran in Zeiten raschen demografischen Wandels, der restriktive Umgang mit Landnutzung und das starre Festhalten an kommunalen Grenzlinien haben zu einer groß angelegten Verschiebung einkommensschwacher städtischer Gruppen an die Peripherie geführt, in Gebiete, die nicht an die Versorgungssysteme angeschlossen sind.« Deshalb leben jetzt etwa fünf Millionen Menschen – oder 40 Prozent des Bevölkerungszuwachses, der die Einwohnerzahl Teherans auf 13 Millionen hat anschwellen lassen – in informellen, von den Behörden nicht registrierten oder anerkannten Siedlungen, etwa in Slums oder Hüttensiedlungen am Stadtrand, und diese Zahl wächst weiter.[2]

Parallel zu dieser Entwicklung knickt die iranische Wirtschaft unter dem Ansturm dieser Menschen ein. Ein vom Staat betriebener industrieller Bereich und die begrenzte Handels- und Investitionstätigkeit bieten Arbeitsplätze für eine dem Regime verbundene Arbeiterelite, doch für die Neuankömmlinge aus jüngerer Zeit bleibt nur ein großes Vakuum. Nach Auskunft der iranischen Handelskammer leben 40 Prozent der Teheraner Bevölkerung unterhalb der Armutsgrenze, und die Hälfte ist arbeitslos. Ein Beleg für das Unvermögen der Regierung, für die Ankunftsstadt zu sorgen, ist auch, dass der übliche Fluchtweg, der mit Erziehung und Bildung verbunden ist, im Iran praktisch nicht existiert. In einem durchschnittlichen Jahr bewerben sich 1,5 Millionen Schulabgänger um lediglich 130 000 Studienplätze.

Als es zum letzten Mal zu einem Zusammentreffen solcher Begleitumstände kam – ein Ansturm auf die Stadt, steigende Grundstückspreise und eine stark restriktive Haltung der Regierung bei der Verfügung über nicht durch Planung erschlossene Flächen –, lieferten die Ankunftsstädte des Iran den Zündstoff für eine Explosion, die die Welt veränderte.

EIN FUNKE IM STAUB

Schaut man von den Dächern in Emamzadeh 'Isa nordwärts in Richtung Stadtmitte, über einen Kilometer mit Ödland, Baustellen und schmutzigen Industriebetrieben am Straßenrand hinweg, fällt der Blick auf endlose Reihen baugleicher, billiger, moderner Wohnblocks. An diesem Ort, der einst an der äußeren Grenze von Teheran lag, heute aber ein offizieller Randbezirk mit mehr als 400 000 Einwohnern und einem Dutzend eigener Teilgemeinden ist, stößt man auf die Anfänge und die wirkungsmächtigsten Ursachen der iranischen Revolution.

Eslamshahr war Teherans erste Ankunftsstadt und ist bis heute die größte. Sie entstand als Labyrinth von schmalen

Lehmbauten, die nach und nach durch Backsteinhäuser ersetzt und mit Strom versorgt wurden, der illegal aus dem städtischen Stromnetz abgezapft wurde, ebenso wie das Wasser, das man aus den Wasserleitungen der Stadt entnahm. Die Siedler kauften die meisten Parzellen formell – was ungewöhnlich genug war – von in der Mehrzahl privaten Landbesitzern, die allerdings keine gesetzliche Erlaubnis zur Aufteilung ihres Landes hatten. Eslamshahr bot von Anfang an, als es nach 1968 aus dem Nichts auf 10 000 Häuser zu Beginn der 1970er-Jahre und auf Hunderttausende in den 1980er-Jahren anwuchs, eine parallele, hochgradig durchorganisierte, aber in rechtlicher Hinsicht im Verborgenen lebende Gesellschaft und Verwaltung, es war ein Modell für alle zukünftigen Ankunftsstädte, die von der Teheraner Stadtverwaltung und dem im Iran herrschenden Regime unabhängig blieben – und mit beiden häufig im Kriegszustand lebten.

Als Brennpunkte der Revolution von 1979 nennen die Medienberichte üblicherweise die heilige Stadt Ghom, in der Ayatollah Khomeini und sein Kreis von Klerikern ihre rhetorischen Salven gegen Schah Mohammed Resa Pahlewi abfeuerten, oder sie beziehen sich auf die Basare im Stadtzentrum von Teheran, in denen die reichen Händler ihre religiöse Frömmigkeit mit antimodernem Zorn verbanden und sich der Bewegung des Ayatollahs anschlossen. Doch diese Explosionen ereigneten sich erst lange, nachdem die Revolution bereits im Gang war, und sie hätten keine gesellschaftsverändernde Kraft entwickelt, wenn es sich nur um eine Moschee- und Basar-Revolte gehandelt hätte. Die Revolution war bis zu ihrer allerletzten Phase keine islamische Bewegung, und ihre Motive und Ursachen waren nicht religiöser Art. Sie war eine Revolution der Ankunftsstadt, und ihr Hauptgrund war die Frage des Wohneigentums in der Stadt.

Noch im Jahr 1963, als der Schah seine »Weiße Revolution« zur Industrialisierung der iranischen Wirtschaft einleitete, war Teheran eine kleine Stadt ohne größere Slums oder Hüttensiedlungen gewesen, die Hauptstadt eines Landes, das immer noch weitgehend ländlich strukturiert war. Die Ereignisse der folgenden 16 Jahre sind ein Schulbeispiel für Missmanagement der Migration vom Land in die Stadt. Der Schah hatte sich zum Ziel gesetzt, »eine wohlhabende, gesunde, gebildete, in guten Häusern lebende und weitgehend (zu 90 Prozent) städtische Gesellschaft« aufzubauen, »mit einer Industrie, die vielleicht bis zu 40 Prozent der erwerbsfähigen Bevölkerung einen Arbeitsplatz bietet«,[3] doch Teheran wurde in weniger als einem Jahrzehnt zur Stadt mit dem höchsten Migrantenanteil weltweit und entwickelte eine Wachstumsrate, die höher war als die von Kalkutta, Bombay, Mexiko City oder Manila. Nur 31 Prozent der Iraner lebten 1956 in Städten, am Vorabend der Revolution war es fast die Hälfte. Und diese enorme Bevölkerungsverschiebung vollzog sich ohne ernsthafte Investitionen des Staates in die Zukunft der Migranten, ohne dass sich die Regierung in irgendeiner Form bemüht hätte, die Neuankömmlinge zu Stadtbürgern zu machen, ohne jede amtliche Anerkennung der bloßen Existenz von Ankunftsstädten. Der Schah machte, wie wir noch sehen werden, aus dem noblen Motiv der Urbanisierung eine selbst verschuldete Katastrophe.

Die Weiße Revolution war der Versuch des Schahs, einer ausgewachsenen »roten« Revolution zuvorzukommen, denn die politische Linke – nicht der Islam – galt damals als einzige

Bedrohung seines Regimes. Er versuchte sein Vorhaben umzusetzen, indem er im Iran einen Wandel herbeiführte, der sich in den Ländern der westlichen Welt in den Jahrzehnten der Aufklärung vollzogen hatte. »Ihr werdet alle rennen müssen, wenn ihr mein Tempo mitgehen wollt«, prahlte der Schah. »Der althergebrachte wirtschaftliche und politische Feudalismus ist ein für allemal erledigt. Alle Menschen sollten einen unmittelbaren Nutzen von den Ergebnissen ihrer Arbeit haben.«[4] An den ehrgeizigen Zielen des Schahs war an sich nichts Falsches. Er bemühte sich nur um das, was jeder Staatschef eines Entwicklungslandes anstreben sollte: eine Volkswirtschaft, die auf Industrieproduktion und Dienstleistungen basierte, eine mehrheitlich in Städten lebende Bevölkerung und einen höheren Lebensstandard auf dem Land, für den eine Landwirtschaft sorgen sollte, die sich vom Feudalismus verabschiedete und ihn durch eine intensive, viele Arbeitsplätze bietende Nahrungsmittelproduktion ersetzte.

Der Plan scheiterte zunächst auf dem Land. Die überwältigende Mehrheit der Iraner lebte in Dörfern, und die meisten dieser Dorfbewohner waren Kleinbauern, die ihre Äcker in Handarbeit für den Eigenbedarf bewirtschafteten und einem Feudalsystem gleichende Abgaben an die Landbesitzer zahlten, die oft gar nicht am Ort lebten. Die Reform der Landwirtschaft, die die Mehrheit der Bevölkerung betraf, schien eine simple Angelegenheit zu sein: Das Land musste neu verteilt und die Landwirtschaft zu einer Industrie werden.

Nach Abschluss der Bodenreform im Jahr 1971 hätte klar sein sollen, dass das angestrebte Ziel nicht erreicht werden würde. Etwa die Hälfte des besten Ackerlandes, die zum großen Teil im Besitz von Regierungsbeamten oder Armeeoffizieren war, wurde weder an die Bauern übergeben noch in produktiven Großbetrieben maschinell bewirtschaftet. Die Eigentümer bestachen Beamte, damit diese ihre Güter als mechanisierte Betriebe einstuften, auch wenn dies nicht zutraf, oder sie stahlen die Subventionen einfach, oder sie »trennten« die ertragsschwächsten Äcker von ihrem Besitz ab und übergaben sie den Bauern. »Nur eine Minderheit«, war in einer Untersuchung zu lesen, »betrieb eine kapitalistische Landwirtschaft, beschäftigte Lohnarbeiter, setzte Maschinen und den Ertrag steigernde Mittel ein, zum Beispiel Kunstdünger. Die Regierung förderte moderne Produktionsmethoden nicht.«[5]

Zu Beginn der 1970er-Jahre war der Iran ein Nettoimporteur von Nahrungsmitteln, und diese Entwicklung verstärkte sich. Die Importe nahmen jährlich um 14 Prozent zu, sodass zum Zeitpunkt der Revolution fast die Hälfte der im Land verbrauchten Nahrungsmittel importiert wurde. Die eben erst befreiten Bauern konnten mit den Importwaren nicht konkurrieren und verschuldeten sich immer stärker bei der Regierung, den Banken und privaten Geldverleihern. Das führte zu einem Massenexodus, bei dem Jahr für Jahr Hunderttausende von Bauern und Landarbeitern ihre Dörfer verließen. »Viele Menschen tauschten das gewohnte Leben mit zwei Schüsseln Reis und einem Krug Joghurt am Tag in einem höhlenartigen Lehmziegelhaus gegen das unsichere Leben in der Großstadt ein, das ihnen für körperliche Arbeit zumindest einen minimalen Lohn verhieß«, schrieb der Gelehrte Tahmoores Sarraf in seinen Lebenserinnerungen. »Anstatt den Konsum in den ländlichen Gebieten zu steigern, verringerte diese Strategie so die Landbevölkerung und die landwirtschaftliche Produktion.«[6] Bis 1978 waren drei Millionen Erwerbstätige aus den ländlichen Gebieten des Iran in die Großstädte des Landes umgezogen. Rechnet man noch ihre Familienangehörigen hinzu, bedeutete das, dass innerhalb von nur 15 Jahren zwischen neun und zwölf Millionen Menschen vom Land in die Städte abgewandert waren.

Die Städte waren auf den Zuzug dieser Dorfbewohner in keiner Weise vorbereitet. Die Summen, die der Schah für Fabriken und Stadtsanierungsprojekte ausgab, waren legendär und wurden vom Regime auch flächendeckend verbreitet. Millionen von Menschen mussten jedoch zu ihrer großen Verwirrung feststellen, dass sie in Teheran unerwünscht waren und es an den einfachsten Voraussetzungen für ein Leben in der Hauptstadt und für die Ausbildung ihrer Kinder fehlte. Der Schah hatte eine potemkinsche Fassade des industriellen Wachstums und der Urbanisierung errichtet – eine nationale Automobilindustrie, attraktive Architektur und Universitäten im Stadtzentrum –, aber den ländlichen und städtischen Lebensbedingungen der Menschen, die in dieser neuen Gesellschaft die Mehrheit bilden würden, hatte er nur wenig Beachtung geschenkt. Eine Folge dieser Politik war, dass die Zahl der lese- und schreibunkundigen Erwachsenen im Land von 13 Millionen im Jahr 1963 bis 1977 auf 15 Millionen zunahm.

35 Prozent der fünf Millionen Einwohner Teherans lebten 1979 in Slums, auf ohne Rechtsgrundlage besetztem Land und in provisorischen Siedlungen, eine Million davon in den Ankunftsstädten am Stadtrand. Diese Zahlen nahmen weiter zu. Im Bestreben, das »moderne« Erscheinungsbild der Stadt zu wahren, drängte das Schah-Regime die Landbesetzer mit

aggressiven Methoden in die jenseits der öffentlichen Aufmerksamkeit liegenden Randbezirke ab und setzte dabei häufig auch Gewalt ein. Im Stadtzentrum von Teheran wurden gewaltige Bauprojekte gestartet, aber sie beschränkten sich auf Universitäten, Armeekasernen, Autofabriken, Regierungsgebäude, Hotels und Flughäfen. Für den Wohnungsbau und den Aufbau von Wohngebieten wurde dagegen nur wenig getan, mit Ausnahme der auf die Mittelschicht zugeschnittenen Baumaßnahmen im Norden der Hauptstadt.

»Hohe Mieten verwehrten den meisten Menschen wirksam den Zugang zu den Zentren der Großstädte«, schrieb der iranische Soziologe Misagh Parsa in einer Untersuchung zu den Ursachen der Revolution. »In den Randgebieten der Städte entwickelten sich deshalb Hüttensiedlungen. Am Stadtrand von Teheran hatten sich mindestens 24 große Siedlungen dieser Art gebildet, in denen Tausende von Familien lebten. […] Es war allgemein bekannt, dass die Lebensbedingungen dort sehr schlecht waren. Die Familien errichteten ihre Häuser meist selbst und mussten für Baumaterialien auf dem Schwarzmarkt außerordentlich hohe Preise bezahlen. Privatunternehmen lieferten Trinkwasser für das 72-Fache des in der Stadt üblichen Preises. Während 80 Prozent des Stadthaushalts für Dienstleistungen aufgewendet wurden, die den wohlhabenden Bewohnern Nord-Teherans zugutekamen, gab es in den Hüttensiedlungen weder fließendes Wasser noch Strom, öffentliche Verkehrsmittel, Müllabfuhr, medizinische Versorgung, Schulen und Ausbildungseinrichtungen oder andere Dienstleistungen.«[7]

Obwohl das Land im Lauf eines Jahrzehnts, in dem der Ölpreis kontinuierlich stieg, unter die führenden Ölexportnationen der Welt aufrückte – oder, was wahrscheinlicher ist, gerade deshalb –, geriet die iranische Volkswirtschaft in eine Inflation und schuf keine neuen Arbeitsplätze. Ein iranischer Minister schätzte Anfang 1979 die Zahl der mit marginalen, wenig einträglichen Tätigkeiten – etwa dem Straßenverkauf von Kaugummi – beschäftigten Menschen in Teheran auf 700 000. Die Grundstückspreise in der Stadt stiegen täglich. Immobilien erlebten in der Hauptstadt von 1967 bis 1977 einen Wertzuwachs von über 2000 Prozent. Die Regierung verbot 1975 im Bestreben, die Bodenspekulation zu unterbinden, den Verkauf ungenutzter Flächen, doch dieser Vorstoß verschlimmerte das Problem erheblich. Ende 1977 suchten in Teheran Tag für Tag 3500 Familien nach einem Dach über dem Kopf. Im Süden Teherans war jedes Zimmer im Durchschnitt mit sechs Personen belegt. Der Anteil der Familien, die in einem einzigen Raum lebten, stieg von 1967 bis 1977 von 36 auf 43 Prozent. Am Vorabend der Revolution lebten 42 Prozent der Bewohner Teherans in »unzureichenden« Unterkünften, im Regelfall in einem einzigen Raum in einem Slum.[8]

Diese Zahlen brachten das Regime in Verlegenheit. Der Schah reagierte im Sommer 1977 mit Bulldozern. Gegen Ende des Sommers stießen die Pläne zur Einebnung von Slums in Eslamshahr auf erbitterten Widerstand, die Menschen setzten sich gewaltsam gegen Polizei und Bulldozer zur Wehr. Ganze Familien wurden in ihren Häusern begraben, aber die Gemeinschaft war gut genug organisiert und baute ihre Häuser immer wieder auf, verlegte neue Stromleitungen, plante das neue Viertel, widersetzte sich dem Regime und wünschte sich immer sehnsüchtiger eine neue Art von Regierung.[9]

Der Wissenschaftler Leonard Binder schrieb nach einem Aufenthalt im Iran Ende der 1970er-Jahre: »Ich neige zu der Annahme, dass der wichtigste Grund für das Erstarken der Opposition gegen den Schah nicht das repressive Vorgehen gegen Kritiker des Regimes war, sondern die unerhörte Borniertheit seines Modernisierungsprogramms, das sich gegen Menschen richtete, die sich bis dahin ruhig verhalten hatten, und sie so zu politischen Aktivisten machte. Der Schah hatte durch sein Handeln eine Massenopposition geschaffen und auf diese Weise den kleinen, extremen Gruppen auf der Rechten und Linken, die zum bewaffneten Kampf gegen das Regime aufriefen, ein aufmerksames Publikum verschafft.«[10]

EINE IMPLOSION VON DEN RÄNDERN HER

Die Revolution von 1979 war ein fest in der Ankunftsstadt verwurzeltes Ereignis. Nach Einschätzung des iranischen Politologen Ali Farazmand waren es »die Migranten vom Land, die sich 1978 bei den massiven Straßendemonstrationen gegen das Regime engagierten. […] Diese Migranten, deren Lebensbedingungen sich Tag für Tag verschlechterten, gehörten zu den ersten Demonstranten auf den Straßen der wichtigsten Städte. Die revolutionären Organisatoren, ob sie nun religiös oder weltlich gesinnt, links oder liberal waren, konzentrierten ihre Aufmerksamkeit auf die Armen in den Städten und hatten diese Zielgruppe im Blick. […] Religiöse Führer und linksliberale politische Organisationen bemühten sich um diese Migranten ebenso wie um andere Angehörige der Unter- sowie der unteren Mittelschicht, deren Einkommen in den 1970er-Jahren bis zur Armutsgrenze sank.« Diese

Entwicklung war keine Überraschung. In jenen Jahren waren 94 Prozent der Arbeiterbevölkerung Teherans nicht in der Hauptstadt geboren worden. Die überwiegende Mehrheit dieser Menschen stammte aus einem Dorf. Selbst in den größten Fabriken Teherans, deren Belegschaft der Arbeiterelite angehörte, waren 80 Prozent der Arbeiter Bauern oder Söhne von Bauern, die in die Stadt abgewandert waren.[11]

Es fehlte nicht an Gründen für einen Aufstand der Massen gegen den Schah, aber es gab keinen Grund für die Annahme, dass es eine islamische Revolution sein würde. Die umfassendste Studie zu den sozialen Wurzeln der Revolution kommt zu folgender Schlussfolgerung: »Die überwältigende Mehrheit der Menschen, die sich an dem revolutionären Aufstand beteiligten, ließ auf keinerlei Weise erkennen, dass sie eine auf fundamentalistischen Grundsätzen beruhende Gesellschaftsordnung anstrebte.«[12] Der Soziologe Asef Bayat, der das revolutionäre Geschehen aufmerksam verfolgte, schrieb: »Die meisten Armen scheinen keinerlei Interesse an irgendeiner Art von Ideologie oder Politik zu haben.«[13] Es sprach alles dafür, hier von einer liberaldemokratischen Revolution auszugehen, von einer Hinwendung zum türkischen Kemalismus oder zum europäischen Liberalismus.

Der Ayatollah Ruhollah Khomeini, der seit 1965 im Irak, seit Oktober 1978 im französischen Exil lebende Schiitenführer, versprach den Migranten vom Land jedoch am lautstärksten und am glaubwürdigsten einen Ort zum Leben. In seinen Reden im Frühjahr 1979 stellte er allen Einwohnern Teherans und allen Bauern eigenes Land in Aussicht. »Diese islamische Revolution steht in der Schuld der Anstrengungen dieser Klasse, der Klasse der Slumbewohner«, sagte er in jenem Februar. »Diese Bewohner Süd-Teherans, diese Diener sind unsere Herren, [...] sie haben uns dahin gebracht, wo wir heute stehen. Jedermann muss Zugang zu einem Stück Land haben, dieser Gottesgabe, [...] niemand darf in diesem Land ohne eigenes Haus sein.« Außerdem erklärte er, Strom und Wasser sollten den Armen kostenlos zur Verfügung gestellt werden. Seine Stellvertreter, über dieses Versprechen entsetzt, flehten ihn an, stattdessen Reformen auf dem Land einzuleiten, weil solche Versprechungen noch größere Migrationswellen in Richtung Stadt auslösen könnten. Aber Khomeini wusste, dass seine Revolution ohne die bedingungslose Unterstützung der Slumbewohner keinen Erfolg haben würde.[14]

Seine Botschaft wurde über die Moscheen erfolgreich verbreitet, über ein Rekrutierungsnetzwerk also, das den liberaldemokratischen und marxistischen Parteien nicht zur Verfügung stand und zur Nachahmung nicht geeignet schien. Khomeini ließ die Öffentlichkeit über den islamischen Grundcharakter seiner Revolution im Unklaren, selbst als er kostenloses Land und Hausbesitz für alle versprach, verpackte er das in nationalistische und demokratische Rhetorik. Er sprach von einer »iranischen Revolution« oder einer »Republik«, wenn er es mit einem weniger religiösen Publikum zu tun hatte, und wich Diskussionen über islamische Politik aus.[15] Es spricht alles dafür, dass einfache iranische Bürgerinnen und Bürger glaubten, sie würden einer nationalistischen und liberaldemokratischen Partei ihre Stimme geben, die zufälligerweise von einem Mullah angeführt wurde, als sie beim Referendum vom März 1979 mit überwältigender Mehrheit für Khomeinis Regierung votierten.

Die Revolution nahm eine theokratische Wende, verwarf die republikanische Verfassung, vertrieb den liberal gesinnten Präsidenten Banisadr, richtete viele seiner Gesinnungsgenossen hin und machte den Ayatollah zum auf Lebenszeit amtierenden, mit umfassenden Machtbefugnissen ausgestatteten »Führer der Nation«. Dabei konnte sie sich vor dem Zorn und der Enttäuschung der säkular orientierten Mittelschicht sicher fühlen, denn sie achtete sorgfältig darauf, sich die Loyalität der zahlenmäßig viel stärkeren Bewohner der Ankunftsstädte zu erhalten. Die Landbesetzer sahen die Gerechtigkeit walten, als der ehemalige Teheraner Bürgermeister Gholamreza Nikpey, der die Bulldozer nach Eslamshahr geschickt hatte, vor ein Revolutionsgericht gestellt, im Schnellverfahren verurteilt und wenig später von einem Erschießungskommando hingerichtet wurde.

EINE SOZIALE KATASTROPHE

Die Armen hatten nicht nur in Teheran, sondern im ganzen Land die Rhetorik vernommen, die von Landschenkungen sprach, und dies tat seine Wirkung. Innerhalb von Monaten verwandelte sich der Zustrom von Migranten aus den Jahren der Weißen Revolution in einen Ansturm, wie ihn die Welt bis dahin noch nicht erlebt hatte. Eine Zeit lang sah es so aus, als sei der gesamte Randbereich der Stadt einfach freigegeben. Die Bevölkerung Teherans nahm innerhalb weniger Jahre auf mehr als das Doppelte zu.

In Teheran sprach ich mit Mitra Habibi, einer Stadtplanerin und Zeitzeugin dieser Ereignisse, und sie erklärte mir die zwingende Logik, die hinter diesem Exodus stand: »Die Revolution hatte eine große Zahl von Menschen, die außerhalb von Teheran auf dem Land lebte, dazu gebracht, in die Hauptstadt zu ziehen, weil es allgemein hieß, wer in Teheran lebe, werde Land erhalten, und wer in Teheran ein Stück Land besetzt habe, werde ein Haus bekommen. Deshalb nahm die Einwohnerzahl von Teheran so rasch zu, von drei auf sieben Millionen Menschen. Man hatte bei den Menschen die Vorstellung erzeugt, die Revolutionsregierung sei zur Unterstützung der unterdrückten armen Bevölkerung da, also dachten die Leute: ›Wenn wir uns auf den Weg machen und Land belegen, wenn wir Land an uns bringen oder besetzen und dort mit dem Hausbau beginnen, wird das von der Revolutionsregierung für rechtmäßig erklärt werden.‹«

Der durch diese Entwicklung erzeugte Druck, die steigenden Kosten des Kriegs mit dem Irak und die ziemlich offensichtliche Tatsache, dass die Bewohner der Randbezirke niemals ein besonders ausgeprägtes Interesse an islamischer Ideologie oder islamischem Recht gezeigt hatten, sorgten schon bald dafür, dass sich die Revolution gegen ihre vom Land zugezogenen Anhänger wandte. Khomeini erklärte 1983, nachdem er aus Kreisen der Teheraner Stadtverwaltung eindringlich um die Ausrufung des Notstandes gebeten worden war, die Migration zu einem »bedeutenden sozialen Problem«, dem unbedingt Einhalt geboten werden müsse. Es war eine vollständige Revision der Rhetorik, die die armen Stadtbewohner zu Befürwortern der Revolution gemacht hatte, und eine vollständige Fehldeutung des potenziellen Stellenwerts dieser Migranten. Asef Bayat schrieb: »Die Armen sahen die Migration als Mittel für ein besseres Leben, während die Behörden sie als ›soziale Katastrophe‹ bezeichneten, als ›wichtigstes Problem neben dem Krieg‹ und als ›massive Bedrohung der Revolution und der Islamischen Republik‹.«[16]

Im Lauf der folgenden 20 Jahre wurden fünf umfassende Gesetze verabschiedet, mit denen ein rechtlicher Rahmen für Landbesitz in der Stadt geschaffen werden sollte. Die meisten dieser Gesetze schränkten Nutzung und Besitzerwechsel ein. Das verschaffte der Regierung ein De-facto-Monopol auf die Nutzung von Land- und Grundbesitz, was die Preise in die Höhe trieb. Außerdem wurden große kommunale Bauprojekte auf den Weg gebracht, die man mit den Einnahmen aus dem Ölgeschäft finanzierte. Fast alle bestanden aus riesigen, im Sowjetstil hochgezogenen Wohnblocks. Aber auch diese für kleine Einkommen konzipierten Wohnungen waren nur für Arbeiter gedacht, die Vollzeitstellen bei Unternehmen oder Regierungsbehörden innehatten, und durch diese Vorbedingung waren schätzungsweise 60 Prozent der Haushalte ausgeschlossen.[17]

Die Konsequenz aus dieser Entwicklung war, dass sich die Bewohner der Teheraner Ankunftsstädte gezwungen sahen, eigenständig zu planen. Der Ausgangspunkt war abermals Eslamshahr, wo das Folgende geschah: Die Bewohner organisierten autonom ihre eigene Verwaltung, eine ad hoc gebildete, praktisch denkende Stadtteilbehörde, die sich alle Mühe gab, das herrschende islamische Regime zu ignorieren. Junge Architekten und Stadtplaner machten sich daran, die mittelalterlich wirkenden Gassen durch gerade, breite Straßen zu ersetzen. Ingenieure zapften die städtische Strom- und Wasserversorgung an. Eslamshahr veröffentlichte 1986 den ersten Stadtentwicklungsplan.

Die Regierung in Teheran machte Eslamshahr Anfang der 90er-Jahre im Bestreben, die Expansion zu stoppen, zu einer offiziellen Stadtgemeinde. Sie gehörte mit ihren fast 400 000 Einwohnern sofort zu den zehn größten Städten des Iran. Daraus ergaben sich zwei Konsequenzen. Erstens zogen die Grundstückspreise in Eslamshahr stark an. Zweitens wirkte die Perspektive, mit Steuern, Geldforderungen von Versorgungsunternehmen, Bauvorschriften und anderen Unkosten legalen städtischen Lebens rechnen zu müssen, auf viele arme Bewohner, die sich mit Gelegenheitsarbeiten durchschlugen, stark abschreckend. Eslamshahr brachte innerhalb kurzer Zeit eigene Ankunftsstädte hervor. Unmittelbar jenseits der offiziellen Stadtgrenzen entstanden zwei neue, schnell wachsende Siedlungen, Akbar Abad und Sultan Abad. Diese beiden Dörfer erweiterten sich innerhalb eines Jahres zu einem dicht besiedelten städtischen Raum mit 110 000 Einwohnern.*

Die Behörden starteten eine großangelegte Bulldozer- und Slum-Beseitigungsaktion. Allein im Sommer 1992 wurden 2000 Behausungen zerstört. Die Konflikte zwischen Landbesetzern und Polizei wurden immer gewalttätiger und erinnerten an die schlimmsten Jahre des Schah-Regimes. Die Lage in Eslamshahr explodierte 1995 erneut, es kam dort zu einigen der schlimmsten Unruhen im Iran seit den Tagen der Revolution. Auslöser war der Zorn über die Preiserhöhung für Busfahrten von der Peripherie ins Zentrum, wo die meisten An-

---

* Die Regierung änderte später die Namen dieser Siedlungen in Nasim Shahr und Golestan, beide sind aber in breiten Bevölkerungskreisen weiterhin unter ihren ursprünglichen Namen bekannt.

kunftsstadtbewohner arbeiten. Aber die Proteste waren auch von einer zunehmend regimefeindlichen Haltung begleitet.

Das Regime war nicht in der Lage, die neuen Ankunftsstädte am Rand von Eslamshahr zu beseitigen. Inzwischen gelang es Akbar Abad und Sultan Abad, der Regierung eine – allerdings nur ungern gewährte – Legitimität abzutrotzen, wenn auch ohne Parks oder Schulen. Diese Siedlungen sind nach wie vor staubige Orte mit primitiver Infrastruktur. Bei einem Besuch in Akbar Abad fand ich mich in einem ziemlich großen Viertel mit niedrigen Lehmhäusern wieder, die Stück für Stück in vierstöckige Wohnhäuser umgewandelt wurden, und die Bewohner stammten alle aus ein und demselben Bezirk in der zentraliranischen Provinz Yazd. Diese Teilsiedlungen, die mit zunehmender Legitimität für Migranten vom Land immer schwerer zugänglich werden, bringen dann ihrerseits an der eigenen Peripherie neue Ankunftsstädte hervor – eine davon ist Emamzadeh 'Isa.

Das islamische Regime, das von den Bewohnern der Ankunftsstädte an die Macht gebracht worden war, weil es ihnen Land- und Hausbesitz versprochen hatte, versuchte in der Ära Ahmadinedschad alles, was in seiner Macht stand, um Migranten von einer Ansiedlung an den Stadträndern abzuschrecken. Gleichzeitig versuchte man gewalttätige Zusammenstöße zu vermeiden, die die 1990er-Jahre so negativ geprägt hatten, indem man sich diskreter Strategien bediente, zum Beispiel auf ungenutztem Land in den Randbereichen der Stadt Wiederaufforstung im großen Stil betrieb. Auf diese Weise setzte man eher auf die Natur als auf Gewalt, um einen Zuzug physisch unmöglich zu machen. Dieser Kurs hatte nur begrenzten Erfolg. Heute lebt ein Fünftel der gesamten Bevölkerung des Iran in Teheran, acht Millionen in der eigentlichen Stadt und vielleicht noch einmal so viele in den Randbezirken. Es herrscht der starke Eindruck vor, dass es für die Bewohner der südlichen Randbereiche keinen Weg zur Aufnahme in die iranische Gesellschaft gibt: Sie werden in die anhaltende Marginalität abgedrängt.

Diese Entwicklung sorgt an Orten wie Emamzadeh 'Isa für starken Unmut. Die Zuzügler vom Land sind heute nicht mehr die unterwürfigen, konservativen und religiösen Menschen, für die man sie einst hielt. Detaillierte Untersuchungen der Sozialwissenschaftler Amir Nikpey und Farhad Khosrokhavar zeigen, dass die Bewohner der Teheraner Stadtrandgebiete inzwischen eine tiefe Abneigung gegen religiöse Politik hegen.[18] »Diese junge Generation hat eine völlig andere Sichtweise der Revolution«, sagte mir Nikpey. »Das sind nicht mehr die jungen Leute von vor 30 Jahren, die den revolutionären Staat unterstützten. Diese Generation hat keinen Bezug zu den revolutionären Werten. Sie bekennt sich zwar nach wie vor mehrheitlich zum Islam, aber die Mehrheit sagt auch, dass wir Kirche und Staat trennen müssen und dass der Staat seine Legitimität nicht aus der Religion beziehen kann.« Das ist eine neue Art von Vorort, der genauso urbanisiert ist wie die Viertel im Stadtzentrum. Die Frauen heiraten hier durchschnittlich im Alter von 28 Jahren, nicht mehr mit 13, wie das noch 1979 der Fall war, und die durchschnittliche Kinderzahl pro Familie liegt bei 1,7, nicht mehr bei 7 wie noch in den 1980er-Jahren. Und die Frauen haben außerdem eine bessere Schulbildung als die Männer, so wie in der Innenstadt.

Eine Reihe von iranischen Regierungen wiederholte die Fehler des Schahs: Die politische Führung betrachtete die

Ankunftsstädte eher als Bedrohung denn als Chance und verweigerte ihnen die materiellen oder finanziellen Mittel für ein Gedeihen. Stattdessen konzentrierte sie sich auf die untere Mittelschicht in der Kernstadt und sorgte so für eine sehr ungleiche Verteilung des Wohlstands. Dem islamischen Regime gelang es trotz der Einnahmen aus dem Ölgeschäft nicht, den weiteren Zuzug von Menschen ohne Aufstiegschancen zu verhindern. Hier draußen in den Randbereichen sieht es ganz danach aus, als würde sich die Geschichte wiederholen. Man trifft hier auf geduldige konservative Menschen, die keineswegs gewillt sind, für eine bloße politische Äußerung alles zu riskieren. Aber wenn sie feststellen, dass der Staat ihren Weg in ein dauerhaftes städtisches Leben blockiert, werden sie abermals im Zentrum des gesellschaftlichen Lebens im Iran eine explosive Kraft entwickeln.

PETARE, CARACAS, VENEZUELA

Was den Bewohnern der Ankunftsstädte von Teheran widerfuhr, wiederholte sich in den Entwicklungsländern weltweit. Revolutionäre Bewegungen, die ihren Ursprung im wohlhabenden Zentrum hatten – dies begann möglicherweise mit den Jakobinern im Jahr 1789 –, haben den Zorn und die Frustration in der Ankunftsstadt als Quelle ideologischer und persönlicher Unterstützung genutzt und diese Gemeinschaften dann im Stich gelassen, sobald sie an die Macht gekommen waren.

Eine sehr extreme und faszinierende Variante dieses wiederkehrenden Themas findet sich in Venezuela, wo die »Bolivarische Revolution«, die mit der Wahl des ehemaligen Oberstleutnant Hugo Chávez zum Präsidenten 1999 begann, eine südamerikanische Regierung hervorzubringen versprach, die sich ausschließlich den Ankunftsstädten widmen wollte. Das Chávez-Regime machte die Slums der Zuwanderer vom Land zu symbolischen Instrumenten der eigenen Legitimität, es gelang ihm, diese marginalen Leben für einen revolutionären Großbrand zu verwenden und anschließend in der Ankunftsstadt eine neue Krise zu provozieren.

Will man die Gründe für die Fehlentwicklung verstehen, lohnt es sich, mit den Bewohnern von Petare zu sprechen, einer gewaltigen Ansammlung provisorischer Behausungen, die einen großen, höher gelegenen Abhang im Caracas-Tal einnimmt. Von diesem dichten Straßengewirr aus blickt man auf die wohlhabenderen Stadtteile weiter unten im Tal. Die Slums von Caracas sind die vermutlich am steilsten in den Hang hinein gebauten Siedlungen dieser Art weltweit. Die Neuankömmlinge vom Land haben jahrzehntelang ihre Grundstücke an eigentlich unbewohnbaren Felswänden abgesteckt. Die Bewohner von Petare errichteten steile Kaskaden provisorischer illegaler Behausungen, die physisch wie wirtschaftlich auf einer unsicheren Grundlage stehen.

Die hier lebenden Menschen – ihre Zahl liegt, je nach praktizierter Zählmethode, zwischen 400 000 und 900 000 – galten von Anfang an als Chávez' glühendste Anhänger und am großzügigsten entlohnte Nutznießer. Die mexikanische Schriftstellerin Alma Guillermoprieto bezeichnete diesen Slum als Verkörperung der Quintessenz der Chávez-Revolution. »In Petare leben [...] möglicherweise mehr *Chavistas* [Anhänger von Chávez] pro Quadratmeter (die außerdem auch noch straffer organisiert sind) als irgendwo sonst im Land. In Petare werden Hugo Chávez' ambitionierte Wohlfahrtsprogramme am ehrgeizigsten umgesetzt, weil er die Armen zu seiner De-facto-Partei gemacht hat. In der Konsequenz ließen sich die Chancen auf ein Fortbestehen oder Scheitern seiner Präsidentschaft am Verhalten der Bewohner dieses *Barrios* ablesen.«[19]

Diese Worte sollten sich, wie wir noch sehen werden, als prophetisch erweisen. Es ist keine Überraschung, dass sich in Venezuela eine neue Art von Ankunftsstadtpolitik herausbildete, denn in diesem Erdölland gab es riesige Ankunftsstädte schon sehr viel länger als in den meisten anderen Ländern. Venezuela war eines der ersten Entwicklungsländer, in denen die Verstädterung einsetzte. Bereits im Jahr 1961 lebten 61 Prozent der Bevölkerung des Landes in Städten. Die jährliche Zuwachsrate der Hauptstadt lag von 1941 bis 1961 im Durchschnitt bei über sieben Prozent und war damit höher als in jeder anderen Stadt Lateinamerikas. Die überstürzte Migration wurde wie im Iran gefördert, ohne dass dabei besonders gründlich über die Folgen für die Dörfer oder die städtischen Bestimmungsorte nachgedacht worden wäre. Der steigende Erdölpreis sorgte in den 1970er-Jahren in Caracas für einen Beschäftigungsboom, und die verschiedenen Regierungen des Landes ermunterten Zehntausende von Dorfbewohnern zum Umzug in die Stadt, tolerierten ihre »Landbesetzungen« und gewährten ab und zu auch Eigentumsrechte für die provisorischen Behausungen – als Gegenleistung für die Unterstützung an der Wahlurne.

Die Wirtschaft wurde praktisch so gelenkt, dass ein reibungsloser Übergang zu einer städtischen Lebensweise verhindert wurde. Die Lebensmittelpreise setzte man ab 1970 durch ein Gesetz für den landwirtschaftlichen Markt von staatlicher Seite fest, die staatlichen Preiskontrollen erweiterte man dann 1974 auf 80 Prozent der Lohngüter. Hinzu kamen noch die massive Subventionierung bestimmter Konsumgüter, in erster Linie von Lebensmitteln und Benzin – Ausgaben, die sieben Prozent der Staatseinkünfte entsprachen –, und strenge Kontrollen des Devisenmarkts. Diese Politik wurde auch in den 1980er-Jahren fortgesetzt, diesmal ohne Rückendeckung durch Einnahmen aus dem Ölgeschäft, was zu einer gewaltigen Staatsverschuldung führte. Dieses rigide Vorgehen hatte diverse Konsequenzen. Zum einen zerstörte es die Agrarindustrie und sorgte dafür, dass Hunderttausende von Menschen aus ihren Dörfern in die Hauptstadt flüchteten. Dort legten dann hohe Inflationsraten die nicht mit der Erdölwirtschaft verbundenen produktiven Industriezweige lahm. Diese Entwicklung trieb die Arbeitslosenzahlen in den zweistelligen Prozentbereich, und das genau zu einem Zeitpunkt, als die Randbezirke der Stadt besonders überfüllt waren.

In den Slums von Caracas kam es 1989, als sich die Regierung gezwungen sah, die Benzinpreissubventionen auszusetzen, um an Notkredite zu kommen, zum sogenannten *Caracazo*, tagelangen gewalttätigen Unruhen, die mit staatlichen Unterdrückungsmaßnahmen beantwortet wurden. Die Leichen der von den Regierungssoldaten erschossenen Menschen wurden in Petare abgelegt. Diese Vorkommnisse waren die Saat für Chávez' gescheiterten Putschversuch und seine letztliche Wahl zum Staatspräsidenten im Jahr 1998, die er der Unterstützung durch Bewohner der Ankunftsstädte verdankte. Zu diesem Zeitpunkt war Petare dringend auf staatliche Unterstützung angewiesen. Die endlosen Hüttensiedlungen von Caracas wurden immer unwirtlicher, die Abwasserrinnen untergruben die Hänge, an denen die Hütten errichtet worden waren, sie ließen Straßen absacken, und ganze Viertel rutschten in einem Gemisch von Erdreich und menschlichen Exkrementen zu Tal. Es gab keine Arbeitsplätze, und überall grassierte das Verbrechen.

Die Bolivarische Revolution schien ganz auf die Ankunftsstadt zugeschnitten zu sein, und Chávez hatte das Glück, dass er sie genau zu jenem Zeitpunkt anging, als die Ölpreise zu ihrer ein Jahrzehnt lang anhaltenden Kletterpartie ansetzten, was ihm die wirtschaftlichen Mittel für ihre Umsetzung in die Hand gab. Im Jahr 2003 hatte Chávez die Markenzeichen seiner Revolution gestartet, die »Sozialmissionen« *(misiones),* die vor allem auf die armen Bevölkerungsschichten in den Städten abzielten. Die bedeutendsten Programme waren Mission Robinson und Mission Ribas, die venezolanischen Erwachsenen grundlegende Lese- und Schreibfertigkeiten und berufliche Grundkenntnisse vermittelten, Mission Mercal, die in den Barrios subventioniertes, preisgünstiges Fleisch sowie Getreide- und Milchprodukte anbot, Mission Barrio Adentro, die kostenlose medizinische Versorgung in die Slums brachte, und schließlich Mission Hábitat, die Hunderttausende qualitativ hochwertige Wohnungen errichten und so die Slums nach und nach ersetzen sollte.

Während des ersten Jahrzehnts der Bolivarischen Revolution wurden zweifellos große Geldbeträge in die Ankunftsstädte von Caracas investiert. Die Bewohner dieser Siedlungen wussten die Lebensmittellieferungen, die medizinische Versorgung und die Geldzuwendungen, die sie erhielten, auch durchaus zu schätzen. Es wurde jedoch rasch deutlich, dass die Sozialmissionen in den allerwichtigsten Bereichen nichts für die Ankunftsstädte taten: in der Frage des Landbesitzes, bei den geschäftlichen Möglichkeiten, dem Aufbau einer autonomen Wirtschaft und den Aufstiegschancen in die Mittelschicht. Die Bewohner von Petare wussten, was man dafür brauchte, wurden aber niemals gefragt.

Sie erkannten schon bald, dass die Sozialmissionen, die sich ihrem Barrio widmeten, dem Auftrag nicht gerecht wurden. Gratis-Lebensmittel und Geldzuwendungen sorgten für einen Rückgang der Armenquote zumindest solange, wie das Geld floss, aber die Bewohner der Ankunftsstädte beklagten, dass dabei nichts Dauerhaftes entstehe. Das traf häufig auch im wörtlichen Sinn zu. Der Wohnungsbau kam niemals richtig in Gang. Ursprünglich waren 150 000 Wohneinheiten geplant gewesen, von denen weniger als 35 000 tatsächlich gebaut wurden, die meisten davon in Form von Sozialwohnungsblocks, die den Bedürfnissen der Ankunftsstadtbewohner nicht gerecht wurden. Niemand machte auch nur irgendwelche Anstalten, die Bewohner der Ankunftsstädte selbst entscheiden zu lassen, welche Art von Wohnung ihren Bedürfnissen entsprach. Solche Langzeitinvestitionen wurden nie als vorrangig eingestuft und gingen sogar zurück: Die durchschnittlichen Pro-Kopf-Ausgaben für den sozialen Wohnungsbau sanken im Vergleich zwischen der Zeit von 1990–1998 (gegen deren Verhältnisse Chávez seinen Präsidentschaftswahlkampf geführt hatte) und seiner eigenen Amtszeit von 1999–2004 um ein Drittel.[20]

Die Bildungsprogramme führten zu keinerlei messbarem Rückgang des Analphabetismus, wie in ausführlichen Studien gezeigt wurde.[21] Die amerikanische Journalistin und Autorin Tina Rosenberg war überrascht, als sie bei einem Besuch in einem Slum in der Nähe von Petare feststellte, wie Mission Ribas funktionierte: »Ribas-Mitarbeiter sagten mir, eine politische und ideologische Schulung sei die beste Qualifikation für einen Kursleiter in ihren Reihen. In Las Torres, einem La-Vega-Barrio weit oben am Berg, nahm ich an einer Unterrichtsstunde für neue Ribas-Schüler teil. Ribas-Mitarbeiter unterwiesen die Teilnehmer zunächst, wie sie sich zu den Kursen anmelden mussten und was dort von ihnen erwartet wurde. Dann hielt María Teresa Curvelo, die Bezirksleiterin des Programms, einen 90-minütigen Vortrag über ein Referendum, das für die Regierung sehr wichtig sei. [...] Nach dem Kurs fuhren wir in einem Lastwagen gemeinsam bergab. Als sie ausstieg, bedankte ich mich bei ihr. ›Vaterland, Sozialismus oder Tod!‹, lautete ihre Antwort.«[22]

Ende 2008 kam es in Petare zu einem Aufstand. Das Viertel wandte sich, wie viele andere arme Stadtteile auch, gegen die Revolution, entschied sich bei den Regionalwahlen gegen die bolivarischen Kandidaten und protestierte gegen das Scheitern der Sozialmissionen. Jesse Chacón, der Parlamentsabgeordnete von Petare, der einer von Chávez' bekanntesten Verbündeten war, unterlag Carlos Ocariz, einem Sozialdemokraten und Kandidaten der Opposition. »Die Leute hatten genug davon, immer dieselbe Geschichte zu erleben – sie zahlten es ihm heim«, sagte Arleth Argote, eine 31 Jahre alte Wählerin, die Chávez im vorhergehenden Jahrzehnt noch begeistert unterstützt hatte, dann aber enttäuscht wurde, weil es nicht gelang, die Ankunftsstadt zu einem blühenden Gemeinwesen weiterzuentwickeln. »Die Menschen haben das Leben in Armut satt«, sagte Ocariz zu Reportern. »Es war eine Auseinandersetzung zwischen Ideologie und Alltagsleben.«[23]

Chávez hatte im Wesentlichen nichts anderes getan, als bestehende staatliche Programme durch seine eigenen, »revolutionären« Programme zu ersetzen, die von einheimischen Freiwilligen und delegierten kubanischen Fachkräften umgesetzt wurden und eher ideologische als wirtschaftliche und soziale Ziele verfolgten. Der größte Geldbetrag wurde für die Subventionierung von Verbrauchsgütern ausgegeben, was die allgemeinen Lebensbedingungen nicht veränderte und häufig Programme ersetzte, die dies vielleicht geleistet hätten. Unter dem Strich bewirkten diese Programme eine erhebliche Verschlechterung der materiellen Lebensbedingungen armer Zuwanderer vom Land, anstatt deren Situation zu verbessern. Der Anteil venezolanischer Familien, die in provisorischen Behausungen lebten, verdreifachte sich im Zeitraum von 1999 bis 2006 fast und stieg von 2,5 auf 6,8 Prozent. Der Anteil der Menschen, die keinen Zugang zu fließendem Wasser hatten, nahm von 7,2 auf 9,4 Prozent zu, der Prozentsatz der untergewichtigen Babys wuchs von 8,4 auf 9,1.[24] Chávez senkte trotz aller Rhetorik den Anteil der Staatsausgaben für das Gesundheits- und Bildungswesen und den sozialen Wohnungsbau im Vergleich zu den Jahren vor seinem gescheiterten Putschversuch. Höchst bemerkenswert ist die Tatsache, dass die soziale Ungleichheit nach eigenen Schätzungen des Regimes während der Jahre der Revolution sogar noch zunahm.* Diese Entwicklung wurde als ein Prozess des »hohlen Wachstums« (»hollow growth«) be-

---

* Der Gini-Koeffizient, der gängige statistische Richtwert für Ungleichheit, bei dem die Zahl Null für völlige Gleichheit und die Zahl Eins für extreme Ungleichheit steht, stieg nach Auskunft der Venezolanischen Zentralbank zwischen 2000 und 2005 von 0,44 auf 0,48, was als bedeutsame Zunahme zu bewerten ist.

schrieben: Die stark von der Erdölförderung abhängige Volkswirtschaft wuchs zwar in Chávez erstem Amtsjahrzehnt jährlich um neun Prozent, es entstanden jedoch keine neuen Arbeitsplätze, und die Hälfte der venezolanischen Industriebetriebe schloss in der Zeit von 1998 bis 2008 die Fabriktore. Die wichtigsten Gründe für diese Schließungen waren Preis- und Devisenkontrollen, die den Geschäftsbetrieb unmöglich machten.

Diese Sicht der Dinge wurde auch von Edmond Saade bestätigt, einem im Allgemeinen regimefreundlichen Wissenschaftler, der in Caracas das Markt- und Wirtschaftsforschungsunternehmen Datos betreibt. Einige Jahre nach Chávez' Amtsantritt stellte Saade fest, dass das Geld, das in die Ankunftsstädte von Caracas gepumpt wurde, keine dauerhaften Wirkungen erzielte. »Den Armen Venezuelas geht es in letzter Zeit sehr viel besser, und sie haben auch ihre Kaufkraft gesteigert [...], [aber] es gelingt ihnen nicht, ihre Wohnsituation, ihr Bildungsniveau und ihre soziale Mobilität zu verbessern«, sagte er einem Interviewer. »[Das Chávez-Regime] hat ihnen weniger zur Teilhabe am Wirtschaftssystem verholfen, sondern so viel Geld aus den Öleinnahmen wie möglich in Missionen und Sozialprogramme gesteckt.«[25] Chávez hatte nach der Einschätzung enttäuschter Anhänger seines Regimes genau dasselbe getan, was schon die Vorgängerregierungen getan hatten: Er hatte Öleinnahmen in die Wirtschaft gepumpt, was die Inflation anheizte und das Entstehen eines eigenen Unternehmertums, das im Slum selbst seine soziale Basis hatte, verhinderte, während die Menschen in den Randbezirken mit auf Stimmenfang abzielenden Flugblättern abgespeist wurden, ohne dass auf ihre tatsächlichen

Bedürfnisse eingegangen worden wäre. Der Wirtschaftswissenschaftler Norman Gall schrieb in einer beeindruckenden Untersuchung: »Die ›Bolivarische Revolution‹ scheint, trotz aller revolutionären Rhetorik und der Beschneidung demokratischer Institutionen, nur eine bloße Fortsetzung der Geschichte einer kolossalen Verschwendung von Öleinnahmen zu sein, von Desorganisation und misslungenen Investitionen, durch die das venezolanische Volk in den letzten Jahrzehnten verarmt ist.«[26] Die erste große südamerikanische Revolution in den Ankunftsstädten war am Ende ihres ersten Jahrzehnts im Sande verlaufen und hatte für die Migranten aus den Dörfern nichts von alldem verwirklicht, was ihnen anfangs versprochen worden war. Chávez, dessen Beliebtheitsgrad heftigen Schwankungen unterworfen war, verlegte sich jetzt auf dramatische Beschlagnahmen und Verstaatlichungen ausländischer Unternehmen, vergaß dabei aber die Versprechungen zu Wohnraum, allgemeiner Entwicklung und materiell besser gestellten Slums fast völlig. In Petare stand die Zeit still.

Hier handelte es sich, wie zuvor im Iran, um eine Explosion im Zentrum der Stadt, die sich der Ankunftsstadt nur als Treibstoff bediente. Ankunftsstädte können aber auch auf andere Art explodieren: indem sie ihre eigenen wirkungsmächtigen politischen Bewegungen entwickeln, die sie dann stadteinwärts schicken, um das politische Zentrum der ganzen Stadt und vielleicht sogar des gesamten Landes zu übernehmen. Die Übernahme der Stadt und des Landes durch die Ankunftsstadt ist ein neuartiges Phänomen, das aber vermutlich zu einem den Verlauf des gesamten Jahrhunderts bestimmenden politischen Ereignis werden wird, denn die von der

Politik vernachlässigten Gemeinschaften ehemaliger Migranten werden schon bald in vielen Ländern die Mehrheit der Bevölkerung stellen und eine eigene politische Vertretung verlangen.

MULUND, MUMBAI, INDIEN

Sanjay Solkar, den wir im zweiten Kapitel auf der jährlichen Reise in sein im Süden des Bundesstaats Maharashtra gelegenes Dorf begleiteten, kehrt in die Stadt zurück und bezieht dort wieder seine Unterkunft, einen winzigen, etwa zwei mal drei Meter großen Raum mit Betonfußboden. Es ist ein Nebenraum, der zu einem kleinen Teegeschäft gehört, das an einer belebten Straße in unmittelbarer Nähe des Bahnhofs Mulund im Nordosten von Mumbai liegt, in einem geschäftigen, aufstrebenden Stadtbezirk, in dem Slums und Wohnstraßen der unteren Mittelschicht dicht zusammengedrängt sind. Dieser schmächtige, ebenso stille wie entschlossene 20-Jährige teilt sich den nackten Fußboden als Nachtlager mit vier anderen jungen Männern. Sanjays persönliche Habe – eine Decke, drei Garnituren Kleidung und ein paar Papiere – ist in einer Ecke des Raumes aufgestapelt. Seinen Tagesverdienst, kaum ein Dollar pro Tag, überweist er komplett ins Heimatdorf. Er bekommt sein Essen und verbringt den größten Teil seiner Freizeit im Laden. Seine Familie sieht er ein- oder zweimal im Jahr, während der Reisernte und an wichtigen Festtagen. Das sieht zunächst ganz nach einem fragilen, unsicheren und einsamen Leben aus.

Direkt neben dem Teegeschäft steht jedoch ein weiteres schmales Haus, das Sanjay eine Ersatzfamilie bietet, ein System sozialer Sicherheit und physischen Schutz. Es ist ein merkwürdig aussehender Ort, die bemalte Holzvertäfelung der Fassade erinnert den Besucher an die Comicbuch-Darstellung des Eingangs zu einem steinernen Tempel, sie ist mit Flaggen und Transparenten geschmückt, die ein Tiger-Logo tragen. Das Haus dient als Klub, als Treffpunkt, De-facto-Arbeitsamt und Sozialhilfebüro. Das ist der Ort, der Sanjay einen sicheren Arbeitsplatz garantiert. Dort bekommt er auch kleine Kredite für eine Hin- und Rückfahrt nach Mumbai und kann seinen Platz im sozialen Netzwerk der Slums einnehmen. Er kann sich dort eines Tages auch nach einer besseren Arbeitsstelle umsehen oder jemanden finden, der ihm das Bestechungsgeld gibt, mit dem man sich eine Lizenz für einen rollenden Verkaufsstand oder einen Platz in einem Berufsbildungskurs kauft. Er kann dort nach einer besseren Slum-Unterkunft Ausschau halten, durch die er und seine Familie zu richtigen Stadtbewohnern werden können, wo sie auch an das Kanalisationssystem angeschlossen werden und dafür kämpfen können, dass ihr Slum nicht abgerissen wird, um für ein Mittelschichtwohngebiet Platz zu schaffen. Und dort haben sie außerdem die besten Chancen, eines Tages auch Besitzer des Grundstücks zu werden, auf dem ihr Zuhause steht. Nimmt Sanjay diese kameradschaftliche Unterstützung und die damit verbundenen Dienste in Anspruch, wird von ihm als Gegenleistung erwartet, dass er Geld spendet, sobald sein Verdienst für einen solchen Beitrag groß genug ist, es wird erwartet, dass er, wenn eine Wahl ansteht, beim Wahlkampf mithilft, dass er persönlich zur Stelle ist, wenn eine Protestaktion oder eine Besetzung geplant ist, und dass er, sollte in der Ankunftsstadt erneut ein Aufruhr losbrechen, auch zu gewalttätigen Übergriffen gegen religiöse oder sprachliche Minderheiten bereit ist.

Dies ist das örtliche *Shaka* – das Zweigstellenbüro – der Shiv Sena (Armee Shivajis),* die Sanjay zu ihren Hunderttausenden Mitgliedern zählt. Es ist eine ethnisch orientierte Bewegung, eine politische Partei und ein Zusammenschluss des organisierten Verbrechens, der die Stadt seit Mitte der 1980er-Jahre beherrscht hat. Im Lauf dieser Herrschaft hat Shiv Sena den Charakter der Stadt, ihr Lebensgefühl, ja sogar ihren Namen unwiderruflich verändert. In der gesamten Stadt und vor allem in den Slumvierteln fungieren 224 Shakas und rund 1000 Unter-Shakas als organisatorische Zentren für ein verblüffendes Tätigkeitsspektrum. Diese Aktivitäten reichen von Sozialarbeit und Hilfe bei der Beschaffung von Wohnraum bis zu Erpresser- und Beschützerbanden, Wahlkampfarbeit und gewalttätigen Auseinandersetzungen mit Straßenhändlern und Geschäftsinhabern, die keine Hindus sind und es wagen, mit englischsprachigen Schildern für sich zu werben. Diese aggressiveren Auftritte, die nach eigenem Selbstverständnis alle zum Schutz der Marathi sprechenden Hindus von Mumbai erfolgten, brachten der Shiv Sena den Ruf einer bedrohlichen faschistischen Bewegung ein, einer Bewegung, die Indiens säkulares Establishment in Furcht und Schrecken versetzt und in bisher beispiellosem Umfang Gewalttaten gegen Muslime verübt hat.

---

* Shivaji Bhosale war der Hindu aus Maharashtra, der im 17. Jahrhundert einen Aufstand gegen die Mogul-Herrscher in der Region anführte und ein Marathi-Reich gründete. Bei den Marathen und den Hindus niedriger Kastenzugehörigkeit in ganz Indien gilt er bis heute als Volksheld.

Wer die Shiv Sena lediglich als ethnisch-chauvinistische Bewegung wahrnimmt, erfasst jedoch nicht die entscheidende Rolle, die sie im Prozess der Migration vom Land in die Stadt wahrnimmt, bei der Besiedlung der Slums und beim Aufbau und Erhalt der Ankunftsstädte, die das wichtigste Merkmal des modernen Mumbai und das Zuhause der Hälfte seiner 20 Millionen Einwohner sind. Eine solche Funktion in der Ankunftsstadt mag überraschen bei einer Bewegung, die aus dem Widerstand gegen die Migration von Außenseitern in die Stadt entstand. Die Shiv Sena wurde jedoch durch die gewaltsame Durchsetzung ihrer Vorstellungen zu der Frage, wer denn nun vom Zuzug in die Ankunftsstädte dieser Megalopole ausgeschlossen und wer dort willkommen geheißen werden sollte, zur wichtigsten politischen Bewegung der großen Migration: Sie praktizierte einen Faschismus von unten, der die erbitterten Auseinandersetzungen, die sich mit der Ankunft der Zuzügler vom Lande in der Stadt verbinden, aufgegriffen hat, auch den Konkurrenzkampf um den knappen Wohnraum, und dies zu den entscheidenden politischen Fragen in einer Stadt, einem Bundesstaat und manchmal in einem ganzen Land gemacht hat.

Bombay, wie Mumbai in früheren Zeiten hieß, liegt nahe der Grenze zwischen den Bundesstaaten Gujarat und Maharashtra, wobei der erstere traditionell für regen Handelsverkehr bekannt, der letztere dagegen eher landwirtschaftlich geprägt war. Bombay war immer eine polyglotte Stadt. Muslime und Hindus sprachen im Geschäftsleben Gujarati und Englisch, am Arbeitsplatz und zu Hause dagegen Marathi (die Landessprache Maharashtras) und Urdu (die wichtigste Sprache der Muslime) und auf der Straße und in den Geschäften zumeist Bombiya Hindi, eine örtliche Variante der am weitesten verbreiteten Sprache des Landes, die hier mit Wörtern und Begriffen aus den genannten anderen Sprachen gespickt ist. Der Aufstieg der Baumwollindustrie in Bombay lockte in den Jahrzehnten nach dem Zweiten Weltkrieg Millionen von armen Bauern aus dem ländlichen Maharashtra in die Stadt. Der Zuzugsstrom vergrößerte sich noch, als Indien 1960 beschloss, die Grenzen der Bundesstaaten rein nach sprachlichen Gesichtspunkten neu zu ziehen. So entstand ein größeres Maharashtra mit der Hauptstadt Bombay. Viele der Marathi sprechenden Migranten rechneten deshalb damit, dass sie dieser neue Status zur dominierenden Bevölkerungsgruppe machen würde, und waren dann überrascht, als sie feststellen mussten, dass sich für sie nichts geändert hatte, sie lebten in einer Pluralität, anstatt die Majorität zu stellen, waren weder die reichste noch die ärmste Gruppe, und während der Wirtschaftskrise Mitte der 1960er-Jahre litten sie genauso unter der Arbeitslosigkeit wie alle anderen Bevölkerungsgruppen.

Der politische Karikaturist Bal Thackeray gründete die Shiv-Sena-Bewegung 1966 bei einer Protestkundgebung in einem Park, und das Zielobjekt seines Zorns und seiner Ressentiments waren zunächst Hindu-Landsleute – diejenigen, so behauptete er, die aus Gujarat und anderen nördlichen Bundesstaaten nach Bombay gekommen waren, um Unternehmen unter ihre Kontrolle zu bringen, und diejenigen, die aus Tamil Nadu und anderen Bundesstaaten des Südens zugezogen waren, um all die Büroarbeitsplätze zu übernehmen. Sena-Freiwillige verübten Brandanschläge gegen südindische Cafés, um die »Invasion« zu stoppen, und starteten

Kampagnen, die forderten, Bürojobs für »Söhne der Erde« zu reservieren (so bezeichneten sie die Marathen). Es war eine gegen Minderheiten gerichtete Bewegung (mit klar erkennbarer Mittelschichtprägung), die aus den Reihen der größten Minderheit in der Stadt kam, aus einer Bevölkerungsgruppe, die ebenso sehr aus Zuwanderern oder »Eindringlingen« bestand wie alle anderen auch.

Aber diese ethnisch geprägte Bewegung stieß schon bald auf die Probleme und Chancen, die mit der Ankunftsstadt verbunden waren. Durch die stetig wachsende Zahl von Zuwanderern waren in Bombay bis 1965 über 3000 Slums entstanden, über eine Million Menschen lebten in Slums und auf der Straße. Diese Menschen wurden jetzt zum ersten Mal als erhebliche Bedrohung für das Wohl der Stadt angesehen – und als für die weitere politische Entwicklung entscheidende Bevölkerungsgruppe. Das fortdauernde, drängende Problem für die Menschen in der Ankunftsstadt war der Mangel an bewohnbarem Land (und in Bombay wurde die Vorstellung von »bewohnbar« schon immer bis an die Grenzen des Menschenmöglichen strapaziert) und der Kampf, der sich mit seiner Verteidigung verband. Das eigentliche Problem waren Fragen des Grundbesitzes und der Wohnungsbaupolitik, aber die Shiv-Sena-Anführer widmeten es mühelos zu einem Wettbewerb zwischen den verschiedenen Ethnien um. Die Partei wagte Anfang der 1970er-Jahre ihren ersten größeren Vorstoß in die Slums. Sie organisierte ihre aus Dörfern zugewanderten Dadas (Shaka-Anführer, wörtlich: »große Brüder«) und ließ sie in kommunalem Besitz befindliches Land besetzen. Auf diese Weise sollten neue Ankunftsstadtenklaven für Dorfbewohner aus Maharashtra geschaffen werden, die nach Bombay kamen, außerdem brachte das frisches Bauland für Unternehmen, die Wohnblocks für die Mittelschicht errichteten und Shiv Sena für dessen Erwerb bezahlen mussten.

Die Dadas wurden zu »großen Brüdern« in einem eher persönlichen Sinn, als sie sich an diesem lukrativen Franchise-Geschäft beteiligten. Die Shiv Sena wurde für die Marathi sprechenden Migranten vom Land im Chaos der rasch expandieren Stadt zur einzigen Anlaufstelle, die Beistand und Ordnung versprach. Die regierende Kongresspartei, die Bombay ehemals mit ihrem noch aus Nehrus Zeit herrührenden Auftrag, für Harmonie zwischen den Ethnien zu sorgen, gut gedient hatte, war für die Slumbewohner zu einer Bedrohung geworden. In den 1970er-Jahren verfolgte sie in der Wirtschafts- und Bevölkerungspolitik einen autoritären Kurs, ihre wichtigsten politischen Themen waren obligatorische Geburtenkontrolle und Slumsanierung, und durch die nahezu exklusive Konzentration auf die Entwicklung der ländlichen Gebiete Indiens wurden die Städte zu einem lästigen und nachrangigen Thema. Diese Politik verkannte den entscheidenden Punkt bei der Abwanderung vom Land in die Städte, sie verstand nicht, dass die Inder in ihrer Gesamtheit nicht als Bauern in großen Familien leben wollten und dass es ihnen an Wegen zum Leben in der Stadt fehlte. Die aufs Landleben konzentrierte Politik der Kongresspartei ließ die Migranten in einem Zwischenreich allein, das weder ländlich noch städtisch war. Shiv Sena gelang es, diese Lücke zu füllen. Die Soziologin Sujata Patel schrieb in ihrer Untersuchung zu diesem Zeitraum, der typische Zuwanderer vom Lande habe die Bindungen an das dörfliche Gemeinschaftsleben gelöst, aber [er] ist noch nicht in eine städtisch-industrielle Kultur eingegliedert. Unter diesen Lebensumständen wird das Bedürfnis nach einer entsprechenden »Dorfgemeinschaft« auf eine Verbindung mit den anderen Mitgliedern kleiner Slum-Gemeinschaften übertragen, wobei die Slums in Form von Zusammenschlüssen regionaler, ethnischer und religiöser Gruppen organisiert werden. [...] Die Sena-Politik der Organisation von Menschen am jeweiligen Wohnort war bei der Mobilisierung dieses verarmten Bevölkerungsteils nützlich, vor allem bei den männlichen jungen Migranten. [...] Die Shiv Sena ist für die unterbeschäftigten männlichen jungen Slumbewohner wie eine Familie, und der Vorsitzende am Wohnort wird zum »Vater« oder zum älteren Bruder, zum »*Dada*«. Sie gibt ihnen ein Gefühl der Identität und organisiert sie im Rahmen verschiedener kultureller Aktivitäten, wenn sie in *Paan*-Läden an Straßenecken »herumlungern«. Sie nutzt ihre Unruhe und verleiht ihrem Zorn Ausdruck, einer in dieser Stadt nicht anerkannten Bevölkerungsgruppe anzugehören.[27]

Bal Thackerays Bewegung hatte sich bis Ende der 1970er-Jahre in den Slums zu einer festen Größe entwickelt, bis dahin aber noch keine wahrnehmbaren politischen oder demografischen Ergebnisse erzielt. Thackeray selbst jedoch war zu einer sehr prominenten Persönlichkeit geworden, zum »Al Capone von Bombay«, dessen Gefolgsleute einen regelrechten Personenkult um ihren Anführer betreiben. Aber seine Bewegung verlor allmählich ihren Schwung. Zu diesem Zeitpunkt hatten die meisten anderen Marathi-Sprecher mehr

Erfolg und sahen die Menschen aus dem Süden des Landes und die Geschäftsleute aus Gujarat nicht mehr als Bedrohung an. Thackeray erkannte, dass er ein größeres Ziel brauchte und mehr Aufsehen erregen musste. Er fand beides in den politischen Vorstellungen von *Hinduvta,* der hindunationalistischen Bewegung, die Indiens Hindu-Gemeinschaften als die ursprünglich-authentische, arische Rasse Indiens darstellt und sich dabei der gleichen wirren Mischung aus sprachlichen und rassischen Kategorien bedient, aus der auch der deutsche Nationalsozialismus entstand (beide Bewegungen wurden von denselben europäischen Denkern inspiriert). Das gab ihm eine einflussreiche Ideologie an die Hand, mit Bombays großer muslimischer Gemeinde wurde ein natürlicher Feind gleich mitgeliefert, und unter den hinduistischen Slumbewohnern fand er eine Wählerschaft, die man leicht davon überzeugen konnte, dass ihre muslimischen Nachbarn mit ihnen konkurrierende »Eindringlinge« seien.

Thackeray hatte seit den Anfangstagen seiner Bewegung in seinem Büro ein Hitler-Porträt hängen, Seite an Seite mit einem fauchenden bengalischen Tiger. Shiv Sena wurde 1984 zu einer landesweit aktiven politischen Bewegung, und in Bombay wüteten die ersten großen antimuslimischen Unruhen, als Thackeray in einem Interview genau erklärte, wie er seine antimuslimische Kampagne den Vorgehensweisen des Dritten Reiches nachempfunden hatte: »Ich mag einige Juden, sie haben so etwas Kriegerisches an sich. [...] Aber Hitler stellte fest, dass sie nicht nur ein korruptes Volk waren, sondern sich auch nicht zu benehmen wussten. Er erkannte, dass ›mein Land nicht hochkommt, wenn ich sie nicht vertreibe‹. Sie mögen dieses Vorgehen verurteilen, sogar ich würde es verurteilen. Das ist nicht die einzige Möglichkeit, die Gaskammer und all diese Dinge. Mir gefällt das nicht. Aber man darf sie vertreiben – Maßnahmen dieser Art sind in Ordnung. Geben Sie dem Mann nicht die Schuld. Er wollte nur sein Land nach vorne bringen, und er kannte die Übel, die ihm zusetzten.«[28]

Thackeray forderte Gujaratis und Hindus aus Südindien auf, sich seiner Bewegung anzuschließen, brachte seine Parteizeitung jetzt auf Hindi und Marathi heraus und schürte einen Konflikt zwischen Hindus und Muslimen, den es zuvor gar nicht gegeben hatte. Muslime waren keine naheliegenden Ziele: Man konnte unmöglich behaupten, dass sie den Marathen Arbeitsplätze oder Ausbildungschancen wegnahmen oder dass sie nach Bombay zogen, um andere Menschen aus ihren Jobs zu verdrängen. Muslime waren in der Stadt mindestens genauso gut integriert wie Hindus und hatten dort bereits seit Jahrhunderten gelebt. Aber in Bombay wehte in den 1980er-Jahren ein anderer Wind. Die großen Textilfabriken schlossen für immer ihre Pforten, nachdem der katastrophale Streik von 1982 deren Betreiber motiviert hatte, sich weltweit nach Niedriglohnstandorten umzusehen. Die Menschen auf den untersten Rangstufen der Arbeiterschicht sahen sich plötzlich ins informelle Dienstleistungsgewerbe abgedrängt, mussten aus den Einzimmer-Beton-Chawls in die Slums umziehen, hatten statt eines Arbeitsplatzes auf Lebenszeit nur das Chaos des Straßenverkaufs und des Gedränges der Stadt, in dem sie ihren Lebensunterhalt bestreiten mussten. Das sorgte für Unsicherheit und Unbehagen, und in diesem Umfeld fanden nationalistische und chauvinistische Parolen eher Gehör.

Unter den Migrantinnen vom Land war diese Stimmung besonders ausgeprägt. Während des Booms in der Textilindustrie hatten sie in vielen Fällen die Verbindungen zum Heimatdorf aufrechterhalten und sich selbst als »Ehefrauen, die zu Besuch kommen« bezeichnet. Jetzt waren sie zu festen Stadtbewohnerinnen geworden, arbeiteten Vollzeit im häuslichen Dienstleistungsbereich und im Kleinhandel und waren oft auch noch die Hauptverdienerinnen der Familie. Shiv Sena, ehemals eine sehr maskuline Bewegung, war plötzlich auch für Hindu-Arbeiterinnen attraktiv, und die Shakas nahmen sie mit Freuden auf, indem sie die *Aghadi* ins Leben riefen, einen weiblichen Ableger. Die Sozialanthropologin Atreyee Sen, die ein Jahr lang bei der Shiv-Sena-Frauenorganisation verdeckte Recherchen betrieb, fand eine Organisation vor, die die Migration vom Land in die Stadt für die Konstruktion einer Ideologie des Hasses nutzte.

Arme Frauen aus den Slums traten der gewalttätigen, ethnonationalistischen Sena-Bewegung bei, weil die Organisation Schutz bot vor dem, was sie selbst als »die glühend heißen Auswirkungen« *(man jalana)* von Urbanisierung, Industrialisierung und Migration in Mumbai bezeichneten. […] Bei der Sena fühlten sie sich »zugehörig«. Das Gemeinschaftsgefühl, das durch die Migration vom Land in die Stadt und durch innerstädtische Umzüge verloren gegangen war, wurde durch »Maharashtrianismus« ersetzt. […] Die meisten Frauen, die den Verlust des dörflichen Gemeinschaftslebens beklagten, schienen hier ihre traditionelle Gruppensolidarität wiedererlangt zu haben. So verschaffte die Aghadi Frauen aus dem Slum eine Chance, sich in ein neues soziales und politisches Netzwerk einzufügen, in dem sie die mit dem städtischen Leben verbundenen Unsicherheiten und das Gefühl der Entfremdung ablegen konnten.[29]

Für Hunderttausende von Männern, die aus den Dörfern in die Stadt strömten – eine Wanderungsbewegung, die in den 1980er-Jahren ein Rekordniveau erreichte –, gab es wiederum zwei Möglichkeiten: Man konnte sich Shiv Senas Gewaltkult anschließen und aus den vielen Formen des Beistands, die die Sena bot, Nutzen ziehen, als Gegenleistung für die Teilnahme an Straftaten, die mit Bandenkriminalität verbunden waren, an Vertreibungen und Zerstörungen, oder man konnte in Furcht vor Shiv Sena leben und mit großer Wahrscheinlichkeit zu einem ihrer Opfer werden. »Junge Leute im Allgemeinen und ganz besonders die wachsende Minderheit, die keine starken ethnoregionalen Verbindungen mehr aufweist, schätzen das städtische und harte Image der Shiv Sena«, schrieb ein Wissenschaftler, der sich eine Zeit lang in den Reihen der Organisation umgesehen hatte. »Die Organisation ist so *tej* (hart) wie die Stadt Bombay selbst. Der Beitritt gilt als eine Möglichkeit für das Erlernen der städtischen Verhaltenscodes und das Integriertwerden. [...] Die Organisation stellt die In-Migranten so vor die Wahl: *Entweder vollständige Integration [...] oder vollständiger Ausschluss.*«[30]

Ende der 1980er-Jahre konnte die Shiv Sena diese Dichotomie in eine im ganzen Stadtgebiet praktizierte Ideologie ummünzen. Nach dem Sieg bei den Kommunalwahlen von 1985 kontrollierte die Shiv Sena das Amt des Bürgermeisters von Bombay und andere städtische Behörden die folgenden zweieinhalb Jahrzehnte lang ununterbrochen. Im Jahr 1992 verfügte die Organisation über 300 000 aktive Mitglieder und übertraf damit die Mannschaftsstärke der Polizei von Bombay (wobei natürlich viele Polizisten auch Mitglieder von Shiv Sena waren). Diese zahlenmäßige Stärke und ein stetig zunehmendes Maß an Intoleranz, das von Bal Thackeray und den Dadas ausging, verbanden sich zu einem hochentzündlichen Gemisch.

Es ging im Dezember 1992 in Flammen auf, aus einem unerwarteten Grund. Ein Mob von 150 000 Hindu-Nationalisten zerstörte in einem entlegenen Winkel des Bundesstaates Uttar Pradesch im Nordosten Indiens die historische Babri-Moschee. Im weit entfernten Bombay kursierten anschließend Gerüchte über Morde, die Muslime angeblich zur Vergeltung verübt hätten. Sie wurden angefacht, als die Shiv Sena beschloss, zur Unterstützung der an der Zerstörung der Moschee beteiligten Demonstranten einen Marsch abzuhalten, der durch die engen Gassen des Dharavi-Slums führte, zu dessen 800 000 Bewohnern auch große muslimische Gemeinschaften gehören. Einige Muslime reagierten zornig auf diesen Auftritt, und dann erklärte Bal Thackeray den offenen Krieg. In seiner Tageszeitung *Saamna,* die unter armen Marathen viele Leser hat, erschienen zahlreiche Artikel, die von ganzen Schiffsladungen mit aus Pakistan stammenden Waffen berichteten, die angeblich an der heimischen Küste angelandet würden. Am 9. Januar 1993, zu einem Zeitpunkt, da die Spannungen ein gefährliches Ausmaß erreicht hatten, provozierte *Saamna* den Mob zum Massenmord. In einem Leitartikel, der offenbar von Thackeray selbst verfasst worden war, hieß es: »Muslime aus Bhendi Bazar, Null Bazar, Dongri und Pydhonie, aus den Gebieten, die wir Mini-Pakistan nennen und die entschlossen sind, Hindustan auszulöschen, griffen zu den Waffen. Sie müssen sofort erschossen werden. [...] Die nächsten paar Tage werden uns gehören.«[31]

In den folgenden sechs Wochen beherrschten wütende Hindu-Mobs die Stadt und übten eine Terrorherrschaft aus. Eintausend Menschen, die meisten von ihnen Muslime, wurden umgebracht, sie wurden verbrannt, erschossen, zu Tode geprügelt oder ertränkt. Hindu-Mobs brannten ganze Stadtviertel und Industriegebiete nieder, in deren unmittelbarer Umgebung eine muslimische Mehrheit lebte, und vertrieben mindestens 150 000 Muslime aus der Stadt. Als sie sich ausgetobt hatten, war die Stadtgeografie von Bombay dauerhaft verändert. Hindu- und Muslim-Familien konnten nicht mehr in friedlicher Nachbarschaft beisammen leben, wie sie das im Großen und Ganzen seit Jahrhunderten getan hatten. Die von der Sena beherrschten Hindu-Slums wurden in »bewachte Wohngebiete« (»gated communities«) verwandelt, vor denen sich Muslime zu fürchten und die sie zu meiden hatten. Auf die Unruhen folgte eine von Muslimen ausgeführte Serie von Bombenanschlägen, die ersten islamischen Terrorakte auf indischem Staatsgebiet, und dieser Kreislauf wechselseitiger Repressalien setzte sich im Lauf des folgenden Jahrzehnts fort. Die am stärksten multikulturell orientierte Stadt der Welt wurde fast über Nacht sehr viel deutlicher nach Ethnien getrennt.

Die Unruhen gaben der Shiv Sena großen Auftrieb, obwohl eine offizielle Untersuchung die Partei später für deren Ausbruch und für die schwersten damit verbundenen Gewaltakte verantwortlich machen sollte. (Erst im Jahr 2008 kam es überhaupt zu rechtlichen Konsequenzen, als drei

Shiv-Sena-Vertreter, darunter ein Parlamentsabgeordneter, zu Haftstrafen verurteilt wurden.) Bei den Wahlen von 1995 errang eine Koalition der hindunationalistischen Bharatiya-Janata-Partei (BJP) und der Shiv Sena die Kontrolle über den Bundesstaat Maharashtra und beendete die jahrzehntelange Herrschaft der Kongress-Partei. Eines der ersten Gesetze der neuen Regierung verfügte die Umbenennung der Hauptstadt des Bundesstaates in Mumbai – dieser Schriftform liegt eine Aussprache zugrunde, die traditionell von Hindus verwendet wird, die Marathi oder Gujarati sprechen, nicht aber von Sprechern des Englischen oder Hindi (die letztere ist die Sprache der meisten religiösen Minderheiten in der Stadt), die immer von Bombay gesprochen hatten. Selbst im Gebrauch des Namens zeigte sich jetzt die stärkere Segregation in der Stadt, und die herrschende Partei setzte ihre durch die Wahl legitimierte Macht ein, um für physische Segregation zu sorgen. Die von der Shiv Sena kontrollierten Stadtverwaltungs- und Regierungsbehörden brachten Slumsanierungskampagnen in Gang, die auf Gemeinschaften abzielten – viele von ihnen waren muslimisch –, die der Partei nicht ergeben waren, und blockierten die Bemühungen der Opfer, ihre Slumbehausungen wieder aufzubauen. Die Shiv Sena stieg 1998 auch in die nationale Politik ein, als Mitglied der von der BJP geführten National Democratic Alliance, deren Duldung des Hindu-Nationalismus Shiv Sena in Mumbai mehr Macht und Einfluss verschaffte und straffreie Gewaltakte begünstigte.

Ende der 1990er-Jahre hatte die Shiv Sena in Mumbai zahlreiche Funktionen der Regierungsgewalt und des öffentlichen Dienstes übernommen – allerdings nur für die Hindu-

Einwohnerschaft der Stadt. Wichtige öffentliche Dienstleistungen wurden nicht mehr von der Regierung oder staatlichen und kommunalen Institutionen erbracht, sondern direkt von den Parteibüros und Shakas der Sena. »Sena-Politiker der mittleren Funktionärsebene, die selbst in den Slums leben, werden von den Slumbewohnern als Schirmherren anerkannt«, heißt es in einer einschlägigen Studie. »Einer von ihnen sagte Wohnungen zu, und zwar nicht in seiner Eigenschaft als Vertreter der Stadtverwaltung, sondern als lokaler Anführer der Shiv Sena. Seine politische Einstellung war nicht so wichtig wie sein Status als Hindu-Anführer in der Shiv Sena. Hilfsgelder für die Wahlbürger kamen aus der Shiv-Sena-Kasse, nicht aus dem Staatssäckel. [...] Der Sozialdienst von Shiv Sena sorgte für Tagesstätten, Schulen, ja sogar für medizinische Betreuung. Schnelle und moderne Shiv-Sena-Krankenwagen heben sich in den Straßen von Mumbai deutlich von den klapprigen Fahrzeugen des staatlichen Gesundheitsdienstes ab.«[32]

Sanjay Solkars Umzug nach Mumbai wurde durch die Eröffnung eines Shiv-Sena-Büros in seinem Dorf angestoßen. Seine Familie wusste zum Zeitpunkt seiner Geburt noch wenig bis nichts über die Stadt Bombay. Die Verkehrsverbindungen dorthin waren schlecht, und auf den Feldern der Familie wuchsen noch genügend Nahrungsmittel, um den Hungertod abzuwenden, auch wenn sie alle unterernährt waren. Anfang der 1990er-Jahre kam jedoch die Shiv Sena ins Dorf, als Teil ihrer Bemühungen, mit denen sie von einer rein auf Bombay konzentrierten Bewegung zu einem politischen Einflussfaktor im Bundesstaat Maharashtra werden wollte, und knüpfte enge Beziehungen zu den armen Bauern. Die Sainaks bauten Brunnen und Schulen, reparierten Straßen und leisten den »Söhnen der Erde« Beistand, und das alles geschah im Namen der Hindu- und Marathen-Reinheit. Nach und nach zog die Geldwirtschaft ins Dorf ein, und Sanjays Verwandte hielten, wie auch viele ihrer Nachbarn, Ausschau nach einer Arbeit in der Stadt. Die Shiv Sena half gerne, ihr Dorfbüro knüpfte Verbindungen zu den Shakas der Ankunftsstadt. Bal Thackerays Bewegung unterstützte schließlich den Umzug vom Dorf in die Stadt, gestaltete ihn für eine bestimmte Gruppe von Menschen effizienter – im Bestreben, andere auszuschließen – und erleichterte so das weitere Wachstum der Ankunftsstadt.

Die planlose, dem Gangstertum vergleichbare Shiv-Sena-Form von Organisation führte dennoch dazu, dass Mumbai in den letzten 20 Jahren nur wenig gegen die lähmende Wohnungsbaupolitik und die Ursachen der Korruption unternahm, die dem Erfolg von Ankunftsgemeinden der Zuzügler vom Land im Weg stehen. Sie führte dazu, dass Gewalt zwischen Hindus und Muslimen nach wie vor ein wesentliches Merkmal der ideologischen Auseinandersetzung in Mumbai ist. Hindu-Nationalisten führten 2002 im Norden von Gujarat ein Massaker an, bei dem 2000 Muslime getötet wurden, und Shiv-Sena-Anhänger beteiligten sich in Mumbai an gewalttätigen Ausschreitungen, denen 700 Menschen – die meisten waren Muslime – zum Opfer fielen. Dieses Klima der Gewalt hielt während der Amtszeit der von der BJP geführten Regierung an, die bis 2004 an der Macht war. Die Bewegung dominiert in Mumbai bis heute, hat sich allerdings gewandelt. Unzufriedene Verwandte Bal Thackerays lösten sich

2006 von Shiv Sena und gründeten eine eigene Partei, die Maharashtra Navnirman Sena (»Neuaufbau-Armee Maharashtras«), die für sich in Anspruch nimmt, die *Hinduvta*-Politik und »Bürokratie« der Shiv Sena hinter sich zu lassen und zur radikalen Vertretung von Marathen-Rechten, den Ursprüngen der Sena, zurückzukehren. MNS gewann in Mumbai rasch eine große Anhängerschaft, führte 2008 und 2009 das Aufbegehren gegen englischsprachige Schilder an und könnte die Shiv Sena noch überflügeln. Organisationsform, taktisches Vorgehen und Wählerbasis in der Ankunftsstadt sind jedoch bei beiden Parteien nahezu gleich.

Diese von Migranten angetriebene ethnische Bewegung hat die Politik in der herausragenden Ankunftsstadt-Megalopole der Welt dauerhaft verändert. Sie hat bewirkt, dass die Ankunftsstadt manchmal mit Respekt behandelt wird, denn die im Slum verankerte Shiv Sena hat für Grundbesitz gesorgt, Kanalisation und Wasserversorgung eingerichtet und sich um kommunale Dienstleistungen wie Schulen, Krankenhäuser und Parks für (Hindu-)Slums gekümmert, die solcher Anstrengung wert waren. Das alles geschah auf eine Art und Weise, die sich mitunter an den besten Vorgehensweisen städtischer Bodenreform orientiert und die provisorischen, eigenhändig errichteten Hüttensiedlungen in blühende Stadtviertel verwandelt. Dieses Vorgehen führte außerdem dazu, dass die schlimmsten Praktiken – Slum-Sanierung mit dem Bulldozer, Hochhäuser anstelle aufstiegsorientierter Ankunftsstädte, vollständige Vernachlässigung der hygienischen und medizinischen Grundbedürfnisse, Kontrolle der Dienstleistungen durch kriminelle Banden – in Slums, deren Bewohner nicht der privilegierten Gruppe angehören, fortgesetzt, ja sogar noch verstärkt werden. Diese Art von Politik ist gefährlich und spalterisch, sie hat nach wie vor die Kraft, den gesamten indischen Staat zu übernehmen, und sie hätte vermieden werden können, wenn die Regierungen von Anfang an die Bedürfnisse der Ankunftsstadt berücksichtigt hätten. Die Regierungen in Afrika, Südamerika und Ostasien sollten sie studieren, denn dies ist genau die Art von Politik, die das Vakuum ausfüllt, wenn die Migranten vom Land nicht mehr richtig wahrgenommen werden.

8 Die neue Stadt stellt sich der alten Welt

DAS PROBLEM DES RAUMES

LES PYRAMIDES, EVRY, FRANKREICH

Eine Autostunde südlich von Paris tauchen die graubraunen Pyramiden aus den Feldern und Wäldern neben der Autobahn auf, wie die Ruinen irgendeines untergegangenen Marsreiches auf dem Titelbild eines Science-Fiction-Romans aus früheren Zeiten. Les Pyramides, das Ergebnis des größten europäischen Architekturwettbewerbs der 1960er-Jahre, ist die utopischste der zahlreichen staatlich geplanten Utopien, die sich an der Peripherie rings um Paris gruppieren. Die Pyramiden wurden errichtet, um einer zahlenmäßig größer werdenden französischen städtischen Mittelschicht ein Zuhause zu bieten, die vermeintlich nach einem Ausweg aus der überfüllten Pariser Kernstadt der Nachkriegszeit suchte. Bewohnt wurden sie nahezu von Anfang an von der genau entgegengesetzten Zielgruppe, einer ländlich geprägten, nicht in Frankreich geborenen Arbeiterschicht, die um den Zugang zum engeren Stadtbereich kämpft. Beim Näherkommen wirken die Pyramiden weniger utopisch, die Gipsmauern sind vom Regen gezeichnet, die verschatteten Betonfußwege bieten den 12 000 Pyramidenbewohnern wenig Sicherheit, die zentralen Plätze sind von kleinen Gruppen junger Männer besetzt, die offensichtlich nicht viel zu tun haben.

Am Rand eines dieser Plätze schließt Aziz Foon an einem warmen Novemberabend des Jahres 2005 seinen winzigen Laden. Er liegt im Erdgeschoss eines Betonturms, eingezwängt zwischen einem Mobiltelefonverkäufer und einem türkischen Café, und wirbt mit einem üppig ausgeschmückten Schild: »NUMBER ONE: Produits Exotiques – Alimentaires – Cosmétiques.« Aziz, ein sehr kräftig gebauter, unbeirrbar gut gelaunter Mann aus Gambia von 46 Jahren mit kahlem Schädel und tiefschwarzer Hautfarbe, verbringt seine Tage in seinem vollgestopften Geschäft. Die Regale sind mit einem erstaunlichen Sortiment gefüllt: mit Maniokknollen, Kochbananen, afrikanischen Haarfärbemitteln, islamischen Wandbehängen, Kochtöpfen, »Dora«-Spielzeugen, Kokosmilch in Dosen, Haribo-Süßigkeiten, Gaszylindern, Haarverlängerungen, Babynahrung, Kilopackungen Ghee-Butterschmalz, argentinischem Corned Beef, winzigen Konserven mit Erbsen und grünen Bohnen, Gebetsketten. »All die Sachen, die schwarze Menschen brauchen«, prahlt Aziz' noch überschwänglicherer 33-jähriger Stiefsohn Youssef, der silberne Kettchen und ein übergroßes T-Shirt trägt und seine Kunden auf Suaheli, Mandinka, Hausa, Vai, Lingala und Bambara begrüßt, auch Deutsch, Englisch und Französisch stehen zur Verfügung.

Es ist der einzige Laden in Les Pyramides, der solche Dinge verkauft, und es ist eines der wenigen Geschäfte, die einem Bewohner dieser Gebäude gehört. Die in der Ankunftsstadt ganz besonders wichtige Praxis, einen Laden oder irgendeine andere Art von Kleinunternehmen zu gründen, ist hier außerordentlich erschwert. In diesen vom sozialen Wohnungsbau geprägten Bezirken gibt es nur wenig Raum für privatwirtschaftliche Nutzung, und die französische Bürokratie erschwert den Einwandererfamilien das Anmieten von Geschäftsräumen, den Erwerb von Lizenzen und die Gewährung von Krediten ganz außerordentlich. Die eigene Wohnung zu kaufen ist sogar noch schwieriger: Die Menschen hier zahlen eine von der Regierung subventionierte Miete und haben kaum eine andere Wahl. Wer eine Arbeit hat – das trifft vielleicht auf drei Viertel der Männer und Frauen in Aziz' Alter und womöglich nur auf weniger als die Hälfte der Erwachsenen unter 30 Jahren zu –, geht ihr weder in Les Pyramides noch in der nahe gelegenen Stadt Evry nach, sondern legt täglich einen langen Pendlerweg zurück, der viele Menschen bis zu den Industrievororten auf der entgegengesetzten Seite von Paris führt, und benutzt dafür öffentliche Verkehrsmittel, deren Qualität nach Aussage des Bürgermeisters »peinlich weit unter dem Durchschnitt« liegt.

An diesem besonderen Dienstagabend schloss Aziz seinen Laden und ging über den dunkler gewordenen Platz. Er nickte den unruhigen Gruppen junger Männer grüßend zu. Die meisten dieser jungen Burschen waren Kinder seiner Kunden und vertrieben sich hier jeden Abend die Zeit, bis ihre Eltern nach Hause kamen. Er ging auf den menschenleeren Fußwegen in Richtung seiner Wohnung, die auf halber Höhe in einer der klobigen, in langweiligen Farben gehaltenen Pyramiden liegt, am Rand eines zu- und abflusslosen Betonwannenteichs.

Seine Schreie konnte man im ganzen Pyramiden-Komplex hören. Unmittelbar vor sich sah er eine schwarze Rauchsäule, die von einem vertrauten Ort aus senkrecht in den purpurnen Abendhimmel aufstieg. Er rannte und schrie dabei gequält auf. Am Straßenrand war sein hart erarbeiteter viertüriger Renault Safrane, auf den er ein Jahrzehnt lang gespart hatte, in orangefarbenes Licht getaucht, die Motorhaube stand offen, aus dem Motor und dem Wageninneren schlugen Flammen, eine dichte, schwarze, giftige Rauchwolke stieg weit gen Himmel und vermischte sich dort mit Dutzenden ähnlichen Wolken dieser Art, die aus den Pariser Vororten kamen. An jenem Dienstagabend sah es ganz danach aus, als sei die gesamte Stadt von einem Feuerring umgeben, denn in den armen, von Hochhausbauten geprägten Vororten, die allgemein als *Banlieues difficiles* oder *Cités* bekannt sind, brannten 1000 Autos und ein Dutzend Behördengebäude. Innerhalb eines Zeitraums von drei Monaten des Jahres 2005 steckten aus wütenden jungen Männern bestehende Mobs fast 10 000 Autos in Brand, 100 Häuser wurden angezündet, die französische Regierung rief den Notstand aus, fast 3000 Menschen wurde festgenommen. Eine nationale Identitätskrise versetzte die Regierung von Präsident Jacques Chirac in den irreversiblen Zustand der Auflösung und gab den Startschuss für den Aufstieg von Nicolas Sarkozy zum Staatspräsidenten. Aziz war sich des Notstands sehr wohl bewusst: Hier draußen in Les Pyramides hatte sich jeder Abend wie eine militärische Auseinandersetzung angefühlt. Vorrückende Polizeizüge kämpften mit Jugendlichen, Rauchwolken hingen in der Luft. Aziz war das inzwischen vertraut, aber er hätte niemals gedacht, dass dieser Konflikt einmal ihn selbst betreffen würde.

Der Kreis junger Männer löste sich auf, als Aziz versuchte, die Flammen zu löschen. Die Burschen verschwanden an den schattigen Orten unter den Pyramiden, aber er kannte sie und verwünschte sie, als er mit schweren Schritten zum nach Urin stinkenden Aufzug seines Wohnhauses zurückging. Die Zerstörung eines Autos mag in der Rangfolge der Leiden keinen hohen Stellenwert einnehmen, aber mit einer solchen Tat verband sich ein Gefühl, das Aziz und Menschen, die ähnlich dachten wie er, sehr stark empfanden: dass dies hier keine Gemeinschaft mehr war, dass er und seine Nachbarn nicht mehr denselben Kurs verfolgten.

Ich traf ihn nach diesen Übergriffen in seinem großen, hellen Wohnzimmer, dessen dominierende Einrichtungsgegenstände ein Großbildfernseher und eine Polstercouch sind, und er machte seinem Zorn auf sonderbare Weise Luft: Er verfluchte Frankreich, das Land, in dem er einst unbedingt leben wollte. »An jedem Tag hier in Frankreich fühle ich mich, als ob ich in einem großen Loch leben würde, auf dem ein Deckel sitzt.« Er verfluchte sein Wohnviertel und dessen Häuser. Und er verfluchte die »Einwanderer«, wie er die jungen Männer bezeichnete. »Diese Einwanderer wissen nicht, wie man hier lebt. Die wissen nicht, wie man hier seine Kinder richtig erzieht, also werden die Jungen gewalttätig. Ihre Lebenssituation macht mich wütend.«

Für einen Außenstehenden klingt diese Ausdrucksweise merkwürdig, Aziz ist schließlich selbst Einwanderer. In Gambia wuchs er im Zentrum der Hauptstadt Banjul auf und kam in den 1990er-Jahren hierher, in die Vororte von Paris. Seine Arbeit in der Sicherheitsabteilung der nationalen Fluggesellschaft Gambias verschaffte ihm die Gelegenheit, nach Frankreich zu kommen. Die Wohnblocks von Les Pyramides fand er attraktiv, die großzügig geschnittenen Wohnungen, das moderne, städtische Lebensgefühl und auch die Mieten, für die man sich in Paris nur eine winzige Wohnung leisten konnte. Nach französischen Maßstäben ist er arm, nach afrikanischen Begriffen wohlhabend, und er überweist viel Geld nach Hause, um seine sechs anderen Kinder zu unterstützen.

Die jungen Männer, die er verfluchte, sind dagegen überhaupt keine Einwanderer. Sie kamen fast alle in Frankreich zur Welt, sprechen die Landessprache fließend, kennen die Sitten und Gebräuche und sind in vielerlei Hinsicht von französischen Teenagern nicht zu unterscheiden. Man erkennt sie nur an den Adressen, den Banlieue-Slangausdrücken und an der Gesichtsfarbe. Ihr Zorn ist nicht der Zorn von Ausländern. Frankreich ist ein Einwanderungsland, ein Viertel seiner 65 Millionen Einwohner wurde entweder im Ausland geboren oder wuchs als Kind oder Enkel von Einwanderern auf,[1] und diese Tatsache sorgte, für sich genommen, noch nicht für Spannungen.

Die Wut von 2005 wurzelte auch nicht im Islam. In den zahllosen Berichten aus jenen Monaten gibt es, einschließlich der Analysen des französischen Geheimdienstes, keine glaubwürdigen Aufzeichnungen zu irgendwelchen muslimischen Botschaften oder Motiven als Ursache für die Unruhen.[2] Nur vier Prozent der in Frankreich geborenen Kinder von Algeriern geben an, mehr als einmal im Jahr eine Moschee zu besuchen, und die größte Gruppe ist diejenige, die den Glauben der Vorfahren überhaupt nicht praktiziert, ihre Lebenseinstellung ist also genauso säkular wie die junger weißer Franzosen.[3] Fast alle Randalierer des Jahres 2005 waren französische Staatsbürger, und wiederholte Untersuchungen haben gezeigt, dass ihre Werte und ihre Lebenseinstellung dieselben sind wie die der Kinder französischer Eltern, selbst wenn ihnen der Zugang zum Mainstream der französischen Kultur durch ihre »Banlieue-Kultur« verwehrt ist – und genau das war der eigentliche Grund für die Unruhen.[4] Bei den großen Zusammenstößen mit der Polizei hielten die Randalierer oft ihre französischen Ausweise hoch. Die Menschen waren irritiert, weil es bei diesem gewaltigen (aber nur in ganz wenigen Fällen tödlichen) Aufstand keine Parolen oder eingängigen Botschaften gab. Der Geheimdienst der französischen Polizei sprach von »einer Art unorganisiertem Aufruhr ohne Anführer oder Manifest«. Diese *Ausweise* waren das Manifest, *sie* waren die Botschaft. Es war eine Schlacht, in der Franzosen gegen Franzosen standen, eine Schlacht, in der es um Anerkennung ging.

Dennoch war an diesen jungen Männern etwas Besonderes. Ihre Eltern waren, im Unterschied zu Aziz, als Dorfbewohner in die Vororte von Paris gekommen. Mit der Bezeichnung »Einwanderer« meint er, dass diese Menschen Migranten vom Land sind, die den ersten Vorstoß in eine städtische Umgebung wagen – es ist eine Lage, in der sich die große Mehrheit der Familien in Les Pyramides und überall an der Peripherie von Paris befindet.

Sie leben, wie 50 Millionen andere Europäer, in einer Ankunftsstadt.[5] In jenen Herbstmonaten des Jahres 2005 unterrichtete die europäische Ankunftsstadt die Welt auf gewalttätige Art und Weise über ihr Vorhandensein. Frankreich hatte seit Anfang der 1980er-Jahre in den Banlieues immer wieder Unruhen und Akte der Zerstörung erlebt, seit die erste Generation in Frankreich geborener Kinder nordafrikanischer Einwanderer herangewachsen war. Aber diesmal war der Endpunkt einer längeren Entwicklung erreicht: Frankreich hatte eine ganze Generation abgehängt, für die der Weg nach vorn in die Stadt und der Weg zurück ins Dorf gleichermaßen blockiert war, und Tausende von jungen Leuten reagierten auf die einzige Art, die sie kannten.

Schon seit Langem gab es eine Tendenz, die Wohnviertel am Rand von Paris und vergleichbare Wohngebiete überall in den westlichen Ländern als »Einwanderghettos« oder »ethnische Enklaven« zu bezeichnen und ihr Scheitern und die von dort ausgehenden Unruhen einer so wahrgenommenen rassischen und ethnischen Segregation zuzuschreiben. Betrachtet man diese Gebiete jedoch als Ankunftsstädte, ist das besondere Merkmal von Les Pyramides und seinen noch hässlicheren Geschwistern nicht eine an ethnischen Kriterien orientierte Ghettoisierung, sondern eine extreme Heterogenität.

Der Soziologe Loïc Wacquant machte sich einen Namen durch den Nachweis, dass die französischen Banlieues und andere »Wohnviertel der Ausgrenzung« in ganz Europa keineswegs im Sinn des klassischen amerikanischen Ghettos segregiert, sondern vielmehr »Anti-Ghettos« sind, Orte, die in Wirklichkeit multiethnisch zusammengesetzt sind – und genau das, so lautet seine These, ist das Problem: Diese Wohnviertel sind Orte »fortgeschrittener Marginalisierung«, an denen sich keinerlei Art von Gemeinschaft herausgebildet hat, ob nun in ethnischer oder anderer Hinsicht. Sie »sind charakterisiert durch ihr geringeres bis mäßiges Ausmaß an Segregation und den Mangel an demografischem Zusammenhalt und kultureller Einheit. [...] Die Forderungen ihrer Bewohner sind im Wesentlichen sozialer Natur, beziehen sich nicht auf Unterschiede oder ›Verschiedenheit‹, sondern auf *Gleichheit* bei der Behandlung durch oder beim Zugang zur

Polizei, zum Schulsystem, zu Wohnungen, medizinischer Versorgung und vor allem zu Arbeitsplätzen. Sie beziehen sich auf den *Bereich der Staatsbürgerschaft, nicht auf die ethnische Zugehörigkeit.*«[6] Die Antwort von Nicolas Sarkozy, der zurzeit der Unruhen Innenminister war und bei seiner Präsidentschaftskandidatur auf eine harte Reaktion auf die Autobrandstiftungen setzte, bestand aus einem erhöhten Polizeiaufgebot und dem Versuch, die Einwanderung zu beschränken, den er damit begründete, dass solche aus Dörfern stammenden Einwanderer grundsätzlich nicht eingliederungsfähig seien.[7] Doch die Erfahrungen Zehntausender anderer frankophoner Afrikaner, die jenseits der französischen Landesgrenzen ein gutes Auskommen gefunden haben, widerlegen diese Behauptung. Die europäische Ankunftsstadt ist kein homogener Ort. Auf diesem Kontinent entstanden einige der am besten funktionierenden und blühendsten Stadtteile für Zuwanderer vom Land weltweit. In Paris selbst gilt das innerstädtische Viertel Belleville – Viertel dieser Art wurden früher abgerissen oder aufgegeben, an ihrer Stelle wurden die Banlieues errichtet – heute als ein Ort des vom Unternehmertum angetriebenen Aufstiegs, mit einer wohlhabenden und wirtschaftlich selbstständigen Mischung von Menschen aus Nord- und Afrika südlich der Sahara, Osteuropa und Asien, die sich in der Übergangsphase zu einer erfolgreichen Mittelschichtexistenz befindet.[8]

Frankreichs Ankunftsstädte sind keine ethnischen Ghettos. In Les Pyramides, einem ziemlich typischen Beispiel, lebt nicht nur eine große Zahl von Afrikanern, man trifft auch auf zahlreiche Inder, Sri Lanker, Türken, Ägypter und Osteuropäer und außerdem auf ziemlich viele Menschen wie die weiße Französin, die in einem Dorf in der Bretagne aufwuchs und heute das türkische Café unmittelbar neben Aziz' Laden betreibt. Sie hat nicht das Gefühl, hier festzusitzen. Aber sehr viele Menschen an diesem Ort, sie stammen aus einem Dutzend Länder in drei Kontinenten, kamen aus ländlicher Armut hierher und mussten feststellen, dass ihre Kinder auf halbem Weg zwischen Dorf und Stadt gefangen sind und in keiner Richtung mehr vorankommen.

Irgendetwas geschieht mit den Dorfbewohnern, wenn sie in den französischen Vorstädten eintreffen. Die Kultur des Übergangs, diese fruchtbare Mischung von dörflichem und städtischem Leben, erstarrt bereits in den Anfangsphasen und erlangt keine Beständigkeit, wächst nicht zu etwas heran, das zum wirtschaftlichen und kulturellen Leben des Landes beiträgt. Die erste Phase bewältigen die Eltern meist angemessen, stehen noch mit einem Bein im Dorf, mit einem in der Stadt, besorgen sich Hilfstätigkeiten und unterstützen ihr Dorf durch Rücküberweisungen. Aber es gelingt ihnen nicht, zur naheliegenden nächsten Phase überzugehen, irgendein kleines Unternehmen zu gründen, ein Haus oder eine Wohnung zu kaufen, sich in die größere städtische Gemeinschaft einzugliedern – sie bleiben isoliert. Und ihre Kinder, die die fremde Kultur ganz übernommen haben, stellen fest, dass sie nicht vorankommen. Das liegt zum Teil an einem gut dokumentierten Rassismus, der ihnen Arbeitsplätze oder höhere Bildung vorenthält und sich dabei an Familiennamen und Postleitzahlen orientiert.[9] Aber hinter dem »Postleitzahlen-Rassismus« verbirgt sich die Wirklichkeit jener Orte: Den Dorfbewohnern fehlen die Mittel für das Aufrücken in die nächste Phase, und das liegt an der physischen Gestalt der

Banlieues und an der Art, wie ihre Institutionen organisiert sind. Das wird oft missdeutet als Kampf der Kulturen oder als gescheiterte Anpassung. Man versteht es besser, wenn man es als blockierten Übergang vom ländlichen zum städtischen Leben erkennt.

»Das Problem besteht darin, dass man diese Kinder dazu bringt, sich selbst als Einwanderer zu betrachten«, sagte mir Aziz. »Frankreich will sie, und es braucht Menschen, die die Putztätigkeiten übernehmen und auf dem Bau arbeiten. Und dann landen sie in Les Pyramides und bleiben dort hängen, weil das der Ort ist, an den man sie hinlenkt. Und die Kinder haben nichts. Sie wurden hier geboren, sprechen die Sprache perfekt und können arbeiten. Aber sie haben keine Arbeit. Man hat Les Pyramides nicht für afrikanische Einwanderer gebaut. Es gibt nicht genug Räume, keinen Ort für Märkte, nichts, mit dem Menschen, die vom Dorf kommen, einen Anfang machen könnten. Architektonisch ist das hier sehr schön, denke ich jedenfalls, aber das Problem liegt darin, dass die jungen Leute hier den Ort nicht respektieren, sie wenden sich gegen ihn, dann wenden sie sich gegen Polizei und Regierung und jetzt sogar gegen Menschen wie mich.«

Zwei Wohnblöcke weiter berichtete mir ein stolzer Veteran der französischen Luftwaffe namens Badiane Babikan, der in einem 15 Kilometer von Dakar entfernten Dorf geboren, aber in großen Städten Afrikas und Frankreichs zur Schule gegangen und ausgebildet worden war, mit noch größerer Enttäuschung über die Familien, die unter den Afrikanern in Les Pyramides die Mehrheit stellen.

»Diese Dörfler sind mir so fremd, wie ich selbst einem Pariser fremd bin«, sagte er mir bei einem ruhigen Bekenntnis, als ich ihn in seinem winzigen Büro besuchte, das unweit des Gemeinschaftszentrums liegt. »Wenn die Menschen im Senegal hören, was hier passiert, die Unruhen, dann verstehen sie das einfach nicht. Dorfbewohner werden dort zu erfolgreichen Menschen, wenn sie erst einmal in die Stadt umgezogen sind. Die sozialen Netzwerke sind dort viel zu eng, als dass so etwas passieren könnte. Hier bleiben diese Leute einfach nur Dörfler.«

Die jungen Männer, die Aziz' Auto in Brand steckten, sehen das seltsamerweise fast genauso – als eine Unterbrechung des Übergangs ihrer Familie vom Land in die Stadt. Die überwältigende Mehrheit der Randalierer von 2005 bestand aus Kindern und Enkeln von Dorfbewohnern. Dieser Gesichtspunkt wird in den Analysen zu den Ereignissen jenes Herbstes fast immer vernachlässigt, aber er ist ein bestimmendes Element des Selbstverständnisses, das die Aufrührer zu ihrem eigenen Handeln entwickelt haben. Bei Interviews, die ich mit ehemaligen Randalierern in den Wochen, Monaten und Jahren nach den Ereignissen in Les Pyramides, Clichy-sous-Bois und Cité des 4000 führte, wurden der Übergang vom dörflichen zum städtischen Leben und die Barrieren, die sie daran hinderten, diese Verbindung herzustellen, am häufigsten erwähnt.

Die Unruhen begannen schließlich mit dem Tod zweier in Frankreich geborener Kinder afrikanischer Dorfbewohner – diese Information fehlt in den meisten Berichten zu ihrem Ableben. Die Jungen, die in Clichy-sous-Bois im Oktober 2005 tödliche Stromschläge erlitten, als sie sich in einem Transformatorenhäuschen vor der Polizei versteckten, waren beide unmittelbare Abkömmlinge der großen Migration.

Zyed Benna (17) war der Sohn von Amor Benna, der 1966 aus einem Bauerndorf auf der tunesischen Insel Djerba nach Paris gekommen war, um dort sein Geld als Kanalarbeiter zu verdienen. Die Familie des 15-jährigen Bouna Traore hatte in den 1970er-Jahren dem Wüstendorf Diaguily im Süden Mauretaniens den Rücken gekehrt und war nach Frankreich ausgewandert.

Einer der Randalierer, die auf die Nachricht von den tödlichen Stromschlägen gewalttätig reagierten, ein Junge, der an jenem Abend vielleicht auch bei Aziz' Tragödie die Hand im Spiel hatte, war Mafoud, ein magerer 15-Jähriger, dessen toughes Auftreten von einer weniger deutlich ausgeprägten, aber dennoch nicht zu übersehenden Freundlichkeit konterkariert wird. Seine Eltern stammen aus einem nahe der Stadt Kayes gelegenen Dorf in Mali, dem die sich ausbreitende Wüste die Lebensgrundlage entzogen hat. Die beiden Eltern arbeiten in Nachschicht, als Arbeiter und als Reinigungskraft, und er bekommt sie kaum zu sehen. Er beschreibt sich selbst als verlorene Seele und vertreibt sich die Zeit draußen auf den Fußwegen mit der Musik von Tupac Shakur, dem Rauchen von Marihuana und gegenseitigen Neckereien mit anderen Teenagern, die sich oft um ihre geografische Nichtexistenz drehen. »Wir kommen aus einem kleinen Dorf am Ende der Welt, und es sieht ganz so aus, als ob wir aus diesem Dorf hier nicht mehr herauskommen. Meine ganze Familie, wir leben zu zehnt in zwei Zimmern, und meine Mutter und mein Vater verdienen nicht genug für uns alle, wie sie das noch zu Hause taten, und ich kann nicht für mich selbst sorgen, wie das ein Franzose tun sollte«, sagt er. »Das ist unser Problem – wir sind keine Afrikaner und wir sind keine

Europäer.« Das Anzünden von Autos, von Symbolen für Mobilität und Erfolg, wurde für Burschen wie Mafoud zu einer markanten Geste.

Ein paar Häuser weiter trifft man Moussa Sambakesse, einen muskulösen 19-Jährigen, der sich immer noch oft auf dem großen Platz aufhält, aber berichtet, dass er die Verbindungen zur Straßenszene gekappt habe und auf dem Sprung nach London sei. Dort hat er mithilfe seines Handelsschulabschlusses einen Job in einem großen Hotel ergattert. Es ist die Art von Einstieg ins Berufsleben, die der Jugend in Frankreichs Banlieues einfach nicht gelingt. Nach Auskunft von Brice Mankou, einem Soziologen, der 2005 einige Zeit mit den Randalierern in Les Pyramides verbracht hat, besteht etwa die Hälfte dieser Gruppe aus Schulabbrechern, die ohne Abschluss ausgestiegen sind und sich in eine Schattenwirtschaft zurückgezogen haben, und die andere Hälfte sind Burschen wie Moussa, haben eine gute Schulbildung und echte Qualifikationen, sind aber zugleich auch sehr enttäuscht über ihre Möglichkeiten, sich in Frankreich weiterzuentwickeln.[10]

Moussas Mutter Alima Sambakesse nahm ihn und seine drei Brüder kurz vor den Unruhen zu einem Besuch in ihrem Heimatdorf mit, einem winzigen Ort namens Marena in Mali. Sie hatte gehofft, die Jungen würden den Ort ins Herz schließen, denn sie glaubt immer noch, dass sie eines Tages, wenn sie genug Geld verdient hat, um ihrer Familie ein größeres Haus kaufen zu können, dorthin zurückgehen wird. Moussa umrundete die Grenze der Dorfgemarkung zu Fuß, was nur wenig mehr als eine Stunde in Anspruch nahm. Er wurde einer großen Zahl von Verwandten vorgestellt, von denen die meisten in Lehmhütten lebten, hatte ihnen aber nur wenig zu sagen. Er besichtigte ein Klassenzimmer, verstand aber die Unterrichtssprache nicht und fand die Gebräuche beunruhigend. »Das sind meine Leute, aber ich verstehe sie nicht«, sagt er. »Da habe ich begriffen, dass das nicht mein Leben ist. Ich bin Europäer.«

Schaut man von den Pyramiden aus mit Moussas und Mafouds Augen nach draußen, wirken das Dorf in Mali und die Metropole Paris beide wie weit entfernte Fluchtpunkte. Aber wir sollten unsere Aufmerksamkeit der ursprünglichen Perspektive zuwenden, dem nach innen gerichteten Blick des Dorfbewohners. Wie sieht die Banlieue aus, wenn man von draußen reinkommt? Was machen all diese Dorfbewohner hier? Wie wurde die europäische Ankunftsstadt abgehängt? Wie kam es, dass Frankreich – und Europa insgesamt – letztlich eine so große Zahl von Dorfbewohnern in seiner Mitte aufgenommen hat?

Moussas Mutter Alima kam 1984 hierher, zehn Jahre nachdem Frankreich die Einwanderung offiziell für beendet erklärt hatte. Sie war in ihrem Dorf nicht die Erste, die in die Stadt abwanderte. Diese Ehre wurde dem Mann zuteil, den sie heiratete, er war noch während der Phase legaler Einwanderung als Arbeiter nach Frankreich gegangen. Alimas Familie, verzweifelt um ein Einkommen bemüht, hatte die 20-jährige Tochter mit einem Mann verlobt, den sie nur bei kurzen Besuchen gesehen hatte. Sie heirateten in Frankreich. Wie die meisten Frauen ihrer Generation, die in afrikanischen Dörfern aufgewachsen waren, hatte sie nie eine Schule besucht. Ihr Ehemann starb 1991, kurz vor der Geburt des vierten Sohnes (so stieß sie zur großen Gruppe alleinerziehender

Mütter, die etwa ein Viertel aller Familien in Les Pyramides ausmachen),[11] und wenig später nahm sie eine Nachtschichtarbeit als Büroreinigungskraft am anderen Ende von Evry auf. Ein Drittel ihres Einkommens überweist sie ins Dorf, der Rest wird für Nahrungsmittel und Schulbedarf verwendet – zum Sparen bleibt nichts übrig. Durch ihre Arbeit waren die Kinder einen großen Teil der Zeit nach Schulschluss unbetreut. Die älteren Kinder übernahmen schon bald Erziehungsaufgaben für die jüngeren Geschwister. Eigentlich wuchsen Alimas Kinder auf den Straßen und betonierten Plätzen von Les Pyramides auf, in einer Gemeinschaft mit anderen Kindern und Jugendlichen afrikanischer und arabischer Herkunft in ähnlichen Lebensumständen. Es war eine elternlose Welt, in der viele von ihnen mit dem Gesetz in Konflikt gerieten, andere verfielen in Bitterkeit und soziale Desorientierung.

»Ein Dorf ist etwas ganz anderes als eine große Stadt, es dauert sehr lange, das zu begreifen, wenn man hierherkommt«, sagte mir Alima eines Sonntags in ihrem sauberen Wohnzimmer, das von der obligatorischen großen Couch und dem Großbild-Satellitenfernseher beherrscht wird. Wenn sie daheim ist, werden Unterhaltungssendungen aus Mali eingeschaltet, ist sie aus dem Haus, laufen amerikanische Programme. »Im Dorf hat man bei der Kindererziehung den erweiterten Familienkreis hinter sich, der helfen kann, wenn man selbst arbeiten muss. Gibt es Probleme, sind immer Menschen da, die Bescheid wissen und aushelfen können. Hier ist man wirklich ganz allein. Schließlich wachsen die Kinder auf der Straße auf, und du weißt, dass das nicht richtig ist, und machst dir Sorgen. Ich mache mir Sorgen, jeden Tag, jede Sekunde. Unentwegt.«

Viele Menschen in Frankreich sind der Ansicht, dass die Dorfbewohner ihre Kulturen und Lebensweisen unmittelbar auf die städtische Umgebung übertragen, ohne zu begreifen, dass diese Praktiken im Umfeld der Neubausiedlung unangemessen, wenn nicht sogar gefährlich sind, weil es dort keine eng miteinander verbundene Gemeinschaft gibt, in der die Kinder mitbetreut werden. Aber die ehemaligen Dorfbewohner sehen das anders. Sie fallen nur aus Verzweiflung, wenn ihnen nichts anderes mehr übrig bleibt, in diese alten Verhaltensweisen zurück, wie die Geschichte von Alima Sambakesse zeigt.

Im Winter 2007 arrangierte ich ein Treffen mit einem Dutzend ehemaliger Dorfbewohnerinnen bei Génération Femmes, einem Frauenzentrum in Evry. Die Frauen waren aus einem Dutzend verschiedener Länder nach Frankreich gekommen, aus Indien, Ägypten und allen Teilen Afrikas, und die meisten von ihnen sprachen nur wenig Französisch. Aber sie alle äußerten den starken Wunsch, nicht wie Dorfbewohnerinnen leben und ihre Kinder nicht auf der Straße aufwachsen sehen zu wollen, und sie teilten das Gefühl, dass ihnen ihr unmittelbares Lebensumfeld in architektonischer wie auch in wirtschaftlicher Hinsicht die Verbindungen und Chancen versagte, die sie benötigten, um sich von der alten Lebensweise lösen zu können. Die Verzweiflung trieb sie zurück, verdrängte sie aus dem städtischen Leben.

»Es gibt hier definitiv eine Menge Probleme mit Diskriminierung, aber die Leute begreifen nicht, was das größere Problem ist: Viele Menschen, die aus den Banlieues kommen, wo auch ich herkomme, verfügen nicht über das soziale Netzwerk, das sie mit der französischen Gesellschaft verbindet«, sagte Isna Hocini (30), eine Enkelin algerischer Einwanderer, die das Zentrum leitet. »Und in Frankreich ist es sehr wichtig, ein Netzwerk zu haben, um an bestimmte Schulen oder zu einem Job zu kommen. Es reicht nicht, einfach nur sein Zeugnis einzuschicken. Das ist das größte Problem in den Cités, die fehlenden Netzwerke – ein Riesenproblem.«

Das Fehlen von Netzwerken ist ein hausgemachtes Problem der Banlieues, das sich aus ihrer Funktionsweise und architektonischen Gestalt ergibt. Eines der seltsamen Paradoxa, die sich mit Hochhaussiedlungen des sozialen Wohnungsbaus wie Les Pyramides verbinden, ist, dass sie unter einer zu geringen Bevölkerungsdichte leiden. Die Wohnviertel, die am besten als städtische Quartiere und Ankunftsstädte zugleich funktionieren – zwei- bis fünfstöckige Häuser mit direktem Zugang zur Straße und kleinen Geschäften im Erdgeschoss –, sind meist sehr dicht besiedelt. Verteilt man so wenige Menschen auf einer so isolierten Fläche, ohne ihnen Raum für improvisierte Bauten zu geben, verlieren diese Menschen den Kontakt zueinander. Die Banlieue-Bewohner selbst sind sich dieses architektonischen Problems durchaus bewusst, ebenso wie der Politiker, der sie repräsentiert. »Als sie Les Pyramides mit einer so geringen Besiedlungsdichte und nur mit Fußwegen angelegt haben, war von vornherein ausgeschlossen, dass sich dort eine richtige Stadt entwickeln würde«, sagte mir Evrys Bürgermeister Manuel Valls, ein Sozialist. »Es gibt dort keine Innenstadt, keine Läden und kleinen Geschäfte, die das Ganze zusammenhalten. Schauen Sie sich die Bauweise an – sehr kartesianisch.« Es hat einmal anders angefangen. Afrikanische Dorfbewohner bauten ihre eigenen Ankunftsstädte, als sie nach dem Zweiten Weltkrieg nach Frankreich kamen. Ein enormer Arbeitskräftemangel während der »drei ruhmreichen Jahrzehnte« der Industrialisierung und des Wachstums, die Frankreich nach dem Krieg feierte, führte zu einer Nachfrage nach Einwanderern, und die Regierung entschied sich dafür, so viele Arbeiter wie möglich ins Land zu holen, ohne eine durchdachte Einwanderungspolitik zu verfolgen. Hunderttausende von Afrikanern kamen aus Ländern, die kurz zuvor noch Kolonien gewesen waren, und die Regierung ließ zunächst Wohnheime für alleinstehende Männer errichten, um sie davon abzubringen, sich mit ihren Familien auf Dauer im Land niederzulassen. Diese Bauten waren, wie überall sonst auch, unter moralischen und praktischen Gesichtspunkten ein Misserfolg.

Viele Arbeiter aus Nordafrika ignorierten die Wohnheime und errichteten ihre eigenen Ankunftsstädte, *Bidonvilles* genannte Hüttensiedlungen in heruntergekommenen Teilen einiger der wichtigsten Städte des Landes. Im Jahr 1965 lebten mindestens 225 000 Menschen in solchen Siedlungen. Der berühmteste ehemalige Bewohner eines dieser selbst errichteten Slums war Azouz Begag, der Schriftsteller und zeitweilige französische Minister, der seine Kindheit in einer provisorischen Siedlung am Flussufer in Lyon verbrachte. Chaâba war ein dicht bevölkerter Ort, der den blühenden Ankunftsstädten in den Entwicklungsländern glich, »eine Siedlung mit Hütten, die aus Holzplanken errichtet und mit Wellblechdächern versehen wurden«.[12] Seine Familie lebte dort von 1947 bis 1968, bis diese Siedlung, wie viele andere ihrer Art auch, abgerissen und ihre Bewohner in die neuen Betonutopien am Stadtrand umquartiert wurden.

Diese neuen Gebäude wurden mit erstaunlicher Geschwindigkeit hochgezogen. Der französische Staat baute von 1956 bis 1965 mindestens 300 000 neue Wohnungen jährlich. Viele davon wurden gebraucht, um die Kinder des Nachkriegs-Babybooms unterzubringen, andere als Ersatz für die Bidonvilles, wieder andere für neue Arbeiter. Die meisten Häuser dieser Art waren eintönig gestaltete Quader, zwischen denen es große Leerräume gab. Les Pyramides war eine Neubausiedlung aus einer späteren Phase, bei der man eigentlich die Fehler früherer Projekte vermeiden wollte, um die Mittelschicht aus der Pariser Kernstadt in die neuen Industriegebiete an der Peripherie zu locken. Aber die Industrie zog an andere Standorte um, stattdessen setzte ein erneuter Zustrom von Dorfbewohnern ein. Der Einwanderungsstopp von 1974 vergrößerte die Zahl der Zuwanderer noch, denn er förderte das Bestreben, die Familie so schnell wie möglich wieder unter einem Dach zu vereinen.

Die neuen Häuser waren sauber und ordentlich, die Mieten verhältnismäßig günstig, mehr als die Hälfte der Wohnungen verfügte über eine eigene Toilette, und diese Siedlungen sorgten auch nicht für zusätzliche Enge in den großen Städten Frankreichs.

Aber sie waren ohne jeden Beitrag von Seiten der künftigen Bewohner geplant worden, ohne jede Vorstellung davon, dass die Menschen, die dort später wohnen würden, vielleicht keine bloßen Buchhaltungsposten waren, die als »Fabrikarbeiter« oder »ausländische Arbeitskräfte« geführt wurden. Der entscheidende Punkt, der keine Berücksichtigung fand und den am Reißbrett geplanter Wohnungsbau so häufig missachtet, war, dass die Bewohner Menschen in einer Übergangsphase sein könnten, die sich auf den Weg von einem Lebensumfeld in ein anderes gemacht haben. Keines der dafür benötigten Hilfsmittel war hier vorhanden: keine Gelegenheit, eigenen Wohnraum zu erwerben, keine Chance, ein eigenes Unternehmen zu gründen, keine günstigen Verkehrsverbindungen in die Metropole, keine Möglichkeit für die Bewohner, ein organisch gewachsenes Stadtviertel mit einer Bevölkerungsdichte aufzubauen, die nachbarschaftliche Hilfe begünstigt.

DAS PROBLEM DER STAATSBÜRGERSCHAFT
KREUZBERG, BERLIN, DEUTSCHLAND

Als Sabri Koçyigit, der türkische Linksradikale, den wir im 6. Kapitel kennengelernt haben und der zunächst zum Gefangenen und dann zum Bürger geworden ist, sich auf die Reise von seinem Dorf in der abgelegenen ländlichen Provinz Sivas in die Slum-Vororte von Istanbul machte, war dies der Auftakt zu drei Jahrzehnten eines mitunter schmerzlichen persönlichen Vorankommens. Für mehr als zwei Millionen seiner ehemaligen Nachbarn auf dem Land war die Reise ähnlich entbehrungsreich, und die Entfernungen waren sogar noch größer. Ihre Reise führte sie nicht zum Bosporus, sondern noch weiter nach Westen, bis ins Herz Europas. Die türkischen Dorfbewohner am Stadtrand Istanbuls und die türkischen Dorfbewohner in der Berliner Innenstadt begannen ihre Reise am gleichen Ort, zur gleichen Zeit und mit denselben Ambitionen, aber ihre unterschiedlichen Ankunftsstädte machten sie zu ganz verschiedenen Menschen.

Alara Bayram war 1979 15 Jahre alt, sie war das jüngste von neun Kindern eines Bäckers in einem armen Dorf in der Nähe der Provinzhauptstadt Sivas. Eines Freitagnachmittags nahm sie ihr Vater beiseite und erklärte ihr, sie sei verlobt worden und solle einen zehn Jahre älteren Nachbarn heiraten. Erhan, ihr zu diesem Zeitpunkt nicht anwesender künftiger Ehemann, war weder besonders wohlhabend noch hatte er spezielle Begabungen vorzuweisen, und er stammte aus einer Familie, die für ihre schroffe und gewalttätige Art bekannt war. Aber er besaß etwas, was wertvoller als jede Mitgift war: eine deutsche Arbeits- und Aufenthaltserlaubnis. Es bedurfte keiner weiteren Erklärung, dass Alaras Familie auf diese Weise ihren ersten Brückenkopf im Westen besaß, eine Fluchtmöglichkeit, durch die man der schweren wirtschaftlichen und politischen Not entkommen konnte, unter der ihr mehrheitlich von Aleviten und Kurden bewohntes Dorf zu leiden hatte. Dutzende ihrer Nachbarn zogen in die Gecekondu-Vororte von Istanbul um, doch Alara sollte sich den 2,6 Millionen Türken und ihren Kindern anschließen, die genau diese Jahrzehnte damit verbrachten, sich in den Ankunftsstädten Deutschlands neu einzurichten.

Alara sollte diese Reise nicht sofort antreten. Sie arbeitete noch weitere acht Jahre in der Bäckerei, während Erhan zwischen Deutschland, Istanbul und dem Heimatdorf hin- und herpendelte, vorgeblich, um sich einen besseren Arbeitsplatz zu besorgen und Geld zu sparen, bevor er 1987 schließlich heimkehrte, um ihre religiöse Trauung in eine vor dem Gesetz gültige Heirat umzuwandeln. »Ich wollte ihn nicht heiraten«, sagte mir Alara, »aber ich hatte Angst um meine Familie.« Noch im gleichen Jahr folgte sie ihm nach Frankfurt, wo er eine Arbeitsstelle bei einem Autoteilehersteller gefunden hatte. Bei ihrer Ankunft war sie im vierten Monat schwanger und erfuhr, dass ihr Ehemann bis zum Vorjahr mit einer Deutschtürkin verheiratet gewesen war, mit der er auch ein Kind hatte. Das erklärte die rätselhaft lange Wartezeit ebenso wie die seltenen Papiere. Irgendwie fand sie sich mit dieser geheimen Vorgeschichte ab und zog mit ihrem Mann in die spartanisch ausgestattete Arbeiterunterkunft. Das Leben in den darauffolgenden Jahren war entbehrungsreich. An den Abenden trank ihr Mann erhebliche Mengen Alkohol, aber die eng miteinander verwobene Gemeinschaft der türkischen Arbeitsmigranten hielt seine schlimmsten Instinkte im Zaum. Alara blieb zu Hause, zog die Kinder auf, sah sich im Satellitenfernsehen türkische Unterhaltungssendungen an, befolgte die Anweisungen ihres Mannes, sich auf den Haushalt zu konzentrieren, und lernte kein Deutsch.

Als sie abermals schwanger war, entschied Erhan, die Zeit für den Übergang zum zweiten Stadium der Ankunft sei gekommen, sie müssten aus ihrer Wohnheimunterkunft aus- und in die türkische Enklave Kreuzberg umziehen, ins damalige West-Berlin. Bereits in den 1960er-Jahren waren viele Türken in dieses heruntergekommene Viertel gezogen, das in unmittelbarer Nähe der Mauer lag, angelockt von den großen Wohnungen, den günstigen Mieten sowie von der Tatsache, dass die dortigen Hausbesitzer auch an Türken vermieteten – was damals in den meisten deutschen Wohnvierteln alles andere als eine Selbstverständlichkeit war. Kurz nach dem Umzug der Familie fiel die Mauer, und das Zentrum der Aktivitäten in Berlin verlagerte sich nach Osten, übersprang Kreuzberg, das in Teilen zu einer armen und vernachlässigten

Wohngegend wurde, zum Zuhause von Anarchisten, Pazifisten, Ökologen und anderen Gruppen der städtischen Subkultur – und zum Wohnort der größten städtischen Bevölkerung türkischer Herkunft in der westlichen Welt.

Erhan war nach Kreuzberg gezogen, weil dort einige Verwandte lebten und er an diesem Ort auf einen besseren Verdienst hoffte. Alara hatte sich auf die weniger beengte städtische Umgebung gefreut. Stattdessen, so sagt sie, »brach alles zusammen, sobald wir dort waren«. Die Trinkerei ihres Ehemannes war nicht mehr beherrschbar, sobald die soziale Kontrolle durch die Frankfurter Nachbarn entfiel. »Er quälte mich, schlug mich mit allem, was er in die Hand bekam, und dann drohte er immer wieder sehr ernsthaft, mich umzubringen«, erinnert sie sich. Er gründete ein kleines, nicht registriertes und wenig erfolgreiches Umzugsunternehmen, zahlte keine Steuern und hatte eine Affäre und ein Kind mit seiner Sekretärin.

Bei einem Autounfall trug die älteste Tochter 1998 eine dauerhafte Behinderung davon. Erhan wollte mit dem »Krüppel« nichts zu tun haben. Das Mädchen wurde in Hamburg ein Jahr lang behandelt, in dem er nicht einmal zu Besuch kam. Heute lebt die junge Frau in einer Klinik in Berlin. Alara verließ ihren Mann im Jahr 2000 und nahm die Kinder mit. Sie lebten in einem Gästehaus in Einzelzimmern, bei Freunden. Er bedrohte sie regelmäßig mit dem Tod. 2003 ließ sie sich scheiden. Zwei Jahre später, auf dem Höhepunkt einer schon lange schwelenden Familienfehde, ermordete er seinen Cousin auf der Straße vor ihrem Wohnhaus, dann schoss er sich selbst in den Kopf. »Ich war nicht schockiert, ich war erleichtert«, sagt Alana. »Ich wusste, dass er eine

Pistole hatte, mit dieser Waffe hatte er mich oft bedroht. Er sagte mir oft, wen er töten wolle – zuerst den Cousin, dann mich, dann sich selbst. Meine zwei Jahrzehnte mit ihm waren ein einziger Albtraum.«

Ich erzähle Alaras Geschichte hier nicht, weil sie schockierend oder extrem ist, sondern weil – vielleicht mit der Ausnahme des blutigen Höhepunktes – solche Tragödien ein vertrauter Teil des türkischen Lebens in Kreuzberg und in ähnlich strukturierten türkischen Ankunftsstädten in ganz Deutschland sind. Vom äußeren Erscheinungsbild her sollten diese Viertel nicht der Schauplatz von Not und Gewalt sein. Im Vergleich zu den französischen Gegenstücken wirken diese Orte ideal: Sie liegen im Stadtzentrum, sind mit dem erweiterten deutschen Umfeld und dessen Wirtschaft eng verbunden und verfügen über großzügige soziale Dienste. Aber Kreuzberg ist nach allen einschlägigen Gesichtspunkten keine funktionierende Ankunftsstadt. Viele seiner Bewohner scheinen eher ländlicher und türkischer als städtisch und deutsch zu werden und rücken so immer weiter von der Mitte der Gesellschaft weg.

Nach Auskunft von Mitarbeitern der Bezirksverwaltung scheitern rund 80 Prozent der türkischen Ehen in Kreuzberg. Das ist keine Überraschung: Ein außergewöhnlich hoher Anteil von 49 Prozent der türkischen Ehefrauen in Deutschland gibt an, körperlicher oder sexueller Gewalt von Seiten des Ehemanns ausgesetzt gewesen zu sein, ist einer Untersuchung des deutschen Außenministeriums zu entnehmen. Ein Viertel der Frauen bekam den künftigen Ehemann bis zum Hochzeitstag nicht zu sehen, und 17 Prozent erklärten, es habe sich um eine Zwangsheirat gehandelt – eine Praxis, die in der Türkei rasch ausstirbt, aber in Deutschland als Reaktion auf die Einwanderungspolitik wiederbelebt wurde. Alkoholismus und Gewaltverbrechen sind viel häufiger als anderswo in Deutschland. Und es wird kein Deutsch gesprochen. Bei einer Untersuchung wurde festgestellt, dass 63 Prozent der Kinder türkischer Eltern in Berlin zum Zeitpunkt der Einschulung kein Deutsch sprechen und 80 Prozent der Türken nicht an Elternabenden teilnehmen können, weil ihr Deutsch nicht gut genug ist. Einer schulpädagogischen Studie war 2003 zu entnehmen, dass türkische Kinder in ihrem Kenntnisstand zwei Jahre hinter den deutschen Klassenkameraden zurückliegen. Mehr als die Hälfte der Türken im Gebiet um das Kottbusser Tor, einem türkisch dominierten zentral gelegenen Quartier Kreuzbergs, ist arbeitslos. Die Arbeitslosenquote unter Türken aller Altersstufen in Kreuzberg ist mindestens doppelt so hoch wie unter Deutschen. Und die Türken suchen Zuflucht bei der Religion: Immerhin 29 Prozent der erwachsenen Muslime in Deutschland (unter denen die Türken die Mehrheit stellen) gehen regelmäßig in die Moschee, ein Anteil, der höher liegt als bei den Türken im übrigen Europa oder in den Städten der Türkei.[13]

Die deutschen Medien bezeichnen Kreuzberg gern als »Parallelgesellschaft« oder als »Dorf in städtischer Umgebung«, in dem nicht integrierte Türken ihre traditionelle dörfliche Lebensweise pflegen – wo sie zum Opferfest Schafe in der Badewanne schlachten, Kopftücher tragen, ihre Frauen zwangsverheiraten, und wo es manchmal auch zu grässlichen Ehrenmorden an abtrünnigen Frauen kommt, über die dann in den deutschen Medien häufig berichtet wird. Dieses Image hat die deutsche Öffentlichkeit und führende Politiker in hohem Maß gegen die »türkische Kultur« aufgebracht und viele Menschen davon überzeugt, dass Türken konservative Traditionalisten sind, die nicht zu guten Europäern werden können, und, noch allgemeiner, dass die Türkei nicht Mitglied der Europäischen Union werden sollte.

Aber Kreuzberg ist, wie die meisten Ankunftsstädte, keine Kopie des Heimatlandes. Die Türken in Berlin werden in eine groteske Karikatur des Lebens im eigenen Heimatland hineingezwungen, in ein Leben, das auf primitive Traditionen gründet, die in großen Teilen der Türkei gar nicht mehr existieren und den meisten Bürgerinnen und Bürgern der Türkei genauso fremd ist wie den Deutschen. Die oben zitierten Zahlen, sowohl die zur Gewalt in der Ehe als auch die zu Zwangsheiraten, liegen deutlich über den Zahlen in Untersuchungen über türkische Frauen in Ankara, obwohl ein erheblicher Teil der Bevölkerung von Ankara aus denselben Regionen der Türkei zugewandert ist wie die Türken in Deutschland.[14] Die türkische Autorin Dilek Gügö berichtet, dass türkische Frauen, die nach Berlin ziehen, »schockiert darüber sind, dass ihre Schwiegermütter sie zwingen, ein Kopftuch zu tragen, wenn sie die Wohnung mit der Familie des Ehemanns teilen und dabei feststellen, dass die Türken in Deutschland 20 Jahre Rückstand auf die Einwohner Istanbuls haben.« Mehmet Okyayuz, ein Politologe in Ankara, der 33 Jahre lang in Berlin lebte, bevor er in die Türkei zurückkehrte, hat den Eindruck, dass Berlins Türken »in einer Zeitschleife festsitzen«.[15]

Frauen ist es in den Landbesetzer-Randbezirken von Istanbul besser ergangen als in den türkischen Wohnvierteln von Berlin. Beide Wohnumfelder neigen zu deutlicher ausgeprägter Religiosität und stärkerem Konservatismus, aber die deutsch-türkischen Wissenschaftlerinnen Şule Özüekren und Ebru Ergoz Karahan stellten bei einer detaillierten Untersuchung zur Situation in beiden Städten fest, dass in den Außenbezirken von Istanbul mehr Frauen eine Arbeitsstelle hatten, über einen Schulabschluss verfügten und soziale Kontakte pflegten, die über den unmittelbaren Familienkreis hinausführten: Die türkischen Ankunftsstädte eröffnen oft Wege zur Befreiung und helfen ihren Bewohnerinnen und Bewohnern, »von der Verlierer- auf die Gewinnerseite zu wechseln«.[16] Die deutschen Wohnviertel führen oft in die andere Richtung.

Irgendetwas geschieht mit den Türken, wenn sie nach Kreuzberg kommen, etwas, das sie in einer heute nicht mehr existenten türkischen Vergangenheit festhält. Das ist der türkischen Gesellschaft nicht eingeschrieben, ebenso wenig ist es das unausweichliche Schicksal türkischer Dorfbewohner, die in ein westliches Land kommen. In Frankreich sprechen fast alle türkischen Einwanderer der zweiten Generation fließend Französisch. In den Niederlanden sind Hausbesitz und Aufstiegsorientierung sehr viel ausgeprägter. Die türkischen Wohnviertel in London und Stockholm sind erfolgreich in das gesamtstädtische Leben eingegliedert.[17] Bei einer umfassenden Vergleichsstudie zu Türken in Großbritannien und Deutschland wurde festgestellt, dass die britischen Türken schon bald nach der Ankunft dieselben Karrierewege einschlagen wie die einheimischen Briten und sich mühelos in die erwerbstätige Bevölkerung eingliedern – im Unterschied zu ihren deutschen Nachbarn und obwohl beide Gruppen gleicher Herkunft sind.[18] Eine weitere Untersuchung kam zu dem Ergebnis, dass Pakistaner in der englischen Stadt Bradford durch erfolgreiche Kleinunternehmen sehr viel leichter einen Zugang zum gesellschaftlichen Mainstream finden als die Türken in Kreuzberg, wo Genehmigungsprozeduren und die Haltung der Banken Unternehmensgründungen häufig verhindern.[19] Dem Erfolg steht hier weder das Türkentum noch die architektonische Gestaltung des Viertels entgegen. Kreuzberg hat nicht die architektonischen oder logistischen Probleme der französischen Banlieue. Und die Neuankömmlinge stellen, wie in vielen anderen Ankunftsstädten auch, nur eine Minderheit und machen etwa 18 Prozent der Bevölkerung aus. Kurz gesagt: Segregation ist hier nicht das Problem.

Es ist die Staatsbürgerschaft – sowohl im rechtlichen als auch im kulturellen Sinn –, die in der deutschen Ankunftsstadt fehlt, was in der Konsequenz den meisten ihrer Bewohner die Erfahrung irgendeiner Art von Ankunft verwehrt. In der deutschen Gesellschaft werden Türken auch noch in der dritten Generation fortdauernd als Besucher auf Zeit oder »Ausländer« behandelt und sehen sich selbst im Gegenzug genauso, also bemüht sich keine der beteiligten Gruppen um Verbesserungen in der Ankunftsstadt. Diese Haltung ist ein Spiegelbild der tatsächlichen Verhältnisse in der Frage der Staatsbürgerschaft, die in der Vergangenheit für Türken unerreichbar war. Im Jahr 2002, als ihre Gesamtzahl bei 2,5 Millionen lag, 41 Jahre nachdem die ersten Türken nach Deutschland gekommen waren, hatten nur 470 000 von ihnen die deutsche Staatsbürgerschaft erlangt. Der Anteil der in Deutschland eingebürgerten Türken hat noch in keinem Jahr einen Anteil von drei Prozent überstiegen, was im europäischen Vergleich ein außerordentlich niedriger Wert ist. Das bedeutet zum einen, dass die große Mehrheit der Türken in Deutschland auch nach vier Jahrzehnten nicht die deutsche Staatsbürgerschaft annimmt, zum anderen aber auch, dass eine erhebliche Zahl ihrer in Deutschland geborenen Kinder und Enkel ebenfalls Türken bleiben, selbst wenn sie das Land, dessen Staatsbürgerschaft sie besitzen, noch nie besucht haben. Die deutschen Erfahrungen in der Einwanderungsfrage sind eine anregende Lehre für jene Länder, die der Ansicht sind, sie könnten ihren Bedarf an ungelernten Arbeitskräften mit zeitlich befristeten Anwerbeprogrammen decken.

Die deutsche Politik schien von Anfang an darauf ausgerichtet, eine gescheiterte Ankunftsstadt hervorzubringen, deren Bewohner sich weder am Zielort auf sinnvolle Weise fest einrichten noch realistische Erwartungen auf eine endgültige Rückkehr in ihre Dörfer hegen konnten. Dieser Ausschließungsvorgang begann 1961, als die deutsche Wirtschaft einen Boom erlebte, der für einen enormen Arbeitskräftemangel sorgte. Der Bau der Berliner Mauer hatte den Zuzug von Arbeitskräften innerhalb Deutschlands und aus Osteuropa so gut wie abgeschnitten. In jenem Jahr eröffnete die Bundesrepublik Deutschland in Istanbul ein Anwerbebüro, über das Arbeitskräfte für die Telefunken-Transistorenfabrik in Berlin und die Autofabriken im Rheinland gewonnen werden sollten. Die nach den Bestimmungen des Anwerbeabkommens vom Oktober 1961 ins Land geholten türkischen Arbeiter galten zunächst als Fremdarbeiter und dann, in einer besser durchdachten Formulierung dieser Politik, als Gastarbeiter. Etwa 10 000 von ihnen kamen im ersten Jahr, trafen in München auf einem eigens dafür reservierten Ankunftsbahnsteig ein und wurden später dann von den Arbeitgebern, die auch die Kosten für die Rückkehr übernehmen sollten, in arbeitsplatznahen Unterkünften untergebracht.

Die türkischen »Gäste« sollten ursprünglich nur für eine kurze Zeit von maximal zwei Jahren im Land bleiben und dann in die Heimat zurückkehren. Dieser Gedanke war bei den Deutschen wie auch bei den türkischen Männern gleichermaßen populär. Eine Mehrheit unter den Türken wollte innerhalb von vier bis sechs Jahren in die Heimat zurückkehren, im Idealfall, um dort ein Haus zu kaufen oder einen Laden oder ein kleines Unternehmen zu gründen.[20] Aber die Arbeitgeber mussten ihre neuen Arbeitskräfte schulen und ihnen elementare Deutschkenntnisse vermitteln, was Monate in Anspruch nahm, und sie stellten fest, dass Arbeiter, die von ihren Familien getrennt lebten, weniger produktiv waren, also versuchten sie binnen weniger Jahre, dem Anwerbesystem ein Schnippchen zu schlagen und die Arbeiter fest anzusiedeln. Gleichzeitig stellten viele türkische Männer fest – das ist bei Ankunftsstadtpionieren keine Seltenheit –, dass eine Rückkehr nicht so einfach war. Ihre Dörfer waren von ihren Rücküberweisungen abhängig geworden, sie selbst hatten in Deutschland Kontakte geknüpft, und sie waren die sozialen und wirtschaftlichen Wegbereiter für zukünftige Einwanderungswellen von Männern aus ihren Dörfern.

Deutschland gab 1973 das Gastarbeitersystem auf und verkündete einen offiziellen Anwerbestopp. Zu diesem Zeitpunkt lebten in Deutschland 910 500 Türken. Etwa die Hälfte der Gastarbeiter war in die Türkei zurückgekehrt, und die andere Hälfte hatte sich in den entstehenden Ankunftsstädten auf vielfältige Weise eingerichtet. Sie wurde nicht ermutigt, sich in die deutsche Gesellschaft einzugliedern. Die Regierung unternahm nichts, um sie beim Übergang zu einem städtischen oder europäischen Leben zu unterstützen, da es sie nach offizieller Lesart gar nicht gab.

Deutschland garantierte durch den völligen Verzicht auf eine Einwanderungspolitik praktisch, dass all seine Einwanderer Migranten sein würden, die im Rahmen der Familienzusammenführung ins Land kamen und deshalb mehrheitlich Dorfbewohner waren. Im Lauf der nächsten 30 Jahre der »Nicht-Einwanderung« sollten über eine Million weitere Türken legal einreisen, und sehr viele von ihnen hatten einen noch stärker ländlich geprägten, noch konservativeren und von noch größerer Armut bestimmten persönlichen Hintergrund als die ursprünglichen Gastarbeiter. Die meisten von ihnen ließen sich in den wenigen Stadtteilen nieder, in denen Wohnraum für sie verfügbar war. Im Jahr 2002 lebten 2,5 Millionen türkische Staatsbürger in Deutschland, von denen nur 30 Prozent als Arbeiter ins Land gekommen waren. Mehr als die Hälfte von ihnen waren Ehefrauen und Kinder, die von den Arbeitern nachgeholt worden waren, und immerhin 17 Prozent – mehr als 440 000 Menschen – waren in Deutschland geborene Kinder dieser Familien, die die Türkei bestenfalls von (kurzen) Urlaubsreisen kannten, denen aber die deutsche Staatsbürgerschaft verweigert wurde.

Was wird aus Menschen, die in einem Land, das ihnen seine Staatsbürgerschaft verweigert, in einen unumkehrbaren Übergangsprozess vom ländlichen zum städtischen Leben gedrängt werden? Die wirtschaftlichen und materiellen Folgen sind auf den Straßen von Kreuzberg zu sehen. In den unkonventionell wirkenden, von ethnischen Deutschen bewohnten Randbereichen wimmelt es von Geschäften und Cafés, und die Architektur, die man hier zu sehen bekommt, scheint ideal zu sein für das Beste, was das Leben in der Großstadt zu bieten hat. Im türkisch geprägten Kern des Viertels wirkt derselbe Straßentyp merkwürdig leer und unbelebt – ein einsamer Kebab-Imbiss hier, ein Laden einer Wohltätigkeitsorganisation dort – und eine auffällig landesuntypisch anmutende Müllmenge auf der Straße. Weil so wenige Türken die deutsche Staatsbürgerschaft erhalten, werden sie von der Gründung von Unternehmen nach deutschem Recht abgehalten, weshalb der Anteil von Unternehmern geringer ist als unter den türkischen Gemeinden in anderen europäischen Ländern.[21] Um das Ganze noch weiter zu verschlimmern, erhielten Türken, die legal in Deutschland lebten, von 1975 bis 1990 einen dauerhaften »Zuzugssperre«-Vermerk in ihren Reisepass, durch den ihnen offiziell untersagt war, sich in Berlin-Kreuzberg oder anderen türkischen Enklaven niederzulassen. Diese Politik war ein Fehlschlag, weil die Diskriminierung zum einen verhinderte, dass Türken anderswo eine Wohnung anmieteten, und zum anderen garantierte, dass ein erheblicher Teil des Kreuzberger Wirtschaftslebens der Schattenwirtschaft angehörte und in der deutschen Gesellschaft keine Wurzeln schlagen konnte.[22]

Kazim Erdoğan, ein alevitischer Türke, der ebenfalls aus einem Dorf in der Umgebung der Stadt Sivas stammt, ist einer der scharfsinnigsten Beobachter dieses Phänomens. Er kam 1973 mit einem Rucksack und ohne Arbeitserlaubnis ins Land, saß einige Zeit im Gefängnis und wartete dort auf die Abschiebung, nutzte eine Zulassung zum Universitätsstudium für einen weiteren Aufenthalt und studierte mit Erfolg. Heute betreibt er eine sozialpsychologische Praxis, die den Bewohnern von Kreuzberg hilft, im deutschen Alltag zurechtzukommen. »Nach meiner Schätzung stammen 95 Prozent der hier lebenden Türken aus einer ländlichen Umgebung und sind in ihrem Denken nach wie vor ländlich geprägt – weil man ihnen sagte, dass sie zurückgehen würden, dass sie zurückgehen müssten, gab es für sie nie einen Grund, Deutsch zu lernen und sich den Lebensverhältnissen anzupassen«, sagte er mir. »Sie wurden ganz und gar von der Vorstellung beherrscht, dass dies ein vorübergehender Zustand sei. Deshalb sahen sie keinerlei Grund, sich anzupassen. Man sagte ihnen, sie könnten hier Geld sparen und dann zurückgehen und in der Türkei in die Mittelschicht aufsteigen. Ich nehme an, dass es die Hoffnung war, die es ihnen ermöglichte, Lebensumstände zu erdulden, die ansonsten unerträglich gewesen wären. Aber sie verhinderte auch, dass sie zu Bürgern dieses Landes wurden. [...] Diejenigen, die in die Städte der Türkei gegangen sind, sind der Erreichung ihrer Ziele näher gekommen, während ich hier ständig mit schattenhaften Existenzen zu tun habe.«

Alara Bayram kam während eines (1976 beginnenden) Zeitraums nach Deutschland, in dem zwischen 50 und 60 Prozent aller neu zuziehenden Türken jünger als 16 Jahre waren. Fast alle anderen waren Frauen, Bräute, die ihren zukünftigen Ehemännern nur selten begegnet waren.[23] Heute lebt Alara mit einigen ihrer Kinder in einer kleinen Wohnung in einer öden Straße in Kreuzberg. Sie trägt ein Kopftuch, ihre drei Töchter, die fließend Deutsch sprechen, dagegen nicht.

Ihr ältester Sohn, 17 Jahre alt, verließ die Schule ohne Abschluss, spricht nur wenig Deutsch, und Alara macht sich Sorgen, dass er zu einem Ebenbild seines Vaters werden könnte. Keines ihrer Kinder besitzt die deutsche Staatsbürgerschaft. »Drei von ihnen wollen Deutsche werden, aber ich sage ihnen, dass sie ihre türkische Identität nicht aufgeben sollen – sie sollten an ihr Heimatland denken«, sagt sie und bezieht sich dabei auf ein Land, das ihre Kinder nur von Sommerurlauben am Meer kennen. »Das hier ist kein Ort, an dem man sein ganzes Leben verbringen kann, sage ich ihnen. Ich werde eines Tages zurückgehen, und ich hoffe, dass sie mir folgen werden.«

Form und Charakter der deutschen Ankunftsstadt sind ein direktes Ergebnis der Politik in Sachen Staatsbürgerschaft, und auch Alaras Leben ist von dieser Politik geprägt worden. In der Zeit, in der sie nach Deutschland kam, konnten sich nur Erwachsene einbürgern lassen, die bereits 15 Jahre in Deutschland gelebt hatten. Die Staatsbürgerschaft orientierte sich strikt an der Blutsverwandtschaft und galt für ethnische Deutsche und ihre Nachkommen (trotz der düsteren historischen Resonanz, die sich mit einer solchen Politik verband). Den meisten türkischen Arbeitern blieb deshalb jeglicher Zugang zur deutschen Gesellschaft und auch zu vielen staatlichen und kommunalen Leistungen verwehrt. Die Chancen für eine gesellschaftliche Integration, für eine Heirat mit einer (oder einem) Deutschen oder für eine Aufnahme in die örtliche Schulgemeinschaft waren gering.

Die fremdartig wirkenden Praktiken, die sich in Berlin (wie auch in großen Teilen Europas) aus dieser Politik entwickelten, wurden oft als »muslimisch« angesehen – einschließlich symbolträchtiger Themen wie Kopftuch tragenden Frauen und ominöserer Handlungen wie Zwangsheiraten und Ehrenmorden. Aber diese Verhaltensweisen wurden zu einem großen Teil innerhalb Europas durch europäische Politik erzeugt: Es war ein vom Westen hervorgebrachter islamischer Konservatismus. Die Zunahme von Zwangsheiraten in Deutschland zu einem Zeitpunkt, zu dem sie in der Türkei selbst abnahmen, ist beispielsweise ein unvermeidliches und nachvollziehbares Ergebnis des Anwerbestopps in Deutschland, der genau dann verfügt wurde, als Einwanderer zu einem festen Bestandteil des Wirtschaftslebens geworden waren. »Diese Menschen sind nicht von Hause aus konservativ oder religiös«, sagt Dr. Erdoğan, »aber sie werden oft in Lebenssituationen versetzt, in denen sie sich an Konservatismus und Religion halten müssen.« Die Hälfte aller in Deutschland lebenden türkischen Männer sieht sich selbst heute noch in der Türkei nach einer Ehefrau um. Erdoğan ergänzt: »Viele junge Männer, die hier aufwachsen, müssen sich einfach in der Türkei um eine Ehefrau bemühen, weil die Suche hier, ohne Staatsbürgerschaft, aussichtslos ist. Und die Frau, die man finden kann und die dieser Bedürfnislage entspricht, wird unweigerlich aus einer eher religiösen und konservativen Familie kommen.« Diese Frauen, die am wenigsten auf die Ankunft im städtischen Leben vorbereitet waren, brachten dort dann ihrerseits Kinder zur Welt, ohne selbst die Staatsbürgerschaft des Landes zu haben, in dem sie sich aufhielten.

Die deutsche Regierung wurde sich in den Anfangsjahren des 21. Jahrhunderts allmählich des Problems bewusst, das da in ihrem Land entstanden war. Es wurde offenkundig, dass Türken und andere Einwanderer auf Dauer im Land bleiben müssten: Die deutsche Bevölkerung würde aufgrund der niedrigen Geburtenrate von gegenwärtig 82 Millionen bis zum Jahr 2050 auf 60 Millionen zurückgehen, was zum Zusammenbruch des Renten- und Sozialversicherungssystems und zu einem dramatischen Niedergang des Lebensstandards im ganzen Land führen würde. Die Regierung erkannte, dass die »Gast«-Türken, in deren Familien in vielen Fällen bereits im Land geborene Enkel lebten, Problem und Lösung zugleich waren. Deutschland novellierte schließlich, nach 20 Jahren fruchtloser parlamentarischer Debatten, im Jahr 2000 das Ausländergesetz von 1965 und ermöglichte jetzt erstmals die Einbürgerung im Land geborener Einwandererkinder. Auch für die Eltern gab es jetzt die Möglichkeit der Einbürgerung, wenn sie seit acht Jahren in Deutschland lebten und dabei in einem regulären Beschäftigungsverhältnis standen. Und Deutschland führte erstmals das *Jus soli* (Territorialrecht) ein, das Recht auf Staatsbürgerschaft für im Land geborene Kinder ausländischer Eltern, die sich legal in Deutschland aufhielten.

Doch diese gut gemeinte Politik erreichte letztlich das Gegenteil der angestrebten Wirkung. Untersuchungen zeigen, dass die Einbürgerungsquote von Türken in Deutschland ihren Spitzenwert bereits 1999 erreichte, ein Jahr vor der Neuregelung zum Staatsbürgerschaftsrecht, nach der die Zahl der Türken, die sich einbürgern ließen, sogar zurückging.[24] Deutschland hatte nämlich durch zwei harmlos wirkende Bestimmungen in diesem Gesetz für die im Land lebenden Türken ein paradoxes Dilemma geschaffen. Zunächst einmal mussten die Antragsteller für die Einbürgerung eine formal korrekte, legale Beschäftigung nachweisen. Das wäre 1961 eine vernünftige Politik gewesen, aber nachdem die Türken vierzig Jahre lang in ihren Ankunftsstädten einen eigenen grauen Markt aufgebaut hatten, zwang sie eine solche Bestimmung in vielen Fällen, entweder ihre wirtschaftliche Lebensgrundlage aufzugeben oder auf die deutsche Staatsbürgerschaft zu verzichten. Zweitens müssen sich die im Land geborenen deutschen Staatsbürger türkischer Herkunft im Alter von 23 Jahren für eine Staatsbürgerschaft entscheiden, also die türkische Staatsbürgerschaft aufgeben, wenn sie die deutsche behalten wollen. Diese Bestimmung ignorierte die kulturelle Realität der Ankunftsstadt, die Bedeutung der Verbindungen zum Heimatdorf sowohl für die soziale Absicherung der Bewohner als auch – durch die Geldüberweisungen – für das Dorf selbst. Deutschland brachte nicht den rechtlichen Status der Einwanderer in Übereinstimmung mit ihrer tatsächlichen Lebenssituation, sondern zwang letztlich die Türken zu einer Entscheidung: Die Alternativen waren ein gut organisiertes, prekäres, aber bewältigbares Leben als Nicht-Staatsbürger oder der vollständige Verzicht auf die bewährten Netzwerke und Institutionen zugunsten der Einbürgerung.

Dieses Problem gibt es nicht nur in Deutschland. In den Staaten und Städten am Persischen Golf ist es sogar noch akuter, vor allem in Dubai, denn nur 17 Prozent der 1,4 Millionen Einwohner des Emirats besitzen auch dessen Staatsangehörigkeit. Unter der übrigen Bevölkerung, die zu drei Vierteln vom indischen Subkontinent stammt, findet sich eine gewisse Zahl von Arbeitern, die nur für einen kurzen Zeitraum gekommen sind, es gibt aber auch sehr viele Menschen, die bereits seit Jahren oder Jahrzehnten im Land sind, Familien gegründet haben und fest in der einheimischen Wirtschaft verankert sind, aber keine rechtliche Handhabe für den Kauf eines Hauses oder einer Wohnung und keinen Rechtsanspruch auf medizinische Versorgung, eine Rente oder andere Sozialleistungen haben. Ihnen wird auch keinerlei Anreiz gegeben, sich zum ordentlichen Steuerzahler und Teilhaber am kulturellen Leben und der weiteren Entwicklung der Stadt zu wandeln. Als die Wirtschaft lahmte und die Arbeitslosigkeit zunahm, gab es Anzeichen einer drohenden, mit der Situation in Deutschland vergleichbaren Krise.

Die deutsche Politik ist nach wie vor im Wandel, und der Druck, der von einer größer werdenden Gruppe erfolgreicher Türken ausgeht – dazu gehören unter anderem Bundestagsabgeordnete und prominente Persönlichkeiten aus dem kulturellen Leben und den Medien –, könnte die deutsche Ankunftsstadt zu einer funktionierenden Wirklichkeit machen, zumindest für die dritte Generation der aus der Türkei stammenden Deutschen. Man kann sich kaum des Gefühls erwehren, dass Orte wie Kreuzberg eine sehr viel wichtigere Rolle in der deutschen Gesellschaft hätten spielen und mit berühmten Ankunftsstädten wie Brick Lane, Belleville, der Lower East Side oder sogar den Außenbezirken von Istanbul hätten konkurrieren können. Die Deutschtürken sind sich dieses Kontrasts durchaus bewusst. »Die Zuwanderer in Istanbul gestalteten ihre eigenen Wohnviertel«, schreibt Şule Özüekren. »Sie investierten in ihre eigenen Unterkünfte, nutzten ihre politische Macht, verbesserten ihre eigenen Lebensbedingungen [...] und zeigten so ihren Aufstiegswillen, während ihre Pendants in Berlin im gleichen Zeitraum von Baracken oder Wohnheimen in Hochhausmietwohnungen umzogen.«[25] Für Alara Bayram und ihre Kinder, die keine Deutschen, aber auch keine richtigen Türken mehr sind, die gemeinsam in ihrer grauen Mietwohnung festsitzen und ihrer Zukunft nicht sicher sind, ist dieser Vergleich eine fortdauernde Beleidigung.

RAUM UND STAATSBÜRGERSCHAFT
PARLA, SPANIEN

Lisaneddin Assas Reise nach Europa war, selbst im Vergleich zu der schwierigen Situation der Malier in Paris und der Türken in Berlin, eine wahrhafte harte Zerreißprobe, eine Ankunft, die eigentlich nicht hätte gelingen sollen. Er verließ sein winziges Bergdorf im Rif-Gebirge im Norden Marokkos 1999 zu einem Zeitpunkt, als es nur sehr vage Gerüchte über einen Beschäftigungsboom jenseits der Straße von Gibraltar, in Spanien, gab – und über Männer, die angeblich bereit seien, für einen Geldbetrag, der fast dem gesamten Jahreseinkommen eines Dorfbewohners entsprach, Marokkanern die gefährliche, 13 Kilometer lange Reise von den Stränden von Tanger zur andalusischen Küste zu ermöglichen.

Lisaneddin war das erste Mitglied seiner Großfamilie, das diese Überfahrt wagte, und das ganze Dorf zählte auf ihn. Die kurze Seereise war zu jener Zeit eine Neuigkeit, trotz eines seit über 1200 Jahren anhaltenden Austausches zwischen Marokko und Spanien, denn Spanien war zuvor eine geschlossene Gesellschaft gewesen und, bis in die allerletzten Jahre des vergangenen Jahrhunderts hinein, ein Nettoexporteur von Migranten. Die Männer am Strand, die jedes der behelfsmäßig zusammengebauten Holzflöße mit mehreren Dutzend Migranten beluden, hatten keine Ahnung von Navigation, Seefahrt, Strömungen, Wetter oder Immigration. Sie nahmen das Geld, und wenn die Männer Glück hatten, wurden sie mit einem unzuverlässigen Außenbordmotor – und wenig mehr – auf die Reise geschickt. Jedes Jahr ertranken Hunderte von Menschen, noch mehr verhungerten oder verdursteten auf See oder trieben ab, bis sie irgendwo an der nordafrikanischen Küste in elendem Zustand wieder landeten. Mit beunruhigender Regelmäßigkeit wurden an den Küsten des Landes Leichen angetrieben.

Lisaneddin hatte Glück. Aber sobald er glücklich gelandet war und sich eine Mitfahrt ins Landesinnere erbettelt hatte, wurde das Leben härter. In einem Land, dessen Sprache er nicht beherrschte, war er nicht einfach nur in der Minderheit, sondern eine wahre Seltenheit: Unter 45 Millionen Spaniern lebten in den 1990er-Jahren nur ein paar Zehntausend Marokkaner.

Erdbeerpflücken war die einzige Arbeit, die es für Lisaneddin und viele andere Neuankömmlinge gab. Fehlte es an Arbeit, schlief er im Freien, in Gassen oder Felsschluchten, und seine Berberherkunft bot ihm nur wenig Schutz gegen die Unbilden des Wetters. »Man fühlte sich wie ein Tier«, erinnert er sich. »Wir waren in jenen Jahren die erste Welle, die ins Land kam, und wir hatten und wussten überhaupt nichts. Es gab nicht einmal Slums für uns, nichts. Wir waren ganz auf unseren Überlebenswillen angewiesen, aßen, was wir auftreiben konnten, später schickten wir alles, was wir verdienten, ins Dorf zurück.«

Die Ankunftsstadt sollte seinem Leben eine andere Richtung geben. Dieser mit leiser Stimme sprechende, freundliche Mann erzählte mir seine Geschichte in seinem großen Fleischerladen und Supermarkt, die im Erdgeschoss eines kleinen Wohnhauses in Parla untergebracht sind, weit draußen am südlichen Stadtrand von Madrid. Er, ein paar andere aus seinem Heimatdorf und einige seiner Familienangehörigen wohnen mittlerweile hier, wo sie Hausbesitzer und aktive Mitglieder ihrer Wohnortgemeinde geworden sind, die fließend Spanisch sprechen und mit der Kultur des Landes vertraut sind. Sie sind arme, aber aufstrebende Teilnehmer am europäischen Wirtschaftsleben, als Unternehmer, Arbeitnehmer oder Auszubildende.

Parla wirkt in seinem äußeren Erscheinungsbild und nach der ursprünglichen Planung wie ein südlicher Zwilling von Les Pyramides: eine unkontrolliert ausgreifende Insel von niedrigen Wohngebäuden, die wie ein Trugbild über der staubigen Ebene aufragen und durch Gleise, auf denen Pendlerzüge verkehren, mit der eigentlichen Stadt verbunden sind. Es ist eine in der Nachkriegszeit entstandene Schlafstadt, die schon bald von Dorfbewohnern überlaufen wurde, die Richtung Stadtzentrum strebten. Noch im Jahr 1960 war der Ort ein staubiges Bauerndorf mit 1800 Einwohnern; bereits 1978 beherbergte er 31 000 spanische Fabrikarbeiter; heute leben hier fast 130 000 Menschen, und einen großen Teil davon stellen Einwanderer aus Südamerika oder Marokko mit ihren Kindern. Wie in Les Pyramides sind über 80 Prozent der arbeitsfähigen Bevölkerung von Parla Pendler, die anderswo arbeiten.

Doch in Parla herrscht eine andere Atmosphäre. Die Straßen wirken nicht so öde und leer wie in Evry oder Kreuzberg.

Sie werden von gutgehenden, von Marokkanern betriebenen Geschäften und Cafés gesäumt, die jungen Leute scheinen zielstrebig unterwegs zu sein, und die hellen Farben und der nach Gutdünken betriebene Ausbau einer aufblühenden Ankunftsstadt verleihen den Erdgeschossen in einer Landschaft, die von fünfstöckigen Wohngebäuden geprägt ist, einen besonderen Charakter. In vielen dieser geschäftigen Straßen wie auch auf den öffentlichen Plätzen hat man das Gefühl, als ob hier die besten Elemente eines marokkanischen Städtchens und einer spanischen Großstadt miteinander verschmolzen worden wären.

Der diesem Erscheinungsbild zugrundeliegende Unterschied zwischen Parla und den französischen und deutschen Gegenstücken ist: Die Stadtverwaltung erkannte frühzeitig, dass hier eine Ankunftsstadt entsteht, und begriff, was ein Wandel dieser Art mit sich bringt. Dasselbe gilt für Spaniens Regierung, was teilweise dadurch erklärbar ist, dass die Einwanderung nach Spanien 40 Jahre nach den französischen und deutschen Präzedenzfällen einsetzte. Als der Wirtschaftsboom um die Jahrhundertwende die Einwandererbevölkerung im Rekordtempo anwachsen ließ – von 0,2 Prozent der Bevölkerung im Jahr 1990 auf 9,6 Prozent (4,5 Millionen Menschen) bis 2008 –, reagierte Spanien darauf nicht mit der unbekümmerten Annahme, dass die Migranten, die vom Land in die Stadt zogen, automatisch zu gut funktionierenden Stadtbewohnern würden, wie man das in Frankreich tat, oder dass sie keine eigenen Staatsangehörigen seien, die man ignorieren könne, wie es in Deutschland geschah. Stattdessen investierte Spanien in die Staatsbürgerschaft und den wirtschaftlichen Erfolg dieser Menschen, und diese Investitionen haben vielleicht eine Katastrophe verhindert, als die Wirtschaftskrise Spanien heimsuchte.

Diese langfristige Investition in die Ankunftsstadt erfolgte nicht sofort. Spanien versuchte in den ersten Jahren der Einwanderung, ab 1991, die Grenzen zu schließen und Einwanderung zu verbieten (obwohl sich in der Wirtschaft des Landes zu dieser Zeit eine große Nachfrage nach gelernten und ungelernten Arbeitskräften entwickelte). Spaniens Ankunftsstädte entwickelten sich in den 1990er-Jahren so, wie man es aus anderen Teilen Europas bereits kannte – und das galt auch für die Probleme. Die überwältigende Mehrheit der Bewohner von Parla besaß in jenen Jahren nicht die spanische Staatsbürgerschaft und lebte in vielen Fällen am Rand der Gesellschaft. Es gab eine Schattenwirtschaft und eine hohe Kriminalitätsrate, und der Ort war eine attraktive Zielscheibe für die Politik der spanischen extremen Rechten und des nordafrikanischen Nationalismus.

Nach dem Wahlsieg von José Luis Rodríguez Zapatero und seiner gemäßigt linken Sozialistischen Partei im März 2004 startete Spanien die erste politische Initiative in Europa, die speziell auf die Ankunftsstadt abzielte. Die neue Regierung ging 2005 zunächst einmal das gefährliche Hindernis der Staatsbürgerschaft mit einem Amnestieprogramm an, das fast 700 000 Einwanderer, die keine Papiere besaßen, aber Vollzeitarbeitskräfte waren, auf den Weg zur vollständigen Einbürgerung brachte. Das war keine neue Politik. In Spanien hatte es seit 1986 mindestens vier Amnestien dieser Art gegeben, der Höhepunkt war ein im Jahr 2000 in Kraft getretenes Gesetz gewesen, das einen festen Ablauf etablierte, durch den ein Einwanderer mit einer Vollzeitarbeitsstelle die

Staatsbürgerschaft bekommen sollte. (Die konservative regierende Volkspartei [Partido Popular, PP] war gegen das Gesetz, das vom Parlament dennoch verabschiedet wurde.) Zapateros Gesetz von 2005 war in gewisser Weise eine Anpassung an aktuelle Verhältnisse und sollte sicherstellen, dass alle Bewohner der spanischen Ankunftsstädte zu legalen und Steuern zahlenden Staatsbürgern wurden.[26]

Im Jahr 2007 folgte dann ein noch ambitionierteres Programm, das in Zusammenarbeit mit der Regierung des Senegal ins Werk gesetzt wurde und das Ziel verfolgte, die Migranten von illegalen Schiffspassagen abzuschrecken und die illegale Einwanderung nach Spanien zu beenden. Amnestien, die gesetzliche Regelungen für »illegale« Einwanderer vorsahen, hatte es in der Nachkriegszeit überall in der westlichen Welt gegeben, aber das spanische Programm war Teil einer neuartigen Vorgehensweise, durch die gesetzliche Regelungen vorausschauend wirken konnten. Die Zuwanderung vom Land in die Stadt wurde so zum festen Bestandteil des Beschäftigungssystems. Im Rahmen dieses Programms erhielten Jahr für Jahr Zehntausende von Afrikanern eine Arbeitserlaubnis, die es ihnen ermöglichte, legal ins Land zu kommen und dort ein Jahr lang zu arbeiten. Wurde ihr Arbeitsvertrag verlängert, durften sie ihre Familie nachholen und sich so auf einen Weg begeben, der zur Einbürgerung führte. Ein Versuch, mit dem verhindert werden sollte, dass Familien auseinandergerissen wurden und Menschen in Europas Ankunftsstädten eine Untergrundexistenz führten. Er sollte es Spanien außerdem ermöglichen, jährlich eine halbe Million Einwanderer in die eigene Volkswirtschaft einzugliedern, ohne dass an den Rändern der Großstädte eine marginalisierte Unterschicht entstand.

Dieses Vorgehen hatte unmittelbare und dramatische Auswirkungen. Die Bewohner der Ankunftsstädte konnten plötzlich ihre Wohnungen kaufen, Ladengeschäfte mieten und kleine Unternehmen und Familien gründen, die nicht durch eine ungeklärte Staatsangehörigkeit in ihrer Entwicklung behindert wurden. Die Kinder von Migranten gingen als spanische Staatsbürger zur Schule. Marokkanische (und zahlreiche süd- und mittelamerikanische) Stadtviertel konnten jetzt zu spanischen Stadtvierteln mit polyglotten Kulturen werden. Das bedeutete, dass der Boom eher aktiv am gesellschaftlichen Leben teilnehmende Bürger hervorbrachte als entwurzelte Ausländer, die unbedingt Geld verdienen mussten – und es bedeutete, dass die später einsetzende schwere Wirtschafts- und Beschäftigungskrise in Spanien auf vernünftige und humane Art angegangen wurde, ohne dass sich die Randbezirke der Städte in Katastrophengebiete verwandelten.

»Mit diesem Gesetz wurde alles anders«, sagte mir Lisaneddin Assa eines Dienstags, während er Fleisch für seine Kunden abpackte. Marokkaner im ganzen Viertel wollten sofort ihre Wohnungen kaufen, als eine gesetzliche Regelung vorlag. »Sie bereitete den Boden für uns, gab uns rechtliche Gleichstellung mit den spanischen Bewohnern von Parla. Plötzlich konnten wir auch ein Unternehmen gründen, eine Wohnung kaufen, ja sogar selbst ein Haus bauen.«

Aber die spanische Regierung war weitsichtig genug, um zu erkennen (oder, genauer gesagt, aus den Erfahrungen der Nachbarländer zu lernen), dass die bloße Verleihung der Staatsbürgerschaft oder die Zulassung von Haus- und Grundbesitz auf lange Sicht nicht ausreichen, um die Ankunftsstadt zu einem funktionierenden Gemeinwesen zu machen – obwohl jede dieser Maßnahmen, für sich genommen, ein wichtiger Schritt war. Sie erkannte, dass auch konkrete materielle Hilfe gebraucht werden würde, eine starke Präsenz der Regierung des Ankunftslandes in den Gemeinden der neu hinzugekommenen ehemaligen Dorfbewohner. Die Regierung Zapatero startete deshalb 2008 ein mit zwei Milliarden Euro ausgestattetes Programm, durch das über einen Zeitraum von zwei Jahren hinweg der Übergang vom Land- zum Stadtleben unterstützt wurde. Es gab jetzt einen Fonds, der für besondere Bildungsmaßnahmen aufkam, für den Empfang der Einwanderer und deren Umstellung auf die neuen Lebensverhältnisse, und der bei der Arbeitsvermittlung half. Zu diesen Maßnahmen gehörten auch Programme in den Ankunftsstädten, die sich der Suche nach und dem Bau von Wohnraum widmeten, dem Zugang zu staatlichen Sozialleistungen und zu auf die Bedürfnisse von Einwanderern zugeschnittener medizinischer Versorgung, der Integration von Frauen, der Gleichbehandlung, der Teilhabe am und dem Aufbau des Gemeinwesens. Dieses Programm ist in gewisser Hinsicht noch umstrittener, weil es den Eindruck vermittelt, Einwanderer und ihre Nachkommen erhielten stärker auf ihre persönlichen Bedürfnisse zugeschnittene und höherwertige staatliche Sozialleistungen als die alteingesessenen Spanier, so arm und notleidend diese auch sein mochten, und die Ungleichbehandlung wurde zu einem Wahlkampfthema bei den Parlamentswahlen im Jahr 2008. Spaniens Ankunftsstädte schafften es jedoch in den Jahren des schweren wirtschaftlichen Niedergangs, die auf die Wahlen folgten, der Krise zu entgehen. Unter den Migranten herrschte zwar nach dem

Einbruch eine sehr hohe Arbeitslosigkeit, aber Orte wie Parla wurden dennoch nicht zu Unruheherden, weil es in den größeren Gemeinwesen inzwischen fest geknüpfte wirtschaftliche Netzwerke und Unterstützungssysteme gab. Die Marokkaner wurden nicht zu einer im Untergrund wirkenden Bedrohung, weil sie Staatsbürger und keine gesellschaftlichen Außenseiter mehr waren.

»Wir erkannten, dass es in Deutschland und Spanien diese marginalisierten Bereiche gibt, in denen sich die Migranten der Gesellschaft nicht zugehörig fühlen, und wir erkannten, dass wir genug Zeit haben, um das Problem im Voraus anzugehen«, sagt Antonio Hernando, der Sprecher der Regierung Zapatero zu Einwanderungsfragen. »Wir geben dort, wo wir eine hohe Zahl von Einwanderern haben, dieses Geld aus, um die staatlichen Sozialsysteme zu stärken und Dienste ins Leben zu rufen, die zwischen der aufnehmenden Gesellschaft, der Ankunftsstadt und den Migranten selbst vermitteln. [...] Es mag einige Dienste geben, mit denen die Spanier nicht einverstanden sind, aber die einzige Bedingung, die wir ihnen auferlegen, ist, dass sie sich an die Bestimmungen des Gesetzes halten. Diese Migranten arbeiten jetzt legal und zahlen Steuern, mit denen die Renten für eine Million Spanier finanziert werden. Sie liefern die finanzielle Grundlage für das Wohlfahrtsprogramm unseres Landes, also müssen wir im Gegenzug sicherstellen, dass sie die gleichen Rechte und Lebensbedingungen haben wie die anderen Spanier.«

Die spanische Wirtschaft trat 2008 in eine Phase der Rezession ein – Spanien erlebte einen früher einsetzenden und dramatischeren Abschwung als andere Länder Europas, weil es in den Küstenregionen und Vororten eine Spekulationsblase auf dem Immobilienmarkt gab –, und eine Reaktion darauf war eine ungewöhnliche Kehrtwende in der Asylpolitik. Die Mehrheit der Ankunftsstadtbewohner lebte legal im Land, doch Spanien bot jetzt denjenigen, die arbeitslos und noch nicht eingebürgert waren, eine Geldprämie an, wenn sie für einen Zeitraum von mindestens zwei Jahren in die Heimat zurückkehrten. Das Angebot war mit legalem Wohnrecht für den Fall einer Rückkehr verbunden. Spaniens Regierung konnte sehr viel leichter gegen die illegale Einwanderung vorgehen, weil fünf Millionen bereits im Land lebenden Einwanderern gestattet worden war, Familienmitglieder straffrei nachzuholen (und legitime Familienzusammenführung so nicht fälschlicherweise als »illegal« bezeichnet wurde). Die Entsendeländer, und hier vor allem Marokko, waren sehr um gute Zusammenarbeit bemüht, denn der Geldfluss der Rücküberweisungen war gesichert. Spanien erlebte 2009 einen Rückgang der illegal auf dem Seeweg eingereisten Afrikaner um 70 Prozent, während Griechenland – ohne eine Einbürgerungspolitik dieser Art – eine Zunahme um 40 Prozent verzeichnete.[27]

Parla hat sich, was für europäische Verhältnisse untypisch ist, zu einer Ankunftsstadt entwickelt, die sich selbst auch als Ankunftsstadt versteht. Das Rathaus, ein luftiges, modernes Gebäude, das auf den verschlafenen Schindelbau aufgepropft wurde, der diesem Zweck bis zum Ende des 20. Jahrhunderts diente, fungiert als zentrale Anlaufstelle für die Organisation der Ankunft und des Übergangs vom ländlichen zum städtischen Leben. Das Integrationsbüro der Stadtverwaltung bietet neben Rechtsberatung auch Hilfe bei der Arbeits- und Wohnungssuche, Übersetzungs- und Dolmetscherdienste,

Unterstützung für Frauen und Obdach für Marokkaner sowie Sprachkurse. Sein Beitrag zum Stadtbild waren nicht die hübschen, aber isolierten Parks und Pavillons, wie man sie in anderen Vorortstädten findet, es war eine beliebte Straßenbahnlinie, die Dutzende von Haltepunkten in Parla miteinander verbindet, und eine Hochgeschwindigkeitszugverbindung, mit der man in weniger als 20 Minuten im Stadtzentrum von Madrid ist – eine Verbindung, die Parlas Wirtschaftsleben sichtbar für den erweiterten Stadtbereich geöffnet hat. Die Stadt hat ein umfangreiches Bauprojekt mit mittelgroßen Wohngebäuden und kleinen Reihenhäusern hochgezogen, an dessen Planung die Einwanderergemeinden unmittelbar beteiligt waren. Es bietet Erdgeschossräume für kleine Geschäfte und die Möglichkeit, Wohneigentum zu erwerben. Die Bebauungsdichte ist groß genug, um die Straßen belebt zu halten und den kleinen Läden einen steten Kundenstrom zu sichern. Dieser Ort ist immer noch arm und hat alle sozialen Probleme, die mit Armut und Einwanderung verbunden sind, aber selbst inmitten der Krise herrscht ein Gefühl des Optimismus und der Zuversicht: Die Menschen hier sitzen nicht in der Falle.

Eine umfassende Untersuchung kam zu dem Ergebnis, dass die in Spanien geborenen Kinder marokkanischer Einwanderer einen sehr viel besseren, umfassenden Zugang zur spanischen Sprache und den Landessitten finden als die Einwandererkinder aus Süd- und Mittelamerika, deren Eltern ja eigentlich nicht den Nachteil haben, eine fremde Sprache zu sprechen. Dieser Unterschied wird der Tatsache zugeschrieben, dass die ein Jahrzehnt später entwickelte spanische Einwanderungspolitik für Marokkaner und andere Afrikaner es ganzen Familien ermöglichte, nach Spanien zu gehen und die dortige Staatsbürgerschaft zu erwerben, sodass die Kinder nicht in Familien mit einem alleinerziehenden Elternteil aufwachsen – oder in Familien, die durch von der Einwanderungssituation begünstige Zwangsheiraten entstanden sind. Bei der Einwanderung aus Lateinamerika wurden mehr Familien getrennt und auseinandergerissen.[28]

Lisaneddin und seine Frau haben fünf Töchter im Alter von vier Monaten bis neun Jahren, die alle in Spanien geboren wurden und die spanische Staatsangehörigkeit besitzen. Die älteren Mädchen sind nach Identität, Verhalten und Selbstbild vollständig akkulturierte Spanierinnen und werden von den Gleichaltrigen auch als solche respektiert. »Die hier geborenen Kinder werden im Allgemeinen wie Spanier behandelt, nicht wie Marokkaner«, sagt der Vater. »Die meisten Leute hier bemerken wirklich keinen Unterschied, nicht bei den hier geborenen Kindern. Die Bevölkerung ist sehr gemischt, sehr offen. Man kann es sich leisten, hier eine Existenz zu gründen, und die Regierung hilft einem dabei. Wer hart arbeitet, kann in dieser Stadt erfolgreich sein. Wir fühlen uns wirklich so, als seien wir angekommen, und wir gehören hier dazu.«

9 Ende der Ankunft: Aufstieg in die Mittelschicht

DAS STADTVIERTEL, DAS ANSCHLUSS FAND

JARDIM ANGELA, SÃO PAULO, BRASILIEN

Pedro und Denise Magalhães leben in einem weißgetünchten Bungalow am südlichen Stadtrand von São Paolo. Sie beginnen jeden Arbeitstag unter der Woche mit einem schnellen Espresso, sehen sich im Internet kurz die aktuellen Schlagzeilen an, zerren ihre beiden Teenager von ihren Fernsehgeräten und Computern fort, schicken sie auf den Schulweg, öffnen dann das Eingangstor zum Grundstück und machen sich auf die Fahrt zur Arbeit. Während sie ihre Peugeot-Limousinen im Rückwärtsgang auf die Straße hinausfahren, wirft Pedro einen kurzen Blick über die Straße, hinüber zu einem Ort, den er schon sein ganzes Leben lang beobachtet. Es ist ein kleiner Park in der Mitte ihres Boulevards, eines der wenigen grünen Fleckchen in diesem extrem dicht bebauten Viertel. Heute Morgen ist dort nur ein einsamer Betrunkener zu sehen, ein alter Schulfreund von Pedro, der den sozialen Abstieg erlebte und auf einer der Parkbänke schläft. Vor zwanzig Jahren, als Pedro die weiterführende Schule am oberen Ende der Straße besuchte, kam er am Montagmorgen immer hier vorbei und sah dabei oft mindestens einen von Kugeln durchsiebten Leichnam, der hier abgelegt worden war. Sehr oft lagen dort die Leichen von Schulkameraden, und manchmal war auch einer seiner Freunde darunter. Einige Jahre lang war das fast ein wöchentliches Ereignis. Morde waren für alle Bewohner dieses Viertels hier ein Teil des Alltagslebens, und der Hintergrund dieses Geschehens waren entsetzliche Armut und Isolation.

Jardim Angela wurde 1996 als gewalttätigste menschliche Siedlung auf Erden bekannt.[1] Es war die Bestätigung eines Zustands, der für die Bewohner dieser Favela schon jahrelang offenkundig gewesen war, durch eine größere Weltgemeinde. 1976 war hier noch eine leere Parklandschaft gewesen, nur an der gewundenen Hauptstraße standen ein paar Hütten von Migranten. Zum Jahrhundertende hatte dieser hügelige Streifen Land eine Bevölkerung von über 250 000 Menschen, und es gab hier erstaunliche 309 Morde pro Jahr.[2] Fast alle Opfer waren Teenager, die in örtliche Bandenkriege verwickelt waren. Die Mordrate war in den 1990er-Jahren die höchste in ganz Brasilien und erreichte einen Spitzenwert von 123 Tötungsdelikten pro 100 000 Einwohner, was diesen Ort gefährlicher machte als die meisten Kriegsgebiete.* Einige der Mordtaten wurden von einander bekämpfenden Teenagerbanden begangen. Andere gingen auf das Konto der Militärpolizei, die alle paar Monate Razzien veranstaltete, Partys durch Schießereien sprengte, Teenager festnahm und folterte und heimlich Morde beging. Außerdem gab es von Privatleuten engagierte Todesschwadronen, die aus nach wie vor im aktiven Dienst tätigen und ehemaligen Polizisten bestanden und im Auftrag von örtlichen Geschäftsleuten ins Fadenkreuz geratene Bandenmitglieder umbrachten. Der Wert von

---

* Zum Vergleich: In Detroit, der Staat mit der höchsten Mordquote in den USA, kommen auf 100 000 Einwohner 46 Morde.

Immobilien war ins Bodenlose gefallen: Das ganze Viertel bestand aus nichts weiter als einer völlig heruntergekommenen Ansammlung von Hütten – nahezu unbewohnbar, nachdem die meisten Geschäfte und Dienstleister weggezogen und Verbrechen zur Haupterwerbsquelle geworden waren. Drogen- und Alkoholmissbrauch zählten zu den gängigen Methoden der Wirklichkeitsbewältigung, und die Säuglingssterblichkeitsrate gehörte zu den höchsten im ganzen Land. Jardim Angela war ein Synonym für das gefährliche Leben im Slum. Pedro Magalhães saß mittendrin fest, in den Jahren, in denen man am schutzbedürftigsten ist, sein Vater war tot, die Familie verarmt, seine Freundin, wie er noch im Teenageralter, war schwanger, seine Schulbildung war nichts wert. Es schien gewiss, dass er bald zu den gescheiterten Neuankömmlingen zählen würde.

Pedro wurde 1971 geboren, er war der jüngste Sohn einer Bauernfamilie im armen Norden des Binnenland-Bundesstaates Minas Gerais im Südosten Brasiliens. Die große Migration in Brasilien näherte sich zum Zeitpunkt seiner Geburt gerade ihrem Höhepunkt. Die Familie verließ 1976 das Dorf und nutzte die Saisonarbeiterverbindungen des Vaters nach São Paulo, um dort, an der südlichen Stadtgrenze, an einer Landbesetzung teilzunehmen. Es war ein riskanter Vorstoß. Das Land lag ganz in der Nähe eines der beiden Seen, die den größten Teil des Trinkwassers von São Paulo liefern, und Landbesetzergemeinden waren schon in der Vergangenheit immer wieder gewaltsam aus Gebieten vertrieben worden, die der Wasserversorgung dienten. Aber Brasiliens Militärdiktatur stand zu jener Zeit unter Druck und verfügte nur über geringe Ressourcen für Auseinandersetzungen in den

Städten. Die enormen Menschenmassen, die aus allen Richtungen in die Stadt drängten, ließen eine erfolgreiche Gegenwehr wenig aussichtsreich erscheinen. Pedros Familie zimmerte eine Holzhütte zusammen, die sich im unteren Bereich des Haupthügels der Favela auf sehr viel weniger attraktivem Land als ihr gegenwärtiger Wohnsitz eng an die Nachbarhütten anfügte. Die Holzhütte der Familie sollte zwar während der Landkonflikte in den 1970er-Jahren von den Stadtbehörden São Paulos mehr als einmal platt gewalzt werden, aber sie konnten sich an diesem Ort halten, in beengten Verhältnissen, in einer Stadt, die sie zwar nicht endgültig vertrieb, aber ihr Besitzrecht auch nicht formell anerkannte und sie so in einem Schwebezustand ließ, in dem sie weder ein Anrecht auf Dienstleistungen hatten noch amtlich registrierte Bürger ihres Wohnorts waren.

In den Anfangsjahren von Jardim Angela herrschte eine optimistische Grundstimmung. Das Leben hier war sehr viel besser als zuvor im Dorf, und Arbeit gab es auch. »Es war damals noch ziemlich leer hier«, sagte mir Pedro. »Viele freie Flächen und weite Bereiche, in denen Kinder spielen konnten.« Arbeit für die Erwachsenen gab es in der metallverarbeitenden Industrie am Ort und in einer großen Fahrradfabrik. Zur Stromversorgung wurden bestehende Leitungen angezapft, aber es gab kein Wasser, keine Kanalisation, keine befestigten Straßen, keinen Busverkehr und auch keinerlei andere öffentliche Verkehrsmittel, mit denen man in die Stadt kam, und die Stadt erkannte das Eigentumsrecht an den Favela-Hütten nicht an. Im Jahr 1976, gerade zu der Zeit, als Pedros Familie hier eintraf, öffnete die städtische Oliveira-Viana-Schule ihre Pforten, damals eine einklassige

Ein-Zimmer-Einrichtung am oberen Ende des Parks. Die Schule sollte in den folgenden 20 Jahren die einzige dauerhafte Vertretung des Staates in der Favela sein. Pedros Leben nahm 1982 eine schwierige Wendung, als sein Vater starb und seine Mutter sich daraufhin gezwungen sah, als Helferin in der Schulkantine zu arbeiten, in einem Job, von dem sie sich und ihre drei Söhne kaum ernähren konnte. Und während die eigene Familie in Not geriet, schien das rasch wachsende Wohnviertel ringsherum zusammenzubrechen.

Die große Migrationswelle, die in den 1970er-Jahren die Menschen vom Land in die Städte strömen ließ, basierte auf einer Industrie, die von der brasilianischen Militärdiktatur kontrolliert wurde und, im Rahmen eines geschlossenen Wirtschaftssystems, in den meisten Fällen auch in deren Besitz war. In den 1980er-Jahren zerfiel das gesamte System. Die künstliche Wirtschaft kollabierte in gleichzeitig einsetzenden Währungs-, Staatshaushalts-, Inflations- und Bankenkrisen genau in dem Augenblick, als das Militärregime einen holprigen Übergang zur Demokratie einleitete. Ein ganzes Jahrzehnt lang gab es in Brasilien nur sehr wenig wirtschaftliche Aktivitäten und eine Regierung, der die finanziellen Mittel für die Unterstützung einer sich entwickelnden städtischen Gemeinschaft fehlten. Es war eine Zeit des Niedergangs. Für Jardim Angela und Hunderte weitere neu entstandene Favelas und Landbesetzer-Enklaven in São Paulo und Rio de Janeiro erwies sich das als katastrophale Kombination. Den neuen Migranten, die eben erst, oft mit geliehenem Geld, mit dem Bau ihrer Häuser begonnen hatten, fehlten plötzlich die Arbeitsplätze oder die finanziellen Mittel, mit denen sie eigene Betriebe hätten gründen können. Die neuen

Siedlungen verfügten noch nicht einmal über die allereinfachsten Verbindungen zum Stadtgebiet, sodass die plötzlich arbeitslos gewordenen Migranten keine Möglichkeit hatten, außerhalb der Favela eine Arbeit zu finden.

»Die Lage wurde sehr schnell sehr schlimm. Die Väter waren arbeitslos, sodass die Mütter als Hauptverdiener einspringen mussten«, sagt Jucileide Mauger, die in jenen Jahren Lehrerin in der Oliveira-Viana-Schule war. »Die Männer fingen an zu trinken, und wir konnten den Kindern nur vier Stunden Schulunterricht pro Tag bieten, deshalb blieben die Kinder der zweiten Generation unbeaufsichtigt und hatten nichts zu tun, als sie ins Teenageralter kamen. Wir hatten hier ein riesiges Armutsproblem, und von einer Regierung, die helfen konnte, war überhaupt nichts zu sehen. Kinder kamen hungrig zur Schule und hatten auch keine Schuluniform. Die Familien zerbrachen, alle waren arbeitslos, und die Situation verschlimmerte sich immer mehr.«

Pedro Magalhães war eines dieser Kinder. Er sah mit an, wie seine Klassenkameraden kriminell wurden. Zunächst begingen sie vor allem Diebstähle: Sie raubten die Lastwagenfahrer aus, die Wasser und Treibstoff ins Viertel brachten und so ziemlich die einzigen Außenstehenden waren, die überhaupt in die Favela kamen. Ende der achtziger Jahre wurde es dann ernster: Die älteren Teenager schlossen sich zu Banden zusammen, die sich von amerikanischen Spielfilmen inspirieren ließen und sich »Bronx« und »Ninjas« nannten, stiegen ins Kokaingeschäft ein und führten Krieg gegeneinander. Diese Auseinandersetzungen wurden immer brutaler geführt. Die Banden waren nur am eigenen Wohnort aktiv, ohne Verbindungen zum internationalen Kokainhandel, und sie waren vielleicht aus diesem Grund einerseits weniger gut organisiert, andererseits aber noch gewalttätiger als die großen Banden. In vielen Fällen töteten sie wegen nicht beglichener Schulden, die nicht viel mehr als ein paar Dollar ausmachten. »Ab 1992 hatten wir einige Jahre lang jede Woche ermordete Jugendliche, manchmal jeden Tag, ihre Leichen wurden dort draußen auf diesem Platz abgelegt, und ich sah, dass es unsere Schüler waren«, sagt Mauger. Sie wurde damals, auf dem Höhepunkt der Gewaltwelle, Leiterin einer Schule mit 2500 Schülern, kurz nachdem ihre Vorgängerin von Bandenmitgliedern in der Schule zusammengeschlagen worden war und dabei ihre Zähne eingebüßt hatte. »Da war diese eine Familie mit sieben Brüdern, von denen fünf in einem Jahr ermordet wurden. Mir war klar, dass sich etwas ändern musste. Ich hielt die Schule an den Abenden offen, damit sie in den Höfen spielen konnten. […] Ich dachte, es sei wichtig, sie einfach nur im Haus zu behalten. Einmal abgesehen vom Unterricht und unabhängig von dem, was wir unterrichteten, es kam darauf an, sie hier drin zu haben und nicht dort draußen, wo sie aufeinander schossen. Die Regierung war nicht präsent, die Polizei war nicht präsent, nur wir.«

Pedro bewegte sich im engeren Umfeld der Banden, trat zwar nie bei, war aber versucht, es zu tun. Sein Freund Chico kam eines Morgens auf dem Schulweg in fieberhafter Aufregung auf ihn zu: »Ich hatte einen Traum«, sagte Chico, »ich werde Carlos töten.« Chico war zum bezahlten Auftragsmörder geworden. Er brachte Carlos um und legte die Leiche in dem kleinen Park ab. Im folgenden Jahr beging er 30 weitere Morde, in den meisten Fällen an Klassenkameraden, bis er schließlich selbst im Park landete. Als die Gewalt im Viertel Weltrekordniveau erreichte, musste Pedro ein Schuljahr wiederholen, wegen schlechter Noten und, wie er sagt, schlechten Unterrichts. Er war 18 Jahre alt, als er schließlich erfuhr, dass seine Freundin schwanger war. Er hatte keine Chance auf eine Arbeitsstelle, war ohne jede Zukunftsaussicht und stand kurz vor dem Schulabbruch. Die einzige mögliche Beschäftigung war die Bronx-Bande. »Ich wollte nicht mitmachen«, sagt er. »Ich wusste, dass ich für sie würde töten müssen und dass sie alle Drogen nahmen, aber für mich gab es sonst nichts. Sie versuchten mich anzuwerben, und ich hatte keine andere Wahl.«

Pedro und Denise erzählten mir diese Geschichte an einem Samstagmorgen, an dem sie mit ihren Kindern, die sich auf den Rücksitz ihres Autos gezwängt hatten, von ihrem Haus im Zentrum von Jardim Angela ins nächstgelegene große Einkaufszentrum fuhren. Es war zum Familienbrauch geworden, den Samstagmorgen in den Kaufhäusern des Einkaufszentrums zu verbringen und im Restaurantbereich dann auch zu Mittag zu essen. Ihre 17 Jahre alte Tochter Kassia, eine Erstsemesterstudentin an einer Privatuniversität, die als Hauptfach Modedesign gewählt hat, holt sich ihr Mittagessen bei Panda Express. Der 14-jährige Vitor, Schüler an einem Privatgymnasium, sonst ein McDonald's-Kunde, greift heute zu herzhafter brasilianischer Kost. Sie erproben ihr bei Privatlehrern erworbenes Englisch im Gespräch mit mir und plaudern über ihre bevorzugten Mobiltelefonmarken und Social-Networking-Websites. Die Schul- und Studiengebühr für die beiden, die acht Monate im Jahr zu bezahlen ist, liegt bei 800 Dollar monatlich. Denise berichtet vom nächsten großen Schritt, den die Familie unternimmt: Sie und Pedro haben erst vor Kurzem ein Drittel der Kaufsumme von 63 000 Dollar für eine Drei-Zimmer-Eigentumswohnung angezahlt, die in der achten Etage eines 18-stöckigen Gebäudes in unmittelbarer Nähe dieses Einkaufszentrums liegt, am Rand der Favela-Zusammenballung, zu der auch Jardim Angela gehört. Ein Teil dieses Bauprojekts sind von der Regierung finanzierte »Favela-Sanierungs«-Wohnungen, gedrungene, türkisfarben gestrichene Blocks mit kleinen Fenstern, und dann gibt es noch große Wohnungen, wie sie eine gekauft haben, in modernen Glasfassadentürmen mit breiten Balkonen. Sie werden an Leute verkauft, die in ihrer früheren Favela-Umgebung bleiben wollen, in der Nähe von Freunden, Verwandten und des eigenen Unternehmens, aber mit einer modernen Ausstattung und mehr Sicherheit. Die nächsten paar Monate werden sie noch in dem weißgetünchten Haus in der Hüttensiedlung am Rand des Parks bleiben, das Denises Mutter gehört. In Jardim Angela herrscht ein Immobilienboom, denn die Leute in den höheren Lagen der Favela ziehen in neue Wohnungen um, und die Bewohner der tieferen Hanglagen kaufen die geräumten Häuser. Mit dem Ertrag aus diesem Boom werden dann Unternehmensneugründungen finanziert.

Pedro und Denise gehören zur neuen Mittelschicht in Brasiliens Ankunftsstädten.

In den letzten zehn Jahren besaß und führte Pedro eine IT-Beratungsfirma, die außerhalb von Jardim Angela angesiedelt ist und gegenwärtig für ein multinationales Markenmanagement-Unternehmen Hardwaredienstleistungen für Netzwerke erbringt. Sein Verdienst liegt, zählt man das

Gehalt seiner Frau dazu, bei 30 000 bis 35 000 Dollar pro Jahr, was nach den für Entwicklungsländer geltenden Maßstäben ein gutes Mittelschichteinkommen ist. Dieses Geld ermöglicht es ihnen, ihre Kinder auf Privatschulen zu schicken, zwei Autos zu halten und sich alle möglichen modernen Gerätschaften, Kleider, Spielzeug und einen Breitbandanschluss zu leisten und noch genug Geld zu sparen, um Wohnungseigentümer zu werden. Wie viele andere Bewohner von Ankunftsstädten schafften sie das, indem sie während der Kindererziehungszeit bei Verwandten einzogen, um Mietkosten zu sparen.

Ich habe Pedro und Denise nicht als Beispiele gewählt, weil sie seltene und wundersame Ausnahmen darstellen, sondern für eine ansehnliche Minderheit unter den heutigen Bewohnern von Jardim Angela ziemlich typisch sind. Zunächst versank die Favela in krimineller Gewalt, aber in den Jahren, die seitdem vergangen sind, hat sich eine blühende Mittelschicht entwickelt. Ein Fünftel bis ein Drittel der Bevölkerung des Viertels hat es so weit »geschafft«, dass es für ein eigenes Haus oder eine eigene Wohnung gereicht hat. Das Viertel ist nach wie vor arm, und der größte Teil der Einwohnerschaft arbeitet in der Schattenwirtschaft zum Beispiel als Auslieferungsfahrer, Hausbediensteter, Bauarbeiter oder Callcenter-Telefonist (die Arbeitslosenquote ist niedrig), und Drogenmissbrauch bleibt in einigen Gegenden ein nach wie vor sichtbares Problem. Aber inzwischen hat ein grundlegender Wandel eingesetzt. In der Hauptstraße, einst nur eine Aneinanderreihung trostloser Trinkerlokale, wimmelt es jetzt von Möbel- und Haushaltsgeräteläden, Restaurants, Eisdielen und Heimwerkermärkten. Die Haushalte verfügen mittlerweile über durchschnittlich 1,5 Fernsehgeräte, und jeder dritte besitzt einen DVD-Spieler. Die Hälfte hat ein Mobiltelefon, ein Drittel ein Familienfahrzeug; und 14 Prozent haben sich einen Computer angeschafft, die Hälfte davon mit Breitband-Internetanschluss. Alle Häuser sind heute aus Backsteinen errichtet. Zwei Drittel der Bewohner haben in die Erweiterung oder Verbesserung ihres Wohnraums investiert, und etwa ein Drittel hat im Außenbereich mit Gips und Farbe gearbeitet (Gips und Farbe sind weltweit ein Zeichen für frei verfügbares Einkommen).[3]

Hinter all dem stehen noch wichtigere Veränderungen. Zunächst einmal sind Gewaltkriminalität und Bandenwesen keine prägenden Merkmale dieses Viertels mehr. Die Mordrate in Jardim Angela ging von 1999 bis 2005 um 73,3 Prozent zurück und sank anschließend weiter auf ein Niveau, das mit der Lage in südamerikanischen Mittelschichtvierteln vergleichbar ist. Die Bronx- und die Ninja-Bande sind in jederlei Hinsicht in der Bedeutungslosigkeit versunken. Eine größere, im ganzen Bundesstaat operierende Bande kontrolliert jetzt den gesamten Kokainhandel in der Stadt, was die Bandenrivalität vermindert, und die meisten gut informierten Beobachter sind der Ansicht, das Verschwinden der Banden aus diesem Viertel sei ein unmittelbares Ergebnis wirtschaftlicher Entwicklung. Die häufigsten Verbrechen sind inzwischen Handydiebstähle und bewaffneter Raub, und die häufigste Todesursache unter Teenagern sind Motorradunfälle. Zweitens ist das Viertel heute eng mit der Stadt verbunden, quer durch die Favela verlaufende Buslinien dienen als Zubringer für eine nahe gelegene Pendlerzugverbindung, und zahlreiche Regierungsbehörden sind inzwischen mit Büros am Ort präsent. Drittens sind die Menschen hier seit 2003 dank eines vorausschauenden Bürgermeisters von São Paulo, der Grundbesitz zur Priorität erhob, rechtmäßige Haus- und Grundbesitzer.* Zwei Drittel von ihnen haben seitdem in Ausbau und Verbesserung ihres Eigentums investiert. Viertens sind heute die Mittel für die Gründung und den Betrieb eines kleinen Unternehmens vorhanden, und im Viertel wimmelt es von Geschäften, Kaufhäusern, Kreditvermittlern und kleinen Werkstätten. Die Menschen hier sind nach wie vor arm, und es bleibt eine große Gruppe junger Leute (hauptsächlich männliche Absolventen weiterführender Schulen), die in einer Grauzone von Gelegenheitsarbeiten festsitzt. Aber innerhalb der Favela entwickelt sich eine ansehnliche und stabile Mittelschicht, die diese Gegend zu einem besseren Viertel macht und dadurch auch die Lebensbedingungen der ärmsten Bewohner verbessert. Der in den 1980er- und 1990er-Jahren auf dramatische Art und Weise unterbrochene Ankunftsvorgang hat wieder eingesetzt.

Es lohnt sich, den Wandlungsprozess von Jardim Angela genau zu untersuchen, denn das liefert uns Antworten auf eine Schlüsselfrage unserer Zeit: Was braucht man, um innerhalb einer Generation den Weg von einer Hütte auf dem Land ins Zentrum des städtischen Mittelschichtlebens zu bewältigen? Oder innerhalb von zwei Generationen? Das ist schließlich die wichtigste Funktion der Ankunftsstadt, das einzige Ziel all dieser Hunderte Millionen von Reisen vom

---

* Einige Bewohner von Jardim Angela hatten bereits seit den 1980er-Jahren Besitztitel, aber ab 2003 war Haus- und Grundbesitz auch in für die Wasserversorgung wichtigen Schutzgebieten möglich.

Dorf in die Stadt. Seltsam, dass wir so wenig darüber wissen, wie dieses Ziel zu erreichen ist. Bei unserer Tour durch die Ankunftsstädte der Welt wurde deutlich, dass sich dieser Wandel oft nicht innerhalb einer Generation vollzieht und dass es harte und gewalttätige Auswirkungen haben kann, wenn der nicht gelingt. Dennoch sollte auch klar sein, dass die Zuwanderer vom Land diesen Wandel als die Norm betrachten. Sie erwarten ihn. In Jardim Angela können wir sehen, welche Hindernisse ihnen im Weg sein können, und was man tun kann, um sie zu beseitigen.

Noch im Jahr 1996 schien es überhaupt keine Wege dieser Art zu geben. Jardim Angela, das von Sojabauern und Zuckerrohrpflanzern als Plattform für ihre Träume gegründet worden war, hatte sich für ihre Kinder in einen tödlichen und isolierten Vorhof verwandelt. Die zweite Generation hatte im städtischen Leben keinen Ansatzpunkt – und zum Dorf keine Verbindung mehr. In kultureller Hinsicht bestand sie aus Stadtbewohnern, deren Lebensstandard viel höher war und deren Erwartungen weit über die Vorstellungen der Elterngeneration hinausgingen, aber sie saß in einer Welt fest, die sie nur als unerwünschte Nachkommen von Dorfbewohnern behandelte. Sie waren orientierungslos und ohne Unterstützung, und dann zerstörten sie sich gegenseitig. »Wenn ich in meiner Gemeinde unterwegs war, verging kein Tag, an dem ich nicht auf zwei oder drei Leichen stieß«, sagt Pater Jaime Crowe, der Priester der Favela, dem die Aufgabe zufiel, eine ganze Generation zu beerdigen. »Über eine Leiche hinwegzusteigen, die vor einer Tür lag und mit einer Zeitung zugedeckt war, um dann drinnen etwas zu trinken – man dachte sich nichts dabei. Kinder, kleine Kinder, erzählten mir immer wieder, ihr Leben sei nicht lebenswert. Das musste aufhören.« Für die meisten Brasilianer sah es ganz danach aus, als hätte irgendeine böse Macht Jardim Angela an sich gerissen, als seien die Menschen dort durch Vererbung dazu bestimmt, gewalttätig, arm und träge zu sein.

Einer Gruppe engagierter Menschen, die in Jardim Angela lebten, war jedoch vollkommen klar, dass dies nicht der natürliche oder unvermeidliche Zustand dieses Ortes war. Diese Leute hatten den Wunsch und den Willen, Besseres zu leisten, aber es fehlte überall an den dafür nötigen Voraussetzungen. Die Gewalt erreichte 1996 ihren Höhepunkt, und die Menschen des Viertels versammelten sich und kamen bei ihren Diskussionen zu einer gemeinsamen Schlussfolgerung: Das Problem von Jardim Angela lag nicht in der Präsenz des Bösen, es lag im Fehlen normaler kommunaler Einrichtungen und Funktionen.

Pedro Magalhães lernte dies früher als die meisten anderen Menschen. Er war 18 Jahre alt, Denise war schwanger, sein Schulabschluss gefährdet, und sein Einstieg in das kriminelle Bandenleben stand unmittelbar bevor. Er hatte kein Interesse an Verbrechen, empfand sogar eine moralische Abscheu davor, wollte aber dennoch alles tun, um seiner Tochter eine Zukunft zu sichern, und in der darniederliegenden Wirtschaft von Jardim Angela boten sich damals keine anderen Optionen. Dann trat sein ältester Bruder mit einem Angebot auf den Plan: Er bot Pedro einen Haarschneidejob in seinem Friseurgeschäft an, das er einst in den besseren Jahren eröffnet hatte. Es war einer der wenigen noch existierenden Betriebe in der Ankunftsstadt (was zum größten Teil daran lag, dass man zum Haareschneiden nur wenig Kapital und keine Verbindungen zur übrigen Stadt brauchte). »Dieser Job rettete mich«, sagt Pedro. »Dadurch konnte ich mich von den Banden fernhalten und einen Grundstock von Ersparnissen sammeln, sodass ich mir das Geld noch dazuleihen konnte, das ich für einen Computerlehrgang brauchte.« Durch das dichte Netzwerk gegenseitiger Verbindungen, das die Ankunftsstadt ausmacht, schaffte es Pedro, sich ein neues Leben aufzubauen, ein Leben, das auf Bildung, Kredit und Unternehmergeist setzte. Er fand seinen Weg, der ihn in die Mittelschicht aufsteigen ließ und mitten durch die Ankunftsstadt führte.

War es möglich, dass alle Bewohner von Jardim Angela nach ähnlichen Zielen strebten? Diese Frage stellten führende Persönlichkeiten aus der Favela, als die Gewalt ihren Höhepunkt erreichte und sie in der Schule Notversammlungen abhielten, um über die fürchterlichen Probleme des Viertels zu sprechen. Die Favela schuf jetzt, nachdem sie jahrelang von den städtischen Behörden und den Institutionen des Bundes- und des Nationalstaats ignoriert worden war, ihre eigene Graswurzel-Kommunalverwaltung, zunächst einmal als Notreaktion auf den Tod von Hunderten von Kindern und Jugendlichen und dann als größere, wirkungsmächtigere Institution. Die Versammlungen in der Schule wurden als »Forum für die Verteidigung des Lebens« bekannt. Die Teilnehmer waren zunächst, als die Favela wegen der dort herrschenden Gewalt berüchtigt war, Vertreter der Schule, einige Polizisten und Pater Jaime (der die Treffen zunächst auch organisierte); dann kamen Mitarbeiter internationaler Hilfsorganisationen hinzu, die sich der Sache der Favela annahmen, als die Nachrichten über die Gewalttaten die Runde machten; schließlich beteiligten sich Vertreter der Stadtverwaltung und des Bundesstaats. Nach kurzer Zeit erschienen Hunderte von Bewohnern des Viertels. Unter den Bürgerinnen und Bürgern von Jardim Angela herrschte bei der Beschreibung der Bedürfnisse des Viertels große Einstimmigkeit: An erster Stelle stand die Sicherheit, dann folgte das Bildungswesen, dann eine gute Verbindung, verkehrstechnisch wie wirtschaftlich, zur übrigen Stadt.

»Die Schule wurde zum ersten wirklich neutralen Gebiet, zum ersten öffentlichen Raum«, sagt Jucileide Mauger. Ihre Schule hatte bis dahin vier Stunden Unterricht pro Tag zu den allereinfachsten Grundlagen angeboten. Wie die meisten anderen Schulen in Ankunftsstädten, die entweder privat sind oder nur über eine Minimalausstattung verfügen, bot sie kaum einen Ansatzpunkt für sozialen Aufstieg. Die Forum-Versammlung betrieb Lobbyarbeit bei Regierung und Hilfsorganisationen, führte Gespräche, bei denen es auch um Geldmittel ging, und schuf eine Schule, die besser auf die Bedürfnisse der Ankunftsstadt abgestimmt war. »Wir mussten den Leuten vermitteln, dass die Schule eine Einrichtung der Regierung ist, eine Institution, und dass man hierherkommen und Regeln beachten muss. Wir machten sie zu einem Teil des Gemeinwesens. Dann richteten wir Abendkurse für Erwachsene und ältere Teenager ein, die es nur bis zur 7. oder 8. Klasse geschafft hatten und einen Neuanfang wollten.« Diese Kurse waren so erfolgreich, dass die Schule am Abend alle 15 Klassenzimmer für Veranstaltungen dieser Art öffnen musste. Bildung erwies sich als populär, nicht nur bei den Kindern und Jugendlichen, die dem Bandenleben und der

Drogenszene aus dem Weg gehen wollten, sondern auch bei denjenigen, die in dieser Szene lebten. »Viele Kinder hatten die Schule verlassen und mit 12 oder 13 Jahren mit dem Drogenhandel begonnen – und dann, mit 20 oder 21, erkannten sie, dass das kein so gutes Leben ist, und kamen hierher zurück, um sich eine Zukunft aufzubauen.«

Die Veränderungen der Sicherheitslage waren am dramatischsten und am deutlichsten zu erkennen – und wurden von den Bewohnern von Jardim Angela auch am meisten gelobt. Die Polizei war bis dahin buchstäblich wie schwerbewaffnete militärische Einheiten aufgetreten, die mit gepanzerten Fahrzeugen von festungsartigen, außerhalb des Viertels gelegenen Stützpunkten aus hierher vordrangen und das gesamte Wohngebiet als »Feindesland« und die gesamte Bevölkerung als potenzielle Kämpfer betrachteten. Sie veranstaltete ihre Razzien stets bei Nacht, verhaftete, tötete und zog dann wieder ab. Drogenverbrechen waren ihr einziges Anliegen. Die Polizei war so gefürchtet wie die Banden – oft noch mehr, denn die Mörder aus den Reihen der Banden waren Nachbarn und Verwandte. Es gab gute Gründe, der Polizei zu misstrauen: Anfang der 1990er-Jahre waren Hunderte von Militärpolizisten in Tausende von Vergeltungs- und Auftragsmorden in den Favelas verwickelt.

Auf dem Höhepunkt der Gewaltwelle entwickelten einige der aus den Favelas stammenden Polizisten das Gefühl, dass sie einen Teil der Verantwortung für die Armut und Isolation dieser Viertel trugen. Sie verwehrten deren Bewohnern den Zugang zur Außenwelt, warfen sie auf sich selbst zurück, indem sie die Ankunftsstadt als Quarantänezone behandelten, die man nur bei regelmäßig wiederkehrenden Invasionen betrat. Die Polizei wagte 1998, nachdem sie vom Forum zur Verteidigung des Lebens jahrelang unter Druck gesetzt worden war, ein wahrhaft kühnes Experiment. Sie baute eine Polizeiwache in Jardim Angela, die große Fenster und eine offene Tür hatte, reduzierte ihren Fahrzeugbestand auf zwei Autos für 200 Polizisten und verlegte sich auf Fußstreifen nach Art der »Kontaktbereichsbeamten« – so etwas hatte es in Brasilien bis dahin noch nicht gegeben. Sie entwickelten ein Konzept für die »bürgernahe Polizeiarbeit«, die im wohlhabenden Teil der Welt bereits ein abgenutztes Schlagwort, in Brasilien aber eine ganz neue Idee war.

»In meinen ersten 15 Jahren als Polizist ging ich das Verbrechen mit aggressiven Methoden an, weil ich nichts anderes kannte«, sagt Davi Monteiro da Conceição, der hier inzwischen allgemein als Sergeant Davi bekannt ist, ein ehemaliger Militärpolizist, der zu hartem Durchgreifen neigte. In den 1990er-Jahren beteiligte er sich an den Versammlungen des Forums zur Verteidigung des Lebens, begeisterte sich für die dort umlaufenden Ideen, heute befehligt er die Gemeindepolizei von Jardim Angela.

»Es gab viele Konfrontationen – ich war an Schusswechseln beteiligt. Aber ich änderte meine Vorgehensweise. Heute habe ich engere Kontakte zu den Menschen, die mich hier umgeben. Sie vertrauen uns immer noch nicht vorbehaltlos, also müssen wir uns um persönlichen Umgang bemühen. Wir müssen zu den Leuten in die Häuser gehen und ihnen erklären, dass die Polizei nicht nur für Prügeleien und gewalttätiges Vorgehen gut ist – und darüber sind wir früher nicht hinausgekommen –, sondern dass es für sie auch noch andere Einsatzmöglichkeiten gibt. Das braucht seine Zeit.«

Für die meisten Angehörigen von Pedros Generation war es zu spät, aber die Nachbarn und Klassenkameraden seiner Kinder leben heute in einer ganz anderen Welt, in der Jardim Angela ein fester Bestandteil von São Paulo ist. Durch die jahrelange politische Organisationsarbeit innerhalb der Favela änderte sich einiges, ebenso wie durch die Erkenntnis auf Seiten einer verständigeren Stadt- und Bundesstaatsverwaltung, dass diese Viertel ein wichtiges Feld für Investitionen sind. Hilfreich war auch ein umfassendes, im Jahr 2003 von der Stadt São Paulo verabschiedetes Gesetz zur Kontrolle von Schusswaffen, das die Polizeitruppe im Viertel Jardim Angela auch energisch durchsetzt. Und es half, dass ein weitsichtiger Bürgermeister im gleichen Jahr den sozialen und wirtschaftlichen Wert erkannte, den eine flächendeckende Bus- und Pendlerzugverbindung samt bezahlbarer Dauerkarte für arme Arbeiter in den am Stadtrand gelegenen Favelas hatte. Es half, dass Krankenhäuser gebaut wurden und dass man für eine Straßenbeleuchtung sorgte. Es half, dass sich Agenturen für Mikrokredite hier niederließen und Kreditgarantien anboten und dass die gesetzlichen Bestimmungen für Kleinbetriebe liberalisiert wurden, was es den Favela-Bewohnern erleichterte, den Wert ihrer Immobilie für eine Unternehmensgründung einzusetzen. Und es war hilfreich, dass Unternehmer und Künstleragenturen Veranstaltungsorte bauten, um die Musik- und Tanzstile, die ein im Untergrund wirkender Teil der Favela-Kultur gewesen waren, bekannter zu machen und damit Geld zu verdienen. Für die dritte Generation in der Ankunftsstadt gab es plötzlich Gründe, an diesem Ort zu bleiben und ihn auszubauen.

»Die zweite Generation wuchs ohne Vergangenheit auf – sie verfügte nicht über die Erfahrungen, die ihre Eltern mit dem Leben auf dem Land hatten, und sie hatte auch keine Zukunft«, sagt Bruno Paes Manso, ein Sozialwissenschaftler und Autor aus São Paulo, der die wirtschaftlichen Kräfte analysiert hat, die hinter der Gewalt in den Favelas stecken.[4] Er stellte bei seinen Recherchen in São Paulo fest, dass der dramatische Rückgang der Kriminalitätsrate in der Stadt nach der Jahrtausendwende in erster Linie auf die wirtschaftliche Entwicklung zurückzuführen ist, nicht auf polizeiliche Zwangsmaßnahmen oder die Organisation der Banden. Die Schaffung von Arbeitsplätzen in der legalen Wirtschaft in den Favelas ermutigte Tausende von Gangstern, ihr bisheriges Leben aufzugeben. »Sie begannen eine kriminelle Karriere, aber es blieb diese Haltung: ›Ich will meinem Sohn dieses Schicksal ersparen‹. Es gab nie eine Ideologie, die an dieser Lebensweise festhielt – es war nur ein Lebensumstand, in den sich die zweite Generation hineingedrängt sah. Sie fühlte sich dabei wie im Gefängnis und konnten nichts aus sich machen. Die dritte Generation ist sehr viel stärker in die Wirtschaft und die Kultur der Stadt integriert. Der öffentliche Nahverkehr, die Arbeitsplätze in der Stadt, die Hip-Hop-Bewegung – all das gab ihnen eine Vergangenheit und eine Tradition, eine Möglichkeit, über ihre Wurzeln und ihre Zukunft zu sprechen. Man hört sie immer sagen: ›Meine Wurzeln sind auf dem Land, ich stamme von Sklaven ab, von indigenen Gemeinschaften, und ich habe keine Lust, noch vor meinem 25. Geburtstag zu sterben, denn ich bin ein Paulista [ein Bürger von São Paulo]. Sie schaffen sich eine neue Identität.«

Die Kinder von Pedro und Denise Magalhães kennen weder Angst noch Verzweiflung: Sie sind ehrgeizige Teenager in São Paulo, die mit der Musik und der Kultur von Jardim Angela aufwachsen, aber sich keine Gedanken über die Ökonomie oder die Lebensweise der Migration machen – oder über den Kampf, der geführt werden musste, damit sie ein normales Leben führen können. Mit dem Blick auf eine Reihe von Hochhäusern, auf ein Umfeld, in dem sie schon bald zu Hause sein wird, frage ich die 17-jährige Kassia nach der Zukunftsaussicht, die sie mit dem Leben in einem High-Tech-Schloss ehemaliger Nachbarn verbindet, dort oben im achten Stock: Freut sie sich auf die Aussicht? »Nein«, antwortet sie, »das ist keine besonders großartige Aussicht. Es gibt einen Park, aber dazwischen liegen Favelas.«

Dieses Buch beschäftigt sich in erster Linie mit sozialer Mobilität. Dem Umzug vom Dorf in die Stadt liegt, wie wir gesehen haben, immer ein durchdachtes Bestreben zugrunde, den Lebensstandard einer Familie, das Einkommen und die Lebensqualität zu verbessern, und die Ankunftsstadt dient dabei als wichtigstes Instrument. Armut in der Stadt ist, den beengten Lebensverhältnissen und häufigen Demütigungen zum Trotz, immer eine Verbesserung gegenüber der Armut auf dem Land, und für einen Bewohner der Ankunftsstadt ist Armut eine vorübergehende Notwendigkeit, nichts anderes. Aber die Errichtung einer Ankunftsstadt ist nur der erste Schritt auf einer Reise, die der Migrant sorgfältig geplant hat. Niemand investiert sein ganzes Leben und das Einkommen und die Gemütsruhe einer ganzen Generation einfach nur in den Umzug von einer Form der Armut in die andere. Die

Bewohner von Ankunftsstädten sehen sich selbst nicht als »die Armen«, sondern als ziemlich erfolgreiche Stadtbewohner, die derzeit einfach nur einen Zeitraum der Armut durchleben, der vielleicht eine Generation umfasst.[5]

Die Ankunftsstadt muss, wenn sie überhaupt funktionieren soll, Angehörige der Mittelschicht hervorbringen: Familien mit Einkünften und Ersparnissen, die ausreichen, um Unternehmen zu gründen und Menschen einzustellen, um Gebäude zu besitzen und auszubauen oder zu renovieren, um die Kinder zur Universität zu schicken und eine nachhaltige Lebensqualität entwickeln zu können, die sie selbst und ihre Nachbarn über das bloße Überleben hinausführt. Eine Mittelschicht ist für die Ankunftsstadt aus einer Reihe von Gründen wichtig. Sie sorgt für soziale und politische Stabilität, weil sie das Viertel mit den Institutionen der ganzen Stadt verbindet und deshalb Wege öffnet, die über Verbrechen, marginale Beschäftigung in der Schattenwirtschaft und Abhängigkeit hinausführen. Das Vorhandensein einer Ankunftsstadtmittelschicht zeigt Neuankömmlingen und ihren Kindern, dass der Migrationsprozess keine Reise in fortdauernde Ungerechtigkeit ist, dass dauerhafter Wohlstand für diejenigen erreichbar ist, die bereit sind, zu lernen und etwas zu investieren. Sie bringt innerhalb der Ankunftsstadt immer wieder Unternehmer und politische Führungspersönlichkeiten hervor und verbessert auch die Lebensqualität anderer. Die Forschung hat gezeigt, dass das Vorhandensein einer Mittelschicht auch den Lebensstandard derjenigen Nachbarn hebt, die selbst arm bleiben.[6] Der Wirtschaftswissenschaftler Steven Durlauf wies nach, dass eine Mittelschicht – auch wenn sie selbst zahlenmäßig klein bleibt – im Rahmen einer armen Gemeinschaft »nachbarschaftliche Feedback-Wirkungen« erzielen kann, durch die Investitionen in die höhere Schulbildung von Kindern zur Verhaltensnorm werden.[7] Das Vorhandensein einer Mittelschicht in der Ankunftsstadt hat bemerkenswerterweise auch positive Auswirkungen auf den Lebensstandard in den Herkunftsdörfern, indem nicht im landwirtschaftlichen Bereich tätige Industriezweige auf dem Land finanziell unterstützt werden und eine parallel agierende ländliche Mittelschicht entsteht. Die Ankunftsstadt setzt so der Abwanderung vom Land in die Stadt ein Ende, indem sie die Lebensverhältnisse auf dem Dorf und in der Stadt einander angleicht.

Für die Neuankömmlinge vom Land ist der Mittelschichtstatus keine unrealistische Erwartung: Historisch gesehen ist er die Norm gewesen. Genau das spielte sich im späten 19. und im gesamten 20. Jahrhundert in den Städten Europas und Nordamerikas ab. In den erfolgreicheren Ankunftsstädten der westlichen Länder ist er, wie wir gesehen haben, weitgehend erreichbar, und heute kann man eine solche Entwicklung in den Ankunftsstädten der Entwicklungsländer beobachten. Türkische Gecekondu-Stadtviertel haben eine neue, eigene Mittelschicht hervorgebracht, die heute im Land den Ton angibt. Ehemalige Favela-Hüttensiedlungen wie der Rocinha-Bezirk von Rio de Janeiro haben sich zu begehrten Enklaven für eine mittlere Einkommensschicht entwickelt, und ihre Pendants in São Paulo haben einen Konsum- und Industrieboom und eine neue Art von Innenpolitik hervorgebracht. Die besser ausgebauten Slums von Mumbai, wie zum Beispiel Dharavi, verfügen heute über ein eigenes Wirtschaftsleben, in dem Hunderte Millionen Dollar umgesetzt werden. Ich habe in solchen Häuserlabyrinthen im Slum ansässige Fabriken gesehen, in denen 40 bis 50 Leute beschäftigt sind und deren Erträge ausreichen, um dem Nachwuchs aus dem erweiterten Familienkreis ein Informatikstudium zu finanzieren.

Jardim Angela ist heute ein gutes Beispiel für eine Mittelschichtankunftsstadt dieser Art. Nach der fünf Gruppen umfassenden Messskala für Wohlstand und Konsumverhalten brasilianischer Haushalte, bei der Gruppe A die wohlhabendsten 20 Prozent und Gruppe E das ärmste Fünftel umfasst, gehören heute mindestens 14 Prozent der im Jardim Angela umfassenden Favela-Bezirk lebenden Menschen zur eindeutig der Mittelschicht zuzurechnenden Gruppe B. Nur 31 Prozent sind der zweitärmsten Gruppe D zuzurechnen, und über die Hälfte der Favela-Bevölkerung ist der Gruppe C zuzuordnen, dem unteren Bereich der Mittelschicht. Im Vergleich zu den 1990er-Jahren ist das eine erhebliche Veränderung.* Dieses Entwicklungsmuster ist auch bei den anderen Ankunftsstadt-Favelas von São Paulo festzustellen.[8] Man erkennt das am farbenprächtigen Nebeneinander von Geschäften, Dienstleistungsbetrieben und Kleinunternehmen, das die Straßen säumt.

Dennoch sind diese Orte, weltweit gesehen, nach wie vor eher die Ausnahme als die Regel. Viele Ankunftsstädte bieten Angehörigen der zweiten Generation – unabhängig von deren Arbeits- oder Lerneifer – keine Chance für einen Aufstieg in die Mittelschicht. In vielen Ländern sind deshalb das Wirt-

---

* Bemerkenswerterweise gehören nur 0,5 Prozent der Bewohner von Jardim Angela der ärmsten Gruppe E an. In den meisten Ländern sind heute nur noch Landbewohner wirtschaftlich so schlecht gestellt, dass sie zu den ärmsten 20 Prozent der Bevölkerung zählen.

schaftswachstum und die politische Stabilität gefährdet. David Rothkopf, ein Wissenschaftler der Carnegie-Stiftung für den Weltfrieden, bezeichnete dieses Versäumnis als gewaltigen Fehler: »Von bemerkenswerten Ausnahmen wie Indien und China und einigen anderen einmal abgesehen, bei denen ein ermutigendes Anwachsen der Mittelschicht zu verzeichnen ist, haben wir eine sehr schlechte Bilanz beim Aufbau der Mittelschichten, die die Grundlage der Stabilität und das Gegenmittel für die Boom-Bust-Zyklen sind, unter denen ein großer Teil der Entwicklungsländer so zu leiden hat.«[9]

Um diese Aufgabe genauer erläutern zu können, ist es wichtig zu wissen, was wir – und was Migranten, die vom Land in die Stadt ziehen – unter »Mittelschicht« verstehen. Der Einkommensdurchschnitt ist eine Möglichkeit zur Definition einer Mittelschicht: Man greift die Familien heraus, die über 75 bis 150 Prozent des mittleren Einkommens in einem Land verfügen. Der Wirtschaftswissenschaftler Branko Milanovic nahm eine solche Einteilung für die ganze Welt vor und teilte alle 6,7 Milliarden Erdbewohner in eine »Unterschicht« – dazu zählen bei ihm die Menschen, deren jährliches Familieneinkommen unter 4000 Dollar liegt, dem Durchschnittswert in Brasilien – und eine »Oberschicht« auf, mit einem jährlichen Familieneinkommen von mehr als 17 000 Dollar pro Jahr, dem Durchschnittseinkommen in Italien. Die Unterschicht machte 78 Prozent der Weltbevölkerung aus, die Oberschicht 11 Prozent, und die weltweite Mittelschicht, deren Familien 4000 bis 17 000 Dollar jährlich zur Verfügung haben, weitere 11 Prozent.[10]

Die Mittelschicht kann auch über ihre Rolle und ihre Selbstbeschreibung bestimmt werden. Ein großer Teil der heutigen »Mittelschicht« setzt sich aus besser bezahlten Fabrikarbeitern und EDV-Fachkräften zusammen und entspricht nicht mehr dem traditionellen Bild vom Bürgertum, dennoch ist die Möglichkeit, Ersparnisse anzulegen und Investitionen zu tätigen, um den künftigen Status zu verändern, nach wie vor ein wichtiges Bestimmungsmerkmal für die aktuelle Schichtzugehörigkeit. Zur Mittelschicht gehört – in diesem Punkt herrscht nahezu vollständiger Konsens – derjenige Personenkreis, der auf nachhaltige Art und Weise und über mehrere Generationen hinweg die eigenen Bedürfnisse in Sachen Nahrung, Unterkunft und Transport mühelos befriedigen kann und außerdem über die Fähigkeit und die Bereitschaft verfügt, Geld für Investitionen in zukünftiges Wachstum zu leihen (und zurückzuzahlen), Ersparnisse und Kapital zu bilden, den eigenen Kindern jeden denkbaren Bildungsabschluss zu ermöglichen und genügend Ressourcen zu sammeln, um ein Unternehmen zu gründen, ein Haus auszubauen oder ein Fahrzeug zu kaufen, ohne beim Lebensstandard Abstriche machen zu müssen.* In den Entwicklungsländern beginnt zufälligerweise dieses Maß an Sicherheit und Komfort tendenziell fast genau auf dem Einkommensniveau, das Milanovic in seiner Untersuchung festlegte. Ein Familieneinkommen von 5000 bis 15 000 Dollar pro Jahr öffnet, mit regionalen Schwankungen, den Zugang zur Mittelschicht.

Die Mittelschicht sollte eigentlich in den beiden Jahrzehnten seit den Wirtschaftskrisen der 1980er-Jahre und der Libe-

---

* Das Wort *nachhaltig* ist hier wichtig: Wie die Finanzkrise im Jahr 2008 in vielen Ländern gezeigt hat, kann die Illusion von der Zugehörigkeit zur Mittelschicht auch auf einem nicht finanzierbaren Grad privater Verschuldung gründen.

ralisierung des Weltmarktes sehr viel mehr Zulauf bekommen haben. Das außergewöhnliche Wirtschaftswachstum in jener Zeit, mit dem eine Zunahme der Pro-Kopf-Einkommen und ein entsprechender Anstieg des Lebensstandards einhergingen, hätte eigentlich für sehr viel mehr soziale Mobilität sorgen müssen. Wirtschaftswissenschaftler in Diensten von MasterCard sagten 2006 eine »Flut« von einer Milliarde neuer, zur Mittelschicht zählender Konsumenten mit einem jährlichen Haushaltseinkommen von über 5000 Dollar voraus, die bis zum Jahr 2020 in Asien dazukommen sollten, 650 Millionen in China, 350 Millionen in Indien. Zum Zeitpunkt der Vorhersage gab es in Indien genau 12 Millionen Menschen mit einem Einkommen in dieser Höhe, in China zählten 79 Millionen zu diesem Kreis, deshalb war das erwartete Wachstum exponentiell und mit entsprechenden Ertragsaussichten für die Industrie verbunden: »Sobald das Einkommen die Schwelle von 5000 Dollar überschreitet, wandeln sich marginale Ausgaben rasch zu ins persönliche Belieben gestellten Ausgaben, dazu zählen etwa Essen im Restaurant, Reisen, Fahrzeugkäufe usw., und diese Dinge haben enorme geschäftliche und wirtschaftliche Auswirkungen«, war im MasterCard-Bericht zu lesen. Die Schätzung wurde in vergleichbaren Studien wiederholt.[11]

Dennoch ging hier etwas schief. Zwar verbesserte sich der Lebensstandard, vor allem für die Ärmsten der Armen, doch viele Menschen, die zu Beginn des langen Booms kurz vor dem Aufstieg in die Mittelschicht standen, waren 20 Jahre später immer noch nicht vorangekommen und schafften diesen Aufstieg nicht. Die überwältigende Mehrzahl dieser frustrierten Menschen bestand aus Kindern der Neuankömmlinge vom Land.

Drei Wirtschaftswissenschaftler aus bekannten US-Denkfabriken untersuchten in einer der wichtigsten Studien zur Mittelschicht in den Entwicklungsländern umfangreiche Datenbestände zur Einkommensstatistik aus aller Welt. Sie stellten fest, dass sich die Hinwendung zur Marktwirtschaft auf die Einkommensgruppen an den Extremen des Spektrums allgemein positiv ausgewirkt hatte – die Armen und die sehr Reichen erlebten in den 1990er-Jahren und in den ersten Jahren nach der Jahrhundertwende einen dramatischen Vermögenszuwachs (bei den Armen war dies zum größten Teil auf die Urbanisierung zurückzuführen). Aber sie kamen zu dem Ergebnis, dass »die Mitte sehr unterschiedliche Auswirkungen zu verzeichnen hatte: mehr Aufstiegsmöglichkeiten in manchen Bereichen, [...] aber wachsende Unsicherheit und Abstieg in anderen.« Die Liberalisierung brachte zum Beispiel den meisten Menschen in Lateinamerika Einkommenszuwächse, aber »wachsende wirtschaftliche Unsicherheit für Haushalte mit mittlerem Einkommen«. Die Untersuchung hielt fest, dass große Segmente der Mittelschicht – im Wesentlichen die Menschen ohne Hochschulstudium oder familiäre Verbindungen (das heißt: die zweite Generation in der Ankunftsstadt) – »im Stau festsitzen«.[12]

Dieses »Festsitzen« hat an zu vielen Orten der Welt große Teile einer ganzen Generation von der Mittelschicht ferngehalten. Der Geograf Jan Nijman stellte in einer Untersuchung zur sozialen Mobilität in Mumbai fest, dass in den 1990er-Jahren »der obere Teil der mittleren Einkommensschicht im Verhältnis zur Gesamtzahl gewachsen, der untere Teil der mittleren Einkommen geschrumpft ist und die Zahl der Armen sich leicht vergrößert hat«, und das bedeutet: Die Zahl der Neuzugänge in der Mittelschicht war in jenem Jahrzehnt geringer als die Zahl der Armen, die Jahr für Jahr neu in die Stadt kam. In seiner detaillierten Untersuchung zu neuen Hauskäufern stieß er auf »wenig aufstiegsorientierte Mobilität«, mit anderen Worten: Die Mehrheit der Hauskäufer stellten die Kinder von Hausbesitzern, nicht die Kinder von Migranten. Menschen, die eigentlich in die Mittelschicht hätten aufsteigen sollen, diejenigen, die 5000 bis 8000 Dollar pro Jahr verdienten, sahen sich vom Hausbesitzerstatus ausgeschlossen.[13] In einer Zeit, in der andere Formen des Wachstums weit verbreitet waren, war der Aufstieg in die Mittelschicht in Indien und anderswo schwierig geworden.

Das Problem hatte nur wenig mit Märkten, dafür aber viel mit den Reaktionsweisen von Regierungen zu tun. Viele Regierungen schienen sich genau in dem Augenblick zurückzuziehen, in dem sie den Menschen, die sich eben erst aus der Armut gelöst hatten, beim Zugang zur Mittelschicht hätten helfen sollen. Eine gewaltige haushaltspolitische Fehlkalkulation. Im Anschluss an die 1980er-Jahre, in denen sich die Länder dem Markt geöffnet hatten, gingen viele Regierungen zu einer äußerst restriktiven Ausgabenpolitik über. Manchmal war dies eine Bedingung internationaler Geldgeberinstitutionen, die mit Nothilfekrediten verbunden wurde, in vielen anderen Fällen öffneten sich die Länder jedoch zum ersten Mal den internationalen Kapitalmärkten und wollten auf diese Weise ihre gesamtwirtschaftliche Disziplin demonstrieren. In beiden Fällen kam dabei heraus, dass es ein großer Teil der Welt versäumte, in die Entwicklung der eigenen Mittelschicht zu investieren (und in das Gelingen ihres Aufstiegs aus der Armut über die Ankunftsstädte).

Diese Menschen sollten den Preis dafür bezahlen, bis weit ins 21. Jahrhundert hinein.

»Diese Gesellschaften ignorierten eine paar entscheidende Dimensionen für die Entwicklung einer Mittelschicht«, meint Sherle Schwenninger, der US-Wirtschaftswissenschaftler und Mitverfasser einer bedeutenden Untersuchung aus dem Jahr 2007, in der festgestellt wurde, dass die Mittelschicht weltweit stagniert hatte.[14] »Sie hatten sich bei der Entwicklung des Eigenheim-Hypothekenmarkts Zeit gelassen, der seinerseits die Entwicklung mittelständischer Industriebetriebe unterstützt hätte; und sie vernachlässigten die staatlichen Investitionen in die Infrastruktur«, sagte er mir. »Zu große Bereiche der Volkswirtschaft wurden ignoriert, teilweise unter dem Druck, auf die Staatsfinanzen achten zu müssen.«

Die Teile der Volkswirtschaft, die von diesen Regierungen ignoriert wurden, waren genau diejenigen, die ihren Platz in der Ankunftsstadt hatten. Die Institutionen und Leistungen, die für ein Funktionieren der Ankunftsstadt am dringendsten gebraucht wurden, erwiesen sich in einer Analyse nach der anderen als der Bereich, in dem die Mobilität gescheitert war.

Janice Perlman, die bei ihrer Arbeit mit südamerikanischen Migranten, die vom Land in die Stadt gezogen waren, Anfang der 1970er-Jahre als Erste die in wirtschaftlicher Hinsicht zentrale und dynamische Rolle der Ankunftsstadt erkannt hatte, kehrte zurück, um ihre Themen und ihre Kinder noch einmal zu besuchen und zu studieren. »Der Wechsel von einem ländlichen Analphabetenleben in der Landwirtschaft (oder Fischerei) zu einem lesekundigen städtischen Leben als Arbeiter war in punkto sozioökonomische Mobilität für die ursprünglichen Interviewpartner oder ihre Eltern ein großer Sprung«, schrieb sie, und »es gab im Lauf von 35 Jahren große Verbesserungen bei der kollektiven Inanspruchnahme städtischer Dienstleistungen und beim individuellen Konsum von Haushaltswaren«. Aber während »bei der Schulbildung der Kinder von früheren Interviewpartnern bedeutende Fortschritte gemacht wurden, [...] schlagen sich diese Fortschritte nicht vollständig in besseren Tätigkeiten nieder«. Beachtenswert fand Perlman »eine verblüffend niedrigere Rendite von Investitionen in Bildung« für die Bewohner von Ankunftsstädten: Die Ausgaben für den Besuch eines privaten Gymnasiums oder einer privaten Hochschule, die zum Beispiel die Familie Magalhães in São Paulo auf sich nimmt, sind keine Garantie für den Aufstieg in die Mittelschicht. Perlman stellte fest, dass einer großen Zahl von Kindern aus brasilianischen Zuwandererfamilien vom Land der Aufstieg in die Mittelschicht gelingt. Aber sie schaffen das nur, wenn sie die Ankunftsstadt verlassen. 34 Prozent der einstigen Interviewpartner leben heute außerhalb der Ankunftsstadt in »legalen« Stadtvierteln, die von Hausbesitzern bewohnt werden, die der Mittelschicht zuzurechnen sind, was auch für 44 Prozent ihrer Kinder und 51 Prozent ihrer Enkelkinder gilt. Sie brauchten allerdings eine Universitätsausbildung, um an andere Jobs heranzukommen als ihre Eltern.[15]

Einer anderen groß angelegten Untersuchung im Auftrag des in New York ansässigen Council on Foreign Relations ist zu entnehmen, dass diejenigen Entwicklungsländer, in denen die Mittelschicht anwuchs, über stabile Währungen verfügten und langfristige Kapitalströme anlockten, aber außerdem auch noch eine Reihe von Dingen ins Werk gesetzt hatten, die direkt auf die Ankunftsstadt abzielten: Finanzinstitutionen, die kleine Unternehmen unterstützen konnten, sowie »Zugang zu langfristigen Krediten zu vernünftigen Bedingungen« für arme Konsumenten, und mit diesen Mitteln wurden dann Wohneigentum, Universitätsausbildung und Infrastrukturentwicklung finanziert.[16]

Noch bedeutsamer waren die Ergebnisse einer Studie der Vereinten Nationen zur Einkommenssituation in den Entwicklungsländern, in der die Einflussfaktoren untersucht wurden, die ein Anwachsen der Mittelschicht im ersten Jahrzehnt des 21. Jahrhunderts verhindert hatten. Dort wurde festgestellt, dass Entwicklungsländer zwar in die Universitätsausbildung investierten, dass dies aber auf Kosten der Grund- und der weiterführenden Schulen für die Armen geschehe. Die Nutzeffekte des Bildungswesens würden so einseitig der bestehenden Mittelschicht zugutekommen, Familien von Migranten ausschließen und so die soziale Mobilität verringern.

Die Studie hielt außerdem fest, dass die Grund- und die weiterführenden Schulen für die Armen nicht dieselben Ergebnisse erzielten: Die besten Lehrer und Bildungsressourcen gebe es außerhalb der Ankunftsstadt.[17]

Der Wirtschaftswissenschaftler Amartya Sen erkannte als Erster, dass Armut grundsätzlich nicht durch einen Mangel an Geld oder Besitz oder fehlende Begabung und zu wenig Ehrgeiz, sondern durch einen Mangel an »Verwirklichungschancen« bedingt ist – es fehlt an Mitteln und Chancen, mit denen man als vollwertiger Bürger am Gemeinschaftsleben teilnehmen könnte.[18] Dieses Konzept hat im Bereich der Entwicklung breite Anwendung gefunden, aber seine deutlichste und offensichtlichste Bestätigung findet es in der Ankunftsstadt. Hier, wo der Wille zur Verbesserung des bestehenden Zustandes am deutlichsten ausgeprägt ist, leiden die Menschen am meisten unter dem Fehlen von Verwirklichungschancen, diesen griffigen Ansatzpunkten in der ansonsten glatten, senkrechten Fassade der Wirtschaft. Am dringendsten gebraucht werden, wie wir gesehen haben, die Chance, ein Unternehmen zu gründen, und die Chance auf Bildung: Wenn beide gegeben sind, kann sich eine ganz neue Gesellschaftsschicht entwickeln. Diese Verwirklichungschancen entstehen plötzlich, wie auch in Jardim Angela geschehen, wenn Menschen eine effektive Selbstverwaltung haben, wenn sie in Sicherheit leben können und Zugang zu Krediten und der städtischen Infrastruktur haben, wenn sich die Regierung aktiv an der Entwicklung des Gemeinwesens beteiligt. Und ein weiterer Schlüssel für die Nutzung dieser Verwirklichungschancen ist in den Augen der Ankunftsstadtbewohner und zahlreicher sachkundiger Beobachter das uneingeschränkte Besitzrecht über das Stück Land, auf dem man lebt.

EIN HAUS FÜR MR UND MRS PARAB

MUMBAI, INDIEN

Ich lernte die Familie Parab an dem Tag kennen, an dem sie in die Mittelschicht aufstieg. Die vier Familienmitglieder waren in der trüben Mattigkeit eines Spätfrühlingsmorgens in Mumbai erwacht, nachdem sie die Nacht aneinandergekuschelt auf dem Fußboden des schwach beleuchteten Ein-Zimmer-Chawls verbracht hatten, das sechs Jahre lang ihr Zuhause gewesen war. Ein Betonwürfel mit einer Grundfläche von 18 Quadratmetern und einem Wellblechdach, über der sauberen Hauptfläche erhob sich eine Kochplattform. Die Familie grüßte in dem schmalen Durchgang draußen vor der Tür noch ihre Nachbarn, verstaute die letzten Habseligkeiten in einem wartenden Minivan und machte sich auf den holprigen halbstündigen Weg in ein benachbartes Viertel, in dem es noch sehr viele Bäume gab.

Als sie sich den Om Shanti Apartments näherten, einem grauen, von der Witterung schon etwas gezeichneten 22 Jahre alten Betonturm, erzählte die 36 Jahre alte Subhashini Parab ihren Kindern begeistert von den Vorzügen der neuen Umgebung. »In der einen Richtung ist der Bahnhof zu Fuß nur fünf Minuten entfernt, und in der anderen Richtung sind es auch nur fünf Minuten bis zu einem sehr guten Tempel«, sagte sie zum 18-jährigen Prateek und zum 11-jährigen Rohan, obwohl es für solche beruhigenden Worte gar keinen Bedarf gab. Sie hatte in den 18 Ehejahren mit Manohar, einem ruhigen Mann, der 16 Jahre älter war als sie, konsequent darauf hingearbeitet, dass die Familie aus den Slums herauskam und den Aufstieg in die Mittelschicht schaffte. Dies war der lange aufgeschobene Augenblick ihrer Ankunft. Es hatte sehr viel länger gedauert, als sie erwartet hatten, und war nur gelungen, weil der Immobilienmarkt in den Slums boomte.

Wenige Augenblicke später entdeckten sie die stille Isolation der Mittelschicht. Hier schien es endlos weite Fußböden aus poliertem Marmor zu geben, die neuartige Aussicht auf getrennte Räume für verschiedene Zwecke, dicke Mauern, die die Familien voneinander trennten, und eine eigene Toilette. Im Chawl gab es morgens zwei Stunden lang Wasser, abzuholen durch einen kurzen Fußmarsch. Hier war Wasser ständig verfügbar und kam aus der Wand. Eine Wohnung dieser Art wird in der Geheimsprache der Immobilienangebote in Mumbai als »1bhk« bezeichnet, »one-bedroom-hall-kitchen«, eine einfach ausgestatte, in drei Räume unterteilte, 42 Quadratmeter große Wohnung, die durch große Fenster gut beleuchtet wurde. Der erstaunlichste, zugleich auch der am stärksten irritierende Eindruck, den diese Wohnung der Familie Parab vermittelte, war ihre Stille. Hier würden sie nicht mehr jedes Wort hören und jede Bewegung wahrnehmen, die es in ihrer Umgebung gab. Die Luft war nicht mehr pausenlos vom lebhaften Geschnatter des Gemeinschaftslebens erfüllt. Sobald sie aufhörten zu sprechen, wurde es still. Der beunruhigte Manohar stellte den neuen Fernseher mit dem 26-Zoll-Bildschirm auf ein Bollywood-Musical ein, drehte die Lautstärke auf und ließ das Gerät laufen, während wir uns unterhielten.

Die Parabs hatten die Wohnung bereits vor einem Monat gekauft, aber beschlossen, noch weitere vier Wochen im Slum zu bleiben, und zwar aus einem Grund, der wohl fast überall auf der Welt als mittelschichttypisch angesehen würde: Subhashini hatte ihren im Lauf eines ganzen Lebens gesammelten Goldschmuck zu Geld gemacht, einen Schatz, der mit 10 000 Dollar bewertet und traditionell eigentlich für die Hochzeit der eigenen Kinder aufgespart wurde, und den Erlös für Renovierungsarbeiten in der schmuddeligen alten Wohnung ausgegeben. Eine Wand wurde herausgebrochen, neue Küchenmöbel eingebaut, Fußbodenfliesen durch Marmor ersetzt, und ihr Cousin, der Schreiner war, installierte an den Decken beeindruckende neue Leisten und Lampen. Das Ehepaar sprach über den Komfort und die Selbstachtung, die ihnen diese Verbesserungen bringen würden – und Selbstachtung in den eigenen vier Wänden ist ein Wert, der unter Slumbewohnern nicht zu vernachlässigen ist –, aber die beiden sprachen auch über den Eigenkapitalwert. Diese Verbesserungen würden auch den Wiederverkaufswert der Wohnung erhöhen, die sie eben erst für 42 500 Dollar erworben hatten.

Es war ein elegantes Zuhause. Und es gehörte ihnen kaum. Ihr Haushaltseinkommen hatte vor drei Jahren die Schwelle zur Mittelschicht überschritten, als Manohar eine Anstellung als Fahrer von Vorstandsmitgliedern eines Unternehmens fand, das elektronische Instrumente herstellt. Er war im Alter von 14 Jahren aus seinem Dorf im Herzen des Bundesstaats Maharashtra nach Mumbai gekommen. Den Übergang von den Nächten auf dem Bürgersteig zum Slum schaffte er mithilfe eines Netzwerks von anderen Migranten aus seinem Heimatdorf. Subhashini stammte aus einer schon länger in der Ankunftsstadt ansässigen Familie. Sie war eine kontaktfreudige Frau von einzigartigem Selbstvertrauen und machte den Auszug ihrer Familie aus dem Slum seit ihrer Heirat im Alter von 18 Jahren zu einem gut organisierten Projekt.

Manohars Jahresverdienst von 6600 Dollar genügte nicht, wenn sie dieses Ziel auch erreichen wollten. Die Parabs hatten mit zwei Problemen zu kämpfen, die in der Welt der Ankunftsstädte weit verbreitet sind: mit einem illiberalen Immobilienmarkt, der durch Zonierungen, Bestimmungen zur Mietpreiskontrolle und Eigentumsbeschränkungen streng reglementiert ist, und mit einem unterentwickelten Kreditmarkt, der angemessene Hypothekenkredite nur an die allerhöchsten Einkommensgruppen vergibt. Das eine Paket von Einschränkungen schreckte jedermann vom Bau oder Verkauf von Wohnraum ab, der für die untere Mittelschicht erschwinglich war (oder für nahezu alle Interessenten, wie Millionen von Haus- und Wohnungskäufern in Mumbai inzwischen feststellten); das andere ließ es nicht zu, dass die Parabs auch nur irgendeine Art von Hypothek aufnahmen, auch nicht, wenn sie eine beträchtliche Anzahlung auf die Gesamtsumme leisteten. Dinanath Berde, der Immobilienmakler, der ihnen die Wohnung verkaufte, sagte mir: »In dieser Stadt gibt es sehr viele arme Leute, die gerne eine Dreizimmer-Wohnung hätten, aber allzu oft sind solche Wohnungen nicht zu haben – entweder, weil sie niemand bauen kann, oder, weil das Budget der Interessenten dem Angebot nicht entspricht. Hier gibt es einfach keine Einsteigerangebote für günstigen Wohnraum.«

Die Parabs sollten noch drei weitere Jahre brauchen, bis sie ihre Ersparnisse und ihr laufendes Einkommen in eine Wohnung investieren konnten, eine Zeit, in der sie Monate mit Terminen bei Banken und Immobilienmaklern verbrachten, gesetzliche Bestimmungen recherchierten und nach einer besser bezahlten Arbeit suchten. Schließlich erreichten sie ihr Ziel, indem sie sich eine ganz andere Seite von Mumbais Immobilienmarkt zunutze machten. Sie hatten, wie viele andere Ankunftsstadtbewohner in aller Welt, ihre Slumhütten gekauft, als sie sich vom untersten Niveau von Slumbehausungen nach oben arbeiteten. Sie hatten ihre beiden früheren Quartiere behalten und sowohl die erste, nur zehn Quadratmeter große Hütte wie auch das später bezogene, 18 Quadratmeter große Chawl für Vermietungen genutzt. Für die erste Hütte bekommen sie 35 Dollar, für die zweite 70 Dollar pro Monat. Mit Subhashinis Verdienst aus der Teilzeitarbeit in einer Modeschmuckwerkstatt steigerte das ihr Haushaltseinkommen auf knapp unter 8000 Dollar jährlich – es lag knapp unter dem Punkt, an dem man Kredit bekam. Wie andere Menschen in aller Welt, die sich um den Aufstieg in die Mittelschicht bemühen, stellten die beiden fest, dass die Grenze nicht mit einem Einkommen allein überschritten werden kann: Man muss zu einer Familie mit zwei, in manchen Fällen sogar mit drei Einkommen werden. Diese Entwicklung hat den Frauen in vielen ansonsten traditionell ausgerichteten Gemeinschaften erhebliche wirtschaftliche und soziale Macht verschafft. Und sie hat Kinderbetreuungsdienste zu einer in der Ankunftsstadt unerhört wichtigen Einrichtung gemacht.

Der Wohnungskauf war, all diesen Einnahmequellen zum Trotz, keine einfache Angelegenheit. Die Parabs kamen für irgendeine Art von Hypothek nach wie vor nicht infrage. Die indischen Banken verhalten sich bei der Kreditvergabe extrem konservativ. Diese Tatsache bewahrte die Wirtschaft des Landes bei der Finanzkrise 2008 vor dem Ruin, hielt aber zugleich auch Millionen von Menschen vom Immobilienmarkt fern. Die Parabs nahmen stattdessen, wie Millionen andere Familien in den Entwicklungsländern, einen Verbraucher-Einkaufkredit in Anspruch, vorgeblich für den Erwerb von Haushaltsgeräten und zu einem viel höheren Zinssatz als bei den meisten Hypothekenkrediten. Und selbst das reichte noch nicht ganz: Wie in Mumbai üblich, mussten sie noch, außerhalb der legalen Buchführung, mehrere Tausend Dollar »Schwarzgeld« bar und direkt an die Verkäufer zahlen, über den offiziellen Einkaufspreis hinaus.

Diese Familie benötigte für ihren Aufstieg ins Mittelschichteigenheim ein Netzwerk von Immobilienunternehmen und eine äußerst komplizierte Finanzierung mit einem hohen Fremdfinanzierungsanteil. Das hat ihr zwar ein Zuhause verschafft, aber das Ganze steht auf wackligen Beinen: Die monatlichen Ausgaben, darunter 200 Dollar für den Kredit, 15 Dollar für die Instandhaltung, 80 Dollar Studiengebühren für Prateek und 12 Dollar Schulgeld für Rohans weiterführende Schule, entsprechen in etwa Manohars Monatsverdienst. Bei einem Unglücksfall oder sonstigen Rückschlag hat die Familie keinerlei finanziellen Spielraum mehr. »Die finanzielle Situation ist schwierig – wir mussten so viel Kredit aufnehmen, und unser Einkommen deckt kaum die Ausgaben«, sagt Manohar. »Wir zählen wirklich in allen Dingen auf unsere Söhne.« Prateek, der in einer Wohnzimmerecke seine Java-Kenntnisse am Computer trainiert, schaut bei diesen Worten nervös zu uns herüber.

Das Geheimnis der erfolgreichen Ankunft in der Stadt ist bei den Familien Magalhães und Parab wie auch bei Sabri Koçyigit in Istanbul und der Familie Tafader in London mit vollständigem und rechtmäßigem Immobilienbesitz verbunden. Das verschaffte ihnen nicht nur einen sicheren Wohnort, sondern auch eine Eigenkapitalquelle. Der Übergang zur Mittelschicht in der Ankunftsstadt stützt sich sehr oft auf Immobilienwerte.

Soziale Mobilität kann zum Stillstand kommen, wenn sich diese Werte als illusorisch erweisen. Die meisten in den Ankunftsstädten der Welt lebenden Menschen haben zwar irgendjemandem für ihr Eigentum Geld bezahlt und halten sich selbst für die alleinigen Eigentümer, aber viele von ihnen sind weder rechtmäßige noch abgesicherte Besitzer: Regierungsbehörden oder privatwirtschaftliche Bevollmächtigte könnten sie jederzeit vertreiben, und ihr Zuhause hat keinen offiziellen finanziellen Wert, kann also auch nicht für andere Zwecke beliehen werden. Eine Studie enthält die Schätzung, dass zwischen 25 und 70 Prozent der Bewohner der sich entwickelnden Städte Asiens, Lateinamerikas, Afrikas südlich der Sahara und der arabischen Länder auf Land leben, für das sie keine unanfechtbare Besitzurkunde vorweisen können.[19]

Die Frage des Eigentums an Immobilien war für sehr viele Politiker und Wirtschaftswissenschaftler in den letzten 20 Jahren das wichtigste Thema im Zusammenhang mit Ankunftsstädten. Dieser Punkt, so glauben sie, ist der Anfang und das Ende der Frage der sozialen Mobilität. Die Debatte begann in den 1980er-Jahren, als ein peruanischer Wirtschaftswissenschaftler eine Kampagne eröffnete, durch die Millionen von aus ländlichen Gebieten zugewanderten Landbesetzern zu Eigentümern werden sollten. Hernando de Soto gründete ein Netzwerk von Formalisierungskomitees, die das Durcheinander von Landrechten in der Ankunftsstadt in gültige Besitztitel umwandelten und es den Menschen ermöglichten, innerhalb weniger Tage und mit ein paar Formularen kleine Unternehmen zu gründen, anstatt wie früher Hunderte von Tagen warten und Dutzende von Formularen einreichen zu müssen. Es war eine Übung mit dem Ziel, die Ärmsten der Armen im Schnellverfahren in das Wirtschaftsleben einzugliedern. De Soto beschrieb diese Entwicklung 1989 in einem Buch mit dem provokativen spanischen Originaltitel *El Oltro Sendero (Der andere Pfad)*. Das war eine Anspielung auf die Guerillabewegung *Sendero Luminoso (Leuchtender Pfad)*, eine extreme maoistische Gruppierung, die zur wichtigsten oppositionellen politischen Kraft in Peru geworden war. Wie viele andere Bewegungen auch, bedrohte sie die staatliche Einheit, indem sie die frustrierte und festsitzende zweite Generation in der Ankunftsstadt zu gewalttätigem Handeln mobilisierte. De Soto vertrat in seinem Buch die Ansicht, die simple Gewährung von Eigentumsrechten für die aus den Dörfern zugezogenen Landbesetzer in den Randbezirken der Städte sowie Erleichterungen bei der Gründung von Unternehmen seien eine viel bessere Methode für die Beendigung der Armut und die Schaffung einer Mittelschicht als die radikalen Kollektivierungen, die der Leuchtende Pfad vorschlug, oder die eher bürokratischen, vom Staat ausgehenden Lösungen, wie sie populistischen Regierungen vorschwebten.[20]

De Sotos Botschaft erzielte dramatische Wirkungen, nicht nur in Südamerika, sondern vor allem in Washington. Seine Methoden wurden bei vielen Regierungen in den Entwicklungsländern zur gängigen Praxis, und vermutlich kamen durch seinen Einfluss Hunderte Millionen Menschen an der Peripherie der Städte zu rechtsgültigen Besitzurkunden für ihr Grundstück. Zu Beginn seiner Tätigkeit half es de Soto, dass er sich gegen die meisten Formen staatlicher Neuverteilung wandte, denn diese Botschaft gefiel den in jener Zeit von Republikanern geführten US-Regierungen. Hilfreich war außerdem, dass auch Alberto Fujimori, der konservative, Washington-freundliche Staatspräsident von Peru, de Sotos Ideen guthieß.

Das Wort »Formalisierung« war in den 1990er-Jahren einige Zeit lang, vor allem durch den Einfluss von *Der andere Pfad (Marktwirtschaft von unten)*, das Mantra der Weltbank, der US-Agentur für Internationale Entwicklung und anderer Institutionen, die sich der Bekämpfung der Armut verschrieben hatten. Sie hatten zu guter Letzt ihre Aufmerksamkeit der Ankunftsstadt zugewandt und ein herausragendes Hilfsmittel entdeckt: Wohneigentum. De Sotos Denkfabrik, das Instituto Libertad y Democracia (ILD; Institut für Freiheit und Demokratie), beriet zahlreiche Regierungen von Entwicklungsländern und propagierte die Botschaft der Formalisierung, und Dutzende arme Länder nahmen den Rat an und gewährten Landbesitzern in den 1990er-Jahren Besitzrechte. De Soto publizierte 2000 ein noch erfolgreicheres Buch, *The Mystery of Capital: Why Capitalism Triumphs in the West and Fails Everywhere Else* (dt. 2002 unter dem Titel: *Freiheit für das Kapital! Warum der Kapitalismus nicht weltweit funktioniert)*, in dem die schockierende Behauptung nachzulesen war, dass »[n]ach unseren Berechnungen der Gesamtwert der Immobilien, die sich in der Dritten Welt und im ehemaligen Ostblock im Besitz der Armen befinden, aber nicht ihr legales Eigentum sind, mindestens 9,3 Billionen Dollar [beträgt]«.[21]

Wenn dieses Kapital freigesetzt werden könnte, indem die Armen das formelle Besitzrecht an ihren Häusern erhielten, schrieb de Soto, wäre das Ergebnis ein wirtschaftliches Äquivalent zur Kernspaltung, weil sofort eine gewaltige Menge ungenutzten Kapitals frei würde, die im Süden und Osten der Welt für die Schaffung einer neuen Mittelschicht genutzt werden könne.

De Sotos Ideen hatten an manchen Orten enormen Erfolg. In Brasilien führte die Vergabe von Besitzurkunden für besetztes Land zu hervorragenden Ergebnissen bei der Bekämpfung der Armut und der Schaffung einer Mittelschicht.[22] In der Türkei waren die intensive gesetzgeberische Arbeit und die rechtliche Anerkennung der in Eigenarbeit errichteten Gecekondu-Häuser am Stadtrand zugleich die Geburtsurkunde einer neuen Mittelschicht und der Beginn einer wirtschaftlichen und politischen Erneuerung. Eine Reihe von Untersuchungen kam außerdem zu dem Ergebnis, dass die rechtliche Anerkennung das Leben der Menschen verbessert hat, weil sie den Armen mehr Geld für Investitionen in die Hand gab und die Lasten verringerte, die mit dem Erhalt und der Sicherung ihres Landes verbunden gewesen waren. Diese Feststellungen bezogen sich auf die Situation in Thailand, Ecuador, Nicaragua und Peru.[23] Auch indische Städte haben bei der Umsetzung solcher Programme gewisse Erfolge erzielt.

In anderen Ländern bewirkte die schlichte Gewährung von Besitzrechten allerdings nur wenig für die Verbesserung der Lebensqualität. In Kolumbien und Mexiko stellte man fest, dass Landbesitz den Zugang der Menschen zu Krediten nicht erleichterte (oder sie nutzten ihn nicht, wenn dies doch der Fall war). In Jordanien lautete das Ergebnis, dass Eigentumsrechte den Menschen weder mehr Sicherheit für ihren Besitz verschafften noch für mehr Investitionen sorgten.[24]

Eine Untersuchung zu solchen Programmen in Afrika südlich der Sahara ergab, dass Eigentumsrechte das Leben der neuen Landbesitzer in Wirklichkeit unsicherer gemacht hatten, weil sie sich in ihrer gesamten Lebensführung im Umgang mit Regierung und Wirtschaft jetzt in der Defensive wiederfanden.[25] Aus anderen Untersuchungen zur Situation in Ghana und Nigeria ergab sich, dass die Armen in manchen Fällen besser dastanden, wenn sie als Landbesetzer im Rahmen einer informellen, keine Steuern zahlenden Schattenwirtschaft verblieben.[26] Wieder andere Studien führten zu der Schlussfolgerung, dass die Formalisierung zwar dem größten Teil der Armen half, weil sie ihnen den Zugang zur Mittelschicht eröffnete, aber den Ärmsten der Armen schadete, weil diese nicht über die Ressourcen verfügten, mit denen sich auch nur diese unterste Sprosse erreichen ließ, und letztlich in die Obdachlosigkeit oder in die ländliche Armut zurückgestoßen wurden.[27]

Selbst die diesem Konzept zugrundeliegenden Erfahrungen in Peru lieferten zunächst kein großartiges Beispiel. Anfangs gab es erste Ansätze zur Herausbildung einer Mittelschicht in den Slums, doch Fujimoris monomane Vorgehensweise bei Wirtschaftsreformen führte zu einem Phänomen, das unter der Bezeichnung »Fuji-Schock« bekannt wurde. Die Hyperinflation war beendet, das Haushaltsgleichgewicht wiederhergestellt, aber die Menschen in Peru litten unter sinkenden Löhnen, steigenden Lebensmittelpreisen und zunehmender Armut. Zwar fanden einige Bewohner der Ankunftsstädte Zugang zur Mittelschicht, aber im Gegenzug rutschte eine noch größere Zahl von Stadtbewohnern aus der Mittelschicht in die Armut ab.

Der Weg aus der Armut bestand offensichtlich nicht allein aus schlichtem Landbesitz. Es musste noch etwas anderes hinzukommen. Aus der Entwicklung in Dutzenden von Ankunftsstädten, die ich besucht habe, wird deutlich, dass Eigentumsrechte unabdingbar sind und von der überwiegenden Mehrheit der Migranten vom Land und ihren Nachkommen auch angestrebt werden, aber damit allein ist noch wenig erreicht, wenn nicht ein breites und teures Spektrum von der Regierung finanzierter Dienstleistungen und Hilfsmaßnahmen hinzukommt. Die einschlägige Forschung in aller Welt bestätigt diese Schlussfolgerung. Sie zeigt, dass es auch eines aktiven finanziellen Engagements und direkter Beteiligung des Staates bedarf und die bloße Ausfertigung von Besitzurkunden und die Qualitäten des Marktes allein nicht ausreichen, wenn soziale Mobilität erreicht werden soll. Ankunftsstädte, so heißt es in einer Analyse, »brauchen einen an der allgemeinen Wohlfahrt orientierten politischen Willen und eine dazugehörige Stärke, denen eine Formalisierung der wirtschaftlichen Beziehungen eine vielleicht wichtige, aber bei Weitem nicht ausreichende Grundlage bietet«.[28] In einer US-amerikanischen Untersuchung liest sich das so: »Echte Sicherheit von Wohnraum wird gestützt von Schulen und Arbeitsplätzen am Ort, von Einrichtungen zur medizinischen Versorgung, Wasserversorgung und Kanalisation und Nahverkehrssystemen. Dieser gesamte Komplex von Dingen, die man täglich braucht, verleiht dem Eigentum Wert. Das Besitzrecht allein ist ohne Versorgungsdienstleistungen und Infrastruktur wenig wert.«[29]

Aus dieser Forschungsarbeit und aus Erfahrungen, wie sie die Familie Magalhães in Brasilien und die Familie Parab in Indien gemacht haben, ergibt sich ein Schluss, der wohl weder den Ideologen der sozialistischen Linken noch den rechten Marktradikalen gefallen wird: Will man den armen Migranten vom Land soziale Mobilität und Zugang zur Mittelschicht ermöglichen, braucht man sowohl einen freien Markt mit breit gestreutem Privateigentum als auch eine starke und durchsetzungsfähige Regierung, die bereit ist, massiv in diesen Übergang zu investieren. Wenn beides gegeben ist, wird der Wandel eintreten.

10 Stilvoll ankommen

INTENSITÄT, SPONTANITÄT, AUTONOMIE
SLOTERVAART, AMSTERDAM, NIEDERLANDE

Mohammed Mallaouch kam mit einem Flug aus Marrakesch auf dem Flughafen Schiphol an, nahm den Zug zu den westlichen Vororten Amsterdams und staunte über die geometrischen grünen Muster, die er zu sehen bekam. Im Vergleich zu den aus niedrigen Lehmhäusern bestehenden Dörfern seiner gebirgigen Heimatregion im Norden Marokkos und den hektischen Enklaven von Marrakesch war das hier doch eine ganz andere Lebensweise.

In seinen Augen sah er die von Grünflächen durchzogene Modellbaustadt eines Kindes von sich, die aus Lego-Steinen und grünem Filz errichtet worden war. Die am Reißbrett geplante Enklave Slotervaart war, in bewusstem Kontrast zum dicht bebauten Durcheinander im nahe gelegenen berühmten Zentrum der Kanalstadt, ein ordentliches Gitterwerk aus breiten, niedrigen Wohngebäuden, zwischen denen sich großzügig bemessene Grünanlagen erstreckten. Jedes Gebäude war durch einen breiten Grünstreifen aus Rasen und Bäumen von einer mäandernden, ruhigen Straße getrennt. Die Anlage war vom hektischen Treiben der Innenstadt durch einen großen, aufgeforsteten Park getrennt, durch den Straßen auf erhöhten Trassen verliefen. Slotervaart und der größere Bezirk Overtoomse Veld, zu dem die

Wohnanlage gehört, wurden in den 1960er-Jahren auf dem Gelände eines im Krieg durch Bombenangriffe zerstörten Industriegebiets angelegt und waren als Schlafstadt für holländische Arbeiter konzipiert. Den Mietern in den kleinen Wohnungen boten sich als Einkaufsgelegenheiten nur ein paar kleine Geschäfte an der Hauptstraße, auf diese Weise sollte das häusliche Leben ruhig bleiben und vom Getöse des Kommerz und Kapitalismus ferngehalten werden. Zwischen den Häusern lagen zahlreiche öffentliche Plätze, die für Fußgänger gedacht waren. Die Anlage war, wie so viele Stadtrandgebiete in ganz Europa, von den Ideen Le Corbusiers und des Congrès Internationaux d'Architecture Moderne inspiriert, der die Ansicht vertrat, der Schlüssel zu einem guten Leben liege in der strikten funktionalen Trennung der Bereiche Arbeiten, Leben und Erholung. Vor diesem Hintergrund wurde eine strikte Zonierung betrieben. Die öffentlichen Plätze wurden in den Entwürfen der Architekten mit kleinen Gruppen bleichgesichtiger Menschen dekoriert, die sich unterhielten und das Herumstehen unter freiem Himmel zu genießen schienen.

»Zunächst sah das alles perfekt aus«, sagt Mohammed, »und in vielerlei Hinsicht ist es auch ein guter Wohnort, aber nach ein paar Wochen in Slotervaart war mir klar, dass es hier ein sehr ernstes Problem gab. Das Viertel war zum Abladeplatz für Migranten geworden, die vom gesellschaftlichen Leben vollkommen abgeschnitten waren.« Mohammed war aus Marokko gekommen, um hier als Lehrer zu arbeiten. Bei seiner Ankunft im Jahr 1992 stellten die Migranten aus Marokko etwa die Hälfte der 45 000 Einwohner von Slotervaart (außerdem gab es noch eine bedeutende türkische Minderheit), und die meisten von ihnen kamen aus der entlegenen, ganz und gar ländlich strukturierten, bergigen Rif-Region, die auch er selbst als seine Heimat bezeichnete. Sie waren seit den 1960er-Jahren hierhergekommen und hatten die Lücken auf dem Arbeitsmarkt eines Landes gefüllt, das für seine niedrige Geburtenrate und für eine Wirtschaft bekannt war, die häufig Beschäftigungsbooms erlebte.

»Das größte Problem, mit dem ich von Anfang an zu kämpfen hatte, war, dass so wenige Kinder Niederländisch sprachen. Niemand half ihnen, die Sprache zu lernen, und es gab keinen Grund für sie, sie überhaupt lernen zu wollen.« Der nächste Punkt, der ihn verblüffte, war der dichte Bestand an Satellitenschüsseln, der auf den Balkonen zu sehen war. Das bezeichnen die Niederländer als »Satellitenschüsselstadt«: eine isolierte Insel in der Stadt, die über das Fernsehen mit den Kulturen des Maghreb und der weiteren arabischen Welt verbunden ist, aber kaum eine Verbindung zu den Niederlanden unterhält. Mohammed war schockiert von der miserablen Qualität der Staatsschulen und des dortigen Unterrichts: Nur die allerschlechtesten Lehrer waren bereit, hier draußen zu arbeiten, und das hatte zum Niedergang der Bildungsstandards und zur Flucht der Kinder aus Nichtmigranten-Familien in Schulen außerhalb des Viertels geführt. Ein Drittel der in Marokko geborenen jungen Männer hatte die weiterführende Schule abgebrochen, war arbeitslos und nicht beschäftigungsfähig, anfällig für Drogenmissbrauch und Kriminalität. Diese jungen Männer trafen sich auf den kahlen öffentlichen Plätzen und in den Schneisen zwischen den Gebäuden und machten das

Viertel zu einem angstbesetzten Ort. Die Kriminalitätsrate war erschreckend hoch. Die Menschen fühlten sich gefangen und alleingelassen: Die Fußwege zwischen den Häusern waren lang und furchteinflößend, vom Weg zwischen Slotervaart und der übrigen Stadt ganz zu schweigen. Mohammed war irritiert, als er feststellte, dass die architektonische Gestaltung das Viertel von Kontakten mit der niederländischen Gesellschaft fernhielt. Die religiösen Subkulturen, die dieses System hervorgebracht zu haben schien, beunruhigten ihn noch mehr. Ein radikaler, am saudi-arabischen Wahhabismus orientierter Islam, der in der marokkanischen Dorfkultur nicht verankert war, hatte hier weite Verbreitung gefunden. Niederländische Besucher, die noch hierherkamen, sahen die Araber von Slotervaart, die Kälberhirn-Gerichte, die Tschador tragenden Frauen und die strenge Frömmigkeit, und schlossen daraus, dass dies ein unbelehrbarer Außenposten des Dorflebens sei, eine unbewegliche und primitive fremde Kultur, die der Stadt übergestülpt worden war.

Mohammed wusste es besser. Der kulturelle Konservatismus von Slotervaart gehörte weder zur marokkanischen Dorf- noch zur niederländischen Stadtkultur; er war eine neuartige Mischform, eine Kultur der Ankunft, die von Leuten geschaffen worden war, die festsaßen. »So sehen die Probleme aus, wenn man ein System hat, das die Leute ausgrenzt, das sie das System nur von außen betrachten lässt und ihnen die Teilnahme dauerhaft verweigert«, sagte er mir und kümmerte sich nebenbei um die arabischen Schülergruppen an seiner Schule. »Die Menschen hier leben den Gegensatz zwischen den beiden Kulturen, ohne einer von beiden anzugehören. In der Kultur ihrer Eltern sind sie nicht willkommen, und die Schule tut nichts, um sie in die Gesellschaft einzugliedern, die sie umgibt. Meine Schüler und ihre Eltern wollten wirklich Niederländer werden, aber hier gab es dafür keine Möglichkeit, keinen Kontakt zu den Niederlanden, also erfanden sie diese neue Kultur. Das war weder für sie selbst noch für irgendjemand sonst gut.« Diese bittere Isolation sollte sich im 21. Jahrhundert im Kernbereich der niederländischen Gesellschaft und des Staates bedrohlich bemerkbar machen.

Die Bedrohung ging von einem der jungen Männer aus der zweiten Einwanderergeneration aus, deren Ziellosigkeit und Isolation Mohammed Mallaouch so beunruhigt hatten. Mohammed Bouyeri, 1978 in Slotervaart als Sohn von Zuwanderern dörflicher Herkunft geboren, brach die weiterführende Schule ab und sah sich daraufhin vom Wirtschaftsleben abgehängt, war den Eltern entfremdet, deren Ehe zerbrach, und in der Echokammer der in Slotervaart kursierenden Zwangsvorstellungen verloren. Im Jahr 2003 lebte er immer noch in Slotervaart, hatte sich einer radikalen Lesart des Islams zugewandt und leitete eine zutiefst fundamentalistische Gruppe selbsterklärter Märtyrer. Am 2. November 2004 schritt er zur Tat. Er lauerte dem Filmemacher und Provokateur Theo van Gogh auf, schoss achtmal auf ihn, schnitt ihm die Kehle durch und befestigte am Leichnam seines Opfers mit einem Dolch eine fünfseitige Erklärung, in der er zur Ermordung mehrerer hochrangiger Regierungspolitiker aufrief.

Dieser Gewaltausbruch eines Bewohners von Slotervaart veränderte die niederländische Politik und Gesellschaft auf düstere und dauerhafte Art und Weise. Vertreter stark rechtsgerichteter Parteien, die sich gegen die Einwanderung aussprachen, gelangten in hohe Ämter, und die Problematik beherrschte die niederländische Politik viele Jahre lang. Mohammed Mallaouch sah mit Missbilligung, wie sein Wohnviertel zum gefürchtetsten Ort in Westeuropa wurde. Seine Schüler gingen nach wie vor in dieselben Fallen, die auch Bouyeri zum Verhängnis geworden waren. Sie schlossen sich kriminellen Banden an, besuchten Moscheen, in denen Hasspredigten gehalten wurden, oder lungerten einfach in bedrohlich wirkenden Gruppen, die der futuristischen Architektur des Viertels Hohn zu sprechen schienen, auf den großen öffentlichen Plätzen und in den menschenleeren Grünanlagen von Slotervaart herum.

Mohammed Bouyeris Verbrechen provozierte auch eine neue Art von Politik auf kommunaler Ebene und spornte die Verantwortlichen zur Entwicklung eines anderen Typs von Ankunftsstadt an. Der Amsterdamer Bürgermeister Job Cohen, dessen Leben in der an van Goghs Leichnam hinterlassenen Erklärung ebenfalls bedroht wurde, erkannte, dass man es hier mit den Folgen einer gescheiterten Einwanderungspolitik zu tun hatte. Zur gleichen Zeit kam eine Reihe ehemaliger Migranten in Slotervaart zu dem Schluss, dass ihre Ankunftsstadt viel zu lange von außerhalb geplant und verwaltet worden war. Sie gingen zur Selbstverwaltung über. Ahmed Marcouch, der erste Bezirksbürgermeister von Slotervaart aus den eigenen Reihen, wurde 2006 gewählt und brachte die vorgefassten Meinungen sofort durch eine Reihe von Maßnahmen ins Wanken, die sich die Zuwanderer vom Land schon lange gewünscht hatten: Die Polizei-

und Sicherheitsdienste wurden verstärkt und arbeiteten engagierter. Unter anderem gab es jetzt Patrouillengänge gegen das Bandenwesen und mit Fahrrädern ausgestattete Kontrolleure, die darauf achteten, dass alle Teenager zur Schule gingen, Razzien in Moscheen, in denen Hasspredigten gehalten wurden, sowie gegen extremistische Organisationen. Außerdem wurde systematisch für Verbesserungen in den miserablen Schulen und im Dienstleistungsbereich geworben. Marcouch traf sich mit Cohen,* und dieses unerwartete Bündnis zwischen einem ehemaligen marokkanischen Dorfbewohner und einem niederländischen Rechtsanwalt jüdischen Glaubens führte zu einer erstaunlichen Umgestaltung des Stadtviertels, die einen grundlegenden Neuanfang zum Ziel hatte.

Fünf Jahre nach dem Mord an van Gogh waren überall in Slotervaart Baukräne, Bagger und Abrissbirnen im Einsatz. Der hübsche, ordentliche Grundriss war Vergangenheit, ebenso wie die ruhigen, gewundenen Fußwege. Dasselbe galt für die Grünflächen zwischen den Gebäuden. An ihrer Stelle sah man jetzt lärmige Marktplätze mit zahlreichen Geschäften, gerade, für den Fahrzeug- und Fußgängerverkehr geplante Straßen und Häuserblocks mit verschiedenen Grundrissen, Gestaltungsformen und Höhen, die dicht beieinander standen und zur Straßenseite hin eine geschlossene Front bildeten. In den oberen Etagen waren Wohnungen, im Erdgeschoss Läden und gewerblich genutzte Flächen, auf der Rückseite waren Spielplätze und Einkaufskarrees unter-

---

* Job Cohen und Ahmed Marcouch stiegen 2010 beide in die nationale Politik ein.

gebracht. Dieser senkrecht aufragende Canyon, der von Gebäuden gebildet wird, die radikalste Ecke der neuen Siedlung, gleicht einem industriellen Lagerhausbezirk der 1920er-Jahre, und es ist genau der Typ eines äußerst dicht besiedelten Stadtbezirks, den die von Grünflächen geprägten Utopien wie Slotervaart eigentlich hätten beseitigen sollen.

Bis dahin war Slotervaart ein Ort gewesen, der vom Hubschrauber aus oder unter dem Blickwinkel eines Städteplaners gut aussah. Die Stadt Amsterdam beschloss, das Viertel mit einer radikalen Abkehr von der bisherigen Politik zu einem Ort zu machen, der in den Augen eines Neuankömmlings vom Dorf gut aussah. Die Menschen wohnten jetzt sehr viel dichter beisammen, nicht nur, weil sie das wollten – und das wünschten sie sich sehr, aus Gründen der Sicherheit und Bequemlichkeit und weil es gut fürs Geschäft war –, sondern weil man auch glaubte, dass eine größere Bevölkerungsdichte den sozialen Zusammenhalt und den allgemeinen Wohlstand fördere. Zonierungen und Nutzungsbeschränkungen wurden fast völig aufgehoben, sodass Einzelhandel, Leichtindustrie und Dienstleistungsbetriebe sich mit Wohnraumnutzung mischen konnten. Handelsrecht und Zulassungsbestimmungen wurden gelockert, damit die Menschen ohne großen Papierkrieg und ohne volle Staatsbürgerschaft Läden eröffnen und Unternehmen gründen konnten.

Neben den Sozialwohnungen, die das Viertel bisher dominiert hatten, gab es jetzt auch Eigentumswohnungen, die sich zwar der größte Teil der ersten Einwanderergeneration von Marokkanern und Türken nicht leisten konnte, die aber für junge niederländische Ehepaare und einige Kinder und Enkel von Einwanderern erschwinglich waren. Ein wohlüberlegter Versuch, eine Überschneidung mit der etablierten Stadtkultur herbeizuführen, indem man um eine Mittelschicht warb, die sich »einkaufen« wollte, und das alles in der Hoffnung, dass es so zu einer Vermischung und wechselseitiger Beeinflussung kommen würde. In einigen der Häuserblocks wurden deshalb äußerst preisgünstige Studioflächen im Erdgeschoss für kreative Unternehmen angeboten, mit denen man junge Geschäftsleute und Künstler aus der Innenstadt anlocken wollte. Auf diese Weise sollte eine ganze neue Mischung aus Einwanderern und Künstlern erreicht werden, die Art von Mischung, die den Londoner Stadtteil Spitalfields, die Lower East Side in Manhattan oder Amsterdamer Innenstadtbezirke wie De Pijp und De Jordaan mit Leben erfüllt hatte. Es war, kurz gesagt, ein mit brachialen Mitteln unternommener Versuch, etwas gezielt herbeizuführen, was eine günstige Entwicklung in den ehemaligen Lagerhaus- und Fabrikbezirken großer Städte bewirkt hatte: Die gescheiterte Ankunftsstadt Slotervaart sollte im Aussehen wie im Lebensgefühl zu diesen erfolgreichen Orten aufschließen, und man hoffte darauf, dass damit auch der Erfolg kommen würde.

Das war keine naheliegende Lösung für das Problem des radikalen Islamismus. Job Cohen erklärte mir im Gespräch, aufgrund wichtiger früherer Erfahrungen mit gefährlichen Einwandererenklaven sei er der Ansicht, dass eine gewalttätige oder bedrohliche ethnisch geprägte Kultur nichts anderes sei als das zeitlich begrenzte Ergebnis einer fehlerhaften Stadtplanung oder Wirtschaftsstruktur: »Ich bin der Überzeugung, dass die ethnische Komponente weniger interessant und bedeutsam wäre, wenn die sozio-ökonomische Komponente nicht auf dem Spiel stände. [...] Ich glaube, dass das Problem der Segregation in Amsterdam mit den Einkommensniveaus und den Zugangsmöglichkeiten zu Wirtschaft und Gesellschaft verbunden ist, nicht einfach nur mit der ethnischen Herkunft. Die Migranten sind durch ein geringes Einkommen gezwungen, an den Orten mit den niedrigsten Mieten zu leben, nur das trennt sie vom Rest der Gesellschaft.« Er lässt sich dabei von einem starken Umgebungsdeterminismus leiten, von dem Glauben, dass Ideologien und Einstellungen von der äußeren Gestalt der Lebensumwelt geprägt werden. Bringt man das Erscheinungsbild und die Form des Wohnviertels wieder in Ordnung – indem man es weniger ordentlich, weniger geplant, weniger vorherbestimmt gestaltet –, erreicht man damit nicht nur eine stärkere physische und wirtschaftliche Bindung an die übrige Stadt, sondern löst auch eine Reihe weiterer grundlegender Probleme, an denen die Ankunftsstadt sonst scheitert. Ein solches Vorgehen schafft eine Binnenökonomie, die sich zunächst auf kleine Geschäfte und Dienstleistungen gründet, aber letztlich eine eigene untere Mittelschicht hervorbringt. Für diejenigen Migranten, die geschäftlich so erfolgreich sind, dass sie sich eine eigene Wohnung kaufen können, wird sich ein funktionierender Immobilienmarkt entwickeln. Eine solche Entwicklung wird wiederum eine Mittelschicht von »außerhalb«, aus der alten Stadt, anlocken, die sich im Idealfall mit der neu entstehenden Migrantenmittelschicht vermischt. Und das wird dann eines der bedeutendsten Probleme der Ankunftsstadt lösen: den schlimmen Zustand der Schulen. Die Schulen in solchen Vierteln werden bessere Ergebnisse erzielen und die besten Lehrer anlocken, wenn sie zu Orten mit erfolgreichen, ethnisch integrierten Schülergemeinschaften mit einflussreichen Eltern werden.

Es ist noch viel zu früh, um sagen zu können, ob dieses ehrgeizige, als »Neuer-Westen-Plan« (»Koers Nieuw West«) bekannte Projekt erfolgreich sein wird. Die Kriminalitätsraten in Slotervaart sind zurückgegangen, aber es gibt nach wie vor viele Probleme mit dem Bandenwesen, mit islamischem Fundamentalismus und Armut. Man tut allerdings gut daran, auf diese bedeutende Investition in Sachen Umplanung zu setzen. Sie hat in Amsterdam schon einmal funktioniert, sogar in einem noch größeren Umfang, und ein anderes gefährliches Wohnviertel von Grund auf verändert.

Bijlmermeer, auf der anderen Seite von Amsterdam im Südosten der Stadt gelegen, wurde unter Cohens Aufsicht einer Umgestaltung unterzogen, die als dramatischste und massivste Umwandlung einer Ankunftsstadt in der modernen Geschichte beschrieben worden ist.[1] Das Viertel wurde Ende der 1960er-Jahre mit – im Vergleich zu Slotervaart – noch größeren Ambitionen in puncto utopisches Design errichtet und war eine riesige Honigwabe mit 31 sehr breiten, zehnstöckigen Wohnblocks, die für insgesamt 60 000 Menschen ausgelegt waren. Zwischen den Gebäuden wurden große Abstände gelassen, in einer von jeglicher wirtschaftlichen Tätigkeit freien Fläche aus Parklandschaften und öffentlichen Plätzen, die von der Stadt durch einen Grüngürtel getrennt war. Es gab zu keinem Zeitpunkt auch nur Ansätze für eine erfolgreiche Entwicklung. Das nach der äußeren Gestalt wie auch in der psychischen Befindlichkeit von der städtischen Wirtschaft und Gesellschaft isolierte Viertel lockte eine große Zahl von Einwanderern aus ländlichen Regionen an, die aus der ehemaligen niederländischen Kolonie Surinam stammten, ebenso größere Gruppen von den Niederländischen Antillen und aus afrikanischen Ländern südlich der Sahara. Ein großer Teil des Viertels entwickelte sich zur ersten Ansiedlung in den Niederlanden mit einer schwarzen Bevölkerungsmehrheit, die im Land geborene Minderheit machte nur noch 20 Prozent aus. Diese ethnischen Gruppen und ihr Wohnviertel wurden zum Inbegriff für Mord, Drogenabhängigkeit, mit Untätigkeit verbundene Armut und wahllose Gewalt. Das Gebiet war ein beredtes Beispiel für eine gescheiterte Ankunft. Bijlmermeer wurde in den 1970er- und frühen 1980er-Jahren oft als gefährlichstes Wohnviertel in ganz Europa bezeichnet. Im Lauf der Jahrzehnte gab es verschiedene Initiativen, mit denen das äußere Erscheinungsbild, die Verwaltung, die hygienischen Verhältnisse oder die Polizeiarbeit in Bijlmermeer verbessert werden sollten, aber keine diese Bemühungen verstand die Dynamik des Wechsels vom Land in die Stadt, die in diesem Viertel wirkte, das Bedürfnis, einen Halt zu finden, der Zugänge zur eigentlichen Stadt ermöglichte.

Die Stadt Amsterdam begann schließlich Mitte der 1990er-Jahre mit weitsichtigen Maßnahmen zu einer radikalen urbanen Umplanung, riss in zwei Wellen alle Hochhäuser ab und ersetzte sie durch eine dichtere Anordnung von Gebäuden mittlerer Höhe, in der jede Wohnung ihren eigenen Garten und die »Eigentümerschaft« über einen Straßenabschnitt erhielt. Dazwischen gab es jetzt locker zonierte Räume für Läden und kleine Unternehmen, die Begegnungen und improvisierte Märkte zuließen.* Diese ein Jahrzehnt in Anspruch nehmende Umgestaltung wurde durch eine neue, aktive Rolle der Regierung im Südosten der Stadt ergänzt. Deren Eckpfeiler sind ein wirksamer örtlicher Sicherheitsdienst und ein städtischer Betrieb, der sich der Unterstützung unternehmerischer Tätigkeit und der berufsbezogenen Ausbildung von Jugendlichen widmet. Eine neue Stadtbahnverbindung in dieses Viertel entwickelte sich zu einem blühenden Unternehmen und kurbelte Wirtschaft und Unterhaltung an. Bijlmermeer wurde zu Beginn dieses Jahrhunderts als »nationaler Hot Spot« und »Kern einer Network-City«[2] bezeichnet. Dieser Umbau war mit gezielten Bemühungen um die Verbesserung von Ausbildungs- und Beschäftigungschancen für die im Land geborenen Kinder von Migranten verbunden. Die zweite Generation von Surinamern weist inzwischen, als Konsequenz solcher Maßnahmen, einen Anteil von Hochschulabsolventen und ein Einkommensniveau auf, die mit den Daten für ethnische Niederländer vergleichbar sind, und ihre Kinder, die dritte Generation, werden allgemein und ohne große Kontroversen als vollwertige niederländische Staatsbürger akzeptiert.

Hinter dem Wald von Abrissbirnen in Slotervaart steckt das Bestreben, den Erfolg von Bijlmermeer zu wiederholen.

---

* Die neue Herangehensweise wurde durch eine Flugzeugkatastrophe im Jahr 1992 noch beschleunigt: Eine Boeing 747 der israelischen Fluggesellschaft El Al stürzte auf einen Wohnblock in Bijlmermeer, 43 Passagiere und 39 Menschen im Gebäude kamen ums Leben, und die Misere des Viertels stand plötzlich im Blickpunkt der Öffentlichkeit.

Es besteht berechtigter Grund zur Hoffnung, der offenbar fürchterlichen Lage zum Trotz, in der sich die marokkanischen und türkischen Migranten befinden. Die Neuankömmlinge selbst sind in einer kulturellen und wirtschaftlichen Schattenwelt hängen geblieben, aber ihre Kinder verfügen über die Eigenschaften, die gebraucht werden, um das Schicksal der Ankunftsstadt zu wenden, falls die äußerlichen und politischen Veränderungen Wirkung erzielen. Es trifft zwar zu, dass etwa ein Viertel der zweiten Generation in Slotervaart die weiterführende Schule ohne Abschluss verließ (der Wert ist etwas geringer als unter der noch in Marokko geborenen ersten Generation), was für diese Jugendlichen vermutlich ein Leben ohne Arbeitsmöglichkeiten, Abhängigkeit von staatlichen Sozialleistungen und Sozialwohnungen bedeuten wird. Wichtiger ist allerdings der eindrucksvolle Anteil von Angehörigen der zweiten Generation, die den Sprung an die Hochschulen geschafft haben: Ein volles Drittel der Jugendlichen marokkanischer Herkunft in den Niederlanden (die meisten von ihnen leben in Ankunftsstädten wie Slotervaart) ist noch an den Universitäten eingeschrieben oder hat den Abschluss bereits in der Tasche – eine Rate, die doppelt so hoch ist wie die unter »weißen« niederländischen Staatsbürgern ohne Migrationshintergrund.[3] Aus diesem gut ausgebildeten Bevölkerungsteil wird mit großer Sicherheit eine Mittelschicht der Ankunftsstadt entstehen, die Slotervaart innerhalb von zwei Jahrzehnten zu einem ganz anderen Ort machen wird – solange es sich zu einem Viertel entwickeln kann, in dem erfolgreiche Menschen auch bleiben wollen und dann der nächsten Generation von Neuankömmlingen helfen.

Was tun die Niederländer in ihren Ankunftsstädten? Zunächst einmal erhöhen sie die *Intensität*.

In der Sprache der Stadtplaner bezieht sich die Intensität auf den Grad der menschlichen Tätigkeit auf einem bestimmten Stück Land. Die meisten städtischen Verantwortlichen waren noch bis in die jüngste Vergangenheit der Ansicht, ein beengtes, dichtes Zusammenwohnen und ein allgemeines Durcheinander seien die größten Bedrohungen für die Armen. Eine »Bauweise mit geringer Nutzungsintensität« galt als entscheidend für die Herausbildung eines guten Zusammenwohnens. Die Lösung war für viele Städte mit einer strikten Zonierung verbunden, einer Trennung der unterschiedlichen Nutzungsarten. Straßen und öffentliche Plätze wurden planerisch gezielt eingesetzt, um eine geringe Dichte und Intensität der Nutzung von Grund und Boden zu erreichen.

Zonierung und Flächennutzungspläne sind den Stadtplanern bis heute sehr wichtig. Sie glauben häufig immer noch, dass Städte streng in Wohn-, Geschäfts- und Leichtindustriebereiche unterteilt werden sollten – mit geringen Überschneidungen. Aber die erfolgreichsten Stadtviertel der Welt fallen weder durch eine geringe Nutzungsdichte noch durch ausgeprägte Zonierung auf: Die besten Teile von Manhattan, die Londoner Stadtteile Kensington und Chelsea, das 6. und 7. Arrondissement von Paris, um einige Beispiele zu nennen, sind Bezirke, die eine extrem hohe Nutzungsdichte mit einer stark gemischten Nutzung verbinden. Die armen Zuwanderer sitzen in weniger attraktiven Stadtteilen fest, die bei geringer Intensität und starker Trennung der Nutzungsarten spontanes Handeln unterbinden.

Das waren die Grundsätze, die hinter der Neugestaltung der Städte in den Nachkriegsjahren standen, hinter dem Wiederaufbau der vom Bombenkrieg verwüsteten großen Städte Europas und dem Aufstieg der am Reißbrett der Planer entstandenen Neugestaltungen in den Vereinigten Staaten und in Großbritannien in den 1950er-Jahren. Ab den 1960er-Jahren wurde jedoch deutlich, dass diese städtebaulichen Vorstellungen gründlich scheiterten. Städtische Neubauwohnsiedlungen mit geringer Nutzungsdichte erlebten keine wirtschaftliche Entwicklung und fielen zurück. Der Zeitpunkt ihrer Errichtung fiel mit dem Einsetzen der großen Wanderung vom Land in die Stadt überall in den Entwicklungsländern zusammen, und die Migranten landeten, wenn sie in den Ländern des Westens ankamen, in diesen architektonischen Fehlplanungen.

Die erfolgreiche Ankunftsstadt muss, neben einer hohen Konzentration menschlicher Aktivität, Raum für *Spontanität* bieten. Ein bestimmtes Stück Land muss in einer Gemeinschaft von neu eingetroffenen Migranten von Zeit zu Zeit vielleicht als Wohnung, Laden, kleine Fabrik, Versammlungsort, Kirche oder für irgendeine Verbindung dieser Nutzungsarten dienen können, und es muss sich verändern und entwickeln. Die meisten Stadtbewohner in westlichen Ländern verstehen heute, dass das Leben in Kernbereichen der Innenstadt spontan, organisch gewachsen und flexibel sein muss. In den Wohnvierteln, in denen die Zuwanderer ankommen, wird unglücklicherweise nur selten eine solche Kreativität erlaubt, und deren Planer beharren nach wie vor auf der strikten Trennung der verschiedenen Nutzungsarten von Haus- und Grundbesitz.

Wir haben aus schlimmen Erfahrungen gelernt, was an diesem Zonierungsansatz falsch ist. Die Autorin, Stadtplanungs- und Architekturkritikerin Jane Jacobs, die in den 1950er-Jahren die Arbeit dieser Großprojektplaner studierte und bewunderte, erhielt 1958 den Auftrag, über ein riesiges Slumsanierungsprojekt mit Hochhausbauten in Philadelphia zu berichten, das mit strikter Zonierung, geringer Wohndichte und großen öffentlichen Plätzen verbunden war. »Die Zeichnungen sahen wunderbar aus, mit all den kleinen Leuten, die auf den Plänen zu sehen waren«, sagte sie mir viele Jahre später. »Ich ging hin, um mir das anzusehen, und es sah alles genauso aus wie auf den Bildern – nur die ganzen kleinen Leute fehlten. Der einzige Mensch auf dem ganzen Gelände, auf einer Wegstrecke von mehreren Häuserblocks, war ein kleiner Junge, ein einsamer kleiner Junge, der wohl aus einer Art Verzweiflung heraus gegen einen Autoreifen trat.« All die anderen neuen Hochhausbewohner waren in den letzten noch übrig gebliebenen Streifen des alten »Slum«-Viertels zurückgegangen (es handelte sich um eine gescheiterte afroamerikanische Ankunftsstadt), um sich dort auf den Eingangstreppen der Reihenhäuser aus dem 19. Jahrhundert niederzulassen. Solche sozialen Begegnungen waren in den neuen Wohnungen oder auf dem wenig einladenden und anonymen öffentlichen Platz nicht mehr möglich.[4] Die dichte Bebauung, die Mischung von wirtschaftlicher Nutzung und Wohnraum, Wohnraum in Privatbesitz und der direkte Zugang zur Straße verliehen dem alten Viertel trotz aller Armut ein Potenzial für menschliche Begegnungen, wechselseitig garantierte Sicherheit und Unternehmertum, das es in einem Bauprojekt mit geringer Nutzungsdichte niemals geben könnte. Die Bewohner der neuen Siedlung wussten von Anfang an, dass diese zu »the projects« herunterkommen würde: zu einem Ort ohne Hoffnung auf Ankunft.

Jacobs ließ sich vom Schock dieser Erkenntnis zur Niederschrift von *Tod und Leben großer amerikanischer Städte (The Death and Life of Great American Cities)* inspirieren, einem Buch, in dem sie die Ansicht vertrat, städtische Wohnviertel sollten als organisch gewachsenes Ganzes behandelt werden, dem es erlaubt ist zu wachsen, sich zu verändern und Funktionen zu entwickeln, die den Wünschen der Bewohner entsprechen, ohne Einschränkungen in Bezug auf Nutzung, Intensität oder Veränderung. Diese liberale, organische Betrachtungsweise des Stadtlebens teilten auch der Soziologe William Whyte, der die Bedeutung von Dichte und Konzentration aufzeigte, und der Architekt und Stadtplaner Oscar Newman, dessen 1972 erschienenes Buch *Defensible Space* zeigte, dass privates Wohneigentum in dichter Bebauung und mit Zugang zur Straße ein gemeinschaftliches Gefühl für Selbstüberwachung und Sicherheit erzeugte.[5] Diese Ideen beeinflussten eine ganze Generation von Stadtplanern und spielten eine enorme Rolle bei der Neubelebung von Stadtzentren in den großen Städten der westlichen Länder in den 1970er- und 80er-Jahren.

Der Stadtkern kommt inzwischen ganz gut allein zurecht. Der Bereich, in dem diese befreienden Ideen heute am dringendsten gebraucht werden, sind die von Migranten überlaufenen Randgebiete. Jacobs schrieb einst über die Innenstadtviertel: »Die Aufgabe besteht darin, ein Stadtleben für Stadtmenschen zu fördern, die, so wollen wir hoffen, in Konzentrationen zusammenleben, die dicht *und* vielfältig genug sind, um ihnen eine ordentliche Chance zu bieten, ein solches Stadtleben zu entwickeln.«[6] Dichte, Spontanität und vielfältige Nutzung sind selten anzutreffen in den *Banlieues difficiles* von Paris, den Wohnblocksiedlungen in Nordamerikas äußeren Vorortringen, den Sozialwohnungssiedlungen vieler britischer Städte und den Plattenbausiedlungen in Deutschland. Und traurigerweise sind das genau die Wohnviertel, in denen die Migranten vom Land ankommen. Änderungen in dieser rigiden Denkweise sind teuer und fallen nicht leicht, aber es geht dabei um sehr viel: Solche Änderungen können den Unterschied ausmachen zwischen einer neuen Mittelschicht und einer gewalttätigen, zornigen Gemeinschaft von Außenseitern. Ein paar Städte haben inzwischen damit angefangen, Geld zu investieren. Die britische Autorin Alice Coleman beschrieb 1985 in ihrer umfangreichen Studie *Utopia on Trial* die negativen Auswirkungen auf die soziale Mobilität und die »soziale Malaise«, die von der zu Isolation führenden Bauweise von Bijlmermeer und anderen Wohnsiedlungen in Europa ausgelöst wurden, und die Regierungen in Amsterdam und London zogen die Konsequenzen und leiteten den Abriss solcher Projekte ein – mit dem Ziel, sie durch organischer gestaltete und besser vernetzte Architektur zu ersetzen.[7] In diesen neuen Bezirken von Amsterdam, in dem mit neuem Leben erfüllten Londoner Osten, in den neuen Außenbezirken von Madrid, in vom sozialen Wohnungsbau geprägten Bezirken der Innenstadt von Toronto und in einigen anderen Wohnvierteln in Europa und Nordamerika wird der Wandel bereits vollzogen, der dichtere, flexiblere und spontanere Wohnviertel hervorbringen soll.

Slotervaart wird letztlich aus eigener Kraft zu einem funktionierenden Gemeinwesen. Sobald das Viertel durch Vertreter der Migrantenmehrheit ländlicher Herkunft verwaltet wurde, änderten sich die Verhältnisse.

Die erste Priorität war die Sicherheit im Viertel. Ahmed Marcouch, der landesweit erste Bezirksbürgermeister mit Migrationshintergrund, richtete »Streifen gegen Belästigung auf der Straße« ein, Gruppen von Polizisten in Zivil, die den Kontakt zu den Bewohnern suchten, den Kleinkriminellen und den Banden untätig herumlungernder junger Männer entgegentraten – deren Hauptbeschäftigung war die Verbreitung von Angst und die Einschüchterung der Gründer von Kleinunternehmen – und die Einhaltung der Schulpflicht durchsetzten.

Die zweite Priorität war das Schulwesen. Es war von enormer Bedeutung, dass die neue Bezirksverwaltung die Stadt unter Druck setzte, damit die Segregation der Kinder an Grund- und Sekundarschulen beendet wurde (Hauptverursacher waren die Bewohner niederländischer Herkunft, die ihre Kinder auf Schulen außerhalb von Slotervaart schickten, aber auch Migranten, die sich in vom übrigen Schulbetrieb isolierte muslimische Schulen zurückzogen). Bessere Schulen gelten als Magnet für eine Durchmischung der Bevölkerung. »Wir versuchen ein System einzurichten, in dem die Menschen Stolz empfinden können, Stolz auf ihre Stadt, ihr Land, ihr Wohnviertel und in eigener Sache«, sagt Mohammed Mallaouch. »Alle Menschen hier wollen, dass sich ihre Kinder verbessern, sich zu Niederländern entwickeln, und heute sitzt man nicht mehr zwischen zwei Kulturen fest, kann sich aus beiden das aussuchen, was für einen selbst passt, um ein Unternehmen zu gründen oder eine Ausbildung zu absolvieren. Das ist ein Anfang.«

Ankunftsstädte verwandeln sich in aller Welt von elenden Armutsfallen in Wiegen zum Erfolg, wenn es ihnen gelingt, eine effektive und gut vernetzte Selbstverwaltung hervorzubringen. Eine umfangreiche Studie über Slums, die die Weltbank-Ökonomin Deepa Narayan mit zwei Kollegen veröffentlichte, kam zu dem Ergebnis, dass sich die Verhältnisse in den meisten wichtigen Bereichen allmählich verbessern – das betrifft die Themen Sicherheit, medizinische Versorgung, Gesundheitswesen, öffentliche Verkehrsmittel –, wenn die Slumgemeinden aus ihrer Mitte eine gut funktionierende, nicht korrupte und demokratische Verwaltung hervorbringen.[8] Das wohltätige Wirken einer Landesregierung oder gesamtstädtischen Verwaltung ist dabei weniger wichtig als die Entwicklung von Gelegenheiten »persönlichen Einwirkens« unter den Slumbewohnern selbst, die ja eigentlich von Anfang an nach einer Möglichkeit gesucht haben, die Dinge selbst in die Hand zu nehmen.

LAND, VERBINDUNGEN, SICHERHEIT
KARAIL, DHAKA, BANGLADESCH

Maksuda Begum macht sich vor Tagesanbruch auf den von strengen Gerüchen begleiteten Weg, verlässt ihre winzige, aus Holz und Wellblech errichtete Hütte, durchquert ein Labyrinth von engen Lehmpfaden, um sich am Seeufer zu waschen, steigt anschließend in ein schmales Bambuskanu, das so überfüllt ist, dass die Passagiere stehen müssen, und fährt damit über einen von Abwässern verschmutzten See, der sie vom eigentlichen Stadtgebiet trennt. Dann erwartet sie noch ein langer Fußmarsch, der sie an endlosen, von Autos verstopften Straßen entlang bis zu dem bunkerähnlichen, aus Beton errichteten Sweatshop führt, in dem sie zehn Stunden täglich Kleidungsstücke zusammennäht. Und dann, nach Einbruch der Dunkelheit, muss sie den ganzen Weg zurückgehen in das überfüllte und lärmige Elend, das man unter dem Namen Karail kennt. Maksuda, eine attraktive und ernsthaft wirkende Frau von 32 Jahren, starrt jeden Abend nach dem Zubettgehen auf die Wellblechplatten an der Decke und schluchzt vor Sehnsucht nach ihrer Tochter.

Sie kam vor neun Jahren aus einem der armen Dörfer im Südosten des Landes hierher, brachte einen Teil der Ersparnisse der Familie mit und ihre Träume von Aufstieg und Erfolg und einer guten Arbeit in einer Textilfabrik. Karail kam ihren Vorstellungen entgegen: Es war zwar viel dichter besiedelt und chaotischer (und für Überschwemmungen anfälliger) als andere Slums in Dhaka, aber der Zugang zur Stadt und deren blühender Wirtschaft, den man von hier aus hatte, bot eine Grundlage für ein neues Leben. Alles ging gut, bis ihr Mann, ein Rikschafahrer, sie verließ. Sie war zuvor schon die Hauptverdienerin gewesen, aber ohne ihren Mann und dessen Einkommen sah sie keine Möglichkeit, ihre kleine Tochter an diesem Ort aufzuziehen und dabei so viel zu verdienen, dass sie sie ernähren und tagsüber betreuen lassen konnte. Deshalb sah sie sich gezwungen, die Achtjährige, die zu ihrer einzigen Gefährtin geworden war, in eine »Wohlfahrtsschule« zu geben, im Klartext: in ein Waisenheim. Die beiden sehen sich nur einmal im Monat. »Ich werde so weiterleben und -arbeiten und tue das nur, weil ich eine Möglichkeit finden muss, wie ich meine Tochter zurückbekommen und sie auf eine Schule schicken kann«, erzählte mir Maksuda und faltete die Hände dabei. »Sie ist meine einzige Hoffnung, alles, an was ich denken kann, mein einziger Traum. Ich muss immer daran denken, was ich ihr angetan habe.«

Maksudas ganzes Leben, ihre ganzen Vorstellungen von Erfolg, erwiesen sich in einem einzigen Augenblick als flüchtig und auf Sand gebaut. Und zu viele Menschen in ihrer unmittelbaren Umgebung machen ähnliche Erfahrungen. Jotsna Ujjal, die in der angrenzenden Hütte wohnt, ging es gut, bis vor einigen Jahren eine plötzliche Überschwemmung ihr Haus erreichte. Sie und ihre Familie mussten auf den Deckenbalken ausharren und dabei mit ansehen, wie ihre Besitztümer weggeschwemmt wurden und die von Abwässern verunreinigte Brühe ihre Welt überflutete. Die Kinder haben immer noch Albträume von giftigen Schlangen, die in ihr Haus schwimmen, und es sind realistische Träume, weil das tatsächlich geschah. Jotsna und ihr Ehemann, die in der Flut alle Ersparnisse einbüßten, haben einen schlimmeren Albtraum (arme Bangladescher haben oft die Gewohnheit, Mitgiftgelder, die mehreren Jahreseinkommen entsprechen, unter der Matratze aufzubewahren).

Karail nimmt, wenn man es von den Hochhauswohnungen in Gulshan aus betrachtet, Dhakas begehrtestem Stadtbezirk, den ganzen Horizont ein, es ist eine schimmernde, ebene Fläche von Wellblechdächern, die eine schmale Halbinsel inmitten eines Sees in der Innenstadt bedeckt. Als ich zum ersten Mal nach Gulshan kam, schien dort niemand zu wissen, wie man die Landbesetzerenklave erreichen konnte, obwohl man diesen Ort den ganzen Tag vor Augen hatte. Karail wirkte auf diese wohlhabenderen Bangladescher wie ein unglaublich dicht bevölkertes Nest. Oder vielleicht wie eine Heimsuchung: Hunderte von menschlichen Silhouetten, die ihre Kinder zum Waschen in den See hielten oder angelten oder Kochfeuer anmachten. Auf diesem knapp bemessenen Raum drängen sich 16 000 bis 20 000 Menschen, die so dicht zusammenwohnen, dass zwischen den Dächern keine Lücken bleiben.

In Anschluss an meine Erkundungsgänge zwischen den Hochhäusern von Gulshan entdeckte ich schließlich eine verborgene kleine Bucht ohne befestigte Anlegestelle, in der Dutzende von schmalen Bambuskanus auf Passagiere warteten. Ich überreichte eine Münze und begab mich auf eine schwankende, im Stehen absolvierte Fahrt über den stinkenden See, landete dann an einem von Abfall übersäten Ufer, wo sich die feste graue Wand von Karail dann als eine Art Kaninchenbau mit schmalen, kaum mehr als einen Meter breiten Durchgängen erwies, die zwischen Wänden aus Holz und Blech hindurchführten. Diese Gassen erweiterten sich zu breiteren, unbefestigten Straßen, die von außerhalb nicht zu sehen waren, und von Geschäften, Dienstleistern und kleinen Fabriken gesäumt wurden. Ich kam an einem Friseurgeschäft vorbei, an einigen DVD-Verleih-Hütten, an einer überfüllten Videospielhalle, an Hunderten von kleinen Imbissständen, ganzen Bezirken mit Eisen- und Metallwarenhändlern, Kurzwaren- und Textilgeschäften, Keramikbrennöfen, Holz- und Metallbearbeitungsbetrieben, an kunststoffverarbeitenden und Textilbetrieben mit Dutzenden von Beschäftigten, und die Betriebsgebäude waren ausnahmslos aus Abfallmaterial und Schutt zusammengebaut. Tausende von Kindern rennen barfuß durch die Straßen, drängen sich auf den beiden unbefestigten freien Plätzen zum Spielen und füllen die einzige Videospielhalle. Sie bleiben unbetreut zurück, weil Tausende von Erwachsenen täglich zur Arbeit über den See und in die richtige Stadt müssen, zu ihren Näherinnen- und Hausgehilfen-Jobs. Kinderbetreuung und Grundschulen sind hier ein beklagenswert seltenes Gut.

In der flachen Abflussrinne am Wegrand schlängelt sich ein Durcheinander aus einem Dutzend halbzolldicker Gartenschläuche, die das Adernetz einer improvisierten Wasserversorgung bilden. Sie sind mit einer weit entfernten Hauptwasserleitung verbunden und durch handgefertigte Anschlüsse und Flickstellen untereinander verknüpft, die alle paar Meter einen feinen Sprühnebel abgeben und für ein rätselhaftes Zischen sorgen. Jeder Schlauch versorgt etwa fünf bis zehn Familien, die wiederum durch ein komplexes Zahlungssystem miteinander verbunden sind. Außerdem gibt es ähnlich chaotische Strom- sowie Kabel- und Satellitenfernsehnetze (einen Stromanschluss haben alle, Fernsehempfang etwa zwei Drittel der Familien). In den Nebengassen und in den dünnwandigen Hütten herrscht ein rund um die Uhr anhaltendes Hintergrundgeräusch, zu dem die Haustiere ebenso beitragen wie Musik, Fernsehen, Kochen, spielende Kinder, Menschen, die Tauschhandel betreiben und streiten, weinende Kinder, kleine Motoren und Nähmaschinen, Familienstreitigkeiten und spritzendes Wasser. Es ist ein fein organisierter Alltag, lebhaft und voll Aktivität, fragil, aber bedeutsam.

Karail wirkt auf den Außenstehenden unbewohnbar. Dennoch ist es außerordentlich dicht besiedelt, und zwar von Menschen, die sich bewusst für diesen Ort entschieden und hart dafür gearbeitet haben, es bis hierher zu schaffen. Die Siedlung entstand Anfang der 1990er-Jahre auf geschütztem Land in Staatsbesitz, das dem Strom- und Wasserversorgungsunternehmen der Stadt gehörte, und ihre Bewohner profitierten dabei von einem zu Beginn des 21. Jahrhunderts seit Jahrzehnten bestehenden politischen Machtvakuum in Bangladesch. Sie nutzten diese anarchische Zeit, um sich relativ unbehelligt von der Regierung auf dieser dicht besiedelten Insel niederzulassen. Die Menschen bezahlen für ihre Unterkünfte vergleichsweise hohe Mieten. Die meisten Bewohner, mit denen ich sprach, erzählten mir, sie seien aus anderen Ankunftsstadtvierteln, wo die Hütten oft schöner seien, nach Karail gezogen, weil dieser Ort in der Nähe ausgezeichneter Arbeitsmöglichkeiten liege. Die meisten Leute hier arbeiten in der Textilindustrie oder als Hausgehilfen in den Mittelschichtwohnungen von Gulshan, außerdem gibt es noch Beschäftigungsmöglichkeiten in Fabriken und in der Elektrobranche.

In manchen Fällen führen diese Lebenswege zu einem raschen Erfolg in Karail. Ujjal Mia, ein großer, hagerer Mann von 21 Jahren mit Pilzkopfhaarschnitt und einem geduldigem Wesen, kam vor elf Monaten mit seiner Mutter und seinem Vater hierher. Sie stammen aus dem armen, häufig von Überschwemmungen heimgesuchten Bezirk Khulna im südwestlichen Ganges-Delta. Die Familie steckte in großen Schwierigkeiten: Ihre Reisfelder waren durch die in immer kürzeren Abständen auftretenden Salzwasserüberschwemmungen weitgehend unfruchtbar geworden.* Ujjal war schon früher für einen befristeten Zeitraum nach Dhaka gegangen, um Geld für die Familie zu verdienen, und in jener Zeit hatte er in einem Büro grundlegende Schreibfertigkeiten erworben. Nachdem ein früherer Mitbewohner aus dem Heimatdorf seine Familie nach Karail geholt und dort für sie eine leer stehende Hütte mit zwei Räumen und Nutzungsrechten an einer gemeinschaftlichen Feuerstelle gefunden hatte, sicherte sich Ujjal rasch eine Arbeit in einem nahe gelegenen EDV-Zentrum, wo er Ethernet-Kabelbündel zusammenstellte. Mit dieser Arbeit verdient er 5000 Taka (75 Dollar) pro Monat, mehr als die meisten Arbeiterinnen und Arbeiter in Textilbetrieben. Sein Vater verkaufte ihre Felder und investierte ihre gesamten Ersparnisse in die

---

* Der Anstieg des Meeresspiegels, der vom Abschmelzen der Polareiskappen aufgrund der globalen Erwärmung ausgelöst wird, wirkt sich in Bangladesch bereits aus, in einem Land, in dem im weltweiten Vergleich mit die meisten Menschen auf oder unterhalb der Meereshöhe leben. Diese Entwicklung hat Regierungen und verschiedene Institutionen dazu veranlasst, Hunderttausende von Menschen als »Klimamigranten« zu bezeichnen. Sachkundige Beobachter sind sich allerdings einig, dass das Klima und Überschwemmungen bei einem bereits wirksamen Migrationsmuster im Allgemeinen nur eine auslösende Wirkung haben. Ländliche Armut, durch die die Familien für die Auswirkungen des Klimawandels noch anfälliger werden, ist meist ein sehr viel stärkeres Motiv für die Migration als der Klimawandel selbst. Die Migrationsforscher Ronald Skeldon und Cecilia Tacoli kamen beide zu dem Ergebnis, dass selbst eine starke Migration, die vom Klima ausgelöst wurde, in diesem Jahrhundert durch die weit größeren Zahlen von Menschen, die aus wirtschaftlichen Gründen vom Land in die Stadt ziehen, deutlich übertroffen werden wird.

Gründung eines winzigen Gemüseladens im Slum, der monatlich 75 bis 100 Dollar einbringt. Die Monatsmiete für die beiden Räume beträgt 25 Dollar, hinzu kommen noch die Kosten für Wasser und Strom, das Doppelte bis Dreifache dieses Betrags (auch in diesem Fall gilt: Slumbewohner zahlen die höchsten Beträge für Versorgungsleistungen in der ganzen Stadt). Die Familie muss kein Geld mehr ins Dorf überweisen, kann also Geld auf die Seite legen. Ujjal sagt, er hoffe, sich im Bereich der Elektronik noch weiterzubilden, ist sich aber der Mittel für die Erreichung dieses Ziels nicht sicher, denn die meisten seiner Arbeitskollegen sind ebenfalls ehemalige Dorfbewohner, die sich in der Stadt noch kaum auskennen. »Ich würde gerne etwas anderes machen, weiß aber noch nicht, wie ich das anstellen soll«, erzählt er mir an der Kochstelle. »Wir werden hier noch ein paar Jahre wohnen bleiben, selbst wenn wir mehr Geld haben. Heute ist das ein friedlicher Wohnort, im Vergleich zu früher, als es noch Verbrechen gab. Jetzt ist das ein richtig guter Ort zum Leben.«

Aber zu viele Menschen in Karail geraten in Fallen wie diejenige, die Maksuda Begum ihre Tochter oder ihre Nachbarn ihre Ersparnisse gekostet haben. Karail hat das Potenzial für eine erfolgreiche Ankunftsstadt, aber der Mangel an Unterstützung macht den Ort auf tragische Weise unsicher. Die Regierung tritt hier so gut wie gar nicht in Erscheinung, die einzigen Ausnahmen sind die Brunnen, die von Hilfsorganisationen gebohrt werden, und die allgegenwärtigen Werbeplakate in Wahlkampfzeiten. (Der Slum unterstützte bei den Parlamentswahlen Ende Dezember 2008 die siegreiche Awami-Liga, was für seine Zukunft Gutes erwarten lässt.) Diejenigen Kinder, die eine reguläre Schulbildung erhalten, werden in eine Schule im Mittelschichtviertel Gulshan geschickt; es gibt keine offiziellen Einrichtungen zur Kinderbetreuung oder Tagesstätten. Wenn der Staat nicht präsent ist oder die Sicherheit fehlt, die mit Haus- und Grundbesitz verbunden ist, können kleine Missgeschicke ganze Lebensläufe zerstören und eine gefährliche Instabilität erzeugen. Viele Menschen sahen sich gezwungen, mit leeren Händen in ihr Heimatdorf zurückzukehren, obwohl sie eigentlich eine gute Arbeit hatten.

Karail mag, wie so viele andere Orte in aller Welt, die Anfangsphase einer erfolgreichen Ankunftsstadt sein, aber es besteht keinerlei Zweifel, dass dieser Ort dringend Unterstützung von außerhalb braucht. Ihm fehlen wichtige Vorzüge, die nur durch einige bedeutende Infrastruktureinrichtungen erreichbar sind: stabile und hochwassersichere Fundamente für die Häuser und Straßenbeläge; Schulen und Einrichtungen zur Kinderbetreuung; Kanalisation und ein Abwasser- und Entwässerungssystem. Solche Dinge in einem bereits bestehenden Slum einzurichten ist sehr viel teurer als eine entsprechende Erschließung noch vor dem Häuserbau (was die im Westen übliche Vorgehensweise ist). In einem armen und von der Korruption gebeutelten Land wie Bangladesch ist so etwas eine unvorstellbare Ausgabe.

Die traditionelle Vorgehensweise von Regierungen und Institutionen bestand an Orten wie Karail aus dem Einsatz von Planierraupen, die oft im Morgengrauen anrückten und die Siedlungen platt walzten. Die Stadtverwaltung von Dhaka scheint – zum Glück für die Bewohner von Karail – inzwischen einen sachkundigeren Kurs zu verfolgen. Im Jahr 2009 wurde bekanntgegeben, dass Karail in ein mit 5,2 Millionen

Dollar unterstütztes Projekt aufgenommen werde, das vom britischen Ministerium für Internationale Entwicklung finanziert und von Nichtregierungsorganisationen in Bangladesch umgesetzt wird. Das erklärte Ziel ist, die Lebensbedingungen in den Slums zu verbessern und die Armut zu verringern, was durch den Aufbau einer Infrastruktur und die Förderung kleiner Unternehmen geschehen soll. Über die genaue Vorgehensweise des Projekts ist jedoch noch nicht entschieden worden. Je nach Verlauf könnte es den Bewohnern von Karail helfen, ihre Siedlung in ein blühendes Zentrum für Ankunft und Erfolg zu verwandeln, oder zu weiterer Isolation und Elend beitragen.

In einer Zeit, in der der Wert und die Wirksamkeit ausländischer Hilfe infrage gestellt wird,[9] ist die Ankunftsstadt einer der wenigen wirklich effektiven, nachhaltig wirksamen und lebensverändernden Wege, auf denen diese Hilfe wirken kann. Eine positive Umgestaltung dieser Viertel (oder die Ausstattung ihrer eigenen Netzwerke und Selbstverwaltungskörperschaften mit den dafür benötigten Mitteln) kann eine ungewöhnlich produktive und sichere Hilfsinvestition sein, denn eine gut funktionierende Ankunftsstadt wird mehreren Generationen von Zuwanderern gute Dienste leisten und sowohl der städtischen Gemeinschaft als auch den armen Heimatdorfgemeinden vervielfachten Nutzen bringen. Eine solche Entwicklung verringert die Armut im Dorf wie auch in der Stadt, senkt die Geburtenraten und bringt ökologische Nutzeffekte, die sich aus einer städtischen, dichteren Besiedlung ergeben. Die Ankunftsstadt ist auf vielerlei Art der eine Weg, der Hilfe aus dem Ausland erfolgreich machen kann.

Überall auf der Welt herrscht jedoch Verwirrung in der Frage, wie die besten Lösungen für diese Viertel aussehen. Ein großer Teil dieser Verwirrung wurzelt in einem ungenügenden Verständnis ihrer Funktion. Sobald man sie jedoch einmal als Ankunftsstädte sieht, die im Zentrum einer Reihe dialektisch miteinander verbundener ländlicher und städtischer Funktionen stehen, fällt die Entwicklung politischer Konzepte leichter, die sie funktionieren lassen.

Jeder Versuch, die Wohnsituation in der Ankunftsstadt zu verbessern, hat etwas grundsätzlich Paradoxes an sich. Lässt man armen, informellen Gemeinschaften Geld und offizielle Anerkennung zukommen, steigert man ihren Wert. Sind sie dann wertvoller und besser an die öffentlichen Versorgungssysteme angeschlossen, werden sie auch für Menschen attraktiver, die keine Neuankömmlinge vom Land sind – besonders für Angehörige der unteren Mittelschicht aus der etablierten »Kernstadt«. In gewissem Umfang kann das auch nützlich sein: Die daraus entstehende soziale Mischung kann unternehmerisches Kapital und lukrative Verbrauchermärkte anziehen und die Entwicklung zur Ankunftsstadt erleichtern. Aber es besteht ein Risiko, dass das Viertel für künftige Neuankömmlinge dadurch unzugänglich wird. Die Aufwertung von Neubauprojekten nach gesetzlichen Mindeststandards kann diese, wie wir im 2. Kapitel am Beispiel von Kibera in Nairobi gesehen haben, für den Markt zu teuer machen, auf dem sich die Zuzügler vom Land bewegen. Eine Reihe von Vorgehensweisen bei der Slumsanierung führt heute jedoch nicht mehr zu unnötigen Wettbewerbsverzerrungen auf dem Markt (oder, zutreffender formuliert, sie lassen die armen Bewohner am Wertzuwachs ihrer Unterkünfte teilhaben).

Die meisten von ihnen sind mit der direkten Beteiligung der Neuankömmlinge verbunden.

Eine Methode setzt beim Land an. Die meisten Pläne zur Aufwertung von Slums sind teuer, weil sie mit der Schaffung einer Infrastruktur und dem Bau von festen Fundamenten in einem bereits bestehenden Wohnviertel verbunden sind, was niemals einfach zu bewerkstelligen ist. Die Umwandlung illegaler, informeller, selbst errichteter Unterkünfte in durch Besitzurkunden abgesicherte, legale, auf Dauerhaftigkeit angelegte und hygienischen Ansprüchen genügende Häuser ist eine enorme Aufgabe, wie wir im 2. Kapitel beim Santa-Marta-Projekt in Rio de Janeiro gesehen haben. Viele der so gelobten Slumsanierungsvorhaben in Asien und Südamerika umfassen nur wenig mehr als ein paar symbolische Streifen Land, weil die dafür benötigten Investitionen der öffentlichen Hand so umfangreich sind. Das Schlüsselproblem für jedes Ankunftsstadtprojekt ist, Mechanismen zu finden, über die *die Wertsteigerung der Grundstücke zur Finanzierung des Projekts selbst und zur Unterstützung der Neuankömmlinge vom Land verwendet wird*. Die meisten Probleme können, was noch besser ist, vorab und sehr viel kostengünstiger gelöst werden – und darüber hinaus lassen sich noch erheblich bessere Lebensbedingungen für die Neuankömmlinge schaffen –, wenn die Eingriffe vorgenommen werden, *bevor es zur Migration vom Land in die Stadt kommt und Häuser gebaut werden*. Dazu bedarf es auf Regierungsseite der Ehrlichkeit und Voraussicht, und es ist ein Eingeständnis fällig, dass die Ankunft einer großen Zahl neuer, aus den Dörfern kommender Stadtbewohner sowohl unvermeidlich als auch in vielerlei Hinsicht wünschenswert ist.

Bei einem Ausflug an den Südostrand der kolumbianischen Hauptstadt Bogotá lässt sich dieses Konzept in seiner dramatischsten und effektivsten Anwendung studieren. Die sanft gewellte Hügellandschaft dort, ehemaliges Ackerland am Rand einer Schlucht, wird mit Straßen erschlossen, mit Strommasten und Kabel- und Rohrleitungsgräben, und die Zwischenräume zwischen den Anschlussstellen teilt man in winzige Parzellen auf. Das Projekt, das unter dem Namen Operación Urbanística Nuevo Usmo bekannt ist, bereitet Ankunftsstädte für Dorfbewohner vor, die sich noch gar nicht auf den Weg gemacht haben. Diese Vorgehensweise nach dem Konzept »sites and services« (»Standorte und Dienstleistungen«) war bei den Verantwortlichen der Weltbank in den 1970er-Jahren sehr beliebt, wurde aber im Großen und Ganzen wieder aufgegeben, weil diese Art der Erschließung das Land so wertvoll machte, dass es für einen mittellosen Zuwanderer vom Land unerschwinglich wurde. Die Weltbank und andere Institutionen wandten sich kostspieligeren Slumsanierungsprojekten zu. Aber das Projekt in Bogotá (und andere, ähnlich geartete Vorhaben in Porto Alegre in Brasilien und in der kolumbianischen Stadt Pereira) stellte dieses Vorgehen auf den Kopf, indem es bei einer Art Landerschließungs-Judo den rastlosen, von der Grundstücksspekulation ausgehenden Druck umkehrte und zugunsten der in die Hauptstadt kommenden Dorfbewohner einsetzte.[10] Das Projekt wird Fundamente für 53 000 von den rund 200 000 erwarteten Zuzüglern selbst zu errichtende Häuser bereitstellen, die auf über 900 Hektar Land entstehen sollten. Der Ort wurde gewählt, weil er nah an der Stadt liegt, durch schnelle und preisgünstige, bereits bestehende Verkehrsverbindungen problemlos bedient werden kann und Kanalisation und Wasserleitungen für dieses Vorhaben nicht allzu sehr erweitert werden müssen.

Die Zuwanderer vom Land erhalten durch Dienstleister betreute und ganz in ihren Besitz übergehende Fundamente zu Preisen, die denen entsprechen, die früher für völlig unerschlossene, illegale Grundstücke an Orten bezahlt werden mussten, die weitab von der Stadt lagen. Die Landbesitzer bekommen einen nominalen Preis für ihr Ackerland, erhalten zugleich aber Hausparzellen, die sie verkaufen oder selbst nutzen können, sodass sie an jeder Wertsteigerung des Bodens beteiligt sind. Das ist weniger Geld, als sie durch eine selbstständige Erschließung des Landes verdienen könnten, doch dafür sind sie einem geringeren Risiko ausgesetzt. Der Staat übernimmt vorab die Erschließungskosten, holt sich diese Ausgaben aber wieder zurück, indem er durch den Bau von Einkaufsmöglichkeiten, Geschäfts- und Wohnräumen auf einem Teil des Landes ebenfalls von der Wertsteigerung profitiert. Letztlich entsteht so eine bessere Art von Ankunftsstadt, die das Potenzial hat, sich zu einem blühenden Einstiegsort mit einer eigenen Mittelschicht zu entwickeln, und unter Verwendung der Erträge aus ihrem zukünftigen Erfolg errichtet wird.[11]

An einem Ort wie Karail ist es für den Einsatz solcher Techniken zu spät, aber es gibt noch andere Instrumente, die Werte schaffen und mit denen man den Armen in bereits bestehenden städtischen Gebieten helfen kann. Viele Pläne zur Sanierung von Slums scheitern, weil sie darauf setzen, die Menschen in Häuser von scheinbar besserer Qualität zu verpflanzen, dabei aber die übergreifende Funktion der Ankunftsstadt ignorieren. Die ursprünglichen Slumunterkünfte an Orten wie Karail haben, so schäbig sie auch sein mögen, den erheblichen Vorteil, *flexibel nutzbar* zu sein: Räume und Etagen können hinzugefügt werden, wenn eine Familie Bedarf hat, Teilbereiche können zu Läden oder Kleinbetrieben umgewidmet werden, um ein Einkommen aus unternehmerischer Tätigkeit zu sichern. Diese Behausungen sind außerdem mit Netzwerken von Familien, Transportwegen und Beziehungen *verbunden,* die für die Entstehung von Wohlstand und Dauerhaftigkeit von entscheidender Bedeutung sind. In einem von einer Hausverwaltung betreuten großen Wohnblock – er mag noch so klug geplant worden sein – geht dies oft verloren, und die Bewohner der Ankunftsstadt zögern mit dem Umzug in ein Zuhause, das nichts anderes als nur ein Haus ist.

Aber auch diese Vorbehalte können auf den Kopf gestellt werden. Slumbewohner in Mumbai unterstützten aus einer Reihe von Gründen mehrere Umsiedlungsprojekte mit Wohnblocks (sie schlugen sie sogar vor): Ihre bisherigen Unterkünfte standen an einem gefährlichen, kleinen, steilen oder durch Überschwemmungen gefährdeten Ort; die Verkehrsverbindungen waren schlecht oder der Ort für Verkehrsmittel nicht zugänglich; in unmittelbarer Nachbarschaft befanden sich gefährliche oder mit starker Geruchsbelästigung verbundene Industriebetriebe, zum Beispiel eine Gerberei. Wissenschaftler stellten in all diesen Fällen fest, dass die Slumbewohner einen Umzug nicht deshalb vorzogen, weil er mit einer spürbaren Verbesserung der Wohnsituation verbunden war, sondern weil er, noch wichtiger, den *Wiederverkaufswert* der Wohnung verbesserte. Slumbewohner sind, wie wir bereits gesehen haben, genauso erpicht darauf, ihre Wohnungsinvestition in Geschäftskapital oder eine bessere zukünftige Wohnung umzumünzen wie jeder Angehörige der Mittelschicht in einem westlichen Land (manchmal ist dieses Bestreben bei ihnen sogar noch ausgeprägter, weil das Wohneigentum oft ihr einziger Aktivposten ist), und die Slumbewohner von Mumbai, von denen 85 Prozent ihre Unterkunft – rechtlich abgesichert oder auch nicht – »besitzen«, sind ebenfalls sehr darauf aus, sich an dem Kalkül zu beteiligen, das nach Verbesserungen strebt.[12] In einigen Fällen beteiligten sich Slumbewohner bereitwillig an Vorhaben, bei denen sie für Wohnungen in Sanierungsprojekten eine Anzahlung von 200 Dollar pro Familie leisten mussten (eine erhebliche Summe, die mehreren Monatseinkommen entspricht), um eine Unterkunft beziehen zu können, die einen finanziellen Wert für die Zukunft hat.[13]

Die Größe des Gebäudes ist oft das entscheidende Kriterium, und es hat schon seinen Grund, warum arme Wohnviertel, die zu wohlhabenderen Wohnorten werden, sich so oft zu langen Straßenzügen mit fünfstöckigen Gebäuden wandeln, in deren Erdgeschossen Läden und Geschäftsräume untergebracht sind. Dies ist eine nahezu ideale Raumaufteilung für selbstverwaltete Wohnviertel. Aprodicio Laquian, der philippinisch-kanadische Wissenschaftler, der die Regierungen der meisten wichtigen Entwicklungsländer zu Fragen der Slumsanierung beraten hat, sagt, das fünfstöckige Gebäude ohne Aufzug biete ideale Voraussetzungen für die Steigerung der Nutzungsdichte und den Erhalt einer dicht vernetzten Gemeinschaft. »Man erreicht einen Punkt, an dem man auch akzeptable Wohnungen braucht, nicht nur Dienstleistungen, und die für diesen Bedarf geeignete Lösung ist das fünfstöckige Haus ohne Aufzug«, sagt er. »Sobald man über fünf Stockwerke hinausgeht, braucht man Aufzüge, Strom, Kanalisation und Müllabfuhr, was außer Reichweite liegt. Aber mit fünf Stockwerken erhält man letztlich 80 Prozent mehr Land, das für die wirtschaftliche Entwicklung eingesetzt werden kann.«

Dennoch setzen heute viele der erfolgreichsten Slumsanierungsprojekte auf die teure, aber verlässliche Kombination von Umbau, Legalisierung und Ergänzung bestehender Slumunterkünfte durch Versorgungsdienstleistungen. Das kann durch allmählichen Ausbau erfolgen, indem bei einem Projekt eine Kanalisation erstellt wird, bei einem anderen eine Straßenbeleuchtung, bei einem dritten stabile Fundamente und so weiter. Auf diese Weise haben sich die erfolgreicheren brasilianischen Favelas und türkischen Gecekondus entwickelt, indem aufeinanderfolgende Regierungen kleine Geldbeträge für spezifische Projekte bereitstellten. Aber es soll hier noch für die Vorgehensweise plädiert werden, die wir im Santa-Marta-Viertel von Rio de Janeiro erlebt haben. Der Staatspräsident Luiz Inácio Lula da Silva brachte dort rasche, teure und umfassende Eingriffe auf den Weg, im Zuge derer verschiedene Ressorts der Regierung unter Führung von Sicherheitskräften in den Slum hineingehen und ihn vollständig umkrempeln. Die Änderungen unterstützen sich wechselseitig, und die schnelle gleichzeitige Umsetzung ermöglicht die Sicherung von Eigentumsrechten unter den aktuellen Bewohnern, ohne dass wohlhabendere Außenstehende zwischen den einzelnen Verbesserungsmaßnahmen Wohneigentum aufkaufen können.

Es sollte deutlich geworden sein, dass der Wert des Wohnraums allein nicht ausreicht, um die Migration vom Land in die Stadt gelingen zu lassen. Menschen, die in Städten ankommen, brauchen die Hilfe des Staates, sofern der Zuwanderer vom Land nicht über umfangreiche, aus einem erfolgreichen landwirtschaftlichen Betrieb stammende Ersparnisse verfügt (was manchmal der Fall ist und durch Entwicklungsmaßnahmen auf dem Land unterstützt werden sollte). Die Mittel, mit denen sie zu normalen städtischen Gemeinschaften werden können, sind das, was Ankunftsstädte am meisten brauchen – und was ihnen der Markt so gut wie nie an die Hand geben wird.

Kanalisation, Müllabfuhr und *feste Straßenbeläge* sind aus einleuchtenden Gründen lebenswichtig und können nur von außerhalb eingerichtet werden. Aber *Busse* sind noch wichtiger, wie die Slumbewohner aus eigener Erfahrung sehr gut wissen: Eine erschwingliche und regelmäßige Busverbindung, die bis in die Ankunftsstadt verkehrt, macht oft den entscheidenden Unterschied aus zwischen einer aufblühenden Enklave und einem trostlosen Ghetto. Strom und fließendes Wasser wären dann, so möchte man meinen, die nächsten Prioritäten, aber die Slumbewohner sehen das oft keineswegs so. Sie haben meist ihre eigenen Versorgungssysteme eingerichtet, und Strom- und Wasserrechnungen zum vollen Preis können für arme Haushalte eine schwere finanzielle Belastung bedeuten. Die *Straßenbeleuchtung* ist ebenso wichtig und wird viel zu häufig vernachlässigt. Sie bringt eine spürbare Verbesserung der Sicherheit und des Grundstückswerts mit sich, und das bei geringen Betriebskosten. Es ist für Besucher wie Bewohner sehr viel einladender, abends in São

Paulo in eine Favela zu kommen, deren informelle Gemeinschaft über eine vollständige Straßenbeleuchtung verfügt, als in ein finsteres, bedrohliches Viertel einzutreten, wie das in so vielen anderen Slums der Fall ist.

Gewiefte Kommunalverwaltungen bauen in die Finanzierung solcher Maßnahmen Mechanismen ein, über die sich die Kosten zurückgewinnen lassen. Sie reservieren zum Beispiel einen kleinen Teil des jetzt wertvollen Landes für wirtschaftliche Nutzung, Einzelhandel oder Mittelschichtwohnungen und finanzieren damit die neuen Dienstleistungen. Dennoch braucht man Vorabinvestitionen, wenn Slums zu gedeihenden Ankunftsstädten werden sollen. Es gibt vielleicht kein besseres und wirksameres Mittel als Investitionen in die Zukunft vermeintlich unbewohnbarer Orte wie Karail, wenn man der Armut in der Welt ein für allemal ein Ende setzen will.

ÜBERLEBENS- ODER WIEDERBELEBUNGSSTADT?
THORNCLIFFE PARK, TORONTO, KANADA

Für Adinah Heqosah ist die Fahrt mit dem Aufzug auch nach mehreren Monaten immer noch eine seltsame und leicht beunruhigende Erfahrung. Sie benutzt lieber das Treppenhaus. Heute geht sie zum Fleischeinkauf in Iqbals Supermarkt, und ihr Ehemann Hillal begleitet sie, legt seine Hand sanft auf ihre und lenkt ihre Finger zu den Bedienungsknöpfen des Aufzugs. Bis sie vor ein paar Monaten in diese Wohnung im neunten Stock zog, war ihre einzige Begegnung mit Elektrizität die nackte Glühbirne gewesen, die ihr aus Lehm und Sand errichtetes Zuhause beleuchtete und ihr fahles Licht auf das Haus und die Grube unterhalb der Küche verteilte, wo die großen Haustiere schliefen. Checkout-Terminals, Geldautomaten und Stadtbusse üben in diesem dicht bebauten Hochhausviertel am anderen Ende der Welt bis zum heutigen Tag eine einschüchternde Wirkung auf sie aus.

Iqbals Markt bietet dagegen Trost. Die schweren Reis- und Getreidesäcke auf dem Boden und die mit seltenen Gewürzen bestückten Regale in dem großen, hell erleuchteten Geschäft erinnern Adinah an die Heimat, und in den Gängen zwischen den Regalen wird oft vertrautes Dari gesprochen. Sie und ihr Ehemann kommen oft hierher.

Hillal hat genug Englisch gelernt, um damit in der Stadt durchzukommen, aber Adinah besucht im Gemeinschaftszentrum immer noch die Anfängerklassen und beschränkt ihren Aktionsradius auf die ihr vertrauten Straßen von Thorncliffe Park, wo sie fast nur Asiaten begegnet. Ihre sieben Kinder hingegen erlernen eine Sprache, die sie selbst noch kaum versteht, sehr schnell. Sie möchten eher Pizza als Pilau und gehen nicht in die Moschee; sie sprechen vom Ausziehen aus der elterlichen Wohnung nach ihrem 18. Geburtstag, von einem nordamerikanischen Brauch, der ihren Eltern nicht gefällt.

Zumindest Hillal hatte Erfahrungen mit dem Leben in der Stadt gesammelt. In seiner Kindheit in den 1960er-Jahren hatte sein Heimatdorf Varna, das im äußersten Nordosten Afghanistans liegt, dicht an der Grenze zu Tadschikistan, noch aus vier Häusern bestanden. Nach langen Jahren als Saisonarbeiter, die er in Peschawar, Kabul und Tadschikistan verbracht hatte, kehrte er nach Varna zurück, um Adinah zu heiraten. Bis dahin war das Dorf auf 15 von Sand und Staub umgebene Häuser angewachsen. Bis zum Jahr 2001, als einander bekriegende Taliban-Splittergruppen das Dorf zu einem lebensgefährlichen Ort machten und sie zur Flucht zwangen, hatte Adinah noch nie anderswo gelebt. Aber Freunde in Kabul hatten Hillal von einem Ort am Rand einer Stadt namens Toronto erzählt. Nach einer Flucht über Tadschikistan nach Pakistan beschlossen die beiden, nach Übersee und in diese Stadt zu ziehen.

Adinah und Hillal gehen mit ihren Winterstiefeln etwas unbeholfen den ovalen Boulevard entlang, der den Mittelpunkt von Thorncliffe Park bildet, einem Zementwald aus Nachkriegswohnblöcken und einstöckigen Einkaufszentren. Dieses vom Stadtzentrum aus gut erreichbare Wohnviertel entstand weit draußen am Rand von Toronto in der Nähe einer dicht bewaldeten Schlucht auf dem Gelände einer ehemaligen Pferderennbahn. Es war zunächst für Soldaten vorgesehen, die aus dem Zweiten Weltkrieg heimkehrten. Adinah richtet ihr Kopftuch, als sie den großen Parkplatz von Iqbals Supermarkt überqueren, dessen Kebab-Stand von Pakistanern, Bangladeschern und Indern umlagert wird. Zwischen den Reissäcken wird Adinah von einer 30-jährigen Frau namens Maryam Formuli angesprochen, die ebenfalls Dari spricht und erst vor ein paar Wochen, aus Peschawar kommend, hier eingetroffen ist. Maryam, eine jüngere, noch kinderlose Frau, die in Kabul ein ordentliches Englisch gelernt hat, ist schon seit einiger Zeit im Laden, hat nervös das Gespräch mit afghanischen Landsleuten gesucht. Sie begrüßt Adinah herzlich und fragt, ob sie vielleicht Zeit für ein Gespräch habe.

Maryam erklärt, dass sie jetzt seit einem Monat hier lebt, in einer Zweizimmerwohnung und gemeinsam mit ihrer Mutter, ihrem Bruder, dessen Frau und deren drei Kindern – eine gängige Wohnsituation in Thorncliffe Park, wo die afghanischen Familien das Wohnzimmer üblicherweise mit einem großen Perserteppich einrichten, der von Sitzkissen und immer wieder neu befüllten Teebereitern umgeben ist, während man sich in den Schlafzimmern einfach auf den Boden legt. Maryam ist es noch nicht gelungen, ihren Ehemann nach Kanada nachzuholen. »Ihr Mann ist hier?«, fragt sie auf entwaffnend direkte Art. »Wie ist er ins Land gekommen?« Man einigt sich auf eine gemeinsame Tasse Tee. Das afghanische Netzwerk entwickelt sich. Adinah beneidet die Pakistaner und Inder, die in ihrem Wohnhaus eine Reihe von Stockwerken belegt haben und so, in der Vertikalen, ganze Dörfer nachbilden. Sie scheinen ihre Verbindungen zu nutzen und die Trennung in Hindus und Muslime mühelos zu überwinden, um ihre Kinder in den besten Schulen am Ort unterzubringen. Im Augenblick ist die Bearbeitung der Einwanderungspapiere und die Teilnahme am Englischkurs für sie Arbeit genug.

Maryam bedankt sich bei dem Ehepaar und verlässt das Geschäft, um am Nachmittag in New Circles zu arbeiten, einem Ladengeschäft in einer Einkaufsmeile, das in mehreren Räumen ein nach Größe, Geschlecht und Jahreszeiten sortiertes Angebot gebrauchter Kleidung feilbietet. Ein beliebter Ort unter Einwanderern vom indischen Subkontinent, die sich auf den kanadischen Winter vorbereiten wollen. Die tatsächliche Funktion von New Circles ist jedoch, Menschen wie Maryam in den Betrieb eines kleinen Unternehmens einzuweisen: Buchhaltung und Bestandsverzeichnisse, Anmietung von Geschäftsräumen und Verkaufslizenzen, Geschäftsgründung und Steuern. Der mithilfe von Zuschüssen der Regierung geführte Laden beschäftigt Dutzende von Einwanderern, die mit diesem Programm hier auf die Existenzgründung vorbereitet werden. Für Maryam ist es die erste Verbindung zum Wirtschaftsleben in dieser Stadt. Wie die meisten der 25 000 Menschen, die hier leben, hofft sie darauf, einen Beruf erlernen oder ein Unternehmen gründen, dann ein Haus kaufen und das Viertel verlassen zu können.

Momentan hat sie jedoch noch nicht das Bedürfnis, Thorncliffe Park zu verlassen, sie will noch nicht einmal die Bus- und U-Bahnfahrt für eine Besichtigung des Stadtzentrums auf sich nehmen. Sie spricht zwar fließend Englisch und hat einen Schulabschluss, teilt aber die Ansicht Adinahs, die noch längst nicht so in der Stadt zu Hause ist wie sie, es sei noch nicht an der Zeit, über den Boulevard hinauszugehen. »Wenn wir in Thorncliffe sind, fühlen wir uns wie in Pakistan oder Afghanistan, aber wenn wir in die Innenstadt gehen, sind wir in Kanada«, sagt Maryam, und beim letzten Halbsatz klingt sie ein bisschen ehrfurchts- und geheimnisvoll. »Bisher sind die Menschen hier sehr freundlich zu uns, und ich habe lieber Einwanderer um mich – sie können helfen, wenn es Probleme gibt.«

Was für ein Ort ist Thorncliffe Park? Das Viertel ist, je nach persönlicher Betrachtungsweise, entweder ein erfolgreiches Vorzimmer für das Leben in der Stadt oder ein Ort gefährlicher Isolation und Armut. Es ist mit Sicherheit ein armes Viertel, eines der ärmsten in der im Großen und Ganzen wohlhabenden Stadt Toronto. Eine Untersuchung gibt als durchschnittliches Haushaltseinkommen rund 20 000 Dollar pro Jahr an; eine andere spricht von einer Armutsquote von 44 Prozent. Praktisch alle Hochhauswohnungen werden über den privaten Wohnungsmarkt vermietet – die Möglichkeit eines Ankaufs durch die Bewohner besteht nicht –, und mit einer Monatsmiete von etwa 1100 Dollar sind sie keineswegs günstig. Das Viertel ist außerdem von ethnischer Segregation geprägt, denn 51 Prozent bedienen sich in den eigenen vier Wänden einer asiatischen Umgangssprache, während in diesen Häusern nur eine kleine Minderheit hellhäutiger Kanadier europäischer Herkunft wohnt.[14] Thorncliffe Park kann bei einer statischen Betrachtungsweise nur als verarmtes ethnisches Ghetto bezeichnet werden.

Für die Regierungen in Europa, Nordamerika, Australien und Ozeanien lautet die zentrale Frage in Verbindung mit der Ankunftsstadt: Warum sollten wir Geld und Mühe in Stadtbezirke investieren, die als Orte fortdauernder Armut und ethnischer Isolation fungieren? Wenn Integration und Wohlstand die Ziele sind, scheinen die Ankunftsstädte, diese Königreiche der Marginalisierten, genau das Gegenteil hervorzubringen. Doch Thorncliffe Park wird nicht so eingeschätzt, nicht von den Bewohnern, nicht von den damit befassten Institutionen und Regierungsbeamten im eigenen Umfeld und auch nicht von der übrigen Stadt jenseits seiner Grenzen. Es ist nach wie vor ein beliebter Ort, in dem es so gut wie keine Leerstände und lange Wartelisten für Wohnungen gibt. Die Menschen, die hier neu zuziehen, oft aus einer dörflichen Umgebung kommend, weisen eine erstaunlich konstante Bilanz auf, nach der sie innerhalb einer Generation den Zugang zur städtischen Mittelschicht finden. Thorncliffe Park scheint, wie viele andere erfolgreiche Ankunftsstädte, von seiner dichten Zusammenballung armer ausländischer Bewohner ländlicher Herkunft zu profitieren: Diese Struktur unterstützt die integrative Funktion und schafft eine Plattform für die Eingliederung ins Leben in der Stadt.

Thorncliffe Park ist der Ort, an dem Netzwerke entwickelt werden und der Übergang zum städtischen Leben in der Mittelschicht erfolgt – aber der Erfolg führt dann oft zum Ortswechsel. Jehad Aliweiwei ist ein in Palästina geborener Kanadier, der das Thorncliffe Neighbourhood Office betreibt, die faktische Selbstverwaltungsinstitution dieser Ankunftsstadt, eine sehr gefragte Einrichtung, die ein großes Spektrum von Dienstleistungen für arme Migranten anbietet. Er berichtet: »Thorncliffe war historisch gesehen ein Sprungbrett oder ein Zugangsort, an dem sich die Menschen für einige Jahre niederlassen, bis sie eine feste Arbeit gefunden haben, und dann ziehen sie weiter. Sie wechseln in eine andere Gegend, wo sie ein Haus oder eine größere Wohnung kaufen können. Heute werfen die Menschen den Anker aus und bleiben hier. Es geht hier nicht mehr so mobil und wechselhaft zu wie früher. Die Menschen haben hier nicht das Gefühl, festzusitzen. Es ist ein Ort, an dem sie sich sehr wohlfühlen. Man benutzt das hier nicht nur als Durchgangsstation, man kommt hierher.«

Aliweiwei weist auf die paradoxe Situation von Zugangsstädten wie Thorncliffe Park hin: Je erfolgreicher sie sind, desto höher ist ihre offenkundige Armutsrate. Wenn es den Menschen hier gelingt, innerhalb einer Generation in wohlhabendere Hausbesitzerbezirke umzuziehen, erlebt das

Viertel einen ständigen Zustrom neuer Migranten aus armen ländlichen Gebieten. Nur wenn man den Lebensweg jedes einzelnen Bewohners außer Acht lässt, wirkt das Viertel unverändert arm und ethnisch abgegrenzt. Und ein halbes Jahrhundert lang führten diese Lebenswege im Allgemeinen nach oben. Nachdem die Soldatenbungalows in den 1960er-Jahren durch Hochhäuser ersetzt worden waren, entwickelte sich Thorncliffe Park nahezu umgehend zur reinen Ankunftsstadt. Zuerst kamen Griechen und Mazedonier, die eine Generation lang hier lebten und orthodoxe Kirchen errichteten (von denen einige heute noch stehen), dann in den griechischen Bezirken der Innenstadt oder im äußeren Vorortgürtel Häuser kauften und weiterzogen. Ihnen folgten Inder aus Gujarat und Ismailiten aus Ostafrika, Letztere bauten Ende der 1970er-Jahre auch die ersten Moscheen im Viertel. Zu ihnen gesellten sich Kolumbianer und Chilenen, die in den 1970er- und 1980er-Jahren hier lebten, bis sie in der Innenstadt Häuser kauften und wegzogen. Heute gibt es im Viertel eine ansehnliche philippinische Gemeinde und mehrere große Gruppen vom indischen Subkontinent. Die aktuellsten Neuankömmlinge sind die Afghanen – eine Konsequenz des 2006 einsetzenden intensiven militärischen Engagements Kanadas in ihrem Heimatland.

»Alle Leute in Thorncliffe sind Neuankömmlinge, alle haben zu kämpfen«, sagt Seema Khatri (42). Sie ist vor Kurzem weggezogen und hat im benachbarten Vorort Don Mills in einem Flachbau eine Wohnung gemietet hat, die näher an einer besseren, weiterführenden Schule für ihre Kinder liegt. Sie stammt aus einem Dorf im nordindischen Bundesstaat Haryana, zog dort in die Stadt und schloss noch in Indien ein

Hochschulstudium ab, bevor sie nach Kanada auswanderte. Sie wohnte mehrere Jahre in Thorncliffe Park und brachte sich mit Hilfsarbeiten in einer Kosmetikfabrik durch, während sie sich um eine Anerkennung ihrer Ausbildungszeugnisse bemühte. Die Netzwerke im Viertel, berichtet sie, halfen ihr dabei. »Wenn man in Thorncliffe aus dem Haus geht, begegnet man Leuten, die ebenfalls zu kämpfen haben. Man spricht im Feinkostladen mit den Nachbarn und tauscht Informationen aus.«

Was die Einwanderer dazu bewegt, sich an diesem Ort niederzulassen (und trotz der kanadischen Bemühungen, die Einwanderung auf gut ausgebildete Eliten zu begrenzen, kommt ein erheblicher Teil der Menschen hier vom Land), ist nicht dessen Isolation, es sind eher die sehr guten Zugänge zur städtischen Umgebung. Das Viertel ist gut an den öffentlichen Nahverkehr angeschlossen, verfügt auf eigenem Territorium über eine große Grundschule, es gibt hier gute Arbeitsplätze und Orte, an denen man zu günstigen Mieten und mit wenig Startkapital kleine Unternehmen gründen kann. Allerdings sind die Verhältnisse nicht so gut, dass die Menschen länger als eine Generation lang hierbleiben wollen, bevor sie weiterziehen. Das von Jehad Aliweiwei betriebene Neighbourhood Office bietet Sprachkurse an, Akkulturation, Hilfen in vielen Sprachen für den Umgang mit den Steuergesetzen und bei der Gründung kleiner Unternehmen, und das alles mit dem Ziel, den Übergang zu einem erfolgreichen Leben in der Stadt gelingen zu lassen. Diese Ankunftsstadt hat ein funktionierendes Selbstverständnis.

Thorncliffe Park wurde nicht per Zufall zu einer erfolgreichen Ankunftsstadt. Im Gegensatz zu anderen von Einwanderern bewohnten Hochhausenklaven in den Vororten funktioniert dieses Viertel, weil der Staat dort in erheblichem Umfang investierte und sich auch engagierte. US-amerikanische und kanadische Geografen stellten bei einer großen Untersuchung zu den Bewohnern von Thorncliffe Park ein nahezu einstimmig formuliertes hohes Maß an Zufriedenheit fest. Aus anderen kanadischen Anlaufstellen für Einwanderer, vor allem aus den weiter außerhalb gelegenen Vororten mit schlechtem Nahverkehrsangebot und ungenügender wirtschaftlicher Anbindung an die Kernstadt, kamen sehr viel pessimistischere Reaktionen. In Thorncliffe Park gab es jedoch Anhaltspunkte für die »gute Segregation des Dorfs in der Stadt«, stellte die Untersuchung fest: »Eine hoffnungsvolle Stimmung bot eine Grundlage für den Aufbau lokalen sozialen Kapitals. Einwanderer begannen eine Berufslaufbahn, aussichtsreiche Wege zur Integration taten sich auf, und Staatsbürgerschaft und Zugehörigkeit waren mit größeren Hoffnungen verbunden.« Die Geografen kamen zu dem Schluss, dass die ethnische Zusammenballung (manche würden das als Segregation bezeichnen) für die Neuankömmlinge den Vorteil der »differenziellen Staatsbürgerschaft« (»differential citizenship«) hatte und ihnen die Beteiligung an einer Entwicklung ermöglichte, die ich hier als Kultur des Übergangs beschrieben habe.[15]

Diese hochgradig organisierte, zielgerichtete Ankunftsstadt ist ein neuartiger Ort und zugleich eine halbe Lösung für eine Krise in Nordamerika, in deren Verlauf die Stadtviertel, die für eine Aufnahme neuer Migranten am zugänglichsten waren – die dicht besiedelten, armen Viertel der Kernstadt –, sich so weit entwickelten und von den vorhergehenden

Zuwandererwellen so gut hergerichtet wurden, dass die neuesten Migranten in die äußeren Vororte abgedrängt werden. In Städten wie Toronto war der Prozess der Akkulturation in der Stadt ein Jahrhundert lang eine spontane und von Migranten vorangetriebene Erfahrung. Die Regierungen erkennen deshalb erst heute, dass sie bei diesem Übergang zum Leben in der Stadt eine aktive Rolle übernehmen müssen – und sie erkennen das oft erst zu spät.

Toronto bietet möglicherweise die weltweit vollständigste Ansammlung von Ankunftsstädten der alten Schule. Der gesamte Ballungsraum mit 6,5 Millionen Menschen nimmt unter den Städten der westlichen Welt mit die meisten Einwanderer auf: Über 40 Prozent der rund 300 000 Ausländer, die jährlich nach Kanada einwandern (Gesamtbevölkerung des Landes: 33 Millionen), kommen nach Toronto. Diese Einwanderung war ein Jahrhundert lang rein dörflicher Herkunft und folgte einem klassischen nordamerikanischen Muster der Kettenmigration. Einwanderer aus bestimmten Dörfern und Regionen zogen dabei in bestimmte Straßen, Häuserblocks, Stadtviertel und -bezirke und siedelten sich in wenig begehrten Billigquartieren an, die von viktorianischen Reihenhäusern geprägt waren, bildeten Netzwerke, die auf gegenseitiger Hilfe beruhten, gründeten Ladenketten und kleine Fabriken, kauften und renovierten den Häuserbestand, nutzten Hypotheken und Hausbesitz als Kapitalquelle, zogen dann aus der Innenstadt hinaus in teurere, ethnisch oder anderweitig vorgeprägte Enklaven und fungierten für die nächste Einwandererwelle als Vermieter und Unternehmer. Ich selbst lebte jahrzehntelang in diesen Enklaven von chinesischen, indischen, italienischen, portugiesischen, karibischen, koreanischen, griechischen und pakistanischen Dorfbewohnern. In ihren ethnisch geprägten Bezirken errichteten sie vollständige Klassenstrukturen und geschäftliche Netzwerke, ihre eigenen Finanz-, Reise- und Medieninstitutionen und bildeten ihre eigenen einflussreichen Eliten heraus. Diejenigen, die Erfolg hatten, blieben manchmal am Ankunftsort und renovierten ihre Häuser, und mitunter zogen sie aus ihren ethnisch geprägten Innenstadtbezirken in Ethno-Vororte (»ethno-burbs«) weg und bildeten dort »Keile« ethnischer Konzentration, die sich vom Auskunftsort her nach außen ausbreiteten. Dieser Kreislauf gegenseitiger Hilfeleistung hat eine richtige Ankunftsstadt-Mittelschicht hervorgebracht, deren Interessen tendenziell das politische Geschehen auf Provinz- wie auch auf nationaler Ebene bestimmen. So wurde der Ankunftsvorgang, wie in Brasilien oder der Türkei, zu einem zentralen und fortdauernden Thema der kanadischen Politik, wobei es keine Rolle spielt, welche Partei gerade an der Macht ist.[16]

Das alte Siedlungsmuster ist heute nicht mehr vorherrschend. Einige neue Wellen von Migranten ziehen nach wie vor in die alten Ankunftsstädte im Stadtkern, wo es immer noch sehr viele Mietunterkünfte gibt: In portugiesischen Vierteln entstehen Enklaven von Migranten aus Angola und Mosambik; die chinesischen Hausbesitzer vermieten an die Vietnamesen, die ihrerseits dann weiter nördlich ihre eigenen Enklaven aufbauen. Aber der größte Teil der neuen Zuwanderer, darunter eine große Zahl von Gruppen ländlicher Herkunft, kommt heute in den Randbereichen der Stadt an, in Vierteln, die einst, in den 1950er-Jahren, als Schlafstädte für Pendler geplant worden waren. Untersuchungen zeigen, dass die Stadt zu einer Insel des Wohlstands etablierter Einwanderer wird, die von breiten Bändern räumlich isolierter Armut umgeben ist.[17] Diese Viertel leiden oft unter all den Problemen, die bereits am Beispiel von Slotervaart beschrieben wurden (architektonische Gestaltung, Zonierung, Verkehrsanbindung), und haben das Potenzial für vergleichbare soziale Probleme. (Die Polizei vereitelte 2006 in Meadowvale, einer isolierten Ankunfts- und Schlafstadt dieser Art in Mississauga/Ontario, einen ausgefeilten islamistischen Terrorplan.) Thorncliffe Park bietet eine Lösung für dieses Problem: Ein Hochhausviertel, das mit erheblichen Ausgaben zu einem Ort gemacht wurde, der einen raschen, gut betreuten Übergang ermöglicht. Unglücklicherweise ist er eine Ausnahme.

Wir können heute nicht mehr erwarten, dass sich die Ankunftsstadt in westlichen Ländern spontan entwickelt und verwaltet. Die Einwanderungswellen des frühen 20. Jahrhunderts und der Jahre nach dem Zweiten Weltkrieg – die letzten Wellen der ersten großen Migrationsflut, die vom Land in die Stadt führte – fielen mit einer großen Expansion der öffentlichen Ausgaben für Bildung, kommunale Verwaltung, Transportwesen und städtische Infrastruktur zusammen. Der Niedergang der Schwerindustrie schuf Stadtviertel mit preisgünstigen Unterkünften, die man kaufen und als Quelle für Familienkapital renovieren und modernisieren konnte. Heute sind weder die vorgeprägten begehrten Wohnviertel noch die Flut öffentlicher Investitionen gesichert. Die Wirtschaft kommt wieder in Gang, gleichzeitig verlangsamt sich das demografische Wachstum, und in den kommenden Jahren werden neue Wellen gering qualifizierter Einwanderer gebraucht. In dieser Situation ist es wichtig, dass nordamerikanische und europäische Städte *vorab* die Bedürfnisse der Dorfbewohner beachten, die in ihren Randgebieten ankommen.

Im Zusammenhang mit Ankunftsstädten stellen sich, so erfolgreich sie auch sein mögen, einige beunruhigende Fragen. Handeln wir klug, wenn wir für die Errichtung und den Unterhalt solcher Enklaven öffentliche Gelder ausgeben, anstatt zu versuchen, neue Einwanderer direkt in die Mitte der Gesellschaft zu integrieren? Sind Stadtviertel mit günstigen Mietpreisen, in denen sich die vom Land kommenden Migranten bevorzugt ansiedeln, wirklich der beste Zugang zu Integration und Ankunft? Sollten sie gefördert und unterstützt werden, oder sollten die Regierungen nach Wegen suchen, wie sie nach besten Kräften verhindern können, dass die große Migration in den weniger begehrten Teilen der Stadt Zuwandererenklaven bildet?

Die Ankunftsstadt anzunehmen bedeutet, dass man die über mehrere Generationen hinweg gepflegte Denkweise, nach der sich der Erfolg an der räumlichen Zerstreuung messen lässt, beiseiteschieben muss. Die ursprüngliche Theorie städtischer Assimilation, die der Soziologe Robert E. Park und seine Kollegen von der Chicago-Schule seit den 1920er-Jahren entwickelten, stützte sich auf das früheste Verständnis der Ankunftsstadt. Park kam durch eine Analyse der Städte der USA (vor allem Chicagos) während einer Zeit intensiver Migration ländlichen Ursprungs zu dem Ergebnis, dass die Einwanderer ihr Leben in der Stadt in sehr stark konzentrierten Populationen in Mietwohnungen von armen Innenstadtvierteln mit niedrigen Häuserpreisen beginnen, aber erst dann integriert werden und erfolgreich sind, wenn sie die ethnische Enklave hinter sich lassen und sich in die Mainstream-Gesellschaft zerstreuen. Nach dieser Theorie war die von einer einzigen Ethnie bestimmte Prägung dieser Innenstadtviertel und ihre Trennung vom etablierteren Teil der Stadt die Ursache für ihre Armut. »Soziale Beziehungen«, schrieb Park, »korrelieren unweigerlich mit räumlichen Beziehungen«.[18]

Aber es ist genauso gut möglich, sich *innerhalb* der Grenzen der ursprünglichen Ankunftsstadt wirtschaftlich und kulturell vollständig zu integrieren. Es gibt inzwischen genügend wissenschaftliche Belege dafür, dass die ethnische »Zusammenballung« (»clustering«) der effektivste Weg zu sozialer und wirtschaftlicher Integration sein kann. Die provozierendsten Untersuchungen zu den vermeintlich segregierten Stadtvierteln stammen von den britischen Sozialwissenschaftlern Ceri Peach, Nissa Finney und Ludi Simpson.

Sie haben in detaillierten Studien zu bekannten Ankunftsstadtenklaven wie Tower Hamlets und Bradford festgestellt, dass es dort nicht mehr Armut oder soziale Isolation gibt als in Vierteln ohne starke Konzentration bestimmter Ethnien und dass solche Orte – also die Ankunftsstädte – eine etwa gleich große Zahl von Angehörigen der eigenen ethnischen Gruppe an ethnisch gemischte Mittelschichtviertel »verteilen«, wie sie aus dem Ausland neu aufnehmen.[19] Das heißt: Sie bleiben nur arm, weil sie ständig neue (und arme) Zuwanderer aufnehmen.

Und die Segregation schreckt möglicherweise, im Gegensatz zu den von den Medien gepflegten Stereotypen, von gewalttätigem Extremismus ab. Peach und Finney untersuchten das Problem des islamistischen Terrorismus unter Einwanderergruppen und stellten fest, dass es unter den Bewohnern von Ankunftsstädten sehr viel seltener vorkommt. Von den 75 angeblichen Al-Qaida-Mitgliedern, die in Großbritannien von 2004 bis 2009 unter dem Vorwurf des Terrorismus verhaftet worden sind, lebten nur 17 in Stadtvierteln mit einem muslimischen Bevölkerungsanteil von über 18 Prozent. Eine Mehrheit von 42 Personen lebte an Orten mit weniger als 6 Prozent Einwohnern muslimischen Glaubens.[20] Extreme und fundamentalistisch-religiöse Bewegungen können sich in dysfunktionalen Ankunftsstädten wie Amsterdam-Slotervaart und Leeds-Beeston (dieses Viertel brachte drei der vier Selbstmordattentäter hervor, die im Juli 2005 in London Bombenanschläge auf die U-Bahn und einen Bus verübten) unter frustrierten Jugendlichen aus der zweiten Einwanderergeneration bilden, und das geschieht auch. Es gibt jedoch keine Korrelation zwischen ethnischer Zusammenballung und Terrorismus, und das bedeutet: Terrorismus kann genauso gut an anderen Orten seinen Ursprung haben, vielleicht sogar eher dort als in Ankunftsstädten. Es gibt vielmehr starke Anhaltspunkte für die Annahme, dass die eng geknüpften Netzwerke der Ankunftsstadtkultur tendenziell von den schlimmsten Erscheinungsformen des Terrorismus abschrecken. Die Enklaven der Zuwanderer vom Land sind nicht die wichtigsten Entstehungsorte des radikalen Islamismus, und diese Erkenntnis scheint in der Tat universell gültig zu sein, im Nahen Osten und in westlichen Ländern. Der Soziologe Asef Bayat stellte in einer detaillierten Untersuchung zu solchen Vierteln im Iran und in Ägypten fest, dass Ankunftsstädte nur sehr selten »den Nährboden abgeben für Gewalt, Verbrechen, Gesetzlosigkeit, Extremismus und, konsequenterweise, radikalen Islamismus«. Sie sind eher, wie Bayat feststellte, »ein bedeutsamer Ort des Ringens um (städtische) Staatsbürgerschaft und Umgestaltung in einem städtischen Lebenszusammenhang«. Die Zentren des Islamismus, heißt es bei Bayat weiterhin, seien in erster Linie die Wohnviertel der unteren Mittelschicht, die in den Jahrzehnten vor 1980 von staatlichen Einflüssen auf die Wirtschaft profitiert hatten und danach im Wettbewerb mit der informellen Wirtschaft, wie sie die Neuankömmlinge betrieben, ins Hintertreffen gerieten. Religiöser Fanatismus hat mit der Migration vom Land in die Stadt nur wenig zu tun.[21]

Das wichtigste Paradoxon der Ankunftsstadt ist, dass ihre Bewohner allesamt nicht mehr in einer Ankunftsstadt leben wollen – sie wollen entweder so viel Geld verdienen, dass sie mit ihrer Familie und ihren dörflichen Netzwerken wegziehen können, oder sie wollen das Viertel selbst zum Besseren verändern. Einige Ankunftsstädte, wie etwa Thorncliffe Park, erneuern sich selbst und locken ständig neue Wellen von Zuzüglern an, die oft aus anderen Kulturkreisen kommen. Die meisten aber neigen dazu – wenn sie erfolgreich sind –, sich selbst in Vergessenheit zu bringen. Die Ankunftsstadt ist heute in vielen Städten Europas und Nordamerikas die bevorzugte neue Wohngegend, aktuelle Beispiele sind Stadtbezirke wie Rampart in Los Angeles, die Lower East Side in Manhattan, Spitalfields in London, Belleville in Paris und Ossington in Toronto. Dieses Umfeld ist für junge Hochschulabsolventen attraktiv (unter denen einige Kinder früherer Ankunftsstadtbewohner sind), die genau wegen der dynamischen, die Stadt umgestaltenden Gemeinschaften an solchen Orten wohnen wollen. Die erste Welle von Neuankömmlingen schuf – in der Zeit bis zum Ersten Weltkrieg – die Kernstadtviertel der meisten westlichen Städte; die zweite Welle, die nach dem Zweiten Weltkrieg einsetzte, schafft jetzt die nächste Reihe von Wohnorten – und die nächste Reihe von Kulturen. Diese umgekehrte Anziehungskraft (Kritiker bezeichnen sie als Gentrifizierung) entwickelt sich jetzt auf genau dieselbe Art und Weise in den Ankunftsstädten von Chongqing, Mumbai, Istanbul, Kairo und São Paulo, und die Ankunftsstädte des Westens sind ihrerseits genauso anfällig für die Fehlentwicklungen, die in den Ankunftsstädten an jenen Orten zu beobachten waren. Es ist ein und derselbe Prozess, an dem ein und dieselben Menschen beteiligt sind. Der einzige Unterschied liegt im Wohlstand und in den verfügbaren Ressourcen. Die große Migration des 21. Jahrhunderts hat gegenüber dem Vorläufer aus dem 19. Jahrhundert den Vorteil, dass sie sich in einer Welt abspielt, die weiß, wie eine gute Ankunftsstadt aussieht. Damals entwickelten sich die begehrten Wohnviertel zufällig und ungeplant, und diese Entwicklung war von zu vielen menschlichen Katastrophen begleitet. Diesmal werden wir planen müssen, und dazu gehört auch, die unvermeidliche Ankunft von Dorfbewohnern vorwegzunehmen und in ihre städtische Zukunft zu investieren.

Die letztgültige mit der Ankunftsstadt verknüpfte Erkenntnis ist, dass sie sich nicht einfach in den Stadtrand eingliedert; sie *wird* die Stadt. Ob das auf kreative oder destruktive Art und Weise geschieht, ist eine Frage des Engagements. Der Philosoph Kwame Anthony Appiah hat diesen

Prozess der Kollision und des Festhaltens der Dorfbewohner an der Stadt als Herz eines lebendigen Kosmopolitismus beschrieben, als eine Umarmung, die er als lebensspendende Verunreinigung bezeichnet: »Um eine Heimat zu haben, bedarf es und bedurfte es noch nie einer festgefügten Gemeinschaft und eines homogenen Wertesystems. Kulturelle Reinheit ist ein Widerspruch in sich.« Er rundet sein Argument durch ein Zitat aus der Selbstverteidigung des Schriftstellers Salman Rushdie ab, der sich gegen genau die Kulturpuristen im Iran zur Wehr setzt, die durch ihren manipulativen Umgang mit den polyglotten Ankunftsstädten von Teheran an die Macht gekommen waren. Der durch eine Fatwa Khomeinis mit dem Tod bedrohte Rushdie verteidigte seinen Roman *Die Satanischen Verse*, indem er ihn als Ankunftsstadt beschrieb, wie die Ankunftsstädte, die seine Seiten füllen, wie die Ankunftsstädte in aller Welt: Der Roman – wie der Ort – »feiert die Bastardierung, die Unreinheit, die Mischung, die Verwandlung, die durch neue, unerwartete Kombinationen von Menschen, Kulturen, Ideen, politischen Richtungen, Filmen oder Liedern entsteht. Das Buch erfreut sich am Mischen der Rassen und fürchtet den Absolutismus des Reinen. Melange, Mischmasch, ein bisschen von diesem und ein bisschen von jenem, das ist es, wodurch das Neue in die Welt tritt. Hierin liegt die große Chance, die sich durch die Massenmigration der Welt bietet, und ich habe versucht, diese Idee in meinem Buch umzusetzen.«[22]

Das ist der Lauf der Welt. Die funktionierende Ankunftsstadt kolonisiert die etablierte Stadt nach und nach (so wie die gescheiterte Ankunftsstadt womöglich, nachdem es zunächst gärt und brodelt, gewaltsam vordringt). Die bestehende Stadt entdeckt die Ankunftsstadt, setzt sich mit ihr auseinander und nimmt sie auf, wenn die Begleitumstände günstig sind. Die ausländischen Dorfbewohner und Einwanderer von gestern sind die städtischen Ladenbesitzer von heute und die freiberuflichen Akademiker und Spitzenpolitiker von morgen. Ohne diese Metamorphose stagnieren und sterben die Städte. Den sterilen Debatten über Multikulturalismus und Globalisierung liegen die spezifischen Erfahrungen mit Wellen von Zuwanderern vom Land zugrunde, die auf die Schwachstellen der Städte in aller Welt treffen. Man hat es dabei, wie die Erfahrungen jeder einzelnen Familie zeigen, mit einer Ansammlung von Menschen zu tun, die sich mehr als alles andere wünschen, zu einem akzeptierten Teil des sozialen Ganzen zu werden. Diese Familien nehmen kalkulierte Risiken auf sich, sie setzen auf Hausbesitz und Bildung und die Großzügigkeit von Freunden und Fremden. Die Regierungen müssen Geld in die Hand nehmen, damit sich diese Wagnisse lohnen: Die Ankunftsstadt ist, kurzfristig betrachtet, ein teurer Ort, weil sie zunächst mehr Steuergelder verschlingt, als sie selbst produziert. Aber drei Jahrhunderte Stadtgeschichte haben uns mit Sicherheit gezeigt, dass sich diese Investition unbedingt lohnt, weil sie einerseits gewaltige Erträge abwirft und andererseits fürchterlichen Schaden abwendet. Wenn diese Familien vertrieben oder in den Stadtrand-Slums sich selbst überlassen werden, wenn man ihnen die Staatsangehörigkeit oder ein eigenes Zuhause im erweiterten Stadtgebiet verweigert, werden sie zu einer sehr viel teureren Bedrohung. In den kommenden Jahrzehnten werden, noch zu unseren Lebzeiten, noch mehr Dorfbewohner diese Risiken auf sich nehmen als zu jedem anderen Zeitpunkt der Menschheitsgeschichte. Dieses Jahrhundert wird das letzte Jahrhundert der Urbanisierung sein, ganz gleich, wie diese Entwicklung ausgeht. Wir haben heute die Chance, diese abschließende Migration zu einer dauerhaft fortschrittlich wirkenden Kraft zu machen, der Armut ein Ende zu bereiten, die Wirtschaft nachhaltiger zu gestalten und ein weniger brutales Leben auf dem Land zu ermöglichen. Das wird nur gelingen, wenn wir diese lästigen Ansiedlungen am Stadtrand nicht mehr ignorieren.

Nachwort:
Revolutionen in der Ankunftsstadt

BOULAQ AL-DAKROUR, KAIRO, ÄGYPTEN

Inmitten eines Labyrinths von schmalen, ungeteerten Wegen und Gassen ist der geflieste Hof des Hayiss-Süßwarenladens einer der wenigen großen öffentlich zugänglichen Orte in diesem dicht besiedelten, hektischen Viertel am Westrand der Metropole Kairo. Mittelalterlich anmutende Straßen bilden tiefe Schneisen zwischen drei-, vier- und fünfstöckigen Gebäuden, die meist von den Bewohnern selbst errichtet wurden.

Die oberen Etagen dieser Häuser sind mit Familienwohnungen dicht belegt, auf den Dächern und Balkonen ist Wäsche zum Trocknen aufgehängt, und in den Erdgeschossen sieht man Auto- und Elektro-Reparaturwerkstätten, kleine Fabriken, Einzel- und Großhandelsläden, Restaurants und Cafés und kleine Moscheen. In Boulaq al-Dakrour, einem Gebiet, das nur wenig mehr als 300 Hektar umfasst, leben mehr als eine halbe Million Menschen.

Am 25. Januar 2011, einem nationalen Feiertag zu Ehren der Polizei, drängten sich zur Mittagszeit vor dem Hayiss-Süßwarenladen etwa 300 Menschen, die nicht von den »sozialen Medien«, sondern auf die altmodische Art angelockt worden waren: Flugblätter, die die Protestaktion ankündigten, waren in ganz Boulaq von Hand verteilt worden. Aus der Menge ertönten Rufe, die Menschen schimpften auf Präsident Hosni Mubarak und sein Regime. Die Polizei ließ sich nicht blicken, sie war mit 20 weiteren Protestkundgebungen in besser zugänglichen Teilen Kairos beschäftigt. Diese Proteste waren im Internet angekündigt worden, doch von der Versammlung hier an diesem Ort wussten nur die Bewohner von Boulaq. Die Demonstranten bewegten sich um 13.15 Uhr ostwärts durch die engen Straßen und Gassen und riefen den Zuschauern auf den Balkonen zu: »Kommt runter, kommt runter.« Viele der Zuschauer folgten diesem Aufruf, und die Menge schwoll auf mehrere Tausend an. Die Menschen überquerten den Kanal und die Eisenbahngleise, die die Grenze von Boulaq bilden, zogen durch wohlhabendere Viertel, gingen auf immer breiter werdenden Boulevards, ließen sich auch von Polizeiabsperrungen nicht aufhalten und gelangten schließlich auf den Tahrir-Platz, das symbolische Zentrum Kairos.

Keine der anderen Protestkundgebungen schaffte es an jenem Tag bis zum Tahrir-Platz, und die Menschenmenge aus Boulaq, die ebenso wütend wie entschlossen war, hielt sich hier bis weit in den Abend hinein – sie trotzte dem Tränengas, den Gummigeschossen und den Polizeiknüppeln –, es war das erste Mal, dass irgendein öffentlicher Protest im Land diesen Verlauf nahm. In den nächsten paar Tagen kamen mehr als eine halbe Million Menschen hinzu. Nach 18 Tagen ununterbrochener Proteste und über 800 Toten zwangen die Protestierenden Mubarak zum Rücktritt.[1]

Die arabischen Revolutionen des Jahres 2011 entstanden aus der Ankunftsstadt und den dort enttäuschten Lebenszielen. Die überwältigende Mehrheit der Menschen, die es wagten, auf die Straße zu gehen, gehörte zu der Generation, deren Eltern noch auf den Feldern gearbeitet hatten, die dann die teure und schwierige Reise vom Land ins preiswerteste

Randgebiet der Großstadt gewagt und um ein besseres Leben für ihre Familie gekämpft hatten, um dann bei jedem beliebigen Anlass die Missachtung durch eine etablierte Schicht von Städtern zu erleben, die sich weigerte, ihre bloße Existenz anzuerkennen. Diese Menschen waren zumeist weder die den ersten Impuls gebenden Organisatoren noch die Nutznießer des Aufstands, aber sie stellten den Großteil der Menge.

In Kairo waren einige westliche Beobachter und wohlhabendere Einheimische überrascht, als sie feststellten, dass die ersten Proteste von den Bewohnern des chaotischen Viertels Boulaq geprägt worden waren, des Paradebeispiels für die informellen Siedlungen, die entlang des Kairoer Stadtrands in den 1970er-Jahren förmlich aus dem Boden geschossen waren und in Ägyptern als Ashwaiyyat (etwa: »planlos errichtete Orte«) bezeichnet wurden. »Diese Demonstranten waren keine gut ausgebildeten jungen Leute, die im Internet von Protesten erfahren hatten, wie es in den gängigen Berichten immer hieß«, hielten die Reporter des Wall Street Journal fest. »Das waren arme Vorstadtbewohner, die ein Labyrinth von schmutzigen, engen Gassen füllten und sich vor einem Süßwarengeschäft im eigenen Viertel versammelten.«

Die Organisatoren des Protests, mehrheitlich junge Universitätsabsolventen, hatten die Bewohner von Boulaq absichtlich zur Speerspitze des demokratischen Aufstands gemacht. Sie verstanden die tiefe und anhaltende Enttäuschung über das schmerzliche Scheitern der eigenen Lebensziele, das die Bewohner von Boulaq und der anderen 110 dicht besiedelten Ashwaiyyat hatten erleben müssen. Die sechs Millionen Bewohner dieser Viertel stellten ein Drittel der Gesamteinwohnerzahl im Großraum Kairo.[2] Sie wussten auch, dass diese Enttäuschung die jungen Leute von Boulaq schon oft zu Protesten gegen die Behörden auf die Straßen getrieben hatte.

Der »arabische Frühling« hatte schließlich mit dem schockierenden Selbstmord von Mohammed Bouazizi begonnen, einem dieser ehrgeizigen jungen Männer, dessen Versuche, auf der informellen Seite der städtischen Wirtschaft seinen Lebensunterhalt zu verdienen, von Vertretern der Staatsmacht durchkreuzt worden waren. Seine Familie stammte aus dem winzigen Dorf Sidi Saleh, in dem er auch zur Schule gegangen war. Die Familie blieb zwar mit einem Bein dem ländlichen Leben verbunden, stützte sich aber zugleich auf das Einkommen in der Stadt lebender Familienmitglieder, die ihre Einnahmen aus dem Verkauf von Obst und Gemüse auf den Straßen von Sidi Bouzid, einer 19 Kilometer entfernten großen Stadt, nach Hause überwiesen. Mohammeds Einkommen als Straßenverkäufer von etwa 140 Dollar monatlich reichte für den Bedarf seiner Mutter, seines Onkels, seiner Geschwister und auch noch für die Studiengebühren einer seiner Schwestern. Seine Familie plante, das Geschäft durch den Ankauf eines Pick-up zu erweitern, was für sie den Aufstieg in die unterste Mittelschicht in der Ankunftsstadt bedeutet hätte.

Mohammad hatte am Morgen des 16. Dezember 2010 etwa 200 Dollar, die er sich bei inoffiziellen Geldverleihern geborgt hatte, für den Wareneinkauf ausgegeben. Bevor er sein Obst und Gemüse weiterverkaufen konnte, wurde er allerdings von einer Polizistin gestellt, die seine Geschäftslizenz sehen wollte. Als er die nicht vorweisen konnte, konfiszierte sie seine Ware und seine Waage, und das bedeutete den Verlust eines gesamten Monatseinkommens und gefährdete seine geschäftliche Existenz. Er war in Sorge um seine eigene Zukunft und wütend darüber, dass man die Hoffnungen seiner Familie zerstört hatte. In seiner Verzweiflung ging er zum Amtssitz des Gouverneurs und schrie: »Wovon soll ich eurer Meinung nach leben?« Dann übergoss er sich mit Benzin und zündete sich an. Er starb 18 Tage später, und sein Tod war der Katalysator für Aufstände quer durch den Nahen Osten und Nordafrika. Diese Konfrontation zwischen der sich herausbildenden Mittelschicht der Ankunftsstadt und der etablierten und regimetreuen Mittelschicht war für Millionen von Arabern in der gesamten Region eine vertraute Erfahrung.

Boulaq war zu Beginn, wie die meisten Ankunftsstädte in aller Welt, ein Ort des Optimismus gewesen. Die ersten Landbesetzer, die in den 1970er-Jahren auf diesem Streifen Ackerland in Privatbesitz in Gizeh provisorische Behausungen errichtet hatten, waren von Jobs angelockt worden, die dort in der Coca-Cola-Abfüllanlage, in der Zigarettenfabrik und bei der Eisenbahnlinie nach Oberägypten winkten, die durch Boulaq führte. Die Siedlung expandierte in den 1980er-Jahren und Anfang der 1990er-Jahre im klassischen Stil der Ankunftsstadt, durch weitere Besetzung von Land und illegale Unterteilung. Aus einfachen Ziegelsteinhütten wurden fünfstöckige Gebäude, und aus kleinen Läden an der Straße wurden Fabriken, die ihr Kapital von informellen, im Viertel selbst ansässigen Kreditgenossenschaften, den sogenannten Gamaiyyat, sowie über Projekte bezogen, bei denen Mieter in vor dem Ausbau stehenden Mietshäusern zu Anteilseignern wurden. Ende der 1990er-Jahre, als die Läden und kleinen Fabriken einigen Menschen den Ausweg aus der Armut eröffneten, hatte die Herausbildung einer unteren Mittelschicht in den Ashwaiyyat begonnen.

Aber jetzt stießen die Bewohner von Boulaq auf Barrieren, die den Zugang zur nächsten Phase des Erfolgs in der Stadt versperrten. Einige dieser Barrieren sind physischer Natur. Boulaq ist von den wohlhabenderen Nachbarvierteln durch eine 50 Meter breite Grenzzone getrennt. Sie besteht aus zwei oder drei Gleisbändern, auf denen meist dichter Zugverkehr herrscht, hinzu kommen noch der al-Zumor-Kanal, ein hoher Zaun und zahlreiche Müllberge. Der Regierung war die Anbindung von Boulaq an die übrige Stadt nicht weiter wichtig, es gibt nur ein paar Fußgängerbrücken, weiter nichts. Wer aus dem Viertel hinaus zur Arbeit gelangen oder in das Viertel hineinkommen will, um dort in einen Laden oder ein Restaurant zu gehen, muss entweder diese gefährliche Grenzzone durchqueren oder einen weiten Umweg machen, um die nächstgelegene Fußgängerbrücke zu benutzen. Die einzigen Bushaltestellen, über die man ins Stadtzentrum gelangt, befinden sich am entlegenen Ende dieser Barriere. Taxifahrer weigern sich meist, eine Tour nach Boulaq zu übernehmen. Boulaq ist vom Kernbereich der Wirtschaft in Kairo abgeschnitten, das wirtschaftliche Wachstum des Viertels wird deshalb permanent gehemmt. Einige Bewohner vergleichen ihr Leben in diesem Viertel mit einer Internierung.

In Boulaq gibt es keine einzige öffentliche weiterführende Schule, obwohl in diesem Viertel mindestens eine halbe Million ägyptische Staatsbürger wohnen. Das öffentliche Gesundheitswesen ist ebenfalls nicht präsent. Die Bewohner sind ganz auf sich selbst gestellt, legen ihre Mittel zusammen, um Krankenhäuser einzurichten und Abwasserleitungen verlängern zu können, nutzen Moscheen und Gemeinschaftszentren als Unterrichtsräume.[3] Islamistische Parteien haben in einigen Ashwaiyyat unter diesen zuvor unpolitischen Menschen große Zugewinne erzielt, indem sie solche Dienstleistungen anboten. Ihre Präsenz hat im Gegenzug die in der Öffentlichkeit verbreiteten Ängste und Antipathien gegenüber den Ashwaiyyat in Kairo und im übrigen Ägypten vergrößert. Die Politologin Salwa Ismail sagt dazu: »Die Ashwaiyyat verkörperten im öffentlichen Diskurs all das, was in der Großstadt schieflief, sie standen sinnbildlich für sozial abweichendes Verhalten, für Verbrechen und ähnliche Dinge. Die Ashwaiyyat wurden, angesichts fehlender staatlicher Planung, als problematische Orte und als Brutstätten politischer Unruhen wahrgenommen.«

Mehrere aufeinanderfolgende ägyptische Regierungen haben deshalb andere Barrieren geschaffen, mit denen sie das Ziel verfolgten, die Bewohner von Boulaq und anderer Viertel dieser Art im Zaum zu halten. Ismail schreibt hierzu: »Die Lösungsvorschläge reichten von Abriss und Abräumen bis zur Integration in die vorhandene städtische Infrastruktur.« Dies war ein Gebiet, in das der ägyptische Staat erhebliche finanzielle Mittel investierte (mit Unterstützung durch Hilfsorganisationen und mithilfe ausländischer Regierungen): Er versuchte die Ankunftsstadt umzugestalten, neu zu bauen, und sehr häufig sollte sie auch an einen anderen Ort verlegt werden. Einige der in Kairo verfolgten Programme waren regelrecht erleuchtet und von den Bedürfnissen der Gemeinschaft getragen, sie beruhten auf Kartierungen, der Vergabe von Eigentumsrechten und der Aufwertung der Infrastruktur in bereits bestehenden Vierteln. Bei anderen Projekten wurden Slumbewohner in am Reißbrett entstandene Hochhaussiedlungen umquartiert, die meist im Norden Kairos entstanden. Boulaq wurde in eines der ersten Projekte dieser Art einbezogen: Die Regierung von Anwar Sadat siedelte 5000 Familien von dort in trostlose, mit staatlichen Mitteln errichtete, aber von der übrigen Stadt isolierte Neubauviertel in al-Zawaiya al-Hamra und 'Ain Shams um.

Dieser erzwungene Bruch hatte zutiefst negative Auswirkungen auf die Wirtschaft und den sozialen Zusammenhalt in Boulaq, wie die Anthropologin Farha Ghannam in ihrer Studie zu den Auswirkungen des Umsiedlungsprojekts festhielt: »Das Projekt ordnete die Beziehungen zwischen den umgesiedelten Menschen neu, und dasselbe galt für deren Verbindungen zur Stadt. Ihre wirtschaftliche Unsicherheit wurde noch verschlimmert durch das Verschwinden alter nachbarlicher Beziehungen und Sicherheiten, die sich aus unmittelbaren und lange anhaltenden persönlichen Bindungen ergeben hatten. Diejenigen, die bei ihrer wirtschaftlichen Tätigkeit auf enge persönliche Beziehungen angewiesen waren, wurden durch die Umsiedlung hart getroffen. Frauen zum Beispiel, die auf örtlichen Märkten billige Stoffe und Kleidungsstücke kauften und diese mit kleinem Gewinn an ihre Nachbarn weitergaben, verloren diese Einkommensquelle, als einige ihrer Kundinnen nach 'Ain Shams umgesiedelt und andere über das neue Wohnungsbauprojekt [in al-Zawiya al-Hamra] verstreut wurden, während der Rest in Boulaq blieb.«[4]

Das ägyptische Regime sorgte selbst für seinen Untergang, als es die sozialen Netzwerke zerstörte, die den Kern der Ankunftsstadt bilden, als es verhinderte, dass die Ashwaiyyat Verbindungen zum wirtschaftlichen Kernbereich der Stadt knüpften, und dann auch noch den Zugang zu Bildungs- und Beschäftigungschancen blockierte, die der zweiten Generation von Slumbewohnern den Aufstieg in die Mittelschicht ermöglicht hätten. In der Türkei und in Brasilien haben wir gesehen, dass solche Zornesausbrüche in der Vorstadt zur Entstehung einer neuen, regierungsfähigen Mittelschicht führen können, deren Erfolg eine neue Zeit der demokratischen Stabilität und des Wachstums einleitet. Aber das Land kann auf dem Weg zu solchen Zielen auch eine Zeit erleben, die von noch größerer Unterdrückung und Konflikten geprägt ist. Wie wir im Iran und in Venezuela erlebt haben, kann die Politik der Ankunftsstadt noch autoritärere Regime hervorbringen.

Der Klassenkonflikt in der Ankunftsstadt war von entscheidender Bedeutung für die Revolutionen in Ägypten und Tunesien und sorgt nach wie vor für Spannungen in Algerien, Marokko und im Libanon. Eine andere Kraft wirkt in Libyen und den arabischen Staaten am Persischen Golf, die stark verstädtert sind, ihre Armen aus dem Ausland importieren und sie zu einem Leben in Enklaven ohne Zugang zu staatsbürgerlichen Rechten zwingen, während diese Menschen ihren Verdienst in die Dörfer in ihren Heimatländern überweisen. Die Flucht von zwei Millionen Bangladeschern, Nigerianern und Ägyptern, die Libyen in den Anfangsmonaten des Jahres 2011 den Rücken kehrten, zeigte, dass diese armen Menschen ländlicher Herkunft ohne Wahl- und Bürgerrecht sich aus den Konflikten eines Gastgeberlandes einfach ausklinken können. Doch zu den schlimmsten Dingen, die der Wirtschaft und Gesellschaft eines Landes widerfahren können, gehört eine große und relativ fest ansässige Bevölkerungsgruppe, die aus effektiv festen Arbeitskräften ohne Zugang zur vollständigen, legalen Staatbürgerschaft besteht – so wie die Türken in Deutschland. Die Spannungen zwischen den armen Ausländern ländlicher Herkunft in der arabischen Welt, die in ihrer neuen Heimat leben und arbeiten, aber ohne Bürgerrechte sind, könnten ohne Weiteres zu einer neuen Runde von Aufständen und Protesten führen, und das nicht nur in den Entwicklungsländern. Genau diese Art von Besorgnis veranlasste den amerikanischen Präsidenten Barack Obama im Jahr 2011, eine Kampagne zu starten, in der es um die Einbürgerung und den Zugang zur Hochschulbildung für mehr als elf Millionen Einwanderer ging, die ohne Papiere in den Ankunftsstädten seines Landes leben und mehrheitlich aus Mexiko und den anderen Ländern Mittelamerikas stammen. Am Beispiel von Los Angeles haben wir im 3. Kapitel gesehen, dass diese Menschen ein starkes Bestreben zeigen, ihre Häuser zu kaufen, in ihr Wohnviertel zu investieren, ihren Kindern eine gute Schulbildung zu ermöglichen und Steuern zu zahlen, und all dies kann nur gelingen, wenn man die Staatsangehörigkeit des Landes besitzt, in dem man lebt.

Die Menschen aus der Ankunftsstadt verschaffen sich zunehmend Gehör. In einem Dutzend Länder setzen sie die postkolonialen Regierungen unter Druck, die den Umbau der Städte seit dem Zweiten Weltkrieg kontrolliert und verwaltet haben. Die Demokratiebewegungen in China entwickeln sich, wenn nicht auf nationaler, so doch auf kommunaler

Ebene wie auch in einzelnen Wohnblöcken. Dort verlangen die Menschen, die zum ersten Mal in ihrem Leben eine eigene Wohnung besitzen – im Allgemeinen sind das Menschen, die den Aufstieg aus Ankunftsstadtenklaven wie Liu Gong Li geschafft haben –, die Art von Verantwortlichkeit und Rechenschaft, die Eigentümer (die in China immer häufiger auch Vermögenssteuer zahlen) üblicherweise erwarten. Es sind die Dutzende Millionen von Chinesen, die aus den staatlich verwalteten Wohnheimen, den Bauernkaten und den Hüttensiedlungen in den Städten ausgezogen sind und auf Veränderungen drängen.[5] Sie gehören nach den gängigen Definitionen (noch) nicht zur Mittelschicht, zeigen aber die Einstellung und die Verhaltensweisen einer Schicht, die damit rechnet, schon bald in der Mitte der Gesellschaft anzukommen. Die Ökonomen Nancy Birdsall und Andy Sumner, die für das Center for Global Development in Washington, D.C., beziehungsweise für das Institute of Development Studies in London arbeiten, bezeichnen sie als »katalytische Klasse« – als Menschen, die der absoluten Armut entronnen sind, die etwas Besitz erworben haben, die im Allgemeinen in ihrer eigenen Unterkunft leben, legal oder auch nicht, und die damit rechnen, dass ihre Kinder ein besseres Leben haben werden als die Eltern. Ein Drittel der Bevölkerung Afrikas gehört zu dieser katalytischen Klasse. Diese Menschen sind auf dem Land geboren und auf den Kernbereich der Stadt fixiert, und sie tauchen aus der Ankunftsstadt auf. Sie sind die Menschen, die in den kommenden Jahren für die dramatischsten Veränderungen sorgen werden, weil sie bis dahin die Mehrheit der Stadtbevölkerung stellen, und sie verlangen ihren Platz in einer Welt, die sie zu lange ausgeschlossen hat.

ANMERKUNGEN

1 Am Stadtrand

1 Aus Cardosos Einleitung zur ersten Ausgabe von Janice E. Perlman, *The Myth of Marginality: Urban Poverty and Politics in Rio de Janeiro.* Berkeley: University of California Press 1976, S. XII.

2 Diese Botschaft entnahmen die meisten Kommentatoren einem aktuellen und populären Buch über solche Viertel, Mike Davis' *Planet der Slums,* Berlin: Assoziation A 2007. In einem früheren Buch bietet Davis eine differenziertere Betrachtung des transformativen Potenzials der Ankunftsstadt: *Magical Urbanism: Latinos Reinvent the US City,* New York: Verso 2000.

3 UNFPA, »An Overview of Urbanization, Internal Migration, Population Distribution and Development in the World«, in: *UN Expert Group Meeting on Population Distribution, Urbanization, Internal Migration and Development,* New York: United Nations Population Division 2008.

4 UNFPA, »State of World Population 2007: Unleashing the Potential of Urban Growth«, New York: United Nations Population Fund 2007; UN Population Division, »World Population to 2300«, New York: Department of Economic and Social Affairs 2004.

5 UN-Habitat, »State of the World's Cities 2008/2009«, Nairobi: United Nations Human Settlements Programme 2008.

6 Suketu Mehta, *Maximum City: Bombay Lost and Found,* London: Review 2004, S. 15. Mehtas Bericht ist eine der detailliertesten und wichtigsten Chroniken der modernen Ankunftsstadt.

7 Jerry White, *London in the Nineteenth Century,* London: Vintage 2007, S. 107.

8 UN-Habitat, »State of the World' Cities 2008/2009«.

9 UN Population Division, »World Population Prospects: The 2008 Revision«, New York: Department of Economic and Social Affairs 2009; »World Population to 2300«.

10 Dilip Ratha, Sanket Mohapatra und Zhimei Xu, »Outlook for Remittance Flows 2008–2010«, Washington: The World Bank Development Prospects Group 2008; FE Report, »Wb Study Forecasts $10.87b in Remittance Earnings this Fiscal«, in: *The Financial Express,* 30. Juli 2009.

11 Dieser Tiefpunkt in der Entwicklung von Tower Hamlets wurde detailliert beschrieben von Keith Dovkants, »The Betrayed: An Evening Standard Special Investigation«, in: *The Evening Standard,* Januar 1995.

12 Divya Sunder und Layli Uddin, »A Comparative Analysis of Bangladeshi and Pakistani Educational Attainment in London Secondary Schools«, in: *InterActions: UCLA Journal of Education and Information Studies* 3 (2007), Nr. 2.

13 Einen guten Vergleich bietet Irena Kogan, »Labour Market Careers of Immigrants in Germany and the United Kingdom«, in: *Journal of International Migration and Integration* 5 (2004), Nr. 4.

14 Nissa Finney und Ludi Simpson, »*Sleepwalking to Segregation?*« *Challenging Myths About Race and Migration,* Bristol: The Policy Press 2009, S. 127.

15 Geoff Dench, Kate Gavron und Michael Young, *The New East End,* London: Profile Books 2006, S. 134.

16 Lucinda Platt, »Migration and Social Mobility: The Life Chances of Britain's Minority Ethnic Communities«, Bristol: The Joseph Rowntree Foundation 2005.

17 Joachim Brüß, »Experiences of Discrimination Reported by Turkish, Moroccan and Bangladeshi Muslims in Three European Cities«, in: *Journal of Ethnic and Migration Studies* 34 (2008), Nr. 6.

2 Von draußen rein

1 Sudha Deshpande, »Migration to Mumbai: What Do the Census Data Show?«, in: *Loksatta* (2003). Übersetzung ins Englische durch Deshpande.

2 Johannes Jütting und Juan R. de Laiglesia (Hg.), *Is Informal Normal? Towards More and Better Jobs in Developing Countries*, Paris: OECD 2009.

3 Einen ausgezeichneten Vergleich des Lebens in einer »formellen« Arbeitsökonomie mit einer nahezu vollständig informellen Wirtschaftsweise in Mumbai – und der Vorzüge der Letzteren – bieten Sudha Deshpande und Lalit Deshpande, »Work, Wages and Well-Being: 1950s and 1990s«, in: Sujata Patel und Jim Masselos (Hg.), *Bombay and Mumbai: The City in Transition*, Oxford: Oxford University Press 2005.

4 Deepa Narayan, Lant Pritchett und Soumya Kapoor, *Moving Out of Poverty: Success From the Bottom Up*, Washington: Weltbank 2009.

5 Cecilia Tacoli, »Rural-Urban Interactions: A Guide to the Literature«, in: *Environment and Urbanization* 10 (1988), Nr. 1.

6 Ronald Skeldon, »The Evolution of Migration Patterns During Urbanization in Peru«, in: *The Geographical Review* 67 (1977), Nr. 4, S. 405.

7 Charles Tilly, »Migration in Modern European History«, in: William H. McNeill und Ruth S. Adams (Hg.), *Human Migration: Patterns & Policies,* Bloomington: Indiana University Press 1978, S. 53.

8 Saad S. Yahya, »Unmaking the Slums: Emerging Rules, Roles and Repertoires«, in: *Stetson Law Review* 36 (2006), S. 131.

9 Patrícia Mota Guedes und Nilson Vieira Oliveira, »Braudel Papers 38: Democratization of Comsumption: Progress and Aspirations in São Paulo's Periphery«, São Paulo: Instituto Fernand Braudel 2006.

10 UN-Habitat, »The Challenge of Slums: Global Report on Human Settlements«, Nairobi: United Nations Human Settlements Programme 2003, S. 9.

11 Martim O. Smolka und Adriana de A. Larangeira, »Informality and Poverty in Latin American Urban Policies«, in: George Martine et al. (Hg.), *The New Global Frontier,* London: Earthscan 2008, S. 105–107.

12 L. Jellinek, »The Changing Fortunes of a Jakarta Street Trader«, in: J. Gugler (Hg.), *The Urbanization of the Third World,* Oxford: Oxford University Press 1988; Alan Gilbert, »Urban and Regional Systems: A Suitable Case for Treatment?«, in: Alan Gilbert und J. Gugler, *Cities, Poverty and Development,* Oxford: Oxford University Press ²1992.

13 Janice Perlman, *The Myth of Marginality,* S. 1, S. 15, S. 243 (Kap 1., Anm. 1).

14 Jorge Rodriguez und George Martine, »Urbanization in Latin America and the Caribbean: Experiences and Lessons Learned«, in: George Martine et al. (Hg.), *The New Global Frontier*, S. 362.

15 Weltbank, »World Development Report 2009: Reshaping Economic Geography«, Washington: IBRD 2009.

16 UN-Habitat, »World Urbanization Prospects: The 2005 Revision«, New York: United Nations Population Division 2006, S. 24.

17 Cheng Hong, »Disgruntled Workers on the Move«, in: *China Daily*, 18. Januar 2008.

18 Xinhua, »Tsinghua Professor: Big Chinese Cities Need Slums for Migrant Workers«, in: *People's Daily*, 15. April 2008; Fiona Tam, »Mayor Aims to Put Shenzhen at Top of Mainland's Welfare League«, in: *South China Morning Post*, 15. April 2008.

19 Soutik Biswas, »India's Biggest Slum Demolitions«, in: BBC News, http://news.bbc.co.uk/1/hi/world/south_asia/4222525.stm.

20 Amnesty International, »The Unseen Majority: Nairobi's Two Million Slum-Dwellers«, London: Amnesty International 2009.

21 Marie Huchzermeyer, »Slum Upgrading in Nairobi within the Housing and Basic Services Market«, in: *Journal of Asian and African Studies* 43 (2008), Nr. 1, S. 22.

22 Gary Duffy, »Brazil's Battle for Shanty Town Residents«, in: BBC News, http://news.bbc.co.uk/1/hi/world/americas/7870395.stm.

3 Ankunft an der Spitze der Pyramide

1 »West Adams – Mapping L.A.«, in: *Los Angeles Times,* http://projects.latimes.com/mapping-la/neighborhoods/neighborhood/west-adams/.

2 Ebenda.

3 Dowell Myers, »Demographic and Housing Transition in South Central Los Angeles, 1990 to 2000: Working Paper«, Los Angeles: USC School of Policy, Planning and Development 2002.

4 Dowell Myers, Julie Park und Sung Ho Ryu, »Dynamics of Immigrant Settlement in Los Angeles: Upward Mobility, Arrival and Exodus«, Los Angeles: The John Randolph Haynes and Dora Haynes Foundation 2005, S. 8f.

5 Dowell Myers, »Demographic Dynamism and Metropolitan Change: Comparing Los Angeles, New York, Chicago and Washington, D.C.«, in: *Housing Policy Debate* 10 (1999), Nr. 4, S. 924.

6 Myers, Park und Ryu, »Dynamics of Immigrant Settlement in Los Angeles«, S. 4.

7 Mike Davis, *Magical Urbanism: Latinos Reinvent the US City,* London: Verso 2000, S. 51–55.

8 Rickard Sandell, »Immigration: World Differences«, Madrid: Real Instituto Elcano 2007; UNDP, *Human Development Report 2009: Overcoming Barriers: Human Mobility and Development,* New York: Palgrave Macmillan 2009; OECD, »International Migration Outlook«, Paris: OECD 2007.

9 AFP, »Apec Warned of Critical Labour Shortages«, 10. November 2009.

10 VECCI, »Task Group Report: Workplace Futures«, Melbourne: Victorian Employers' Chamber of Commerce and Industry 2009; ABC News, »Business Group Warns of Labour Shortage«, 2009; Mark Pownall, »It's Not Plain Sailing on Skilled Migration«, in: *WA Business News,* 5. November 2009.

11 CFIB, »Business Barometer«, in: *Canadian Federation of Independent Business,* 4. November 2009.

12 Christian Joppke, »Why Liberal States Accept Unwanted Immigration«, in: *World Politics* 50 (1998), Nr. 2, S. 266.

13 AFP, »Apec Warned of Critical Labour Shortages«, 10. November 2009.

14 Jason Gilmore, »The 2008 Canadian Immigrant Labour Market: Analysis of Quality of Employment«, Ottawa: Statistics Canada 2009.

15 Garnett Picot, Feng Hou und Simon Coulombe, »Chronic Low Income and Low-Income Dynamics among Recent Immigrants«, Ottawa: Statistics Canada 2007.

16 CIC, »Annual Report to Parliament on Immigration, 2005«, Ottawa: Citizenship and Immigration Canada 2005.

17 Jeff Dayton-Johnson et al., *Gaining from Migration: Towards a New Mobility System,* Paris: OECD Development Centre 2007, S. 20.

18 Picot, Hou und Coulombe, »Chronic Low Income and Low-Income Dynamics among Recent Immigrants«.

19 Dennis Broeders und Godfried Engbersen, »The Fight against Illegal Migration: Identification Policies and Immigrants' Counterstrategies«, in: *American Behavioral Scientist* 50 (2007), Nr. 12, S. 1592.

20 Audrey Singer, »Twenty-First Century Gateways: An Introduction«, in: Audrey Singer, Susan W. Hardwick und Caroline B. Brettell (Hg.), *Twenty-First Century Gateways: Immigrant Incorporation in Suburban America*, Washington: Brookings Institution Press 2008.

21 William H. Frey, »Melting Pot Suburbs: A Census 2000 Study of Suburban Diversity«, Washington: Brookings Institution Press 2008.

22 Ivan Light und Michael Francis Johnston, »The Metropolitan Dispersion of Mexican Immigrants to the United States, 1980 to 2000«, in: *Journal of Ethnic and Migration Studies* 35 (2009), Nr. 1.

23 Robert A. Murdie, »Diversity and Concentration in Canadian Immigration: Trends in Toronto, Montreal and Vancouver, 1971–2006«, Toronto: Centre for Urban & Community Studies (University of Toronto) 2008.

24 Marie Price und Audrey Singer, »Immigrants, Suburbs and the Politics of Reception in Metropolitan Washington«, in: Singer/Hardwick/Brettell (Hg.), *Twenty-First Century* Gateways, S. 150f.

25 Neal Peirce, »Outreach to Immigrants: A Suburb's Exciting New Way«, in: *Nation's Cities Weekly* 32 (2009), Nr. 19, S. 2.

4 Die Verstädterung des Dorfes

1 Martin Petrick und Ewa Tyran, »Development Perspectives of Subsistence Farms in South-East Poland: Social Buffer Stock or Commercial Agriculture?«, in: *IAMO Forum,* Halle 2004.

2 Polen erreicht nur einundzwanzig Prozent des EU-Durchschnittsertrags pro Hektar landwirtschaftlicher Anbaufläche. Vgl. Hilary Ingham und Mike Ingham, »How Big is the Problem of Polish Agriculture?«, in: *Europe-Asia Studies* 56 (2004), Nr. 2, S. 215.

3 Robert R. Kaufman, »Market Reform and Social Protection: Lessons from the Czech Republic, Hungary and Poland«, in: *East European Politics & Societies* 21 (2007), Nr. 1.

4 Ingham/Ingham, »How Big is the Problem of Polish Agriculture?«, S. 222f.

5 Dilip Ratha, »Revisions to Remittance Trends 2007«, in: *Migration and Development Brief 5*, Washington: Weltbank 2007.

6 Eine bewegende Schilderung der psychologischen Auswirkungen dieser massenhaften Trennung von Familienangehörigen bietet der Film *The Last Train Home* von Fan Lixin.

7 Die Umsetzung eines neuen, von der Regierung in Peking im Dezember 2009 eingeführten Sozialversicherungssystems wird viele Jahre in Anspruch nehmen und sich steuerlich vielleicht nie vollständig verwirklichen lassen. Vgl. Howard W. French, »Pension Crisis Looms for China«, in: *International Herald Tribune*, 20. März 2007; Ariana Eunjung Cha, »In China, Despair Mounting among Migrant Workers«, in: *The Washington Post*, 4. März 2009.

8 James Kynge, »China's Workers Enable Village Consumer«, in: *Financial Times*, 26. Februar 2004.

9 Rob Young, »China's Workers Return to Cities«, in: BBC News, 8. September 2009.

10 Michael Lipton und Qi Zhang, »Reducing Inequality and Poverty During Liberalization in China: Rural and Agricultural

Experiences and Policy Options«, Brighton: PRUS Working Paper Nr. 37, 2007; OECD, »Review of Agricultural Policies – China«, 2005.

11 Ran Tao und Zhigang Xu, »Urbanization, Rural Land System and Social Security for Migrants in China«, in: *Journal of Development Studies* 43 (2007), Nr. 7, S. 1309.

12 Srijit Mishra, »Farmers' Suicides in Maharashtra«, in: *Economic and Political Weekly,* 22. April 2006.

13 Debarshi Das, »Persistence of Small-Scale, Family Farms in India: A Note«, in: *The Journal of International Trade & Economic Development* 16 (2007), Nr. 3; Srijit Mishra, »Agrarian Scenario in Post-Reform India: A Story of Distress, Despair and Death«, Mumbai: Indira Gandhi Institute of Development Research 2007.

14 Katy Gardner, »Keeping Connected: Security, Place and Social Capital in a ›Londoni‹ Village in Sylhet«, in: *Journal of the Royal Anthropological Institute* 14 (2008).

15 Tasneem Siddiqui, »Migration as a Livelihood Strategy of the Poor: The Bangladesh Case«, in: *Regional Conference on Migration, Development and Pro-Poor Policy Choices in Asia,* Dhaka: Refugee and Migratory Movement Research Unit/University of Dhaka (RMMRU) 2003.

16 Katy Gardner und Zahir Ahmed, »Place, Social Protection and Migration in Bangladesh: A Londoni Village in Biswanath«, Brighton: Development Research Centre on Migration, Globalization and Poverty 2006. Eine überarbeitete und erweiterte Fassung dieses Textes ist: Gardner und Ahmed, »Degrees of Separation: Informal Social Protection, Relatedness and Migration in Biswanath, Bangladesh«, in: *Journal of Development Studies* 45 (2009), Nr. 1.

17 Deborah Fahy Bryceson, »Deagrarianization and Rural Employment in Sub-Saharan Africa: A Sectoral Perspective«, in: *World Development* 24 (1996), Nr. 1; Vali Jamal und John Weeks, »The Vanishing Rural-Urban Gap in Sub-Saharan Africa«, in: *International Labour Review* 127 (1988), Nr. 3.

18 Vgl. hierzu zum Beispiel Robert Fishman, »Global Suburbs«, in: *First Biennial Conference of the Urban History Association,* Pittsburgh 2002; Elisabeth Rosenthal, »Chinese Town's Main Export: Its Young Men«, in: *The New York Times,* 26. Juni 2000.

19 Roger Ballard, »A Case of Capital-Rich Under-Development: The Paradoxical Consequences of Successful Transnational Entrepreneurship from Mirpur«, in: *Contributions to Indian Sociology* 37 (2003), Nr. 1/2, S. 49–81, Zitat auf S. 65.

20 Die umfassendste Erklärung des Problems der Größe landwirtschaftlicher Betriebe findet sich in: Michael Lipton, *Land Reform in Developing Countries: Property Rights and Property Wrongs,* Abington: Routledge 2009, S. 65–120.

5 Die erste große Migration

1 Jeanne Bouvier, *Mes Memoires,* hg. von Daniel Armogathe, Paris: Editions de la Découverte 1983. Eine englische Übersetzung von Mark Traugott erschien in: ders. (Hg.), *The French Worker: Autobiografies from the Early Industrial Era,* Berkeley: University of California Press 1993, S. 367–381.

2 Charles Tilly, »Migration in Modern European History«, S. 58 (vgl. Kap. 2, Anm. 7).

3 William H. McNeill, »Human Migration: A Historical Overview«, in: William H. McNeill und Ruth S. Adams (Hg.),

Human Migration: Patterns & Politics, Bloomington: Indiana University Press 1978, S. 6.

4 Mary Dorothy George, *London Life in the Eighteenth Century,* Chicago: Academy 1985, S. 25f.

5 William H. McNeill, *Population and Politics since 1750,* Charlottesville: University of Virginia Press 1990, S. 9f.

6 Olwen H. Hufton, *The Poor of Eighteenth-Century France 1750–1789,* Oxford: Oxford University Press 1974, S. 99–101.

7 George Rudé, »Society and Conflict in London and Paris in the Eighteenth Century«, in: *Paris and London in the 18th Century,* London: Wm. Collins 1974, S. 35f.

8 George Rudé, »The Social Composition of the Parisian Insurgents of 1789–91«, in: *Paris and London in the 18th Century,* S. 104–109.

9 William H. McNeill, *Population and Politics since 1750,* S. 11.

10 George Rudé, »Society and Conflict in London and Paris in the Eighteenth Century«, S. 53–55.

11 S. L. Popkin, »The Rational Peasant: The Political Economy of Peasant Society«, in: *Theory and Society* 9 (1980); Patrick Svensson, »Peasants and Entrepreneurship in the Nineteenth-Century Agricultural Transformation of Sweden«, in: *Social Science History* 30 (2006), Nr. 3.

12 Jonathan David Chambers und G. E. Mingay, *The Agricultural Revolution, 1750–1880,* London: B. T. Batsford 1968, S. 104.

13 Eugen Weber, *Peasants into Frenchmen: The Modernization of Rural France, 1870–1914,* Stanford: Stanford University Press 1976, S. 10. Dieser Sachverhalt ist außerdem sehr gut dokumentiert in: Graham Robb, *The Discovery of France,* London: Picador 2007.

14 Zu Behauptungen über einen besseren Lebensstandard in Großbritannien vgl. Tom Kemp, *Economic Forces in French History*, London: Dobson 1971; Charles P. Kindleberger, *Economic Growth in France and Britain, 1851–1950*, Oxford: Oxford University Press 1964. Aktuellere und nuanciertere Argumente zu dieser Unterscheidung bietet Patrick Karl O'Brien, »Path Dependency, or Why Britain Became an Industrialized and Urbanized Economy Long before France«, in: *Economic History Review* XLIX (1996), Nr. 2, S. 213.

15 Karl Marx, *Der achtzehnte Brumaire des Louis Bonaparte*, Frankfurt/M.: Suhrkamp 2007 (Erstdruck: 1852).

16 Joseph Rykwert, *The Seduction of Place: The History and Future of the City*, Oxford: Oxford University Press 2000, S. 78.

17 John Burnett (Hg.), *Useful Toil: Autobiografies of Working People from the 1820s to the 1920s*, London: Allen Lane 1974, zitiert bei White, *London in the Nineteenth Century*, S. 106 (vgl. Kap. 1, Anm. 7).

18 White, *London in the Nineteenth Century*, S. 107.

19 Ebenda, S. 206.

20 Anthony S. Wohl, *The Eternal Slum: Housing and Social Policy in Victorian London*, New Brunswick/New Jersey: Transaction Publishers 2002, S. 172.

21 Richard Dennis, »The Geography of Victorian Values: Philanthropic Housing in London, 1840–1900«, in: *Journal of Historical Geography* 15 (1989), Nr. 1.

22 Zitiert bei Andrew Miles, *Social Mobility in Nineteenth- and Early Twentieth-Century England*, Houndmills: Macmillan Press 1999, S. 1.

23 Ebenda, S. 23–34.

24 David Mitch, »Literacy and Occupational Mobility in Rural Versus Urban Victorian England«, in: *Historical Methods* 38 (2005), Nr. 1; Jason Long, »Social Mobility within and across Generations in Britain since 1851«, in: *Economic History Society Conference*, Oxford 2007.

25 Vgl. hierzu neben den bereits zitierten Werken von Andrew Miles und Jason Long auch Sara Horrell, Jane Humphries und Hans-Joachim Voth, »Destined for Deprivation: Human Capital Formation and Intergenerational Poverty in Nineteenth-Century England«, in: *Explorations in Economic History* 38 (2001); Kenneth Prandy und Wendy Bottero, »Social Reproduction and Mobility in Britain and Ireland in the Nineteenth and Early Twentieth Centuries«, in: *Sociology* 34 (2000), Nr. 2; Paul Lambert, Kenneth Prandy und Wendy Bottero, »By Slow Degrees: Two Centuries of Social Reproduction and Mobility in Britain«, in: *Sociological Research Online* 12 (2007), Nr. 1, www.socresonline.org.uk/12/1/prandy.html.

26 Jason Long und Joseph Ferrie, »A Tale of Two Labor Markets: Intergenerational Occupational Mobility in Britain and the U.S. Since 1850«, National Bureau of Economic Research (Hg.), Cambridge/Mass. 2005.

27 Leslie Page Moch, *Moving Europeans: Migration in Western Europe since 1650*, Bloomington: Indiana University Press 2003, S. 149.

28 Timothy J. Hatton und Jeffrey G. Williamson, »What Drove the Mass Migrations from Europe in the Late Nineteenth Century?«, National Bureau of Economic Research (Hg.), Cambridge/Mass. 1992; Dudley Baines, *Migration in a Mature Economy*, Cambridge: Cambridge University Press 1985.

29 Zitiert nach Richard Harris, *Unplanned Suburbs*, Baltimore: Johns Hopkins University Press 1996, S. 111–125.

30 Ebenda, S. 200–232; David G. Burley, »Review of Richard Harris, Unplanned Suburbs«, in: *Humanities & Social Sciences Online,* 19. März 1997, http://www.h-net.org/reviews/showrev.php?id=841.

31 Richard Harris, »Chicago's Other Suburbs«, in: *The Geographical Review* 84 (1994).

32 Elaine Lewinnek, »Better than a Bank for a Poor Man? Home Financing in Chicago, 1870–1930«, in: *Market Culture Colloquium at Yale,* New Haven: 2004.

6 Tod und Leben einer großen Ankunftsstadt

1 Orhan Esen, »Self-Service City: Istanbul«, in: *metroZones* 4 (2004), http://www.metrozones.info/metrobuecher/istanbul/index.html.

2 Elvan Gülöksüz, »Negotiation of Property Rights in Urban Land in Istanbul«, in: *International Journal of Urban and Regional Research* 26 (2002), Nr. 2.

3 Şükrü Aslan, *1 Mayis Mahallesi,* Istanbul: Iletisim Yayinlari 2004. Übersetzung ins Englische von Belmin Soylemez.

4 Ebenda, S. 197–218.

5 Morris Juppenlatz, zitiert nach Lisa Peattie und José A. Aldrete-Haas, »›Marginal‹ Settlements in Developing Countries: Research, Advocacy of Policy and Evolution of Programs«, in: *Annual Review of Sociology* 7 (1981), S. 158.

6 Umut Duyar-Kienast, *The Formation of Gecekondu Settlements in Turkey,* Münster: Lit Verlag 2005, S. 7–10, S. 96.

7 Tahire Erman, »The Politics of Squatter (Gecekondu) Studies in Turkey: The Changing Representations of Rural Migrants in the Academic Discourse«, in: *Urban Studies* 38 (2001), Nr. 7.

8 Ozcan Koknel, zitiert nach Nicholas Gage, »The Violence of Extremism Grips Turkish Politics«, in: *The New York Times*, 7. Mai 1978.

9 »New Turkish Rulers Give Ministry Aides Broad Civil Powers«, in: *The New York Times*, 14. September 1980.

10 John Kifner, »Ankara's Slum Dwellers Grateful for Coup«, in: *The New York Times*, 19. September 1980.

11 Amnesty International, »Turkey: Human Rights Denied«, London: Amnesty International 1988.

12 Aslan, *1 Mayis Mahallesi*, S. 197–218.

13 Duyar-Kienast, *The Formation of Gecekondu Settlements in Turkey*, S. 9.

14 Jim Bodgener, »›We'll Halve Inflation‹ – Interview with Turgut Özal«, in: *Financial Times*, 23. Mai 1988.

15 Duyar-Kienast, *The Formation of Gecekondu Settlements in Turkey*, S. 11.

16 Gokce, zitiert nach Duyar-Kienast, S. 88.

17 Esen, »Self-Service City: Istanbul«.

18 Duyar-Kienast, *The Formation of Gecekondu Settlements in Turkey*, S. 123.

19 Ebenda, S. 124.

20 Ebenda, S. 52f.

21 Ebenda, S. 27.

22 Murat C. Yalcintan und Adem E. Erbas, »Impacts of Gecekondu‹ on the Electoral Geography of Istanbul«, in: *International Labour and Working Class History* 64 (2003), S. 104–109.

23 Binnaz Toprak, »Religion and State in Turkey«, in: *Contemporary Turkey: Challenges of Change,* Istanbul 1999, S. 5.

24 Ali Çarkoğlu und Binnaz Toprak, »Religion, Society and Politics in a Changing Turkey«, Istanbul: TESEV 2006.

25 Esen, »Self-Service City: Istanbul«.

26 Ayşe Bugra, »The Immoral Economy of Housing in Turkey«, in: *International Journal of Urban and Regional Research* 22 (1998), Nr. 2, S. 311.

27 Zafer Şenocak, »Mustafa Kemal und das Gefühl für Freiheit«, in: *Die Welt,* 24. Juli 2007. Abrufbar unter: www.welt.de/welt_print/article1049542/Mustafa_Kemal_und_das_Gefuehl_fuer_Freiheit.html.

28 Esen, »Self-Service City: Istanbul«.

7 Wenn die Ränder explodieren

1 Esfandiar Zebardast, »Marginalization of the Urban Poor and the Expansion of the Spontaneous Settlements on the Tehran Metropolitan Fringe«, in: *Cities* 23 (2006), Nr. 6.

2 Ebenda, S. 39, S. 451.

3 Robert E. Looney, *Economic Origins of the Iranian Revolution,* Elmsford/N.Y.: Pergamon Press 1982, S. 264.

4 Ali M. Ansari, *Modern Iran since 1921,* Harlow: Longman 2003, S. 147.

5 Misagh Parsa, *Social Origins of the Iranian Revolution*, Piscataway/N.J.: Rutgers 1989, S. 73.

6 Tahmoores, Sarraf, *Cry of a Nation: The Saga of the Iranian Revolution,* New York: Peter Lang 1990, S. 25.

7 Parsa, *Social Origins of the Iranian Revolution,* S. 78.

8 Ebenda, S. 76f.

9 Asef Bayat, *Street Politics: Poor People's Movements in Iran,* New York: Columbia University Press 1997, S. 43.

10 Leonard Binder, »The Political Economy of the Middle East, 1973–78«, Washington: United States Congress Joint Economic Committee 1980, S. 163.

11 Ali Farazmand, *The State, Bureaucracy and Revolution in Modern Iran: Agrarian Reforms and Regime Politics,* New York: Praeger Publishers 1989, S. 198–201.

12 Parsa, *Social Origins of the Iranian Revolution,* S. XII.

13 Bayat, *Street Politics,* S. 159.

14 Ebenda, S. 99.

15 Ansari, *Modern Iran since 1921,* S. 221.

16 Bayat, *Street Politics,* S. 101.

17 Zebardast, »Marginalization of the Urban Poor and the Expansion of the Spontaneous Settlements on the Tehran Metropolitan Fringe«, S. 451f.

18 Amir Nikpey, *Politique et religion en Iran contemporain,* Paris: L'Harmattan 2003; Farhad Khosrokhavar, »The New Religiosity in Iran«, in: *Social Compass* 54 (2007), Nr. 3.

19 Alma Guillermoprieto, »The Gambler«, in: *The New York Review of Books,* 20. Oktober 2005.

20 Nach Zahlenangaben der venezolanischen Regierung zu den Staatsausgaben, berichtet unter http://www.sisov.mpd.gov.ve, und OECD-Bevölkerungszahlen und tabellarisch dargestellt von Info Venezuela News.

21 Daniel Ortega und Francisco Rodríguez, »Freed from Illiteracy? A Closer Look at Venezuela's Misión Robinson Literacy Campaign«, in: *Economic Development and Cultural Change* 57 (2008), Nr. 1.

22 Tina Rosenberg, »The Perils of Petrocracy«, in: *New York Times Magazine*, 4. November 2007.

23 Fabiola Sanchez, »Traditionally Pro-Chávez Slum Turns to Opposition«, *Associated Press*, 5. Dezember 2008.

24 Francisco Rodríguez, »An Empty Revolution: The Unfulfilled Promises of Hugo Chávez«, in: *Foreign Affairs*, März/April 2008, S. 49–62.

25 Indira A. R. Lakshmanan, »Critics Slam Venezuelan Oil Windfall Spending«, in: *The Boston Globe*, 13. August 2006.

26 Norman Gall, »Oil and Democracy in Venezuela«, in: *Braudel Papers* 2006, Nr. 39.

27 Sujata Patel, »The Popularity of the Shiv Sena: Urbanization and its Consequences, in: *Asian Studies Review* 19 (1996), Nr. 3, S. 44.

28 Bal Thackeray, »I Still Believe in Dictatorship«, in: *Illustrated Weekly of India*, 19. Februar 1984, zitiert nach Mary Katzenstein, Uday Singh Mehta und Usha Thakkar, »The Rebirth of Shiv Sena: The Symbiosis of Discursive and Organizational Power«, in: *The Journal of Asian Studies* 56 (1997), Nr. 2, S. 379.

29 Atreyee Sen, *Shiv Sena Women: Violence and Communalism in a Bombay Slum*, London: Hurst & Company 2007, S. 26–30, S. 90, S. 180.

30 Gérard Heuzé, »Cultural Populism: The Appeal of the Shiv Sena«, in: Sujata Patel und Alice Thorner (Hg.), *Bombay: Metaphor for Modern India,* Oxford: Oxford University Press 1995, S. 33f., S. 219. Kursiv im Original.

31 Zitiert nach Kalpana Sharma, »Chronicle of a Riot Foretold«, in: Patel/Thorner (Hg.), *Bombay: Metaphor for Modern India,* S. 284.

32 Sikata Banerjee, *Warriors in Politics: Hindu Nationalism, Violence and the Shiv Sena in India,* Boulder: Westview Press 2000, S. 54.

8 Die neue Stadt stellt sich der alten Welt

1 Michèle Tribalat (Hg.), *Cent ans d'immigration, étrangers d'hier, Français d'aujourd'hui,* Paris: Presses Universitaires de France INED 1991, S. 65–71.

2 Piotr Smolar, »L'antiterrorisme, selon le patron des R G«, in: *Le Monde,* 11. November 2005.

3 Alec G. Hargreaves, *Multi-Ethnic France: Immigration, Politics, Culture and Society,* New York: Routledge ²2007, S. 104.

4 Mehrere umfangreiche Studien haben gezeigt, dass afrikanische Einwanderer der zweiten Generation in Frankreich vollständig integriert sind. Genannt seien hier: Michèle Tribalat, *de l'immigration à l'assimilation: enquête sur les populations d'origine étrangère en France,* Paris: La Découverte 1996; C. Lefèvre und A. Filhon (Hg.), *Histoires de familles, histoires familiales,* Paris: INED 2005.

5 Schätzungen zur Größe der Ankunftsstadt nach OECD-Veröffentlichungen, vor allem nach: Rainer Münz et al., »What Are the Migrants' Contributions to Employment and Growth? An European Approach«, Paris: OECD 2006.

6 Loïc Wacquant, *Urban Outcasts: A Comparative Study of Advanced Marginality,* Cambridge: Polity Press 2008, S. 284. Kursiv im Original.

7 Nicolas Sarkozy, *Bekenntnisse: Frankreich, Europa und die Welt im 21. Jahrhundert,* München: Bertelsmann 2007, S. 66, S. 104–109.

8 Vgl. hierzu zum Beispiel Patrick Simon, »The Mosaic Pattern: Cohabitation between Ethnic Groups in Belleville, Paris«, in: Sophie Body-Gendrot und Marco Martiniello (Hg.), *Minorities in European Cities,* Houndmills: Macmillan Press 2000.

9 Sophie Body-Gendrot, *police et discriminations raciales: Le tabou français,* Paris: Editions de l'Atelier 2003; Tribalat, *de l'immigration à l'assimilation.*

10 Brice-Arsène Mankou, *Pour une France multicolore: L'example d'Evry,* Paris: Cultures Croisées 2005.

11 »Zus: Les Pyramides«, Délégation interministérielle à la Ville, http://sig.ville.gouv.fr/Synthese/1110040.

12 Azouz Begag, *Shantytown Kid (Le Gone Du Chaâba),* Lincoln: University of Nebraska Press 1986, S. 45.

13 Scheidungsrate: Interview mit Kazim Erdoğan. Zu den anderen Zahlen vgl. Claus Mueller, »Integrating Turkish Communities: A German Dilemma«, in: *Population Research and Policy Review* 25 (2006), Nr. 5–6. Zur Arbeitslosigkeit vgl. Berlin-Kreuzberg-Kottbusser Tor, Soziale Stadt, Bundestransferstelle Soziale Stadt im Deutschen Institut für Urbanistik, http://www.sozialestadt.de.

14 Leyla Gülçür, »A Study on Domestic Violence and Sexual Abuse in Ankara, Turkey«, in: *WWHR Reports* Nr. 4, Istanbul: WWHR 1999.

15 Dilek Gügö, »Germans Can Be Also Turks, Says a Berlin Author«, in: *Turkish Daily News,* 15. Mai 2007; Robert Collier, »Germany Copes with Integrating Turkish Minority«, in: *The San Francisco Chronicle,* 13. November 2005.

16 Şule Özüekren und Ebru Ergoz Karahan, »Residential Careers of Turkish (Im)Migrants at Home and Abroad – the Case of Istanbul and Berlin«, in: *ENHR International Conference,* Ljubljana 2006.

17 Şule Özüekren und Ronald van Kampen (Hg.), *Turks in European Cities: Housing and Urban Segregation,* Utrecht: ERCOMER 1997, Kap. 6 und 8.

18 Kogan, »Labour Market Careers of Immigrants in Germany and the United Kingdom« (Kap. 1, Anm. 13).

19 Roger Boyes und Dorte Huneke, »Is It Easier to Be a Turk in Berlin or a Pakistani in Bradford?«, London: Anglo-German Foundation for the Study of Industrial Society 2004.

20 Günther Glebe, »Housing and Segregation of Turks in Germany«, in: Özüekren/van Kampen (Hg.), *Turks in European Cities,* S. 124.

21 Kogan, »Labour Market Careers of Immigrants in Germany and the United Kingdom«, S. 440.

22 Eine ausgezeichnete Analyse dieser Probleme bietet Ruth Mandel, *Cosmopolitan Anxieties: Turkish Challenges to Citizenship and Belonging in Germany,* Durham: Duke University Press 2008, S. 141–154.

23 Glebe, »Housing and Segregation of Turks in Germany«, S. 125.

24 Merih Anil, »Explaining the Naturalization Practices of Turks in Germany in the Wake of the Citizenship Reform of 1999«, in: *Journal of Ethnic and Migration Studies* 33 (2007), Nr. 8, S. 1366.

25 Özüekren/Karahan, »Residential Careers of Turkish (Im) Migrants at Home and Abroad – the Case of Istanbul and Berlin«.

26 Francisco Javier Moreno Fuentes, »Evolution of Spanish Immigration Policies and Their Impact on North African Migration to Spain«, in: *Studies in Culture, Polity and Identities* 6 (2005), Nr. 1.

27 Niki Kitsantonis, »E.U. Systems Fail to Stem the Flow of Migrants«, in: *International Herald Tribune,* 19. November 2009.

28 Rosa Aparicio, »The Integration of the Second and 1.5 Generations of Moroccan, Dominican and Peruvian Origin in Madrid and Barcelona«, in: *Journal of Ethnic and Migration Studies* 33 (2007), Nr. 7.

9 Ende der Ankunft

1 Es ist häufig behauptet worden, die Vereinten Nationen oder eine ihre Organisationen hätten Jardim Angela 1996 als »gewalttätigsten Ort der Welt« bezeichnet. In Wirklichkeit hat es keine Erklärung dieser Art gegeben. In jenem Jahr geriet allerdings Brasiliens Verbrechensstatistik, in die zum ersten Mal außer Kontrolle geratene Wohnviertel eingingen, in den Blickpunkt der Medien, zu denen auch ein UNESCO-Mitteilungsblatt zählte, denn die Mordrate in jenem Viertel war dramatisch höher als

an jedem anderen Ort, an dem man bis dahin solche Zahlen erhoben hatte. Die Behauptung vom »tödlichsten Ort der Welt« wurde unter Regierungen und NGOs zur Arbeitshypothese.

2 Nancy Cardia, »Urban Violence in São Paulo«, Washington: Woodrow Wilson Center 2000; Amnesty International, »They Come in Shooting: Policing Socially Excluded Communities«, London: Amnesty International 2005.

3 Mota Guedes und Vieira Oliveira, »Braudel Papers 38: Democratization of Comsumption«, S. 11 (Kap. 2, Anm. 9).

4 Teile seiner Analyse finden sich in: Bruno Paes Manso, Maryluci de Araujo Faria und Norman Gall, »Diadema: Frontier Violence and Civilization in São Paulo's Periphery«, São Paulo: Fernand Braudel Institute of World Economics 2005, sowie in: Bruno Paes Manso, *O Homem X: Uma Reportagem Sobre a Alma Do Assassino Em São Paulo,* São Paulo: Record 2005.

5 Armut als strategische Übergangszeit (in Abgrenzung von Armut als Dauerzustand) wird detailliert analysiert bei Narayan, Pritchett und Kapoor, *Moving Out of Poverty* (Kap. 2, Anm. 4).

6 Vgl. hierzu zum Beispiel die Ergebnisse der umfassenden Untersuchung von Walter Russell Mead und Sherle Schwenninger, *The Bridge to a Global Middle Class: Development, Trade and International Finance,* Norwell/Mass.: Kluwer 2002.

7 Steven Durlauf, »Neighbourhood Feedbacks, Endogenous Stratification and Income Inequality«, in: William A. Barnett, Giancarlo Gandolfo und Claude Hillinger (Hg.), *Dynamic Disequilibrium Modeling,* Cambridge: Cambridge University Press 1996. Eine Rezension der Literatur zur Bedeutung der Mittelschicht für die Wahrung von Stabilität und die Förderung von Demokratie und Wohlstand bietet Steven Pressman, »The Decline of the Middle Class: An International Perspective«, in: *Journal of Economic Issues* XLI (2007), Nr. 1.

8 Guedes/Oliveira, »Braudel Papers 38«.

9 David Rothkopf, »Pain in the Middle«, in: *Newsweek International*, 21. November 2005.

10 Branko Milanovic, »Decomposing World Income Distribution: Does the World Have a Middle Class?«, in: *Review of Income and Wealth* 48 (2002), Nr. 2.

11 Rasheeda Bhagat, »A One-Billion Middle-Class Deluge from India, China by 2020«, in: *The Hindu Business Line,* 29. Juni 2006. Eine ähnliche Analyse liefern auf der Grundlage anderer Konsumentendaten Diana Farrell, Ulrich A. Gersch und Elizabeth Stephenson, »The Value of China's Emerging Middle Class«, in: *The McKinsey Quarterly,* Sonderausgabe Juni 2006.

12 Nancy Birdsall, Carol Graham und Stefano Pettinato, »Stuck in the Tunnel: Is Globalization Muddling the Middle Class?«, Washington: Center on Social and Economic Dynamics 2000, S. 1, S. 8, S. 14.

13 Jan Nijman, »Mumbai's Mysterious Middle Class«, in: *International Journal of Urban and Regional Research* 30 (2006), Nr. 4, S. 758.

14 Mead/Schwenninger, *The Bridge to a Global Middle Class.*

15 Janice E. Perlman, »The Myth of Marginality Revisited: The Case of Favelas in Rio de Janeiro, 1969–2003«, Washington: Weltbank 2005, S. 16, S. 20.

16 Mead/Schwenninger, *The Bridge to a Global Middle Class.*

17 Eduardo Zepeda et al., »Changes in Earnings in Brazil, Chile and Mexico: Disentangling the Forces Behind Pro-Poor Change in Labour Markets«, Brasilia: IPC-IG (UNDP) 2009.

18 Amartya Sen, *Ökonomie für den Menschen: Wege zu Gerechtigkeit und Solidarität i. d. Marktwirtschaft,* München: Hanser 2000.

19 A. Durand-Lasserve und L. Royston, *Holding Their Ground: Secure Land Tenure for the Urban Poor in Developing Countries,* London: Earthscan 2002, S. 3.

20 Hernando de Soto, *Marktwirtschaft von unten: Die unsichtbare Revolution in Entwicklungsländern,* Zürich: Orell Füssli 1992.

21 Hernando de Soto, *Freiheit für das Kapital! Warum der Kapitalismus nicht weltweit funktioniert,* Berlin: Rowohlt Berlin 2002, S. 46, S. 47 (Tabelle). Eine Reihe von Kritikern wandte ein, diese Zahl sei nicht verifizierbar.

22 Lee J. Alston, Gary D. Libecap und Bernardo Mueller, *Titles, Conflict and Land Use: The Development of Property Rights and Land Reform on the Brazilian Amazon Frontier,* Ann Arbor: Michigan University Press 1999.

23 Gershon Feder und David Feeny, »Land Tenure and Property Rights: Theory and Implications for Development Policy«, in: *World Bank Economic Review* 5 (1991), Nr. 1, S. 135–153; O. J. Lanjouw und P. I. Levy, »Untitled: A Study of Informal and Formal Property Rights in Urban Ecuador«, in: *The Economic Journal* 112 (2002); K. Deiniger und J. Chamorro, »Investment and Equity Effects of Land Regularisation: The Case of Nicaragua«, in: *Agricultural Economics* 30 (2004); E. Field, »Property Rights and Household Time Allocation in Urban Squatter Communities: Evidence from Peru«, in: *Second Urban Research Symposium,* Washington: Weltbank 2003.

24 Alan Gilbert, »On the Mystery of Capital and the Myths of Hernando de Soto: What Difference Does Legal Title Make?«, in: *International Development Planning Review* 24 (2002), Nr. 1; A. M. Varley, »Private or Public: Debating the Meaning of Tenure Legalization«, in: *International Journal of Urban and Regional Research* 26 (2002), Nr. 3; O. M. Razzaz, »Examining Property Rights and Investment in Informal Areas: The Case of Jordan«, in: *Land Economics* 69 (1993), Nr. 4;

J. M. L. Kironde, »Understanding Land Markets in African Urban Areas: The Case of Dar Es Salaam, Tanzania«, in: *Habitat International* 24 (2000), Nr. 2.

25 Robert E. Smith, »Land Tenure Reform in Africa: A Shift to the Defensive«, in: *Progress in Development Studies* 3 (2003), Nr. 3.

26 A. Antwi und J. Adams, »Economic Rationality and Informal Urban Land Transactions in Accra, Ghana«, in: *Journal of Property Research* 20 (2003), Nr. 1; M. M. Omirin und A. Antwi, »Informality, Illegality and Market Efficiency: A Case for Land Market Deregulation in Accra and Lagos«, London: RICS Research Series 2004.

27 Robert Home und Hilary Lim, *Demystifying the Mystery of Capital: Land Tenure and Poverty in Africa and the Caribbean*, London: Glasshouse Press 2004; Bishwapriya Sanyal, »Intention and Outcome: Formalization and Its Consequences«, in: *Regional Development Dialogue* 17 (1996), Nr. 1.

28 Staffan Granér, »Hernando de Soto and the Mystification of Capital«, in: *Eurozine*, Nr. 13, 19. Januar 2007, S. 6.

29 Donald A. Krueckenberg, »The Lessons of John Locke or Hernando de Soto: What If Your Dreams Come True?«, in: *Housing Policy Debate* 15 (2004), Nr. 1, S. 3.

10 Stilvoll ankommen

1 Gerben Helleman und Frank Wassenber, »The Renewal of What Was Tomorrow's Idealistic City, Amsterdam's Bijlmermeer High-Rise«, in: *Cities* 21 (2004), Nr. 1; Ronald van Kampen et al. (Hg.), *Restructuring Large Housing Estates in Europe*, Bristol: The Policy Press 2005.

2 Helleman/Wassenber, »The Renewal of What Was Tomorrow's Idealistic City«, S. 8.

3 Maurice Crul und Liesbeth Heering (Hg.), *The Position of the Turkish and Moroccan Second Generation in Amsterdam and Rotterdam*, Amsterdam: Amsterdam University Press 2008, S. 63–85, S. 166.

4 Doug Saunders, »Citizen Jane«, in: *The Globe and Mail*, 11. Oktober 1997.

5 William H. Whyte, *City: Rediscovering the Center*, New York: Doubleday 1989; Oscar Newman, *Defensible Space: Crime Prevention through Urban Design*, New York: Macmillan 1972.

6 Jane Jacobs, *The Death and Life of Great American Cities*, New York: Random House 1961, S. 221. (Dt. Ausgabe: *Tod und Leben großer amerikanischer Städte*, Berlin: Ullstein 1963.)

7 Alice Coleman, *Utopia on Trial: Vision and Reality in Planned Housing*, London: Longwood 1985.

8 Narayan/Pritchett/Kapoor, *Moving Out of Poverty*, S. 223–272 (Kap. 2, Anm. 4).

9 Zu den aktuellen Darstellungen des Scheitern von Entwicklungshilfe gehören Dambisa Moyo, *Dead Aid: Why Aid Is Not Working and How There is Another Way for Africa*, London: Allen Lane 2009, und William Easterly, *Wir retten die Welt zu Tode: Für ein professionelleres Management im Kampf gegen die Armut*, Frankfurt/M.: Campus 2006. Eine ausgewogenere Diskussion der Mängel und Potenziale von Entwicklungshilfe bietet Paul Collier, *Die unterste Milliarde: Warum arme Länder scheitern und was man dagegen tun kann*, München: C. H. Beck 2008.

10 Smolka/de A. Larangeira, »Informality and Poverty in Latin American Urban Policies« (Kap. 2, Anm. 11).

11 María Mercedes Maldonado Copello, »Operación Urbanistica Nuevo Usme: Provision De Suelo Urbanizado Para Vivienda Social, a Partir De La Redistribución Social De Plusvilias«, Bogota: Weltbank 2005; Lucgom, »Operación Nuevo Usme Se Desarrollará En 20 Años Megaproyecto En Usme, Para Frenar El Crecimiento Desordenado Del Sur«, in: *El Tiempo,* 21. Juli 2009.

12 Vinit Mukhija, »Upgrading House Settlements in Developing Countries: The Impact of Existing Physical Conditions«, in: *Cities* 18 (2001), Nr. 4.

13 Jan Nijman, »Against the Odds: Slum Rehabilitation in Neoliberal Mumbai«, in: *Cities* 25 (2008), Nr. 2.

14 Heather Smith und David Ley, »Even in Canada? The Multiscalar Construction and Experience of Concentrated Immigrant Poverty in Gateway Cities«, in: *Annals of the Association of American Geographers* 98 (2008), Nr. 3; United Way, »Poverty by Postal Code: The Geography of Neighbourhood Poverty«, Toronto: United Way of Greater Toronto and the Canadian Council on Social Development 2004.

15 Smith/Ley, »Even in Canada?«, S. 708.

16 Mohammed A. Qadeer, »Ethnic Segregation in a Multicultural City«, in: David P. Varaday (Hg.), *Desegregating the City: Ghettos, Enclaves & Inequality,* Albany: SUNY Press 2005; Kristin Good, »Patterns of Politics in Canada's Immigrant-Receiving Cities and Suburbs«, in: *Policy Studies* 26 (2005), Nr. 3/4.

17 J. David Hulchanski, »The Three Cities within Toronto: Income Polarization among Toronto's Neighbourhoods, 1970–2000, Toronto: Centre for Urban & Community Studies, University of Toronto 2007.

18 Robert E. Park, *Human Communities: The City and Human Ecology,* Glencoe/Ill.: The Free Press 1952.

19 Ceri Peach, »Good Segregation, Bad Segregation«, in: *Planning Perspectives* 11 (1996); Ludi Simpson, Vasilis Gavalas und Nissa Finney, »Population Dynamics in Ethnically Diverse Towns: The Long-Term Implications of Immigration«, in: *Urban Studies* 45 (2008), Nr. 1; Ludi Simpson, »Ghettos of the Mind: The Empirical Behaviour of Indices of Segregation and Diversity«, in: *Journal of the Royal Statistical Society* 170 (2006), Nr. 2.

20 Finney/Simpson, »Sleepwalking to Segregation«? (Kap. 1, Anm. 14); Simpson/Gavalas/Finney, »Population Dynamics in Ethnically Diverse Towns«.

21 Asef Bayat, *Life as Politics: How Ordinary People Change the Middle East,* Stanford: Stanford University Press 2010, S. 4f., S. 171–184.

22 Kwame Anthony Appiah, *Der Kosmopolit: Philosophie des Weltbürgertums,* München: C. H. Beck 2007, S. 141; Salman Rushdie, »In gutem Glauben«, in: ders., *Heimatländer der Phantasie: Essays und Kritiken 1981–1991,* München: Kindler 1992, S. 456–481 (Zitat S. 457f.).

Nachwort: Revolutionen in der Ankunftsstadt

1 Charles Levinson und Margaret Coker, »The Secret Rally That Sparked an Uprising«, in: The Wall Street Journal, 11. Februar 2011; Hassan Abou Taleb, »The youth and revolution«, in: Ahram Online, 9. März 2011.

2 Bayat, Life as Politics: How Ordinary People Change the Middle East, S. 90f. (Kap. 10, Anm. 21).

3 Salwa Ismail, Political Life in Cairo's New Quarters, Minneapolis: University of Minnesota Press 2006, S. 8–14.

4 Farha Ghannam, Remaking the Modern: Space, Relocation, and the Politics of Identity in a Global Cairo, Berkeley: University of California Press 2002, S. 3.

5 Geoff Dyer, »China: A Democracy is Built«, in: Financial Times, 7. März 2011.